Hermann Oldenberg
(1854-1920)

Le Bouddha
sa vie, sa doctrine, sa communauté

OmniaVeritas

HERMANN OLDENBERG (1854-1920)

LE BOUDDHA

SA VIE,

SA DOCTRINE,

SA COMMUNAUTÉ

Traduit de l'allemand par :
Alfred FOUCHER (1865-1952)
1ᵉ édition allemande en 1881

Publié par OMNIA VERITAS LTD

ØMNIA VERITAS

www.omnia-veritas.com

INTRODUCTION 11

CHAPITRE PREMIER

L'INDE ET LE BOUDDHISME 13
L'inde et l'Occident 13
La triade du bouddha, sa loi, sa communauté 18
L'inde occidentale et l'inde orientale. 20
La caste des brahmanes 20
Les aryens dans l'Inde et leur extension. — civilisation aryenne et védique 21
Le peuple hindou 23
La caste des brahmanes 25

CHAPITRE II

LE PANTHÉISME ET LE PESSIMISME INDIENS AVANT LE BOUDDHA 29
Symbolisme du sacrifice — l'absolu 29
Origines de la spéculation indienne 29
Le sacrifice et le symbolisme du sacrifice 32
Apparition de points centraux. L'âtman 36
Le Brahman 41
L'absolu comme atman-brahman 44
L'absolu et le monde extérieur 47
Ancienne conception de l'âtman 48
Conception nouvelle de l'atman. Entretien de yâjñavalkya et de maitreyî 50
Le non-moi 53
Pessimisme. — Métempsychose. — Délivrance 58
Le tentateur. — le dieu brahma. 72
Le bouddhisme et la philosophie sânkhya 72
Le dieu Brahma 77
La philosophie Sânkhya 79

CHAPITRE III

ASCÉTISME — ORDRES MONASTIQUES 85

Diffusion de l'ascétisme de l'ouest dans l'est de l'inde : formation des ordres monastiques 87
Sectes et chefs de sectes 91
Sophistique 96

PREMIÈRE PARTIE

VIE DU BOUDDHA 101

CHAPITRE PREMIER

Le caractère de la tradition légende et mythe 103
Fondement de la tradition bouddhique : la littérature sacrée palie et non les textes du nord 103
Caractère historique des souvenirs relatifs à la personne du bouddha 109
Point de biographie ancienne du bouddha. — fragments biographiques d'une haute antiquité 114
Éléments légendaires 117
Histoire de l'obtention de la science de la délivrance. — thèse de senart 121
Caractères des données sur les circonstances extérieures de la vie du bouddha 128

CHAPITRE II

Jeunesse du Bouddha 133
Les sakyas 133
Le bouddha n'est pas fils de roi 138
Jeunesse - mariage 139
Départ de la maison 140
Temps de vaines recherches 145
Crise décisive 148
Histoire ou mythe ? 149

CHAPITRE III

Commencement de la prédication 157
Les quatre fois sept jours 157

Histoire de tentation *159*
Le sermon de bénarès *167*
Les premiers disciples *175*
Propagation de la doctrine *175*

CHAPITRE IV

Œuvre du bouddha **183**
   Vie journalière du bouddha *186*
   Saison des voyages et saison des pluies *186*
   Division de la journée *196*
   Les disciples du bouddha *197*
   Fidèles laïques *210*
   Les femmes *213*
   Dialogue entre le bouddha et visâkhâ *216*
   Les adversaires du bouddha *220*
   Le brahmanisme *221*
   Critiques dirigées par le bouddha contre le sacrifice . *223*
   Relations avec les autres ordres monastiques *227*
   Critique des mortifications *229*
   L'enseignement du bouddha *231*
   La langue du bouddha *231*
   Les sermons et leur caractère scolastique *232*
   Type des histoires de conversion *239*
   Dialogues. Analogie. Induction. *243*
   Paraboles *247*
   Fables et contes *249*
   Stances *250*

CHAPITRE V

La mort du bouddha **253**

DEUXIÈME PARTIE

LES DOCTRINES DU BOUDDHISME **261**

CHAPITRE PREMIER **263**

La vérité sur la douleur 263
    Le bouddhisme est une doctrine sur la douleur et la délivrance 263
    Dialectique scolastique du bouddhisme 265
    Difficultés dans l'intelligence de la pensée bouddhique 268
    Les quatre vérités saintes - La première de ces vérités et le pessimisme bouddhique 269
    Le néant et la douleur 272
    Fondement dialectique du pessimisme : le discours sur le non-moi 273
    Ton du pessimisme bouddhique 285

CHAPITRE II

Les vérités sur l'origine et la suppression de la douleur 287
    La formule du lien de causalité 287
    La troisième proposition de la série causale 291
    Connaissance et corporéité 291
    Le kamma (la rétribution morale) 297
    Les propositions quatre a onze de la série causale 301
    La première et la seconde proposition de la série causale 309
    L'ignorance 310
    Les sankhâras 316
    Être et devenir, substance et formation 324
    Dhamma, sankhâra 326
    L'âme 329
    Le saint — le moi — le nirvâna 342
    Le nirvâna en ce monde 345
    La mort du saint 347
    Le nirvâna est-il le néant ? 349
    Entrevue du bouddha avec vacchagotta 353
    Récusation de la question de la fin dernière. Entretien du bouddha avec mâlunkyâputta 356

Réponse déguisée a cette question. Entretien de khemâ
et de pasenadi 361
Entretien de sâriputta et de yamaka 365

CHAPITRE III

La vérité sur le chemin de la suppression de la douleur 373
Devoirs envers le prochain 373
Les trois catégories de la droiture, de la méditation et
de la sagesse 375
Défenses et préceptes 377
Charité et compassion 379
Histoire de longue-douleur et de longue-vie 382
Histoire de kunâla 385
La bienfaisance. Histoire de vessantara 391
Devoirs envers soi-même 396
Mâra, le malin 400
Les derniers degrés de la voie du salut. Les méditations.
— les saints et les bouddhas 405

TROISIÈME PARTIE

LA COMMUNAUTÉ DES DISCIPLES DU BOUDDHA 429

La discipline et les traités de discipline 431
La communauté et les diocèses 436
Entrée et sortie 436
Possessions. Costume. Habitations. Subsistance 454
Le culte 469
La communauté des nonnes 478
L'ordre religieux et le monde laïque 483

INTRODUCTION

Chapitre Premier

L'Inde et le Bouddhisme

L'histoire de la religion bouddhique commence avec celle d'une communauté de moines mendiants, qui, dans le bassin du Gange, cinq cents ans environ avant le commencement de l'ère chrétienne, se groupèrent autour de la personne de Gotama, le Bouddha. Le lien qui les unissait, le trait caractéristique de leur idéal austère, était ce sentiment profondément éprouvé et condensé dans une claire formule : Toute existence terrestre n'est que douleur, et, de délivrance de la douleur, il n'y en a pas d'autre que le renoncement et l'éternel repos.

Toujours en chemin, le maître comme les disciples, assez semblables à ces troupes qui, plus tard, à travers la Galilée, promenèrent la nouvelle que le « royaume du Ciel était proche », ils allaient, à travers les royaumes de l'Inde, prêchant sur la douleur et sur la mort, et la nouvelle qu'ils annonçaient était : « Ouvrez vos oreilles ; la Délivrance de la mort est trouvée. »

L'Inde et l'Occident

De profonds abîmes séparent le milieu historique, au sein duquel s'élève la figure du Bouddha, du monde auquel nous sommes habitués tout d'abord à penser quand il est question de l'histoire universelle.

Les révolutions naturelles qui ont séparé l'Inde par un rempart gigantesque d'énormes montagnes des contrées moins chaudes de l'Ouest et du Nord, ont, par cela même, assigné à l'avance au peuple qui devait fouler un jour cette terre fortunée, un rôle solitaire et fermé. Plus peut-être qu'aucune autre nation du monde civilisé, l'Inde s'est développée isolément et selon ses lois propres. Loin d'elle, à l'Occident, des peuples, qui lui étaient parents ou étrangers de race, accomplissaient, en relations étroites les uns avec les autres, l'œuvre à laquelle les conviait l'histoire : elle ne prit à ce travail aucune part. Dans les milieux où le Bouddha prêchait sa doctrine, l'idée de peuples non-indiens n'éveillait guère à l'esprit une image plus précise que celle que l'on se faisait des autres terres, — des terres qui, éparses dans l'espace immense, se joignent à d'autres soleils, d'autres lunes et d'autres enfers pour former de nouveaux systèmes de mondes.

Le jour devait bien venir où une main puissante — la main d'Alexandre — briserait les barrières entre l'Inde et l'Occident. Mais les mondes grec et indien ne devaient se heurter que longtemps après l'apparition du Bouddhisme : entre la mort du Bouddha et l'expédition d'Alexandre dans les Indes, il peut s'être écoulé cent soixante ans. Qui prétendra juger ce qui serait arrivé si, à une époque antérieure, alors que l'esprit indien se serait ouvert avec plus de fraîcheur et d'allégresse aux influences étrangères, des événements comme cette invasion des armes macédoniennes et de la civilisation grecque avaient agi sur lui ? Pour l'Inde, Alexandre vint trop tard ; quand il parut, le peuple indien s'était transformé depuis longtemps, à force de vivre à l'écart replié sur lui-même, en un original parmi les nations : ni sa façon de vivre ni ses habitudes de pensée n'avaient la moindre analogie avec celles du monde non-indien. Point de passé dont le souvenir eût survécu ; point de présent dont on fût déterminé à se saisir d'unemain ferme, en amour ou en haine ; point d'avenir en qui espérer et pour qui travailler : la vie des penseurs indiens se passait à rêver des rêves maladifs et présomptueux sur ce qui est au delà des temps et la domination de ces éternels royaumes. La doctrine du Bouddha et le mode d'existence de ses disciples portent également, d'une façon très nette, l'empreinte de cet esprit indien avec tout ce qu'il offre de singulier.

Ainsi donc, entre ces lointaines contrées et le monde qui nous est familier, point de ces rapports extérieurs comme en créent entre les peuples un commerce journalier et l'échange de leur bagage d'idées ; nous n'en saisissons que plus nettement le lien qui, en dépit de la distance, les rapproche étroitement : c'est le lien de l'analogie historique entre des phénomènes apparaissant en des lieux différents sous l'action d'une loi pareille.

Partout où, dès l'origine et pendant une longue suite de jours, il a été donné à un peuple de développer, sans alliage ni déviation, sa vie spirituelle, le même phénomène s'est reproduit : nous pouvons le caractériser comme un déplacement du centre de gravité des suprêmes intérêts religieux du dehors vers le dedans. Une ancienne croyance, qui met pour ainsi dire l'homme sur le pied d'une alliance offensive et défensive avec la divinité, et qui promet au dévot, dans un échange réciproque de bons procédés, prospérité, victoire et triomphe sur ses ennemis, est détruite ; elle disparaît, tantôt dans une évolution à peine sensible, tantôt dans de grands bouleversements ; une conception nouvelle la remplace, dont les mots d'ordre ne sont plus « bien-être, victoire, puissance », mais « repos, paix, béatitude, salut ». Les biens du monde extérieur ont perdu leur charme, les ennemis du dehors leur effroi. La vie et la souffrance des individus comme des nations découvrent dans l'âme des profondeurs toujours plus cachées, et c'est là, dans le for intérieur, qu'il faut à présent combattre et vaincre. Le sang des sacrifices, l'obéissance aveugle à des prescriptions extérieures n'apportent plus d'apaisement au cœur inquiet de l'homme ; il cherche et trouve des voies nouvelles pour se dégager de tous les liens qui enchaînent l'âme et devenir sain, pur, bienheureux.

Cette transformation de l'idéal intérieur se manifeste en

donnant naissance à de nouveaux modes d'associations spirituelles. Dans l'ancien ordre de choses, à l'intérieur de la famille, de la tribu, de la nation, l'unité religieuse se trouvait naturellement assurée ; la communauté de croyance et de culte y allait de soi. Celui qui appartient au peuple a, par cela même, le droit et le devoir de prendre part au culte des divinités nationales. A côté de ce peuple, il s'en trouve d'autres avec d'autres dieux. Pour chacun, en particulier, le fait seul de la naissance décide, par une sorte de fatalité naturelle, quels doivent être pour lui les dieux efficaces. Quant à une communauté à qui l'on puisse donner le nom d'Église, il n'y en a pas et il ne peut y en avoir, car le cercle des adorateurs des dieux du peuple n'est ni plus étroit ni plus large que le peuple lui-même.

Tout autres sont les conditions dans lesquelles se trouvent, à leur apparition, les religions nouvelles, issues des aspirations et des luttes d'un âge plus mûr. Nées plus tard que le peuple au sein duquel elles s'élèvent, elles trouvent devant elles une autre croyance déjà enracinée dans les esprits et profondément empreinte dans les lois et les mœurs. Contre cette croyance, l'esprit nouveau lutte pour se faire jour ; il s'incarne dans des personnes, mieux encore, dans une personne avec un prestige sans égal : dans une individualité dominante et qui ne doit d'ailleurs d'être telle qu'au fait qu'elle résume avec une intensité supérieure la vie et l'activité de son milieu. Ainsi se forme, en contraste particulièrement frappant avec la foule énorme des attardés, des non-illuminés, le type, d'une allure tantôt plus religieuse et tantôt plus philosophique, des héros ou des virtuoses. Ils sont ou paraissent aux leurs être des personnes marquées d'un sceau entièrement original, de grands frayeurs de chemins, sublimes au delà de toute comparaison et tout imprégnés de la vertu d'une perfection mystique particulière. Ils prêchent la nouvelle foi, et, d'entre la foule des hétérodoxes, celle-ci recrute un à un ses fidèles. Ce n'est plus une nécessité naturelle, mais la conscience et la volonté de chaque homme qui décident dans quelle voie il espère trouver le salut. L'École, groupée autour du maître, la Communauté, l'Ordre monastique s'organisent : cercles de membres étroitement unis entre eux, pour qui le salut de leur âme est la suprême, sinon l'unique affaire de la vie, et qui regardent le reste des hommes comme des aveugles, des égarés, errant sans espoir dans la nuit. Autour de ce noyau restreint d'ascètes particulièrement doués et détachés du monde et de la vie, des confréries peuvent aller toujours s'élargissant jusqu'à constituer enfin une Église, et cette Église, débordant des carrières désormais dépourvues de sens de la nation, des barrières même de toute civilisation, ne connaît à son expansion aucune limite.

L'honneur d'avoir donné, en des créations sans pareilles, l'expression la plus simple et la plus parfaite au passage de l'ancienne à la nouvelle religion appartient à la race sémitique. Environ cinq cents ans plus tôt que ne se fît en Palestine le dernier pas dans la voie de cette évolution, qui nous apparaît comme le début d'une ère nouvelle de l'humanité, des événements analogues se sont accomplis parmi les peuples indo-européens en deux endroits éloignés dans l'espace, voisins par le temps, dans la Grèce et dans l'Inde.

En Grèce s'élèvent des doctrines et des cultes secrets, les Orphiques, la secte des disciples de Pythagore. Leurs moyens sont des cérémonies de consécration, un enseignement sacré, les règles de la « vie orphique » ou « pythagoricienne » ; leur but est de préparer ainsi les croyants, en leur qualité de « purs », aux splendeurs de l'autre monde. Bientôt les suit, appliqué à écarter les voiles de la foi et de l'imagination et à se saisir d'une certitude pleinement scientifique, le plus extraordinaire des Athéniens, le premier qui détermina les lois profondes des actions humaines ; sur le marché comme la coupe en main, devant Alcibiade comme devant Platon, il démontre que la vertu peut être enseignée et apprise. Dans l'Inde, d'autre part, se présente à nous le plus illustre de ces nombreux sauveurs du monde qui parcouraient alors le pays en costume de moine, le noble Gotama ; il se nomme lui-même le sublime, le sain, le très-haut illuminé, le « Bouddha », et se sent la vocation et la force d'enseigner aux dieux et aux hommes le passage de la prison douloureuse de l'existence à l'affranchissement du repos éternel.

Quel contraste entre ces deux esprits ! — et nous pouvons leur adjoindre, au point de vue historique, la mystérieuse figure de douleur qui leur fait pendant. — Quoi de plus différent que les proportions dans lesquelles s'y mêlent et s'y combinent la pensée et le sentiment, la profondeur et la clarté ? Mais justement dans la diversité de ce qui était et est encore l'essence du Socratisme, du Bouddhisme et du Christianisme, se vérifie la loi de la nécessité historique. Historiquement, il devait en être ainsi : arrivé à ce tournant des siècles où l'esprit humain sent l'approche et le besoin d'une transformation, le peuple grec devait répondre à cette exigence par une nouvelle philosophie, le peuple juif par une nouvelle religion. A l'esprit indien manquait aussi bien cette simplicité qui peut croire sans savoir que cette hardie lucidité qui tentede savoir sans croire ; et ainsi l'Inde devait créer une doctrine qui fût à la fois une religion et une philosophie, ou par cela même, si l'on veut, ni l'une ni l'autre, à savoir le Bouddhisme. Le tableau que nous nous proposons d'en donner vérifiera pas à pas, dans le détail, le parallélisme de ces grandes manifestations. La lumière qu'il tire de ces rapprochements avec l'Occident permet, sur maint point obscur, d'en mieux définir les traits et les contours : nous nous flattons en revanche qu'il contribuera pour sa part à fournir à la recherche des lois générales, qui régissent chez tous les peuples l'évolution de l'idée religieuse, des fondements solides et sûrs.

LA TRIADE DU BOUDDHA, SA LOI, SA COMMUNAUTÉ

La marche que doit suivre notre exposé est nettement indiquée à l'avance par la nature du sujet. Il va de soi que notre premier devoir est d'étudier les antécédents historiques du peuple, le fond sur lequel repose le Bouddhisme, avant tout la vie religieuse et la spéculation philosophique antérieures de l'Inde : des siècles, en effet, avant le temps du Bouddha, se sont accomplis dans l'esprit indien des changements qui préparent le Bouddhisme et ne peuvent être séparés d'un exposé de ce dernier. L'examen du Bouddhisme lui-même se partage naturellement en trois parties principales, correspondant aux trois chefs sous lesquels, dès les plus anciens temps, la langue liturgique de la Communauté rangeait l'ensemble des choses sacrées : la trinité du Bouddha, de sa Loi, de sa Communauté. En tête se tient nécessairement, dans notre étude aussi bien que dans cette vieille formule, la personne du Bouddha : nous devons nous occuper de sa vie, des débuts de sa prédication, du cercle de disciples qui l'entouraient, de ses relations avec les riches et les pauvres, les nobles et les humbles. Nous nous attacherons en second lieu aux dogmes du Bouddhisme primitif, à celui surtout qui est l'âme de la doctrine, à la théorie de la douleur de toute chose terrestre, à la Délivrance de cette douleur, enfin au but de toutes ces aspirations vers la Délivrance, le Nirvâna. D'autre part, c'est un trait essentiel du Bouddhisme comme du Christianisme que tous ceux qui sont unis dans la même croyance et la même aspiration vers le salut font extérieurement partie d'une confrérie, d'une Église ; dans cette formule de la trinité bouddhique, après le Bouddha et la Loi, nous trouvons nommée la Communauté. Nous suivrons aussi cet ordre et, après avoir parlé du Bouddha et de sa doctrine, nous considérerons en troisième lieu la Communauté et la vie en communauté ; nous apprendrons à connaître l'organisation donnée par le Bouddhisme, tant au cercle plus étroit des croyants qui ont prononcé leurs vœux de moines ou de nonnes, qu'aux fidèles laïques qui confessent la doctrine du Bouddha. Ainsi sera mené à bonne fin l'examen du Bouddhisme primitif ou, pour mieux dire, l'examen de ce qui est pour nous l'aspect le plus ancien du Bouddhisme : et c'est à cet examen seul que cet ouvrage doit se borner.

L'INDE OCCIDENTALE ET L'INDE ORIENTALE
LA CASTE DES BRAHMANES

Les événements antérieurs au Bouddhisme ou contemporains du Bouddhisme primitif ont eu pour théâtre le plus indien des pays de l'Inde, le bassin du Gange. Au temps dont nous avons à parler, ce bassin renfermait les centres de domination et de civilisation aryennes les plus nombreux et les plus importants de la péninsule. Les grandes divisions naturelles de ce pays, qui coïncident avec la distribution des races de l'Inde et les zones de diffusion de l'ancienne civilisation indienne, correspondent également aux stades successifs de son évolution religieuse.

Les origines nous conduisent dans la moitié Nord-Ouest du bassin du Gange, dans la région où les vallées du Gange et de l'Indus s'avoisinent et dans celle que les courants jumeaux du Gange et de la Yamunâ arrosent avant de se réunir. Là, et pendant longtemps seulement là, se trouvaient les véritables établissements de la civilisation brahmanique : c'est surtout là que, des siècles avant le Bouddha, dans les cercles de penseurs brahmaniques, sur la place du sacrifice comme dans la solitude de la vie des forêts, ont été élaborées et exprimées les idées qui préparèrent et finalement consommèrent l'abandon de l'ancienne religion naturelle védique au profit de la doctrine du Salut.

La civilisation créée dans le Nord-Ouest et, avec elle, ces idées furent emportées vers le Sud-Est, au courant du Gange, par la puissante artère où de toute antiquité le pouls de l'Inde a battu le plus fort ; au sein de peuples nouveaux elles prirent des formes nouvelles, et lorsque enfin le Bouddha parut, ce sont les deux plus grands royaumes de la moitié Sud-Est du bassin du Gange, les pays de Kosala (Aoudh et les parties limitrophes du Népal) et de Magadha (Bihar), avec leurs villes puissantes et splendides, qui furent les principaux théâtres de ses travaux. Ainsi de vastes étendues de pays séparent les lieux où, longtemps avant le Bouddha, le Bouddhisme commença à se préparer, et ceux où le Bouddha lui-même réunit autour de lui ses premiers fidèles : ce changement dans les décors et les personnages a eu, semble-t-il, à plus d'un égard, une influence appréciable sur la marche même de l'action.

LES ARYENS DANS L'INDE ET LEUR EXTENSION
CIVILISATION ARYENNE ET VÉDIQUE

Jetons tout d'abord un coup d'œil sur les peuples auxquels nous aurons successivement affaire, les uns pour avoir préparé cette transformation religieuse, les autres pour l'avoir accomplie.

Comme on le sait, la population aryenne de l'Inde est venue du Nord-Ouest, où elle avait formé un seul peuple avec les Aryens de l'Iran, s'établir dans la péninsule. Cette immigration, au temps auquel appartiennent les plus anciens monuments de poésie religieuse qui nous soient parvenus, remontait déjà à un passé lointain. Le souvenir s'en était aussi complètement perdu chez les Indiens que celui des faits correspondants chez les Grecs et les peuples italiques. Des Aryens au teint clair firent invasion et détruisirent les repaires des aborigènes, les « Peaux-noires », les « Sans-lois », les « Sans-dieux » ; les ennemis furent repoussés, anéantis, ou soumis. Au temps où les hymnes du Véda furent composés, les bandes aryennes, ou du moins de hardis avant-coureurs isolés avaient pénétré à l'Ouest jusqu'aux embouchures de l'Indus, peut-être même à l'Est jusqu'à celles du Gange : sur ce domaine d'une richesse inépuisable paissaient les troupeaux des Aryens et les dieux aryens étaient honorés par des prières et des sacrifices.

Selon toute vraisemblance, les premières tribus immigrées furent justement celles qui ont pénétré le plus loin vers l'orient : étaient-elles alliées, ou sans lien entre elles, nous ne savons ; nous les trouvons plus tard, à l'Est du confluent du Gange et de la Yamunâ, établies sur les deux rives du fleuve ; ce sont les

Angas et Magadhas, les Videhas, les Kâçis et Kosalas[1].

De nouvelles vagues de la grande marée de l'immigration amenèrent avec elles d'autre troupes d'Aryens ; ceux-ci formaient de nombreuses tribus étroitement unies entre elles ; supérieurs à leurs frères au point de vue intellectuel, ils sont les auteurs des plus anciens monuments de l'esprit indien qui nous aient été conservés, ceux que nous désignons sous le nom de Véda. Nous trouvons ces tribus, au temps dont les hymnes du *Rig-Veda* nous donnent une image, proche des entrées de la péninsule, sur l'Indus et dans le Penjâb ; plus tard elles se sont avancées vers le Sud-Est, et ont fondé sur le cours supérieur du Gange et de la Yamunâ ces royaumes que les *Lois de Manu* appellent « la terre des sages de Brahma », siège et modèle de toute vie sainte et pure : « d'un Brahmane né en ce pays, dit Manu, tous les hommes sur la terre doivent apprendre leur règle de conduite. » Les noms de la tribu des Bharatas, des Kurus, des Pancâlas sont les plus célèbres parmi les peuples de cette terre classique de la civilisation védique ; créateurs d'un riche développement intellectuel, ils nous apparaissent dans une vive lumière, tandis que la destinée des tribus évidemment immigrées les premières est restée dans l'ombre jusqu'au temps où elles ont été effleurées par la civilisation des peuples frères.

Dans un ouvrage védique, le *Brâhmana des cent sentiers*, nous est conservée une légende remarquable où se reflète clairement la marche suivie par la diffusion du culte et de la civilisation du Véda. Le dieu flamboyant, Api Vaiçvânara, le feu sacré, part de la rivière Sarasvatî, et, quittant l'antique patrie du culte védique, se met en route vers l'Orient. Des rivières se rencontrent sur la route, mais Agni les franchit d'un bond de feu et derrière lui

---

[1] Si nous mentionnons surtout ce groupe de tribus, c'est qu'il a eu une importance particulière, aussi bien par lui-même que dans l'histoire du Bouddhisme ; bien entendu, il ne faut pas non plus perdre de vue l'invasion d'autres tribus, qui s'est poursuivie dans d'autres directions, en premier lieu dans celle de l'Avanti (Ujjaini, l'Ozènè des Grecs).

s'avancent le prince Mâthava et le Brahmane Gotama. Ils vinrent ainsi à la rivière Sadânîrâ[2], qui descend des montagnes neigeuses du Nord, et Agni ne brilla pas outre :

« Et les Brahmanes jadis ne la franchirent pas, car Agni n'avait pas brillé au delà d'elle. Mais maintenant de nombreux Brahmanes habitent à l'est de là. C'était jadis une mauvaise terre, un sol marécageux, car Agni Vaiçvânara ne l'avait pas rendue habitable. Mais maintenant, c'est tout à fait une bonne terre, car les Brahmanes l'ont rendue habitable à l'aide de sacrifices.

(Dans l'Inde, on le voit, une mauvaise terre n'est pas rendue bonne, comme dans le reste du monde, par des cultivateurs labourant et bêchant, mais par des Brahmanes offrant des sacrifices.) — Le prince Mâthava s'établit à l'Est de la Sadânîrâ, dans la mauvaise terre dont Agni n'avait pas tâté ; ses descendants furent les souverains des Videhas. La légende oppose ainsi nettement les Videhas de l'Est et les tribus de l'Ouest où Agni Vaiçvânara, le représentant idéal du Védisme, était de toute antiquité à demeure. Celui qui étudie les origines de l'expansion du Bouddhisme doit se souvenir que le pays natal de la primitive communauté se place dans la contrée, ou du moins sur la limite de la contrée où Agni Vaiçvânara, dans sa course flamboyante vers l'Est, n'est pas entré.

LE PEUPLE HINDOU

Il nous est impossible de compter par années, ni même par centaines d'années, les phases de cette lutte victorieuse où le monde aryen et la civilisation védique conquirent le bassin du Gange. Mais nous pouvons faire mieux : d'après les couches

---

[2] On n'est pas encore arrivé à identifier cette rivière : On a songé au Gendak. Nous savons suffisamment dans quels environs la chercher, car le *Brâhmana* la désigne comme servant de frontière entre les Kosalas et les Videhas.

superposées de la littérature védique, nous sommes en état de nous représenter comment, sous l'influence d'une patrie nouvelle, un changement s'est opéré dans la vie nationale (nous le voyons surtout clairement pour les tribus védiques, celles du Nord-Ouest), et comment s'est imprimé dans l'âme de ce peuple ce trait douloureux de faiblesse, de répugnance à l'action, qui lui est resté à travers tous les changements de fortune et qui lui restera tant qu'il y aura un peuple hindou.

Dans cette terre tropicale du Gange, étouffante, moite, comblée des dons de la nature, ce peuple, façonné à vivre dans des régions plus froides, eut vite fait de perdre cette force et cette fraîcheur de jeunesse que ses frères iraniens, restés au delà des montagnes, conservèrent beaucoup plus longtemps. Les hommes et les peuples mûrissent vite en ce pays, pareils aux plantes des tropiques, pour s'amollir aussi vite de corps et d'âme. L'inévitable mélange avec les aborigènes infuse de plus en plus dans les veines et dans l'esprit des immigrés un sang étranger et une sensibilité nouvelle. Lentement, imperceptiblement, à côté et, finalement, à la place de l'Aryen, fier parent des Grecs et des Germains, on voit apparaître l'Hindou avec sa débilité, sa souplesse, son tempérament nerveux et son ardente sensualité. Se laissant aller au calme de la satiété, à la jouissance indolente, il se détourne de tout ce qui entretient la jeunesse et la vigueur d'un peuple, du travail et de la lutte pour la patrie, l'État, le droit. L'idée de la liberté avec toutes les puissances vivifiantes et aussi, il faut en convenir, mortelles qu'elle porte en elle, est toujours restée pour les Hindous inconnue et incomprise ; la volonté humaine n'ose secouer l'ordre du monde établi par Brahma, la loi naturelle de la caste qui livre le peuple au pouvoir du roi, mais avant tout au pouvoir du prêtre. Les cadres dans lesquels s'enferme ici l'existence de la collectivité et de l'individu ne sont pas les cadres de l'État, mais ceux de la caste, tout pénétrés de morne oppression et de superstitions. Il y avait bien de quoi exciter l'étonnement des Grecs, de voir le paysan, dans l'Inde, continuer à cultiver paisiblement son champ au milieu des armées en lutte[3] : « Il est sacré et inviolable, car il est le commun bienfaiteur de l'ami et de l'ennemi. » Les Grecs nous racontent ce fait comme un beau trait, plein de sens, du peuple indien ; mais il n'en faudrait pas faire honneur seulement à sa douceur et à sa sagesse : quand arrivait Hannibal, le paysan romain ne labourait pas son champ. C'est qu'en réalité l'Hindou est étranger aux meilleurs des intérêts et des idéaux qui sont le fondement de toute saine vie nationale. Il peut faire preuve de force de volonté lorsqu'il s'agit de renoncer au monde ; il lui manque la force agissante qui façonne le monde. La pensée chez lui l'emporte sur l'action. Mais là où l'équilibre intérieur se trouve une fois rompu et le lien naturel entre l'esprit et la réalité du monde évanoui, la pensée n'a pas plus longtemps la force de saisir d'une prise saine ce qui est vraiment sain. Ce qui existe n'est rien pour l'Hindou, en comparaison des illustrations marginales où l'encadre sa fantaisie ; et les créations de cette fantaisie, pullulant sans forme ni mesure, dans une exubérance tropicale, finissent par se retourner avec une effroyable puissance contre leur auteur. Le monde vrai, voilé sous les fantômes de ces rêves, demeure un inconnu en qui l'on ne peut se fier, que l'on ne peut davantage dominer ; vie et bonheur ici-bas s'écroulent sous la lourde et étouffante pensée de l'au-delà.

LA CASTE DES BRAHMANES

Il va de soi que ces traits distinctifs du peuple hindou n'ont pu se dessiner avec la même netteté dans toutes les couches de la société ni dans tous les domaines de la vie intellectuelle. Ils se font moins sentir — sans jamais s'effacer complètement — dans les milieux qui mènent une existence laborieuse, vouée aux nécessités réelles de la vie quotidienne. L'incarnation visible des idées et des tendances que nous venons de définir est la caste

---

[3] Ce trait rapporté par Mégasthènes est aussi confirmé par des historiens modernes ; cf. Irving, *Theory and practice of caste*, p. 75.

des Brahmanes ; doués de puissance magique, ils sont ici-bas les représentants de l'autre monde ; à eux appartiennent la science et la puissance ; il dépend d'eux d'ouvrir ou de fermer à l'homme l'accès des dieux, et de machiner par leurs artifices mystérieux sa prospérité ou sa ruine. Dans la seule condition de Brahmane, les forces créatrices auxquelles il était interdit de se déployer dans la vie politique, pouvaient se donner carrière, il faut voir pour quelles créations ! Au lieu des Lycurgue et des Thémistocle que la destinée a pour toujours refusés à l'Inde, elle a eu d'autant plus d'Ârunis et de Yâjñavalkyas, passés maîtres dans l'art d'approfondir les mystères du sacrifice du feu ou de celui du soma, et non moins experts à donner crédit aux prétentions qu'élevaient, à l'égard de la société laïque, les représentants du royaume qui n'est pas de ce monde.

On ne peut comprendre la marche qu'a suivie la pensée hindoue sans avoir devant les yeux, avec ses lumières et ses ombres, l'image de cette classe de « philosophes », comme les Grecs appelaient les Brahmanes. Avant tout, on ne doit pas oublier que, du moins au temps où furent jetées les bases décisives du travail intellectuel postérieur et aussi du Bouddhisme, cette caste était encore autre chose qu'une prêtraille vaniteuse et cupide : elle était l'incarnation nécessaire de l'essence la plus intime ou, si l'on veut, du mauvais génie du peuple hindou.

A chaque pas le Brahmane se heurtait aux bornes étroites, méticuleuses même, que le caractère sacré dont il était revêtu, les forces redoutables dont son être était imprégné, lui imposaient dans sa vie extérieure et intérieure. Il passait sa jeunesse à écouter et à apprendre la parole sacrée, car le vrai Brahmane est seulement « celui qui a entendu ». Avait-il acquis la réputation « d'avoir entendu », sa vie s'écoulait à enseigner, au village ou au fond de la solitude des forêts, dans un cercle consacré que le soleil éclaire à l'orient : car là seulement les instructions les plus secrètes peuvent être révélées aux disciples voilés ; ou bien il remplissait son devoir de dévotion perpétuelle, ce qu'on appelait « le sacrifice du Brahman », c'est-à-dire la récitation quotidienne de passages du Véda ; ou encore on pouvait le trouver sur la place du sacrifice, occupé à célébrer pour lui-même et, moyennant salaire, pour les autres l'office sacré, dont les observances sans nombre exigeaient les connaissances les plus laborieuses ; à moins qu'il ne se conformât plutôt à la règle selon laquelle on considérait comme le Brahmane le plus digne celui qui ne vivait pas de sacrifices offerts pour autrui, mais d'épis glanés dans les champs, de dons qu'il n'avait pas demandés ou qu'il n'avait demandés qu'à des gens de bien. Nul doute que dès l'antiquité la réalité ne se fût bien souvent sensiblement écartée de ce grave et austère idéal de la vie sacerdotale. Toute la littérature védique, à commencer par le *Rig-Veda* montre que la caste des Brahmanes a toujours su en fait mettre sa science et son pouvoir au service de ses intérêts matériels, « faire ruisseler de miel et de beurre » les hymnes composés pour le sacrifice, stimuler à souhait par des flatteries sans sourdine la générosité des riches. Cela n'empêchait pas qu'elle se sentît en même temps aussi élevée au-dessus de ces riches et des dépositaires du pouvoir terrestre, qu'au-dessus des pauvres et des sujets. Les Brahmanes étaient faits d'une autre étoffe qu'eux ; ils se donnent à eux-mêmes le nom de « dieux », et ces dieux de la terre, en accord avec les dieux du ciel, se savent en possession d'armes divines, devant lesquelles toute arme terrestre se brise. Un hymne védique dit :

« Les Brahmanes portent des traits aigus ; ils ont des flèches ; le coup qu'ils portent ne tombe jamais à faux. Ils assaillent leur ennemi avec leur ardeur sacrée et leur colère ; ils le transpercent de loin.

Le roi qu'ils sacrent souverain du peuple n'est pas leur roi ; au sacre royal, le prêtre dit en présentant au peuple son maître : « Voici votre roi, ô peuple : le roi des brahmanes est Soma. » Ainsi les Brahmanes, se tenant en dehors de la tribu, en dehors du peuple, rentrent tous dans une grande association dont les limites s'étendent aussi loin que sont en vigueur les préceptes du Véda. Dans le fort et le faible du genre de vie de cette classe de penseurs se trouvent contenus en germe le fort et le faible de leur pensée. Ils sont comme emprisonnés dans un monde créé de toutes pièces ; les rafraîchissantes haleines de la vie vivante ne leur arrivent plus : rien n'ébranle leur croyance sans bornes en eux-mêmes et en leur toute-puissance, et, par comparaison, tout ce qui donne un intérêt à la vie des autres doit leur paraître méprisable et mesquin. Ainsi s'expliquent les contradictions de leur pensée : ici se montre une puissance d'abstraction d'une audace sans égale, qui, dédaigneuse de la terre, s'échappe au-dessus du monde sensible et se lance dans les sphères au delà de l'espace et du temps ; à côté se fait jour un goût maladif pour se perdre en des fantasmagories sans fondement, sans mesure et sans but, dans des rêveries comme peut seul en concevoir un esprit qu'aucune sorte de critique, étrangère ou intérieure, ne contient et qui a perdu le sens rassis de la réalité des choses. Dans la façon de penser qu'ils ont créée, l'élévation et la profondeur font avec des absurdités enfantines un mélange si bizarre, que l'histoire des tentatives de l'esprit humain pour se comprendre, lui et le monde, n'en offre pas un second exemple. Apprendre à connaître cette pensée dans son développement, tel est notre premier devoir.

Chapitre II

Le panthéisme et le pessimisme indiens avant le Bouddha

Symbolisme du sacrifice — L'absolu
Origines de la spéculation indienne

Les débuts de la spéculation indienne remontent jusqu'aux hymnes du *Rig-Veda*. Là, dans le plus ancien monument de la poésie védique, au milieu de chants de sacrifice, entre des prières à Agni et à Indra pour obtenir d'eux protection, prospérité et victoire, nous rencontrons les premiers essais d'une pensée qui s'enhardit ; l'esprit humain tourne le dos au monde confus des dieux et des mythes et, prenant conscience de ses propres forces, aborde avec assurance les énigmes de l'être et du devenir :

Il n'y avait ni l'être, ni le non-être, — il n'y avait ni l'atmosphère, ni le ciel au-dessus. — Qu'est-ce qui se meut ? En quel sens ? Sous la garde de qui ? — Y avait-il les eaux et le profond abîme ?

Ni la mort n'était alors, ni non plus l'immortalité. — Le jour n'était pas séparé de la nuit. — Seul l' « Un » respirait, sans souffle étranger, de lui-même ; — et il n'y avait rien d'autre que lui.

Alors s'éveilla en lui pour la première fois le désir ; — ce fut le premier germe de l'esprit. — Le lien de l'être, ils le découvrirent dans le non-être, — les sages s'efforçant, pleins d'intelligence, en leur cœur...

Qui le sait, qui peut nous le dire — d'où naquit, d'où vint la création ? — Les dieux ne pénètrent pas dans ces profondeurs. — Qui le sait, d'où elle est venue ?

D'où cette création est venue, — si elle est créée ou non créée, — celui, dont l'œil veille sur elle du plus haut du ciel, — celui-là seul le sait, et encore le sait-il[4] ?

Et dans un autre hymne nous entendons un poète, devenu étranger à la croyance aux anciennes divinités, s'enquérir du dieu unique « qui seul serait le seigneur de tout ce qui se meut » :

Lui qui donne la vie, lui qui donne la force, — dont tous les dieux révèrent les commandements, — dont l'ombre est l'immortalité, dont l'ombre est la mort, — qui est ce dieu, que nous l'honorions avec des sacrifices ?...

Lui par qui existent ces montagnes de neige, — et la mer avec la rivière lointaine, — lui qui a pour bras les régions du ciel, — qui est ce dieu, que nous l'honorions avec des sacrifices ?

---

[4] ***Rig-Veda*, X, 129**. — Plusieurs savants ont émis l'opinion que cet hymne, et quelques autres hymnes analogues du *Rig-Veda*, sont contemporains des Upanishads dont nous exposerons plus bas la doctrine panthéistique (ainsi, L. v. Schrœder, *Indiens Literatur und Cultur*, p. 233 ;L. Scherman, *Philosophische Hymnen*, p. 93). A cela s'opposent, à mon avis, les résultats sûrs auxquels conduisent les recherches sur l'histoire du texte du *Rig-Veda* ; lors même que l'on se croirait autorisé à rejeter comme des interpolations les citations de tels vers détachés de notre hymne dans les Samhitâs postérieures et les textes des Brâhmanas, on n'en devrait pas moins, d'après ce que nous savons de la chronologie de la collection du *Rig-Veda*, regarder l'hymne comme essentiellement antérieur au temps de l'apparition des Brâhmanas et surtout des Upanishads. C'est ce que confirme le caractère de la langue de l'hymne, encore que celui-ci appartienne aux parties récentes ou même les plus récentes du *Rig-Veda*.

Lui par qui le ciel est ferme et la terre solide, — par qui fut établi le ciel, même le ciel le plus haut, — lui qui a mesuré les espaces de l'éther, — qui est ce dieu, que nous l'honorions avec des sacrifices ?

Lui qui par sa puissance promenait les yeux au-dessus même des eaux, — pleines de vigueur, créatrices du sacrifice, — lui qui seul est dieu au-dessus de tous les dieux, — qui est ce dieu, que nous l'honorions avec des sacrifices[5] ?

Chaque strophe de l'hymne finit sur ces mots : « Qui est ce dieu, que nous l'honorions avec des sacrifices ? » On sent l'abîme qui sépare de pareils chants, tout composés d'interrogations, et l'assurance convaincue des vieux âges : on ne s'enquérait pas alors des dieux à qui l'on devait offrir des sacrifices, on les connaissait. Nous ne pouvons ici que toucher un mot en passant de ces premières lueurs de pensée consciente, jetées par les Hindous sur les problèmes fondamentaux de l'univers et de la vie. Le développement de la spéculation, ou, pour mieux dire, son dégagement du sein d'un monde de chimères, ne prend une forme logique et suivie qu'à une époque postérieure, et, selon toute vraisemblance, extrêmement postérieure à celle des hymnes que nous avons cités du *Rig-Veda*. Il y eut alors une période de production exubérante et ramifiée à l'infini ; elle donna naissance à cette masse interminable d'ouvrages en prose, traités de sacrifice et collections mystiques de dogmes et d'entretiens, qui sont connus sous le nom de *Brâhmanas* et d'*Upanishads*[6]. Quant à

---

[5] *Rig-Veda*, **X, 121**, d'après la trad. Max Müller.

[6] Traduites par Deussen : *Sechzig Upanishad's des Veda*, 2ᵉ éd., 1905 ; les spéculations contenues dans ces textes sont exposées par le même auteur dans son *Allgemeine Geschichte der Philosophie*, 2ᵉ éd., 1907, vol. I, section 2 ; voir aussi Oltramare, *L'Histoire des idées théosophiques dans l'Inde*, vol. I, 1906. Dans ma *Literatur der alten Indien* (1903), p. 73, j'ai essayé de définir la place des Upanishads dans l'histoire de la littérature ; sur la doctrine voir aussi mon livre : *Die Lehre der Upanishaden und die Anfänge des Buddhismus*, Göttingen, 1915.

l'âge de ces œuvres, — les seuls documents que nous ayons pour servir à cette partie de notre exposé, — nous ne pouvons le fixer que par conjecture et dans des limites très flottantes : nous ne saurions nous tromper de beaucoup en plaçant la date de leur composition du Xe au VIIIe siècle avant l'ère chrétienne. Tout en se tenant en apparence sur le terrain de l'ancienne croyance aux dieux, le travail de pensée qui s'est accompli pendant cette période minait en dedans cette croyance ; se frayant un chemin à travers un chaos sans fin de fantasques chimères, il finit par fonder la religion sur une base nouvelle, la foi en l'Être un et universel : il repose, cet Être bienheureux et immuable, derrière le monde d'instabilité et de misère, et le délivré, abandonnant ce monde, retourne à lui. C'est sur ces fondements, bien des siècles après qu'ils avaient été posés par les penseurs brahmaniques, que s'élevèrent la doctrine et la communauté à qui le Bouddha a donné son nom.

Occupons-nous de suivre, dans ses traits les plus essentiels, le progrès de cette désagrégation intérieure de la religion védique, dont le Bouddhisme fut le résultat direct.

LE SACRIFICE ET LE SYMBOLISME DU SACRIFICE[7]

Au temps où commence ce processus, tout le travail intellectuel des Brahmanes tourne autour d'un centre unique, *le sacrifice*. Le monde qui les environne se réduit à la place du sacrifice ; leur grande affaire, leur savoir le plus urgent, ce sont les rites du sacrifice. La science du sacrifice ne doit pas avoir pour eux de secrets, car science est synonyme de toute-puissance. C'est grâce à ce pouvoir que les dieux se sont rendus maîtres des démons : « puissant (telle est la promesse souvent renouvelée à « ceux qui savent »), puissant il sera lui-même, et impuissant

---

[7] J'ai essayé de décrire en détail l'ensemble de représentations que comporte le symbolisme du sacrifice védique dans mon volume : *Vorwissenschaftliche Wissenschaft. Die Weltanschauung der Brâhmanatexte*. Göttingen, 1919.

sera son ennemi et son adversaire, à celui qui *sait* ainsi. »

Les éléments sur lesquels repose cette science du sens des rites sacrés sont de diverses sortes : pour une part ils proviennent du patrimoine intellectuel d'un passé plus ou moins lointain ; pour une autre part, ce sont des acquisitions de fraîche date.

Ce sont en premier lieu des notions transmises par héritage du temps où l'on croyait en toute simplicité à Agni, à Indra, à Varuna, à toutes ces légions de dieux devant qui les pères et les ancêtres s'étaient inclinés avec des offrandes et des prières. Il n'est pas un détail du sacrifice qui ne se réfère à ces dieux. Quand le sacrificateur prend dans sa main un ustensile sacré, il dit : « Je te saisis à l'instigation du dieu Savitar, avec les bras des Açvins, avec les mains de Pûshan. » Veut-il consacrer l'offrande par une aspersion d'eau, il s'adresse aux Eaux : « C'est vous qu'Indra a prises pour compagnes pdans la victoire sur Vritra, c'est vous qui avez pris Indra pour compagnon dans la victoire sur Vritra. » Et du point du jour jusqu'au soir la place du sacrifice retentit des louanges récitées ou chantées des divinités : c'est Ushas, l'Aurore, la vierge divine, qui avec ses coursiers étincelants vient répandre mille bénédictions sur les demeures humaines ; c'est Indra qui enivré de *soma*, écrase avec son foudre, dans une lutte furieuse, les légions des démons ; c'est Agni, le feu, le dieu clément, qui brille dans les maisons des hommes et porte leurs offrandes jusqu'au ciel ; c'est Varuna, l'universel voyant, qui veille sur la justice et poursuit tous les péchés, tant notoires que cachés.

Mais le monde des anciens dieux ne peut plus longtemps satisfaire l'esprit des temps nouveaux. Le passé dont l'imagination avait créé ces divinités se perdait dans la nuit des siècles. Depuis très longtemps leur aspect primitif avait pâli ; pour beaucoup, peut-être pour la plupart, leur relation avec les phénomènes naturels que jadis ils incarnaient était chose oubliée. Un nouveau besoin devait s'éveiller, toujours plus impérieux : ces puissances qui dominent le vaste monde et la vie humaine, telles qu'on les voit, qu'on les entend, qu'on les touche, la langue du jour prétendait les nommer de leurs vrais noms. C'est l'espace, — les Indiens l'appellent « les régions du monde » ; c'est le temps, avec son pouvoir créateur et destructeur, — les Indiens le nomment « l'année ». Ce sont les saisons et les mois, le jour et la nuit, la terre et l'air, le soleil : « celai qui brille », et le vent : « celui qui souffle et purifie ». Ce sont les souffles vitaux qui pénètrent le corps humain ; c'est la pensée et la parole, « ceux qui ne font qu'un l'un avec l'autre et cependant sont distincts » : pures forces ou substances que met en branle, non plus la volonté d'Indra ou de Varuna mais quelque chose d'analogue au mécanisme d'une nécessité impersonnelle. Leur jeu régit le cours du monde, apporte à l'homme joie et douleur.

Un pas de plus, et aux questions que soulèvent le sacrifice et le monde des vieilles divinités du sacrifice, les hommes cherchent une réponse dans la langue nouvelle de leur temps. Alors se crée de plus en plus l'atmosphère spéciale où prospèrent les mystères et les symboles. Dans tout ce qui entoure le brahmane sur la place du sacrifice et avant tout dans l'office sacré que lui-même y célèbre, il n'y a pas désormais que le dieu Agni et le dieu Indra de présents : il y a encore, et dans une plus grande mesure que ces dieux mêmes, toutes les forces occultes qui circulent du haut en bas de l'univers : « car tout cet univers, est-il dit, suit l'ordonnance du sacrifice ». Ce que l'on voit dans le sacrifice, ce n'est pas seulement ce qu'il est ou paraît être ; il y a encore autre chose, ce qu'il symbolise. Paroles et actions ont un double sens, un sens patent et un sens latent ; et les dieux aiment ce qui est caché et haïssent ce qui est manifeste.

Les nombres ont une vertu occulte, et aussi les mots et les syllabes, et aussi les rythmes. Entre des puissances fantastiques se jouent de fantastiques aventures, d'une invention si déréglée qu'on ne saurait même les concevoir. La Consécration (*dikshâ*) échappe aux dieux : ils la recherchent avec l'aide des Mois ; ils ne la trouvent ni avec l'été, ni avec l'hiver, mais ils la trouvent avec les mois de la saison froide (*çiçira*) : c'est pour cela que l'on doit recevoir la consécration quand les mois de la saison froide sont de retour. Les Mètres volent au ciel, pour en rapporter le breuvage du *soma* ; debout dans les saisons, la Voix parle. Le sacrifice est l'image de l'Année, ou en bref : le sacrifice est l'Année ; les officiants sont les Saisons, les offrandes les Mois. Ce serait introduire une idée étrangère dans ces jeux de pensée que d'essayer d'y découvrir une ligne de démarcation entre la réalité et le symbole : l'un déborde sur l'autre : « Prajâpati (le créateur) créa à son image ce qui est le sacrifice. C'est pourquoi l'on dit : Le sacrifice est Prajâpati. Car il l'a créé à son image. »

Dans ce monde nébuleux de mystères guettent, cachés aux yeux de l'ignorant, d'innombrables ennemis des hommes ; les jours et les nuits roulent et s'enfuient, emportant avec eux les bénédictions que les bonnes œuvres avaient values à leur auteur ; au-dessus du royaume de l'alternance des jours et des nuits trône « Celui qui brille », le soleil. Or, « Celui qui brille est la mort. Puisqu'il est la mort, c'est pour cela que les créatures qui habitent au-dessous de lui, meurent ; ceux qui habitent de l'autre côté de lui, ce sont les dieux ; c'est pourquoi les dieux sont immortels. Ses rayons sont des rênes avec lesquelles toutes les créatures sont ici-bas attelées à la vie. De celui qu'il veut, il retire la vie à soi et monte : l'homme meurt. »

Mais le sage connaît les formules et les offrandes qui l'élèvent au-dessus de la région de l'alternance des jours et des nuits, au-dessus du monde où les feux du soleil ont tout pouvoir sur la mort et la vie. A lui le jour et la nuit ne ravissent plus le fruit de ses œuvres ; il affranchit sa vie de la mort : « C'est la Délivrance de la mort qui se fait dans le sacrifice de l'Agnihotra. » Ainsi de plus en plus le but propre du sacrifice consiste à tourner à son profit, par des artifices magiques, les forces occultes, l'agitation mystérieuse dont est rempli l'univers ; de plus en plus le sacrifice s'écarte de sa destination primitive, qui était, à force de dons et d'hommages, d'attirer sur l'homme la faveur divine, d'apaiser la colère des dieux.

En ce monde que la confiance et l'espoir en la divinité ont cessé d'illuminer, de quelque côté que se tourne la pensée, toujours se dressent devant elle de nouvelles puissances magiques. Il y a bien un dieu qui s'élève au-dessus des autres, celui qui était avant tous les dieux et tous les êtres, le créateur du monde, Prajâpati : au commencement il était seul et ce désir lui vint : « Puissé-je devenir plusieurs, puissé-je engendrer les créatures » ; et dans le travail brûlant et pénible de la création il fit émaner de lui les mondes avec les dieux et les hommes, avec l'espace et le temps, avec la pensée et la parole. Mais même l'idée de Prajâpati, le seigneur des êtres, n'amène sur les lèvres des croyants aucun accent plus ému : l'image du créateur se noie, elle aussi, dans le brouillard sans limite et sans forme qui enveloppe le monde des créatures.

Nulle part, dans la masse énorme de monuments que nous a léguée l'étrange activité de cet âge, ne se découvre à nous la moindre marque d'une recherche méthodique et foncière, nulle part la moindre hardiesse de la pensée s'engageant dans un grand débat et luttant pour un gros enjeu. Cette fausse sagesse qui sait tout et explique tout, trône, satisfaite d'elle-même, au milieu de ses extravagantes créations. Sous le charme fatal de cette pensée confuse grandissent, l'une après l'autre, les générations ; chacune apporte sans se lasser sa contribution à l'héritage des générations disparues et disparaît à son tour.

APPARITION DE POINTS CENTRAUX. L'ÂTMAN

Il faut laisser à nos yeux le temps de s'accoutumer au clair-obscur de ce monde des ombres où ondoyent confusément les mille imaginations de cet âge : peu à peu nous apprenons à y voir ; nous finissons même par y découvrir comme l'action d'une loi naturelle s'exerçant dans le domaine de l'esprit. Faisons défiler devant nous les spéculations contenues dans les plus anciens monuments, puis, à la suite, l'œuvre des générations de plus en plus récentes : à mesure que nous descendons d'assise en assise, le tableau change à nos yeux et ces changements ne manquent ni de suite ni de portée.

Les plus importantes de ces créations de la fantaisie émergent de plus en plus nettement du sein de cette masse confuse ; elles se poussent au premier plan, se subordonnent les plus faibles et s'installent en reines au centre même du cercle. Les forces dont l'action régit, pour le penseur indien, le cours du monde, ne sont pas en elles-mêmes et par elles-mêmes ce qu'elles sont : la pensée va plus loin et plus elle pénètre avant, plus clairement ces forces lui apparaissent comme reposant sur de grandes puissances primordiales : c'est d'elles que découle leur vie à toutes, en elles qu'elles se fondent quand le terme de leur existence est venu. Sous la surface, où chaque phénomène semble distinct des autres, l'imagination spéculative tâche d'entrer dans le cœur même des choses, dans les profondeurs où se trouve le lien qui unifie toute diversité. On s'enquiert de l'essence de l'être et de l'essence de l'essence[8], du fil où sont

---

[8] Cf. par exemple ***Chândogya-Upanishad*, I, 1, 2** :

« L'essence des créatures est la terre ; l'essence de la terre est l'eau ; l'essence des eaux est la plante ; l'essence des plantes est l'homme ; l'essence de l'homme est la parole ; l'essence de la parole est l'hymne (*ric*) ; l'essence de l'hymne est le chant (*sâman*) ; l'essence du chant est la syllabe sacrée (*om*). C'est là l'essence la plus intime, la plus haute, la plus sublime, la huitième : la syllabe sacrée.

— La conception qui fait le fond de cette série à huit termes d'essence, d'essence de l'essence, etc., est (en partie d'après Max Müller) quelque chose comme ceci : Sur la terre repose la vie de tous les êtres ; la terre est pénétrée par les eaux ; l'eau donne naissance aux plantes ; ce qu'il y a de plus substantiel dans les plantes devient, sous forme de nourriture le corps humain ; le meilleur de l'homme est la parole ; la meilleure des paroles est le *Rig-Veda* ; l'âme du *Rig-Veda* est le *Sâma-Veda* ; la perle du *Sâma-Veda* est la syllabe *om*. — Dans les pages qui suivent, à propos de l'idée du *Brahman*, nous aurons à parler du rapport symbolique ou de l'identité cachée que l'imagination indienne établit entre la nature et le monde du langage, surtout du langage sacré. Sur ce point aussi, ce passage est significatif : il montre comment, dans l'esprit des Indiens, les choses de la nature remontent par une série de moyens termes à la parole du Véda et, en dernière analyse, à la syllabe *om*, l'expression adéquate du Brahman, comme à l'âme même de leur existence.

tissées les créatures et du fil du fil, de la réalité, de la vérité du monde des phénomènes et de la vérité de la vérité : en un mot, on recherche à la fois la substance de toute chose et l'unité de toute diversité. A cette tendance de la pensée, qui désormais va prédominer de plus en plus, correspondent des penchants et des particularités de l'imagination indienne qui remontent au plus lointain passé. Déjà dans le *Rig-Veda*, nous voyons les contours des antiques figures divines se mettre à flotter et à s'estomper ; déjà les auteurs des hymnes, dans leur effort pour approfondir la nature mystérieuse des divinités, s'y plaisent à déclarer que tel dieu est aussi ce qu'est un autre dieu, qu'Agni est Varuna quand il naît, Mitra quand on l'enflamme, qu'il est Indra pour le mortel qui lui rend hommage[9]. L'esprit indien n'est pas, comme le grec, apte à saisir l'individu dans toute la vitalité et la plénitude inépuisable de son individualité et à l'enfermer dans des contours arrêtés où il n'y ait de place que pour sa vie propre. Au contraire l'un déborde sur l'autre, les lignes précises se perdent dans l'indéterminé. Ainsi la pensée commence par saisir une catégorie de phénomènes ; elle considère tous les individus qui y sont compris comme identiques à la même puissance centrale ou comme dépendants de cette puissance, leur animatrice et leur source ; bientôt elle franchit toutes les bornes et déclare : Ceci ou cela est le Tout. Puis, à vrai dire, elle lâche prise aussi vite qu'elle a pris : cet « Un », qui tout à l'heure était pour elle le « Tout », se perd de nouveau dans les flots troublés de toutes ces forces ou substances qui règnent dans l'homme et le monde, dans l'espace et le temps, dans le mot et la formule.

Il y a un texte védique où nous pouvons, mieux qu'en aucun autre, suivre pas à pas la genèse de l'idée de « l'unité dans la totalité » ; cet ouvrage, qui mérite d'être compté parmi les plus significatifs de toute la littérature védique, est le *Brâhmana des cent sentiers*.

---

[9] Je renvoie ici à ma *Religion des Veda*, p. 101.

Le *Brâhmana des cent sentiers* nous montre d'abord comment, du sein de cette masse confuse d'idées, se dégage et passe au premier plan la notion du moi : les Indiens le nomment l'Âtman (littéralement : le souffle) ; c'est le sujet, support et racine de toutes les forces et de toutes les fonctions vitales de l'homme. Le corps humain est pénétré tout entier par les souffles vitaux (*prâna*) : le seigneur suzerain de tous ces souffles vitaux est l'Âtman ; il est le pouvoir central, dont l'action créatrice s'exerce dans les profondeurs de la vie personnelle, le souffle vital « innommé » dont tous ceux qui ont des noms tirent leur existence : « Dix sortes de souffles en vérité, dit le *Brâhmana*, habitent dans l'homme ; l'Âtman est le onzième, et sur lui reposent les souffles vitaux. » Et encore : « L'Âtman est au milieu, les souffles vitaux alentour. »

Voilà donc un point central trouvé dans le domaine de la personnalité humaine avec ses membres et ses facultés ; la puissance qui est le principe agissant de toutes les manifestations extérieures de la vie. Et cette conception de l'Âtman était, de ce fait, prédestinée à jouer un rôle prépondérant dans le mouvement intellectuel qui mène à l'idée d'une âme universelle, embrassant et vivifiant le monde entier. Car, tout ce que le penseur indien a reconnu dans son moi particulier, il le *transpose* inévitablement dans le monde extérieur : pour lui le microcosme et le macrocosme se reflètent perpétuellement l'un dans l'autre et, de chaque côté, des formations analogues se font réciproquement pendant[10]. L'œil

---

[10] On connaît la forme typique sous laquelle les textes à allégories de la littérature védique ont coutume de présenter deux fois la même doctrine, une fois « par rapport aux êtres » ou « par rapport aux divinités » (*adhibhûtam, adhidevatam*), puis d'une façon minutieusement parallèle « par rapport au moi (*adhyâtmam*). Deux exemples peuvent suffire ici :

— *Taittirîya-Âranyaka*, VII, 7 :

« Terre, air, ciel, régions du monde, régions intermédiaires — feu, vent, soleil, lune, étoiles — eau, plantes, arbres, air, âtman : voilà par rapport aux êtres. Voici maintenant par rapport au moi : Le souffle inspiré, le souffle expiré, le souffle exhalé par en haut, le souffle exhalé par en bas, le souffle

humain est semblable à l'œil cosmique, le soleil, et, à la mort de l'homme, se réunit à lui ; pareils aux souffles vitaux de l'homme, les dieux jouent, dans l'ensemble des choses, le rôle de souffles vitaux du monde ; l'Âtman aussi, substance et centre du moi, ne demeure pas enfermé dans les limites de la personne humaine, il devient la force créatrice qui meut le grand corps de l'univers[11]. Lui, le roi des souffles vitaux, il est en même temps le roi des dieux, le créateur des êtres, et de son moi sont émanés les mondes : l'Âtman est Prajâpati. Le mot est même prononcé : « L'Âtman est le Tout », « l'Âtman est l'univers ». Mais pour le moment ce n'est encore là qu'un jeu de l'imagination entre mille autres ; une foule confuse d'autres images se pousse à son tour en avant et détourne les regards de

rassemblé. — Œil, oreille, pensée, voix, toucher. — Peau, chair, tendons, os, moëlle. En considérant cela, le sage a dit : « Quintuple en vérité est cette existence tout entière. Par l'ensemble des cinq (éléments du for intérieur) il possède l'ensemble des cinq (éléments du monde extérieur). »

— *Chândogya-Upanishad*, **IV, 3, 1 et sqq.** :

« Le vent en vérité est l'absorption. Quand le feu s'en va, il s'en va dans le vent. Quand le soleil s'en va, il s'en va dans le vent. Quand la lune s'en va, elle s'en va dans le vent. Quand l'eau s'évapore, elle s'en va dans le vent. Car le vent absorbe toute chose. Voilà par rapport aux divinités : voici maintenant par rapport au moi. Le souffle en vérité est l'absorption. Quand l'homme dort, sa voix s'en va dans le souffle, et ainsi font sa vue, son ouïe, sa pensée. Car le souffle absorbe tout. Ce sont en vérité les deux absorptions : le vent parmi les divinités, le souffle parmi les souffles vitaux.

Ces passages feront suffisamment sentir combien les Indiens étaient habitués à établir entre le moi et l'univers une étroite et perpétuelle correspondance. Le second montre également à quel point on avait coutume de se représenter les différents éléments du macrocosme et du microcosme comme se ramenant à un seul et même élément fondamental en qui ils se rejoignent et s'absorbent.

[11] Voici un passage caractéristique :

« Agni (le dieu du feu) repose en ma parole... ; Vâyu (le dieu du vent) repose en mon souffle ; le soleil repose en mon œil ; la lune repose en mon esprit... ; l'Âtman repose en mon âtman. »

Taittirîya-Brâhmana, III, 10, 8 ; cf. sur ce point Deussen, *Allg. Gesch. der Philosophie*, I, p. 178). On le voit, le parallélisme entre les diverses parties (ou organes) de la personnalité et les diverses puissances cosmiques, prises une à une, aboutit à ceci qu'à l'âtman humain s'oppose, comme pendant, un âtman de l'univers.

l'Âtman et de son identité avec l'univers : mais la formule n'en a pas moins été prononcée ; elle continue son travail caché et attend l'époque où, de nouveau, l'on se souviendra d'elle.

LE BRAHMAN

Pendant ce temps, dans une autre sphère d'idées se poussait à la lumière une seconde puissance, non moins résolue à se faire reconnaître comme grande force cosmique. La parole sacrée, perpétuel accompagnement du sacrifice, douée d'une puissance magique qui commande aux dieux mêmes, est conservée sous trois formes, l'hymne, la formule, le chant : telle est la « triple connaissance » de ceux qui possèdent les Védas. Le fluide mystérieux qui élève la parole sacrée et, par transfusion des mêmes forces, ceux qui la connaissent, à savoir les Brahmanes, au-dessus de la parole et du monde profanes, est le Brahman[12] : c'est cette puissance, qui, résidant dans l'hymne, la formule et le chant, est l'âme même de leur sainteté[13] ; « la vérité de la parole est le Brahman ».

Le monde de la parole védique, dont la connaissance et l'emploi

---

[12] Il n'est peut-être pas superflu de rappeler que l'époque dont nous parlons, ne sait encore rien du dieu Brahma. Tandis que *brahman* (*brâhmana*) se rencontre assez fréquemment dans les plus anciens textes avec le sens de « prêtre », » brahmane », le dieu Brahma n'apparaît pour la première fois que dans les parties les plus récentes du Véda.

[13] Il ne faudrait pas entendre ici « sainteté » à la manière moderne et dans une acception morale. Il s'agit en définitive d'une idée remontant aux frustes conceptions d'un très lointain passé, à savoir celle d'un pouvoir mystérieux et magique, qui, incommensurablement supérieur à toutes les forces naturelles du monde sensible, est aussi dangereux que formidable pour tout ce qui n'est pas de son parti. — On a expliqué la signification primitive de *brahman* par « l'élargissement du cœur, l'impression de s'élever et de planer au-dessus de sa condition individuelle, tout ce qu'enfin nous éprouvons quand, sur les ailes de la dévotion, nous parvenons à nous unifier transcendantalement avec le divin » (Deussen, *loc. laud*, p. 242) : cette interprétation ne me paraît pas valable pour le milieu historique au sein duquel a dû prendre naissance l'ensemble de doctrines dont il est ici question. — Cf. mon article : *Zur Geschichte des Worts brahman*, NGGW, 1916, p. 715 et sqq.

dans le sacrifice constituent la principale affaire de la vie du Brahmane, est pour lui comme un autre microcosme : dans les rythmes du chant sacré il entend résonner l'écho de la nature, de l'univers[14]. La vertu magique du Brahman, telle qu'elle s'incarne avant tout dans le chant et la parole du Véda, est pour lui la grande fondatrice et ordonnatrice de l'existence, la puissante directrice du destin. L'idée du pouvoir créateur et dominateur de la parole maniée par le sorcier, héritage du plus lointain passé, se marie ici au tour d'esprit des temps nouveaux et lui fournit un fond qu'il accommode au gré de ses tendances. Les spéculations fantaisistes sur le Brahman qui repose dans le

---

[14] Parmi les innombrables passages qui pourraient en servir d'exemple (de la même façon que les citations de la note, p. 27, font comprendre le parallélisme du moi et de l'univers), qu'il nous suffise d'en indiquer un ; voici comment les théologiens du *Sâma-Veda* s'étendent sur les analogies symboliques qu'évoque l'exécution du *sâman* (chant) avec ses cinq parties (***Châlndogya-Upanishad*, II, 2 et sqq**) :

> « Qu'on révère le quintuple Sâman dans les cinq mondes. L'hinkâra est la terre, le prastâva le feu, l'udgîtha l'air, le pratihâra le soleil, le nidhana le ciel. — Qu'on honore le quintuple Sâman dans la pluie. L'hinkâra est le vent (qui amène la pluie) ; le prastâva est : « le nuage se forme » ; l'udgîtha est : « il pleut » ; le pratihâra : « il éclaire et tonne » ; le nidhana : « cela cesse ». Il y a de la pluie pour lui et il fait pleuvoir, celui qui, sachant ainsi, vénère le quintuple Sâman dans la pluie.

Puis le développement se continue dans une série d'autres comparaisons ; le Sâman avec ses cinq parties représente les eaux, les saisons, les animaux et ainsi de suite. Souvent ces rapprochements symboliques ne reposent que sur les analogies les plus superficielles et les plus vides de sens, comme par exemple dans cette spéculation sur les trois syllabes du mot *udgîtha* (chant principal du Sâman) :

> « ut » (*ud*) est le souffle, car c'est grâce au souffle que l'homme se lève (*uttisthati*) ; « gî » est la parole, car les paroles sont appelées « *girah* » ; « tha » est la nourriture, car c'est grâce à la nourriture que tout subsiste (*sthita*) » (***Châlndogya-Upanishad*, I, 3, 6**).

Si dépourvues de sens que ces imaginations puissent nous paraître, il ne faut pas les négliger : elles préparent le fait capital du développement religieux de l'Inde ; ces interprétations symboliques ou ces mystiques identifications, qui établissent un lien entre tel mot ou tel chant sacré particulier et tel phénomène particulier de la vie de la nature ou du moi, nous conduisent au résultat final de ce développement : c'est à savoir l'identification du pouvoir central dans tout le domaine de la parole sacrée (le Brahman) avec le pouvoir central de la personne humaine (l'Âtman) et le centre vital de la nature, en un mot la genèse de l'idée de l'Être un et universel.

Véda, jointes à l'orgueil sacerdotal des Brahmanes qui voient dans le mot Brahman l'expression de la puissance cachée, de l'éclat singulier de leur propre condition, tendent à assurer à cette entité une place prédominante dans le monde intellectuel des Indiens. On nous dit du prêtre qui accomplit un rite déterminé : « Il fait du Brahman la tête de l'univers ; c'est pour cela que le Brahmane est la tête de l'univers. » Un ancien hymne védique commence ainsi : « Sur la vérité est fondée la terre, sur le soleil est fondé le ciel. Par le droit subsistent les Âdityas (les grands dieux, fils de la déesse Aditi, la Liberté personnifiée de tous les liens). » On nous dit encore : « Le Brahman est la parole, la vérité dans la parole est le Brahman... », « Le Brahman est le droit... », « Par le Brahman sont maintenus ensemble le ciel et la terre. »

Il n'y a peut-être pas un exemple plus caractéristique de ce qu'a de particulier la façon de penser des Indiens : cette idée, qui n'a pas son origine dans la contemplation du monde sensible, mais dans la méditation sur la puissance du texte des Védas et du métier de prêtre, on la voit par degrés se pousser vers les sommets, jusqu'à ce qu'enfin elle donne son nom à la conception la plus haute que l'esprit puisse embrasser.

Ce terme ne saurait être atteint d'un seul coup. Alors qu'on nous dit : « Le Brahman est le plus noble d'entre les dieux », on nous dit également : « Indra et Agni sont les plus nobles d'entre les dieux. » Et le Brahman n'est pas encore assez puissant pour renverser de son trône l'antique Prajâpati, créateur et seigneur des mondes : mais il devient le premier après lui. Le *Brâhmana des cent sentiers* dit :

« L'esprit[15], Prajâpati, désira : Puissé-je être une pluralité, puissé-je me multiplier. Il fit de grands efforts, il s'imposa une

---

[15] Littéralement : l'Homme. Prajâpati est représenté comme une sorte d'homme primordial.

peine cuisante. Lorsqu'il eut fait de grands efforts, lorsqu'il se fut imposé une peine cuisante, il créa tout d'abord le Brahman, la triple connaissance ; cela devint pour lui un soutien et c'est pourquoi l'on dit : Le Brahman est le soutien de l'Univers. C'est pour cela qu'il acquiert un soutien, celui qui a appris (la parole sainte), car ce qui est le Brahman, cela est soutien. »

« Le Brahman, est-il dit aussi, est le premier-né de l'univers. » Il n'est pas encore l'éternel non-né, mais il est le premier-né des enfants de Prajâpati, le père des mondes.

L'ABSOLU COMME ATMAN-BRAHMAN

Si différentes que soient les images que la tradition indienne rattache à chacune des idées de l'Atman et du Brahman, il ne se pouvait pas que, dans le cours d'un tel développement, dans le perpétuel va-et-vient de ce jeu de comparaisons et de symboles, ces deux idées, poursuivant une expansion analogue, ne vinssent à s'assimiler de plus en plus l'une à l'autre[16]. Le Brahman se développe dans l'hymne, la formule et le chant : « De l'hymne, de la formule et du chant, est-il dit, il (l'accomplisseur d'un certain rite sacrificiel) fait consister son Âtman (son moi). » Sur l'Âtman sont fondés les souffles vitaux (*prâna*) ; « les souffles vitaux, est-il dit, sont le Brahman. » Ainsi la distinction entre ces deux idées va s'effaçant de plus en plus. L'imagination avide d'unité perd la force de maintenir dans leur diversité caractéristique les images individuelles.

A la longue, les dernières barrières tombent. Cette conception

---

[16] A cette conception, qui est la nôtre, du rapport entre l'Âtman et le Brahman, Deussen en oppose une autre (*loc. laud.*, p.. 284 ; cf. encore son *System des Vedânta*, 2ᵉ éd., p. 50) ; il n'est plus question de deux courants d'idées parallèles, mais d'après lui « la notion de l'Âtman est sortie de celle du Brahman par un simple affinement du « moment » subjectif qu'elle comporte. » Je ne puis trouver que cette théorie, qui fait en quelque sorte dépendre l'Âtman du Brahman, soit appuyée de façon convaincante ni par les textes ni par l'argumentation de Deussen.

qui jusque-là apparaissait de temps à autre pour disparaître de nouveau sous des flots houleux de chimères, l'esprit s'en empare à présent et cette fois pour ne plus la perdre : nous voulons dire l'idée de l'Être un et éternel. En lui s'évanouit toute diversité ; c'est de lui que viennent l'esprit et le monde, en lui qu'ils vivent et se meuvent. Il a nom l'Âtman, et il a nom le Brahman. Âtman et Brahman vont se fondre dans l'Être un, en qui l'esprit inquiet, las d'errer en un monde peuplé de lugubres et vagues fantômes, trouve enfin le repos. Il est dit :

« Celui qui était, celui qui sera, je le loue, le grand Brahman, l'un, l'impérissable, l'immense Brahman, l'un, l'impérissable...
« Que l'on rende un culte à l'Âtman, à l'intellectuel ; il a pour corps le souffle, pour forme la lumière, pour soi l'éther ; il prend les formes qu'il veut, rapide comme la pensée, plein de bon vouloir, plein de bonnes actions ; en lui est toute odeur, toute saveur, il pénètre toutes les régions du monde, il s'étend aussi loin que l'univers, sans parole, sans attention. Aussi petit qu'un grain de riz ou d'orge ou de millet, ou qu'une graine de millet, cet esprit habite aussi dans le moi ; doré il est, comme une lumière sans fumée ; plus vaste que le ciel, plus vaste que l'éther, plus vaste que cette terre, plus vaste que tous les êtres ; il est le moi du souffle, il est mon moi (Âtman) ; avec cet Âtman, quand je partirai de ce monde, je me réunirai. Pour celui qui pense ainsi, en vérité, il n'y a plus de doute. Ainsi parla Çândilya.

Un nouveau centre est trouvé à la pensée : Un dieu, plus grand que les anciens dieux, puisqu'il pénètre le « Tout ». Et cependant, à la différence de ceux-là, ce dieu n'exige pas qu'on se présente devant lui comme devant un Maître, avec d'humbles prières, en inférieur et sujet. Car il est le propre « Moi » de l'homme. « *Moi* je suis le *Tout* », telle est la formule pour l'adorer. *Tat tvam asi*, « toi tu es ceci », voilà ce qu'on se dit l'un à l'autre. La sensation douloureuse de ses propres limites s'évanouit ; une félicité mystique surgit, lumineuse ; des richesses sans nom échoient à celui à qui s'est révélé le

Brahman. « Celui qui voit ainsi, qui pense ainsi, qui connaît ainsi, se réjouissant avec le Moi, jouant avec le Moi, s'accouplant avec le Moi, se délectant dans le Moi, — celui-là est son propre maître ; librement il parcourt tous les mondes. »

Le nom du penseur qui formula le premier la nouvelle doctrine ne nous est pas connu[17] : les cercles mêmes où sa parole trouva de l'écho peuvent, à l'origine, avoir été assez restreints ; mais c'étaient les esprits les plus éclairés de l'Inde ; pour eux, désormais, pâlit toute autre pensée, toutes les questions aboutissent à une seule, la question de l'Âtman, fondement de toute chose. C'est à l'Âtman qu'ont trait les paroles d'adieu du sage qui abandonne sa maison et parle pour la dernière fois à son épouse. C'est autour de l'Âtman que se livrent des tournois de paroles entre les Brahmanes assemblés à la cour des rois pour la fastueuse célébration de quelque sacrifice. Plus d'une vivante image est venue jusqu'à nous de ces controverses où des Brahmanes à l'humeur batailleuse et aussi des Brahmines, mesuraient leurs forces à discuter sur l'Âtman. La sage Gârgî dit à Yâjñavalkya : « Comme un fils de héros de Kâçi ou de Videha bande son arc débandé et, deux flèches mortelles à la main, se met en route, ainsi je suis venue vers toi armée de deux questions, qu'il te faut me résoudre. » Et un autre des adversaires que la légende du *Brâhmana des cent sentiers* oppose à Yâjñavalkya dans cette grande lutte de paroles, lui parle ainsi :

---

[17] On ne peut regarder qu'avec défiance les noms des maîtres, à qui nos textes mettent dans la bouche les discours relatifs à l'Âtman. Dans le *Çatapatha-Brâhmana*, Yâjñavalkya apparaît comme le représentant le plus heureux de la nouvelle doctrine à la cour du roi de Videha. Mais puisque déjà les premiers livres de ce texte, qui doivent avoir été composés pas mal de temps avant le développement de ces spéculations, citent fréquemment Yâjñavalkya comme autorité, il s'ensuit que le rôle, qu'il joue dans les derniers livres doit lui être faussement attribué. En outre, on assigne à Çândilya (v. ci-dessus) une place analogue dans l'histoire de la pensée indienne ; or, tout ce qu'on sait vraiment de ce dernier, c'est qu'il a été la grande autorité en ce qui concerne le rite compliqué de l'édification, par couches successives, de l'autel mystique du feu : aussi la tradition qui lui attribue une part dans les spéculations relatives à l'Âtman ne mérite guère plus de créance que dans le cas de Yâjñavalkya.

Quand quelqu'un dit : Voici un bœuf, voici un cheval, par cela même il le fait voir. Le Brahman manifeste, sans voiles, l'Âtman qui habite en toute chose, montre-le moi ; l'Âtman, qui habite en toute chose, qu'est-ce que cela, ô Yâjñavalkya ? » Ainsi luttent les adversaires, et les princes écoutent le débat : le vainqueur de la controverse reçoit comme prix les vaches réservées aux Brahmanes, dont les cornes sont recouvertes d'or. — Et à côté de ces brillantes scènes de cour, le texte nous présente encore une autre image : « Le connaissant, lui, l'Atman, les Brahmanes renoncent au désir de la postérité, au désir de la richesse, au désir du monde céleste, et ils se mettent en route comme mendiants. » C'est là le plus ancien indice du monachisme indien[18] ; de ces Brahmanes qui, connaissant l'Âtman, se font mendiants, l'évolution historique nous conduit en droite ligne au Bouddha qui abandonne sa famille et ses biens pour errer à l'aventure, sous la robe jaune de moine, à la recherche du salut. L'entrée en scène de la doctrine de l'Être un et éternel et l'apparition de la vie monastique dans l'Inde sont simultanées : ce sont les deux faces d'un même et considérable événement.

L'ABSOLU ET LE MONDE EXTÉRIEUR

Il nous faut exposer avec plus de détails les conceptions que

---

[18] C'est un fait bien connu que, partout, sur la terre, des sociétés secrètes, fondées sur des rites magiques, se rencontrent très fréquemment chez des peuples qui sont encore à l'état sauvage ou viennent à peine d'en sortir. Aussi se peut-il qu'en fait, — ainsi que j'en ai déjà fait la remarque dans la *Zeitschr. der Deutschen Morgenl. Gesellsch.*, XLIX, p. 480 — nous devions considérer comme appartenant à une secte ces sauvages et extatiques fakirs dont parle le *Rig-Veda* (X, 136 ; cf. ma *Religion des Veda*, p. 406), « ces convulsionnaires aux longs cheveux, vêtus de crasse brune, qui vont dans le souffle du vent, quand les dieux sont entrés en eux. » Qu'à prendre les choses par le dehors, des sectes de cette espèce puissent, sous plus d'un rapport, apparaître comme une forme préliminaire du monachisme dont il est question ici, c'est ce qu'il est aisé de concevoir. Mais au point de vue intérieur, les tendances dominantes, disons mieux, l'essence même de ce dernier en fait une chose si totalement différente qu'il ne sera pas illégitime de parler ici d'un nouveau commencement.

s'est faites l'esprit indien de l'idée de l'Âtman, du Brahman, considéré en lui-même et dans ses relations avec le monde extérieur ; ici commencent déjà à poindre les tendances qui ont donné au Bouddhisme son cachet particulier.

Les doctrines des Brahmanes sur l'Âtman ne constituent pas un système : l'esprit avait bien le courage d'embrasser, dans un hardi coup de main, la totalité de l'univers ; mais il ne se sentait ni la force ni même le besoin d'en faire davantage ; élaborer à ces grandes idées, qu'il avait fait naître comme en se jouant, une forme plus précise et plus claire, se rendre compte des problèmes qu'elles soulevaient en passant, débarrasser les conceptions sérieuses, souvent exprimées avec une éloquence émouvante, de leur alliage de confuses et puériles fantaisies, de tout cela il n'avait cure. L'art d'approfondir, de définir, de démontrer n'existait pas, même à l'état rudimentaire ; à sa place règne le caprice de la pensée qui brille, comme l'éclair, par saillie, sans fondement ni suite, et n'est souvent que pur jeu de mots. Sans cesse on essayait des tours nouveaux, de poétiques envolées et l'on imaginait des similitudes nouvelles pour expliquer l'énigme de l'Âtman ; qu'il fût question du lointain passé des origines du monde ou de l'avenir de l'âme humaine dans l'autre vie, le premier et le dernier mot appartenaient toujours à l'Âtman. Comment s'étonner si, dans cette masse accumulée de pensées, souvent les divergences les plus heurtées se rencontrent côte à côte, sans même qu'on ait peut-être remarqué leur intime contradiction ?

ANCIENNE CONCEPTION DE L'ÂTMAN

Commençons par emprunter un passage à l'un des monuments les plus importants qui nous soient restés de cette époque, aux dernières sections du *Brâhmana des cent sentiers* ; il donne une idée des tâtonnements et des premiers essais de l'esprit spéculatif au sujet de l'Âtman. L'être de qui sont émanés les mondes y porte bien déjà le nom que lui ont donné les temps nouveaux, celui d'Âtman ; mais les pensées gardent encore un cachet de rudesse antique et ne sortent pas de l'ornière du passé. Il est dit :

« Au commencement cela (le Tout) était l'Âtman, et il était semblable à un homme ; il regarda autour de lui et ne vit rien d'autre que lui-même ; il prononça la première parole : « C'est moi » ; de là vient le nom « moi » ; c'est pour cela qu'encore à présent, celui qui est interpellé par un autre, dit tout d'abord : « C'est moi », et ne nomme qu'ensuite l'autre nom qu'il porte... Il eut peur ; c'est pour cela que l'on a peur quand on est seul. Il pensa : « Puisqu'il n'y a rien d'autre que moi, de quoi donc ai-je peur ? » Alors sa peur s'évanouit. Et de quoi donc aurait-il eu peur ? C'est d'un autre que vient la peur. Et il sentit qu'il n'était pas satisfait ; c'est pour cela que l'on ne se sent pas satisfait quand on est seul. Il désira être deux. Il contenait en lui la nature d'un homme et d'une femme, qui se tiennent embrassés. Il divisa cette sienne nature en deux parts : de là vinrent époux et épouse ; c'est pour cela que nous sommes chacun comme une moitié, dit Yâjñavalkya ; c'est pour cela que ce vide (dans la nature de l'homme) est comblé par la femme. Il s'unit avec elle ; ainsi les hommes furent engendrés. »

Et le récit continue ; les deux moitiés, mâle et femelle, de l'Âtman créateur, revêtent successivement, après la forme humaine, la forme de toutes les bêtes et engendrent le règne animal ; enfin l'Âtman fait émaner de lui-même le feu et l'humidité, autrement dit les dieux Agni et Soma :

« Telle est la création supérieure à lui-même du Brahman. Puisqu'il a créé des dieux plus grands qu'il n'est, et puisque lui, mortel, a créé des immortels, il a donc créé supérieur à lui-même. Dans cette création supérieure à lui-même, il trouve sa place, celui qui sait ainsi.

Extérieurement rien ne ressemble plus que le texte qui précède aux vieilles cosmogonies qui débutent : « Au commencement était Prajâpati » ; c'est à peine également si, au fond, cette conception naïve de l'Être primitif s'écarte de l'idée que se faisait le passé de Prajâpati, créateur et seigneur des mondes. L'Âtman ressemble bien plus ici à un homme originel très puissant qu'à un dieu, encore moins au grand Être unique en qui tout autre être vit et se meut. Cet Âtman a peur dans sa solitude, comme un homme ; il éprouve de vagues désirs, comme un homme ; il engendre et enfante comme les hommes. Il y a bien des dieux au nombre de ses créatures, mais ces créatures sont plus grandes que le créateur ; se dépassant lui-même dans ses créations, lui, mortel, donne naissance à des divinités immortelles.

Conception nouvelle de l'Atman
Entretien de Yâjñavalkya et de Maitreyî

A côté de cette cosmogonie plaçons d'autres fragments du même texte.

Yâjñavalkya, le grand Brahmane, est sur le point de quitter sa demeure pour mener la vie errante d'un mendiant. Il partage ses biens entre ses deux femmes. L'une d'elles, « Kâtyâyanî ne savait que ce que savent les femmes ». Mais l'autre, Maîtreyî, lui dit au moment où il s'éloigne : « Si mon avoir emplissait toute la terre, en serais-je pour cela immortelle ? » Il répond : « Ta vie serait comme la vie des riches ; mais d'espoir d'immortalité, la richesse n'en apporte aucun. » Elle dit : « Si je ne puis être immortelle, que me fait tout le reste ? Ce que tu sais, ô Sublime, révèle-le moi. » Et il lui parle de l'Âtman :

— Comme lorsque le tambour est battu l'on ne peut en saisir le son, mais lorsque l'on saisit le tambour ou celui qui en bat, le son aussi est saisi ; — comme lorsque le luth est touché, on ne peut en saisir le son, mais lorsque l'on saisit le luth ou celui qui en touche, le son aussi est saisi ; — comme lorsque la conque est sonnée, on ne peut en saisir le son, mais si l'on saisit la conque ou celui qui en sonne, le son est aussi saisi ; — comme d'un feu où l'on place du bois mouillé, s'échappent en tous sens des nuages de fumée, ainsi en vérité est l'émanation de ce grand être ; c'est le *Rig-Veda*, c'est le Yajur-Veda, c'est le Sâma-Veda, les hymnes des Atharvans et des Angiras, le conte et la légende, la science et la doctrine sacrée, les stances, les préceptes, les gloses et les commentaires : tout cela est son émanation... Comme un morceau de sel que l'on jette dans l'eau se perd dans l'eau et l'on ne peut plus l'en retirer, mais l'eau, où qu'on la puise, est salée, en vérité il en est de même de ce grand être, infini, illimité, plénitude de la connaissance : par ces êtres (terrestres) il se manifeste et avec eux il s'évanouit. Il n'y a pas de conscience après la mort ; écoute, telles sont les paroles que je t'adresse.

Ainsi parla Yâjñavalkya. Et Maitreyî lui dit :

— Il me déconcerte, ô Bienheureux, ce mot sorti de ta bouche : Il n'y a pas de conscience après la mort.

Et Yâjñavalkya parla ainsi :

— Je ne t'expose rien de déconcertant ; cela est aisé à comprendre. Là où il y a une dualité d'êtres, l'un peut voir l'autre, l'un peut sentir l'autre, l'un peut parler à l'autre, l'un peut entendre l'autre, l'un peut penser l'autre, l'un peut connaître l'autre. Mais là où pour un être donné tout s'est ramené à son moi (à l'Âtman), par l'intermédiaire de qui et qui celui-là pourrait-il voir, par l'intermédiaire de qui et qui pourrait-il sentir, par l'intermédiaire de qui et à qui pourrait-il parler, par l'intermédiaire de qui et qui pourrait-il entendre, penser, connaître ? Celui par l'intermédiaire de qui il connaît toute chose, par l'intermédiaire de qui pourrait-il le connaître ? Par l'intermédiaire de qui pourrait-il connaître le connaisseur ? »

Tel est l'entretien d'adieu de Yâjñavalkya avec sa femme : pour ce qui regarde la chronologie extérieure, ces paroles ne sont pas nécessairement postérieures aux spéculations cosmogoniques que nous citions tout à l'heure[19]. Au point de vue du développement intérieur, il s'est accompli d'un texte à l'autre un progrès qui n'est pas loin d'être une révolution. Dans le premier, l'Âtman a peur ; il se parle à lui-même, il connaît le désir, il se laisse comparer à ses créatures pour savoir qui est le plus grand, d'elles ou de lui ; il doit même céder le pas aux plus hautes d'entre elles. A présent l'Âtman s'est dégagé des bornes de toute existence personnelle, analogue à la vie de l'humanité. Y a-t-il place, se demande-t-on à présent, dans la sublime unité de l'Être universel pour la perception, la pensée, la conscience ? — Non, car toute perception repose sur une dualité, sur l'opposition du sujet et de l'objet. Le monde extérieur, dans sa multiplicité sans limites, est un champ ouvert à l'exercice de cette opposition ; mais dans l'Être absolu toute pluralité cesse et avec elle cesse nécessairement toute perception et toute connaissance impliquant pluralité. L'Âtman n'est ni sourd ni aveugle : il est même le grand voyant et le grand entendeur ; c'est lui qui agit dans le monde extérieur au fond de toute perception de la vue et de l'ouïe ; mais dans son domaine propre il ne voit ni n'entend ; car là où règne l'unité absolue, toute opposition entre le voyant et le vu, l'entendant et l'entendu se trouve abolie. On se croirait en présence de l'unité dernière et suprême des Néo-Platoniciens, qui, pour échapper à la dualité, ne peut être conçue ni comme étant l'intellect, ni comme étant l'intelligible, mais dépasse la raison (υπερбεбηκος την νου φυσιν) : l'Âtman aussi, tel que l'entend Yâjñavalkya dans ces paroles d'adieu, est l'impersonnalité transcendante, racine de toute personnalité, plénitude unique de toutes les forces dont la vie personnelle est l'épanouissement ; mais ces forces n'arrivent à se réaliser que dans le monde de la pluralité et non pas dans le royaume de l'Être un, immuable et éternel.

---

[19] Le passage cosmogonique même, que nous avons traduit en partie, expose dans la suite une conception de l'Âtman qui a subi encore plus profondément l'influence des spéculations nouvelles. Ce fait est caractéristique de la manière dont anciens et nouveaux courants d'idées s'entrecroisent dans ce genre de textes.

L'Être unique est l'*ens realissimum* ; il a pour symbole la syllabe d'affirmation *Om*. Mais en même temps son nom est « Non, non », — négation dont la valeur cachée et plus profonde est encore une affirmation[20] ; il est plus haut et plus profond que tout prédicat que l'on pourrait lui appliquer, il est ni grand ni petit, ni long ni court, ni latent ni patent :

« Celui seul qui ne le pense pas, l'a pensé ; quiconque le pense, ne le reconnaît pas ; — il est incompréhensible à celui qui comprend, compréhensible à celui qui ne comprend pas.

Le sage auquel on demande d'enseigner le Brahman, garde le silence. Et lorsque son interlocuteur répète sa question, il répond : « Je te l'enseigne, mais tu ne le comprends pas. Cet Âtman est silence. »

LE NON-MOI

La spéculation n'a pas encore fini sa tâche ; il lui reste à trouver le passage qui de ce fond dernier de l'être la ramènera à l'existence empirique, — à définir les relations de l'Âtman avec le monde extérieur. Y a-t-il dans le monde des sens, en dehors de l'Âtman, autre chose encore qui, de quelque façon d'ailleurs qu'on le doive concevoir, n'est pas l'Âtman ? Ou bien le monde de la multiplicité se résout-il tout entier dans l'Âtman, sans résidu d'aucune sorte ?

D'une façon ou d'une autre, il fallait prendre position à l'égard de cette question sitôt que l'on voulait ouvrir la bouche à propos de l'Âtman et du monde matériel ; toutefois les vieux penseurs indiens ont plutôt effleuré le problème qu'ils ne l'ont

---

[20] Sur ce lien qui apparaît (et non pas seulement dans l'Inde) entre la négation et l'affirmation, voir le bel exposé de W. James, *The Varieties of religious Experience* (10ᵉ éd.), p. 416 et suiv. Il rapproche du « Non, non » des Hindous cette parole de Scot Erigène : « Deus propter excellentiam non immerito Nihil vocatur. »

abordé de face et dans toute sa rigueur. Ce qui leur importe avant tout, c'est de faire reconnaître dans l'Âtman la source unique de toute vie, l'unité de toute multiplicité ; mais là où il s'agit d'exposer une solution au problème de la coexistence ou de l'» intra-existence » de cet « un » et de ce « multiple », ils emploient plutôt le vague langage des similitudes et des paraboles, au lieu d'expressions dont on puisse nettement déterminer la valeur[21].

Avec plus ou moins de précision, certaines expressions donnent plutôt à penser que toute existence n'est qu'Âtman : « Ceci est le Brahman, ceci le Kshatra (puissance inhérente à la caste des Kshatriyas), ceci les mondes, ceci les dieux, ceci les êtres, ceci le Tout, qui est l'Âtman. » Ailleurs il est dit : « Celui-là (l'Âtman) on ne le voit pas, car il est partagé. Quand il respire, il s'appelle souffle ; quand il parle, parole ; quand il voit, œil ; quand il entend, oreille ; quand il pense, esprit. Ce ne sont là que les noms de ses activités. Celui qui ne révère qu'un seul d'entre ces éléments, ne le comprend pas : car il est dispersé entre eux tous. Comme l'Âtman seul et unique, c'est ainsi qu'il faut le révérer, car en lui tous ceux-là deviennent un. » Notons qu'à la différence de bien d'autres passages l'Âtman n'est pas désigné ici comme « l'esprit (*purusha*) qui est dans l'œil » : il ne voit pas par l'intermédiaire de l'œil, instrument de vision distinct de lui-même, il est lui-même œil et oreille. Il ne réside pas dans la multiplicité, il est lui-même la multiplicité[22].

---

[21] Sur la façon dont le problème en question a été traité à une date postérieure par l'école philosophique du Vedânta, représentée par Çankara, voir le Commentaire de ce dernier sur les *Vedântasûtra* I, 4, 23 et sqq. ; cf. Deussen, *System des Vedânta*, 2e éd., p. 240 et sqq.

[22] Les anciennes Upanishads, ou du moins certains passages de ces textes, poussent-elles le développement de l'idée de l'unité jusqu'à cette conception extrême : l'Âtman existe, le monde n'existe pas, il n'est qu'une pure illusion ? Contrairement à Deussen (*Allg. Geschichte der Philosophie*, I, 2, pp. 40, 143 sqq., 208 sqq.) je crois improbable qu'à l'époque dont nous parlons ici, pareille idée ait été vraiment conçue, ne fût-ce qu'avec une précision approximative.

Mais d'autre part, dans nombre de passages, on peut discerner, bien que seulement sous des indications fugitives ou d'indécises comparaisons, l'affirmation, pourtant non équivoque, de l'existence, dans les choses, d'un élément distinct de l'Âtman. L'Âtman, est-il dit, pénètre les choses, comme le sel l'eau où il s'est dissous. « Comme dans le moyeu et dans la jante sont unis tous les rayons, ainsi sont unis dans cet Âtman tous les souffles vitaux, tous les mondes, tous les dieux, tous les êtres, tous les Moi. » Nous pouvons manifestement compléter la pensée : bien qu'aucune goutte de l'eau salée ne soit sans sel, l'eau n'en continue pas moins à avoir une existence distincte du sel. Les rayons de la roue sont assujettis dans le moyeu et dans la jante : les rayons n'en sont pas moins une chose, le moyeu et la jante une autre. Et ainsi nous sommes amenés à cette conclusion : sans doute, l'Âtman nous est donné dans ces comparaisons comme la seule activité, la seule source de lumière, la seule vraie réalité des choses ; mais il reste encore en dehors de lui, dans les choses, un élément qui n'est pas lui. Il est dit :

« Celui qui habite dans la terre, distinct de la terre, que la terre ne connaît pas, dont le corps est la terre, qui mène intérieurement la terre, c'est l'Âtman, le meneur intérieur, l'immortel. Celui qui habite dans l'eau, qui habite dans le feu, qui habite dans l'éther, qui habite dans le vent, qui habite dans le soleil, la lune et les étoiles, qui habite dans l'espace, qui habite dans l'éclair et le tonnerre, qui habite dans tous les mondes, qui habite dans tous les Védas, dans tous les sacrifices, dans tous les êtres, distinct de tous les êtres, que les êtres ne connaissent pas tous, dont tous les êtres sont le corps, qui mène intérieurement tous les êtres, c'est lui, l'Âtman, le meneur intérieur, l'immortel. »

« Il est entré ici (dans le corps) jusqu'au bout des ongles, comme un rasoir qui repose dans son étui, comme un scorpion dans son nid.

Et à un autre endroit du texte auquel ces passages sont

empruntés :

« Par le commandement de cet être immuable se tiennent le ciel et la terre fortement étayés ; par le commandement de cet être immuable se tiennent étayés le soleil et la lune, se tiennent les jours et les nuits, les quinzaines, les mois, les saisons et les années ; par le commandement de cet être immuable coulent les rivières des montagnes neigeuses, les unes vers l'orient, les autres vers l'occident et les autres régions du ciel ; par le commandement de cet être immuable les hommes louent celui qui donne, les dieux celui qui sacrifie, et les mânes prennent place auprès de la cuiller[23].

Citons encore cette stance répétée dans plusieurs textes :

« C'est par crainte de lui que le soleil se lève, par crainte de lui que souffle le vent, — par crainte de lui qu'Agni, Indra et la Mort parcourent le monde.

Si variées que soient les expressions que la pensée revêt dans ces divers passages, elle-même, semble-t-il, ne change pas : l'Âtman est toujours l'unique régulateur de tout ce qui vit et se meut, mais à côté de ce gouverneur de l'univers subsiste, pénétré par sa puissance et cependant contenant un élément qui lui est étranger, le monde des êtres qu'il gouverne.

Ainsi donc il y a une part des choses qui n'est pas l'Âtman ; dès lors la question se pose : comment se représentait-on cette part ? On s'attend tout naturellement à ce qu'elle fût conçue comme étant la matière, comme un chaos, — une « houle qu'on ne saurait connaître », ainsi que s'exprime une fois le *Rig-Veda*, — qui, de soi-même informe, reçoit sa configuration de l'Âtman, source des formes et de la lumière. Nos textes

---

[23] Il s'agit évidemment de la cuiller avec laquelle on offre les oblations aux mânes.

toutefois nous ont conservé bien peu de données à ce sujet : aux yeux de l'Indien la science seule de l'Âtman, indissolublement liée à l'idée de la délivrance de l'âme hors du monde douloureux du fini, prenait une valeur si exclusive que l'autre face du problème s'en trouvait rejetée à l'arrière-plan. Là où il en est question, il semble, à en juger par les expressions que l'on emploie, que l'on imaginait en fait une sorte de chaos, un monde de possibilités dont l'opération de l'Âtman faisait naître les réalités. L'Être qui était seul au commencement des choses, enseigne Uddâlaka à son fils[24], pensa : Puissé-je être plusieurs ! Il fit émaner de lui le feu, le feu fit émaner de lui l'eau, l'eau créa la nourriture : « Alors cette divinité (l'Être) pensa : Or donc je vais entrer dans ces trois êtres avec ce souffle de vie qui m'appartient, et révéler en eux noms et formes. » Et il entre avec son souffle de vie dans le feu, l'eau et la nourriture, en mêle les uns avec les autres les éléments, et c'est ainsi que de ces trois principes, sous l'action de l'Âtman-démiurge s'élabore le monde réel.

Mais ces trois êtres primitifs, créations originelles de l'Âtman, qu'il fait émaner comme quelque chose qui est distinct de lui et en qui par son souffle vivifiant il révèle noms et formes, qu'étaient-ils avant cette révélation ? Évidemment on les concevait comme une sorte de chaos existant et cependant n'existant pas d'une façon pleinement définie ; antérieur au monde que nous voyons, il n'était pourtant pas une éternelle matière allant de pair avec l'éternel Âtman, mais sa première création. Toutefois ces premières tentatives pour arriver à se représenter la matière des choses sont empreintes d'une maladresse palpable. On s'attendrait à trouver dans le chaos, avant que le souffle vivifiant du démiurge ait produit en lui « nom et forme », quelque chose d'informe et de sans nom, lieu de l'indistinction absolue ; et cependant il se trouve déjà

---

[24] *Chândogya-Upanishad*, **VI, 2 et sqq.** — De même, mais avec bien moins de développement, *Çat.-Br.*, XI, 2, 3.

distribué dès le début, sous les trois chefs du feu, de l'eau et de la nourriture (terre) et porte ainsi de prime abord en lui-même un élément de distinction et de désignation. D'autre part, l'Âtman, créateur et principe vivifiant du chaos, ne se trouve pas davantage maintenu ici à cette hauteur d'abstraction logique où nous l'avons vu élevé dans les paroles d'adieu de Yâjñavalkya. Il n'est plus l'être unique et simple, à qui, par le fait même de son unité, doivent rester étrangères toute représentation et toute pensée, comme impliquant la dualité du sujet et de l'objet ; ici il pense, et sa pensée est même : puissé-je devenir une multiplicité ! Ce n'est pas par hasard que les spéculations sur l'Âtman tombent ici bien au-dessous du niveau qu'elles avaient atteint dans les discours de Yâjñavalkya. Elles sont empreintes de grandeur lorsque rien ne les empêche de proclamer, avec un élan sublime, l'idée de l'Un inaccessible à la multiplicité. Mais elles se montrent impuissantes lorsqu'il s'agit de résoudre le problème de l'origine du monde qui nous environne et de la multiplicité émanant de l'unité. Pouvait-il en être autrement ? La pensée, ici, était arrivée devant un abîme sur lequel il n'était pas en son pouvoir de jeter un pont.

Pessimisme. — Métempsychose. — Délivrance

C'est ici le lieu de parler des conclusions que la spéculation indienne tirait de la doctrine de l'unité de l'Être universel en dehors et au sein du monde multiple des phénomènes : quel cas faisait-elle du monde, de la vie et de la mort, et des questions morales qui s'y rattachent d'une manière si étroite ?

Nous sommes ici à la source du pessimisme indien.

La pensée, libérale envers elle-même, avait comblé l'idée de l'Âtman de tous les attributs imaginables, perfections de toutes sortes, unité absolue, plénitude infinie : aussi, par comparaison avec cette unité éternelle, que pouvait paraître le monde de la multiplicité sinon un lieu de dissociation, de limitation et de misère ? On ne se sent plus chez soi ici-bas : ce sentiment si naturel a été détruit d'un seul coup, du jour où la pensée a pesé le monde avec son idéal de suprême unité dans l'autre plateau de la balance et l'a trouvé trop léger ; et ainsi, par une conséquence involontaire, l'exaltation de l'Âtman tourne en une critique toujours plus amère de cette vie. Tout d'abord, à vrai dire, cette note ne se fait entendre que rarement et d'une façon comparativement faible ; mais bientôt elle commence à résonner toujours plus haut et plus douloureusement. Comment entendre célébrer l'Âtman « qui est au-dessus de la faim et de la soif, du chagrin et de la confusion, de la vieillesse et de la mort, sans trouver au fond de ces paroles un retour sur le monde des créatures où faim et soif, chagrin et confusion sont à demeure et où l'homme naît pour vieillir et mourir ? Le moi individuel peut-il avoir ici-bas sa véritable patrie, lui qui ne fait qu'un avec l'Âtman ? Yâjñavalkya dit à Uddâlaka :

« Le voyeur invisible, l'entendeur non entendu, le penseur non pensé, le connaisseur inconnu : il n'y a pas d'autre voyeur, pas d'autre entendeur, par d'autre penseur, pas d'autre connaisseur. C'est ton Âtman, le meneur intérieur, impérissable : *en dehors de lui il n'y a qu'affliction.*

Et ailleurs il est dit :

« De même que le soleil, l'œil de l'univers, demeure éloigné et à l'abri de toute maladie qui attaque l'œil (humain), ainsi l'Unique, l'Âtman qui habite dans tous les êtres, demeure éloigné et à l'abri de la *douleur du monde.*

Ici pour la première fois nous rencontrons cette expression : « la douleur du monde ». Qu'il ait plu à l'Âtman unique et bienheureux de se manifester dans le monde de la multiplicité, du devenir et de la cessation, c'est là une grande infortune : il vaudrait mieux qu'il n'y eût pas de multiplicité. A la vérité, on ne le dit pas ouvertement : on se ferait scrupule d'imputer à l'Être un et bienheureux la responsabilité de la douleur terrestre ni aucune faute ; mais on ne pouvait pas être bien éloigné de cette pensée alors que l'on proposait. à l'homme, comme but suprême de ses efforts, de rendre non avenue pour sa part cette manifestation de l'Âtman et de trouver pour lui-même le passage qui ramène du multiple à l'unité.

Ainsi au monde de l'Âtman bienheureux s'oppose ce monde de douleur : quelle place la spéculation indienne assigne-t-elle aux hommes dans ces deux mondes et entre eux ? — Cette question se rattache intimement à la théorie de la « transmigration des âmes » dont, à ce qu'il semble, les premiers indices se découvrent dans les textes védiques assez peu de temps avant l'apparition de la doctrine de l'Être un et universel.

L'ancienne religion qui trouve son expression dans les hymnes du *Rig-Veda* était restée complètement étrangère à l'idée que la mort réservât à l'âme de nouvelles pérégrinations, des alternatives nouvelles de trépas et de renaissance. Ce n'est pas que l'on n'ait rien à dire sur le séjour des bienheureux : dans le royaume de Yama ceux qui ont franchi le noir chemin de la mort goûtent une joie éternelle,

« Là où plaisir et joie et allégresse et béatitude habitent, — là où le souhait de celui qui souhaite se trouve rempli.

On parle aussi des abîmes de ténèbres et des angoisses qui attendent dans l'autre vie ceux qui font le mal. Mais aucun indice certain ne témoigne que la foi du chanteur rig-védique sache rien de plus : une fois entré dans le monde des bienheureux ou dans celui des ténèbres. éternelles, le sort de chacun est à jamais fixé[25].

---

[25] Sans doute nous rencontrons à l'occasion, dans l'Inde, à côté de la croyance du *Rig-Veda* au ciel et à l'enfer, des traces de vieilles croyances populaires au passage de l'âme des morts en d'autres êtres, comme des animaux ou des étoiles (cf. là-dessus ma *Religion des Veda*, p. 562). Mais il y a loin de là à la croyance en la transmigration

Nous avons exposé comment le temps qui suivit la période du *Ṛig-Veda* se créa une image assombrie du monde : de toutes parts, visibles ou enveloppées de mystérieux symboles, on découvrait des puissances inquiétantes et vagues, en lutte les unes avec les autres et, comme des ennemis menaçants, semant de périls la destinée humaine. Le mysticisme de cette époque élargit également l'empire de la mort : son pouvoir sur les hommes ne s'épuise plus avec le coup unique qu'elle frappe. Tantôt on vient nous dire que sa puissance s'étend jusque dans l'autre monde sur celui qui ne sait pas s'en affranchir au moyen de formules et d'offrandes appropriées, et celui-là, la mort sans trêve le tue et le retue ; tantôt on nous parle d'une légion de puissances de mort dont les unes poursuivent les hommes dans ce monde, les autres au delà de cette vie :

« Celui qui s'en va dans l'autre monde sans s'être affranchi de la mort, de même qu'ici-bas la mort ne connaît aucune loi et, quand elle veut, le tue, dans l'autre monde aussi celui-là sera la proie perpétuelle de la mort. »

Et ailleurs :

« Sur tous les mondes en vérité dominent des puissances de mort ; celui qui ne leur offrirait aucun sacrifice, celui-là la mort le poursuivrait de monde en monde ; mais s'il offre des sacrifices aux puissances mortelles, de monde en monde il

---

des âmes, telle que nous nous en occupons ici, à la croyance en d'interminables transmigrations de toutes les âmes ou du moins de toutes les âmes non délivrées, et cela pendant des existences sans nombre et des espaces de temps sans mesure. On ne saurait répondre avec certitude à la question de savoir si les croyances des populations non aryennes de l'Inde ont pu avoir quelque influence sur la formation de cette théorie de la transmigration des âmes. Que le développement en question puisse s'expliquer tout entier par la marche qu'a suivie la pensée ou la fantaisie des Brahmanes, c'est là dans tous les cas un point qui ne fait pas de doute pour moi. — Les passages du *Ṛig-Veda* où certains savants voient des allusions à la transmigration des âmes, sont, à mon avis, à interpréter autrement ; cf. mes *Notes* au R.V. IV, 42, I ; VII, 33, 9 ; X, 14, 14. — Faut-il voir une allusion de ce genre dans R. V. IX, 113 ? Cf. ma *Lehre der Upanishaden*, p. 27, n. 2.

repousse loin de lui la mort[26].

Les textes où apparaissent pour la première fois ces fantaisies désolantes reviennent assez souvent à l'idée lugubre du recommencement de la mort. Quelle influence une pareille théorie a dû exercer sur le sentiment religieux ! L'esprit humain peut bien supporter l'idée de voir un jour sa destinée décidée une fois pour toutes et fixée pour l'éternité ; mais lutter sans jamais faire trêve contre le pouvoir toujours renaissant de la pâle mort, — quel cœur assez hardi aurait pu ne pas frissonner à cette pensée, devant la stérilité de cette perpétuelle agitation ? N'oublions pas, d'autre part, quel contraste s'établissait dans l'esprit entre le monde bienheureux de l'unité et du repos et ce monde changeant et multiple : nous comprendrons ainsi comment l'affreuse perspective d'avoir à remourir n'aura pas peu contribué à peindre sous de sombres couleurs le domaine du multiple, comme un séjour infortuné, en proie à la douleur.

Mais une pensée comme celle de ces morts toujours nouvelles qui dans des existences futures attendent les mortels, ne saurait guère venir à l'esprit sans y appeler aussitôt une idée qui la complète ou la neutralise, celle de la « Délivrance de la mort » : sinon l'on aboutirait au désespoir. Aussi se garde-t-on, dès le début, d'imaginer la transmigration des âmes comme une nécessité inéluctable à laquelle la vie humaine serait livrée sans recours. En même temps que la croyance à la métempsychose apparaît, au contraire, comme son complément nécessaire, l'idée qu'une issue s'ouvre à l'âme pour échapper à l'empire de la mort : dans la vie religieuse la notion et le mot de

---

[26] Cette idée de la « remort » impliquait-elle, dès le début, le retour consécutif à de nouvelles existences terrestres ? Voici le passage d'un Brâhmana qui permet de répondre affirmativement à cette question :
« De l'hiver, en vérité, surgit, en renaissant, le printemps. Car de celui-là celui-ci revient de nouveau à l'existence. Il revient, en vérité, à une nouvelle existence en ce monde, celui qui sait ainsi » (c'est-à-dire celui qui connaît l'interprétation mystique d'un certain rite).

« Délivrance » tendent dès lors à passer au premier plan.

Les phases par lesquelles passe en ce temps-là, dans une progression rapide, la pensée brahmanique, se reflètent l'une après l'autre dans la façon dont est conçue l'idée de la Délivrance.

Tant que l'on n'a pas encore trouvé le passage du dédale confus des symboles grotesques et sans formes à l'idée de l'Âtman, de l'Être un et universel, les conceptions que l'on se fait de la Délivrance, portent, elles aussi, ce cachet d'arbitraire, de fantaisie et d'extériorité qui est caractéristique des productions intellectuelles de ce temps. Le sacrifice étant la grande puissance et le grand symbole fondamental de tout ce qui est et de tout ce qui arrive, c'est encore à lui que l'homme doit de pouvoir briser les liens de la mort ; et à côté du sacrifice lui-même, la science sacrée du sacrifice a le même pouvoir libérateur. De tous, le plus efficace est le sacrifice journalier aux deux dispensateurs de la lumière, celui du jour et celui de la nuit, le sacrifice du matin au soleil et le sacrifice du soir à Agni, le soleil nocturne, tous deux accompagnés d'une offrande silencieuse à Prajâpati, le seigneur des créatures. Dans le soleil habite la mort : les rayons du soleil sont les rênes avec lesquelles la mort a le pouvoir de retirer à soi le souffle vital des hommes :

« Quand au soir, après le coucher du soleil, il offre les deux offrandes, il prend position avec les deux quarts antérieurs (de son être) dans cette puissance de mort (c'est-à-dire le soleil) ; quand au matin, avant le lever du soleil, il offre les deux offrandes, il prend position avec les deux quarts postérieurs (de son être) dans cette puissance de mort. Quand celui-ci se lève, il l'emporte avec lui en se levant ; ainsi il se délivre de cette mort. Telle est la délivrance de la mort qui se fait dans le sacrifice de l'Agni-hotra. Il s'affranchit du retour de la mort celui qui connaît ainsi cette délivrance de la mort par l'Agni-hotra.

Et dans un autre endroit :

« Ceux qui ont cette connaissance et célèbrent ce sacrifice, ceux-là renaîtront après la mort ; ils renaîtront pour ne plus mourir. Mais ceux qui n'ont pas cette connaissance ou ne célèbrent pas ce sacrifice, ceux-là renaîtront après la mort et seront de nouveau et à jamais et sans trêve une pâture pour la mort.

Tels sont, sous la forme fantastique et merveilleuse qu'elle revêt tout d'abord, les débuts de la croyance à la transmigration des âmes et à la Délivrance de la mort. Au temps où ces pensées commençaient à se faire jour, des événements allaient entrer en scène qui devaient donner au monde idéal des Brahmanes un aspect tout nouveau : c'est à ce moment même que la spéculation s'attachait à saisir dans l'Âtman-Brahman l'Être éternel, impérissable, source de toute existence. Sitôt, ce pas franchi, un champ s'ouvrait où transplanter les idées de la mort et de la Délivrance et où elles pouvaient puiser une valeur intrinsèque nouvelle. Ici, comme d'eux-mêmes, les différents éléments de la spéculation se combinent en un tout où ne se laisse plus deviner aucune suture. D'un côté un dualisme : le Brahman éternel, à la fois fondement de toute existence et véritable essence de l'esprit humain (Brahman=Âtman), et, en face de lui, le monde périssable de la douleur et de la mort ; de l'autre côté, un contraste analogue entre l'âme non délivrée que la mort tient dans ses liens et tiraille sans trêve d'une existence à l'autre, et l'âme délivrée qui a vaincu la mort et atteint le terme de ses courses vagabondes. Mettez en présence ces deux suites de pensées, le résultat de la combinaison ne pouvait être douteux : les pérégrinations de l'âme à travers les royaumes de la mort deviennent le fruit de sa désunion d'avec le Brahman ; la Délivrance est l'unification de l'âme avec le Brahman, sa véritable essence. Cette unité n'existe pas tant que l'esprit humain se comporte en pensée et en volonté comme un citoyen du monde de la multiplicité : aussi longtemps il reste soumis à la loi qui régit ce monde, la loi de la naissance et de la mort. Mais que tout regard, tout désir tourné vers la multiplicité se trouve dompté, l'esprit retourne « de ce qui n'est pas vrai à ce qui est vrai, des ténèbres à la lumière, de la mort à l'immortalité », il retourne à la source de toute vie, au Brahman.

L'*Alharva-Veda* dit :

« Sans désir, sage, immortel, existant par lui-même, se rassasiant du suc de la vie, sans défaut, celui-là ne craint pas la mort qui le connaît, lui, le sage Âtman, qui ne vieillit pas, le toujours jeune.

Et dans une Upanishad il est dit :

« C'est comme si l'on emmenait un homme du pays de Gandhâra avec les yeux bandés et qu'on l'abandonnait ensuite dans la solitude ; ayant été amené et abandonné les yeux bandés, il errerait vers l'Est, ou le Nord, ou le Sud ; jusqu'à ce qu'enfin quelqu'un lui enlèverait son bandeau et lui dirait : « Dans cette direction est le pays de Gandhâra, dans cette direction tu dois aller » ; et lui s'informerait de bourg en bourg, et, sage et avisé, parviendrait au Gandhâra ; il en est de même ici-bas d'un homme qui a un sage précepteur, car il sait : « Aussi longtemps seulement j'appartiendrai à ce monde, que je ne serai pas délivré ; ensuite je parviendrai à mon but.

Le *Brâhmana des cent sentiers* dit :

« Comme une tisseuse détache un morceau d'une étoffe multicolore et crée un autre, un nouveau, un plus beau modèle, de même l'âme (dans la mort) laisse ce corps tomber et sombrer dans l'ignorance, et revêt une autre, une nouvelle forme de Mânes ou de Gandharvas, de la nature de Brahma ou de Prajâpati, soit divine, soit humaine, soit de quelque autre être... Tel il a agi, tel il s'est conduit, tel il est alors : celui qui fait le bien devient un être bon, celui qui fait le mal, un mauvais ; par des œuvres pures, il devient pur, méchant par de méchantes.... Il en est ainsi de celui qui est enfoncé dans le désir. Mais celui qui ne désire plus ? Celui qui est sans désir, qui est affranchi du désir, qui ne désire que l'Âtman, qui a obtenu son désir, du corps de celui-là les souffles vitaux ne s'échappent pas (dans un autre corps), mais ici ils se concentrent ; il est le Brahman et il retourne au Brahman. C'est ce que dit cette stance : « Quand il s'est affranchi de tout désir de son cœur, — le mortel, dès ce monde, entre immortel dans le Brahman.

« Désir » (*kâma*) et « œuvres » (*karman*), tels sont les noms donnés ici aux puissances qui retiennent l'âme dans les limites du fini. Au fond, les deux choses n'en font qu'une. Il est dit dans le même texte, auquel nous avons emprunté ces citations :

« Du désir dépend la nature de l'homme. Tel est son désir, telle est sa volonté ; telle est sa volonté, telles sont ses œuvres (*karman*) ; telles sont ses œuvres, telle est l'existence qui lui échoit.

Sous la forme où elle apparaît ici, l'idée de la sanction morale a constitué pour de longs siècles, chez les Bouddhistes aussi bien que chez les Brahmanes, l'un des principes fondamentaux de la pensée religieuse : c'est la doctrine du « karman », de l'œuvre. Le karman est la puissance ou, on pourrait dire, le puissant mécanisme universel qui règle à l'avance le cours des migrations de l'âme d'existence en existence et qui donne satisfaction dans des existences ultérieures au besoin, si rarement satisfait dans la vie présente, d'une répartition équitable des destinées. Certes, l'idée de la rémunération des mérites acquis remonte à des sources anciennes ; cependant, nos textes font entrevoir que c'est à l'époque en question que, pour la première fois, cette doctrine a été approfondie et embrassée dans toute son ampleur. Ainsi, dans un certain sens, elle offre quelque chose de nouveau ; celui qui la connaît a le sentiment de posséder un mystère ; il n'en parle qu'en secret, et dans le tête-à-tête. C'est ce qui arrive, par exemple, dans la grande controverse dont le *Brâhmana des cent sentiers* nous a conservé le récit. Parmi les adversaires, qui avec leurs questions essayent de mettre en défaut le sage Yâjñavalkya, Jâratkârava Ârtabhâga s'avance :

« Yâjñavalkya ! demande-t-il, quand l'homme meurt, sa voix s'en va dans le feu, son souffle dans le vent, son œil au soleil, sa pensée à la lune, son oreille aux régions du ciel, son corps à la terre, son moi à l'éther, son poil aux plantes, sa chevelure aux arbres ; son sang et sa semence se déposent dans les eaux. Mais où demeure alors l'homme lui-même ? — Donne-moi ta main, ami (telle est la réponse) ; Ârtabhâga, cette connaissance n'est faite que pour nous deux. Pas un mot là-dessus parmi le peuple. » Et tous deux se retirèrent à l'écart et conversèrent ensemble. Et ce dont ils parlaient, ils parlaient des œuvres (*karman*) ; et ce qu'ils proclamaient, ils proclamaient les œuvres : par des œuvres pures l'homme devient pur (heureux), mauvais (malheureux) par des œuvres mauvaises. »

Mais il n'est point d'œuvre qui puisse conduire au monde de la Délivrance et de la béatitude, à la réunion avec le Brahman. Les bonnes œuvres mêmes restent emprisonnées dans la sphère du fini ; elles reçoivent leur récompense, mais la récompense de ce qui est passager ne saurait être que passagère. L'éternel Âtman est élevé aussi bien au-dessus de la récompense que de la punition :

« Il est au delà de l'un et de l'antre, lui, l'immortel, au delà du bien et du mal ; ce qui a ou n'a pas été fait, il ne s'en met pas en peine ; aucune œuvre n'affecte son empire.

Ainsi Œuvres et Délivrance sont deux notions qui s'excluent ; le dualisme de l'impermanence et de l'éternité, qui domine alors toute pensée, imprime dès l'abord à l'idée de la Délivrance et aux conséquences morales qui en découlent ce caractère négatif : la voie la plus haute ne consiste pas à déployer dans le monde telle ou telle forme d'activité, mais à se détacher entièrement du monde.

La béatitude de la perfection qui a dépouillé toute idée d'action ou d'omission, toute notion de bien ou de mal, a dans cette vie terrestre son prélude et son image : c'est l'état du plus profond sommeil, quand le monde, qui aux heures de veille entoure l'esprit, s'est évanoui pour lui et qu'il ne lui apparaît même aucun rêve ; quand il dort

« Comme repose un enfant ou un grand Brahmane qui a atteint le comble de la félicité. » « Quand celui qui est endormi ne sent plus de désir et ne voit aucun songe, c'est l'état où il ne désire que l'Âtmân, où il a atteint son désir, où il est sans désir. »

Plus tard on s'attacha avec une prédilection particulière à dépeindre ces états d'âme où l'on s'abîme au plus profond de soi-même : perception et sentiment, espace et monde objectif s'évanouissent alors de l'esprit, et celui-ci flotte dans l'espace intermédiaire entre ce monde transitoire et le Nirvâna. Des considérations sur ces extases contemplatives comptent parmi les thèmes favoris des discours que la Communauté bouddhique a placés dans la bouche de son maître. N'aurait-on pas le droit de reconnaître ici le premier degré de ces idées ? Si l'on cherche, en effet, un symbole terrestre du retour à l'Être un et universel, tant que l'on ne s'avise pas de recourir à ces états morbides de demi ou de totale inconscience, l'exemple le plus approchant qu'on en puisse donner n'est-il pas le calme d'un sommeil profond et sans rêves ?

Jusqu'ici nous avons vu l'opposition entre l'état de délivré et celui de non-délivré liée à l'opposition entre le désir et l'absence de désir. L'on trouve souvent la même pensée exprimée avec cette différence qu'au lieu du désir, c'est la « connaissance » et l' » absence de connaissance » que l'on charge de décider des destinées dernières de l'âme — entendez la connaissance de l'unité en laquelle le moi individuel et tous les êtres se réunissent au sein du Brahman, et d'autre part l'enfoncement dans la contemplation de ce monde transitoire en tant que multiplicité. Ceux qui ne connaissent pas ressemblent à ceux « qui vont et-viennent sans cesse au-dessus d'un trésor caché, sans en connaître l'emplacement, et ne le trouvent pas ». Il en va tout autrement pour celui qui a réussi à faire la découverte incomparable :

« Là où tous les êtres sont ramenés au moi, pour *celui qui connaît*, comment y aurait-il illusion, comment y aurait-il chagrin pour celui qui a les yeux fixés sur l'unité ? » « Celui qui a découvert et *reconnu* (*pratibuddha*) l'Âtman qui habite dans les ténèbres corporelles, celui-là crée tout, car il est le créateur de l'univers ; le monde est à lui, il est lui-même le monde... Ceux qui connaissent le souffle du souffle, et l'œil de l'œil, l'oreille de l'oreille, la nourriture de la nourriture, la pensée de la pensée, ceux-là ont reconnu le Brahman, très ancien, très haut, que la pensée seule peut atteindre ; il n'y a pas en lui de diversité. A la mort de la mort[27] il va, celui qui découvre ici quelque diversité ; la pensée seule peut l'apercevoir, cet Impérissable, Éternel.

Ainsi la Délivrance repose tantôt sur l'anéantissement du désir, tantôt sur la connaissance du Brahman : mais on ne voyait là qu'une double façon d'exprimer une seule et même pensée :

« Si l'homme connaît l'Âtman[28] (et dit) : « voilà ce que je suis », que pourrait-il souhaiter, pour l'amour de quel désir pourrait-il s'attacher à la vie corporelle ?

La première chose à faire est de connaître : la connaissance obtenue, le désir s'éteint de lui-même. Réciproquement, la racine la plus profonde de l'attachement à ce monde passager est l'ignorance.

Nous nous trouvons ici pleinement engagés déjà dans les

---

[27] Ceci, bien entendu, ne veut pas dire « cessation de la mort ». « La mort de la mort » désigne le degré plus élevé de la « mort », comme, précédemment, « le souffre du souffle », etc.

[28] Ces mots signifient en même temps : « Si l'homme se connaît lui-même. »

mêmes cercles de pensées où se meut la doctrine du Bouddha. La question qui fait le fond des idées bouddhiques sur la Délivrance est déjà posée ici exactement sous la même forme, et il lui est fait la même double réponse. Qu'est-ce qui enchaîne l'âme dans le cycle de la naissance, de la mort et de la renaissance ? Le Bouddhisme aussi répond : Le désir (la « soif ») et l'ignorance. De ces deux maux, le plus profond est l'ignorance, le premier anneau de cette longue chaîne de causes et d'effets qui se déroule dans la destinée douloureuse du monde. Le savoir est-il obtenu, toute douleur est anéantie. Quand, sous l'arbre de la Science, le Bouddha est parvenu à la connaissance qui délivre, il s'écrie :

« Quand se dévoile le règne de l'ordre éternel, — aux ferventes méditations du Brahmane, — il terrasse les légions du Tentateur, — pareil au soleil qui rayonne à travers les nuages.

La spéculation brahmanique devance ici le Bouddhisme pour la langue aussi bien que pour les idées. Déjà l'on commence à se servir de ces mêmes tournures de phrases qui, plus tard, dans la bouche des disciples du Bouddha, devinrent l'expression stéréotypée des conceptions religieuses du Bouddhisme. Quand dans le *Brâhmana des cent sentiers* on proclame délivré celui qui a connu l'Âtman, on se sert, pour rendre l'idée de « connaître », du mot *pratibuddha* qui signifie aussi « s'éveiller » : c'est le mot qu'ont coutume d'employer les Bouddhistes quand ils nous racontent comment le Bouddha, en une heure solennelle, a, sous l'arbre *açvattha*, connu la vérité ou s'est éveillé à la vérité, source de la Délivrance ; c'est de ce mot encore qu'est formé celui de « Bouddha », c'est-à-dire « Celui qui connaît », « Celui qui s'est éveillé ».

Il est fort douteux que le fondateur de la confrérie bouddhique ait jamais connu autrement que par ouï-dire un seul des textes qui contenaient les spéculations des Brahmanes sur le pouvoir libérateur de la science. Mais le fait reste certain : le Bouddhisme a reçu en héritage du Brahmanisme non seulement une série de ses dogmes les plus importants, mais, ce qui n'est pas moins significatif pour l'historien, ce je ne sais quoi, plus facile à entendre qu'à définir, qui donne le ton à sa pensée et à son sentiment religieux.

Quand le Bouddhisme s'engage dans cette grande entreprise d'imaginer un mode de salut où l'homme se sauve lui-même et de créer une religion sans Dieu, la spéculation brahmanique a déjà préparé le terrain pour cette tentative. La notion de la divinité a reculé pas à pas ; les figures des anciens dieux s'effacent, pâlissantes : le Brahman trône dans son éternelle quiétude, très haut, au-dessus des destinées de ce monde terrestre ; et, en dehors de lui, il ne reste plus qu'une seule personne à prendre une part active à la grande œuvre de la Délivrance, à savoir l'homme ; c'est en lui-même que l'homme trouve la force de s'échapper de ce monde, séjour désespéré de la douleur.

Chaque peuple crée ses dieux à son image. Un peuple qui a une histoire se crée des dieux dont la puissance se marque dans son histoire, qui combattent avec lui ses batailles, qui gouvernent avec lui l'État. Saint est le Dieu d'Israël et devant sa majesté flamboyante le cœur de l'homme s'abîme en adorations et en louanges, et cependant il s'approche de lui, comme s'il priait un père, avec la confiance d'un enfant ; les hommes disparaissent devant sa colère, sa miséricorde s'étend sur les enfants et les enfants des enfants jusqu'à la millième génération. Et le Dieu du penseur brahmanique ? Il est l'infinie Unité ; devant lui toute aspiration humaine se tait ; en lui toute couleur pâlit, tout son expire. Ni cantiques, ni prières, ni espérance, ni crainte, ni amour. Le regard de l'homme est tourné fixement au dedans de lui-même ; il scrute les profondeurs de son être jusqu'à ce que se révèle à lui l'identité de son moi avec l'éternelle Unité ; le penseur, pour qui le voile s'est levé, découvre, d'après des paroles énigmatiques et profondes, le voyeur qui n'est pas vu, l'entendeur qui n'est pas entendu : et pour connaître cet être mystérieux les Brahmanes abandonnent richesses et foyers, femmes et enfants, pour errer en mendiants à travers le monde.

LE TENTATEUR. — LE DIEU BRAHMA
LE BOUDDHISME ET LA PHILOSOPHIE SÂNKHYA

Jusqu'ici nous ne nous sommes occupés dans notre exposé que des articles fondamentaux de cette conception religieuse ; comment, autour de ces pensées centrales, sont venues successivement se grouper les autres idées, images ou expressions que le Bouddhisme a reçues en héritage de la spéculation brahmanique, c'est ce dont la tradition ne nous permet qu'imparfaitement de nous rendre compte. Si nous exceptons les plus anciens textes où la doctrine de l'Âtman se trouve fondée et qui nous ont fourni jusqu'ici les éléments de notre exposé, nous sommes réduits le plus souvent à des conjectures sur la question de savoir lesquelles de nos sources peuvent, ou non, être regardées comme antérieures au Bouddha. Dans nombre de cas nous ne pouvons que conjecturer, sous toutes réserves, si les idées et les expressions de ces textes, dans leur concordance avec le Bouddhisme, en préparent l'avènement ou en ont, au contraire, subi postérieurement l'influence. C'est dans ces conditions que nous pourrions revendiquer une origine antérieure au Bouddhisme pour la *Kâthaka-Upanishad* : sans parler des raisons de pure forme[29], ce poème reflète dans son âpre grandeur tout le sérieux et toute l'étrangeté de ce temps si profondément replié sur lui-même[30]. Or, si la question de l'âge de cette Upanishad est ainsi correctement tranchée, celle-ci renferme une importante contribution à la préhistoire du Bouddhisme : nous retrouvons, en effet, ici, sous les traits de Mrityu, le dieu de la mort, le Satan

---

[29] Qu'il me soit permis de renvoyer ici à mes recherches de métrique (*Zeitschrift der d. morgenländischen Gesellschaft*, XXXVII, p. 57 et sqq). Voir encore ma *Lehre der Upanishaden*, p. 351, n. 127.
[30] Cela est vrai du moins de ses parties essentielles et fondamentales.

du monde bouddhique, Mâra, le démon tentateur, l'ennemi mortel du Sauveur. L'identité de la conception transparaît, à ne pouvoir s'y tromper, à travers la différence du cadre ; et, sans contredit, le poème védique nous a conservé cette image, qui lui est commune avec les légendes bouddhiques, sous une forme évidemment beaucoup plus primitive. L'Upanishad débute ainsi :

Uçant, fils de Vâjaçravas, donna tout son bien[31]. Il avait un fils qui se nommait Naciketas. En celui-ci, qui n'était encore qu'un enfant, quand on se fut éloigné avec les présents[32] s'éveilla la foi[33]. Et il se mit à penser. « Ces vaches qui boivent de l'eau, mangent de l'herbe, qui sont traites, dont la force s'épuise, — en vérité, ils sont dits sans bénédictions les mondes auxquels l'homme arrive, qui fait de tels dons[34]. »

Et il dit à son père : « Père, à qui me donneras-tu ? » Et il refit une deuxième et troisième fois la même question. Et son père lui dit : « Je te donne à la mort. »

Le fils. — Beaucoup me précèdent, beaucoup me suivent dans le chemin de la mort. — Le prince de la mort qu'a-t-il à faire, que fera-t-il aujourd'hui de moi ?

Le père. — Regarde en avant, regarde en arrière ; une même fatalité règne ici comme là. — La destinée de l'homme est pareille au blé qui mûrit, tombe et repousse.

---

[31] Il le distribua aux prêtres comme salaire du sacrifice.

[32] A savoir tout le bien de son père, avant tout les vaches.

[33] Par « foi » il faut entendre ici le sentiment de croyance confiante qui se traduit par des dons aux prêtres en qui on a placé sa confiance. V. *Zeitsch. der d. m. G.*, L, p. 448 et sqq.

[34] Les récompenses que l'on obtient en retour de dons terrestres, comme des vaches, ne sont rien.

Le poème passe ce qui arrive aussitôt après. Naciketas descend au royaume de la mort. Yama, le dieu de la mort, ne le voit pas, et ainsi le laisse passer trois jours dans son royaume sans lui rendre les honneurs de l'hospitalité :

Les serviteurs du dieu de la mort. — C'est un feu flamboyant que le Brahmane qui entre comme hôte dans la maison. — Yama, présente de l'eau à l'hôte : ainsi l'on apaise l'ardeur du feu. — Ses espérances et ses souhaits, ses amitiés et toute joie, et le fruit de ses œuvres et ses fils et son bétail, — il les détruit, le Brahmane, chez l'insensé, dans la maison de qui il demeure comme hôte sans recevoir de nourriture.

Yama (le dieu de la mort). — Sans nourriture, en ma maison, pendant trois nuits, ô Brahmane, hôte vénérable, tu es resté. — Honneur à toi, et que le malheur s'écarte de moi ! Trois de tes souhaits, je te les accorde ; choisis !

Naciketas choisit comme premier souhait que son père l'accueille sans rancune à son retour du royaume des morts. Il demande en second lieu au dieu de la mort de lui découvrir les mystères du feu du sacrifice à l'aide duquel l'homme gagne le monde du ciel : le dieu lui enseigne la science de ce feu et décide que celui-ci portera désormais parmi les hommes le nom de feu de Naciketas. Reste le troisième souhait :

Naciketas. — Le doute s'élève sur la destinée des morts : « Ils sont », dit l'un ; « ils ne sont pas », dit l'autre. — Révèle-le moi, que je le sache ; c'est là le troisième souhait que je choisis.

Le dieu de la mort. — Ce secret, les dieux eux-mêmes ont jadis cherché à le découvrir ; difficile à saisir, obscur est ce mystère. — Choisis un autre don, ô Naciketas, n'insiste pas sur celui-là ; rends-moi ma parole.

Naciketas. — C'est un mystère même pour les dieux, dis-tu, et tu l'as déclaré, ô Mort, difficile à comprendre. — Je ne retrouverai jamais personne qui puisse me le révéler comme toi ; il n'est pas d'autre don qui puisse remplacer pour moi celui-ci.

Le dieu de la mort. — Des enfants riches d'années et des enfants de tes enfants, choisis, et de l'or, et du bétail, des éléphants et des chevaux ; — choisis l'empire de cette vaste terre, et que ta vie dure aussi longtemps que tu peux le désirer.

Si ceci te paraît l'équivalent de ton désir, choisis la richesse, choisis la longue vie. — Règne, ô Naciketas, sur la large terre ; de toute jouissance je te fais jouisseur.

Difficile à atteindre pour les mortels, il n'importe ; choisis tout plaisir que désire ton cœur. Ces jeunes filles avec leurs harpes, avec leurs chars, plus belles que les hommes n'en peuvent obtenir, — je te les donne pour qu'elles t'appartiennent : mais, ô Naciketas, ne m'interroge pas au sujet de la mort.

Naciketas. — Toutes ces choses sont bonnes pour aujourd'hui et demain, car elles usent chez l'homme la vigueur des sens ; — la vie entière est bien vite passée ; garde pour toi chevaux et chars, chansons et danses. — Ce n'est pas la richesse qui fait le bonheur de l'homme ; que nous fait la richesse, quand tu es devant nos yeux ? — Combien de temps vivrons-nous, tu en es le maître ; c'est ce souhait et ce souhait seul que je choisis. — Ce sur quoi l'homme se sent rempli de doutes, enseigne-nous, ô Mort, ce qui arrive dans le vaste au-delà. — Ce souhait, qui pénètre dans le monde des mystères, ce souhait est le seul que choisisse Naciketas.

La résistance du dieu de la mort est vaincue : il se rend aux désirs de son infatigable questionneur. Dans des directions très divergentes s'en vont les deux chemins de la science et de l'ignorance. Naciketas a choisi la science : la profusion des plaisirs ne l'a pas séduit. Ceux qui prennent le sentier de l'ignorance errent sans terme à travers l'au-delà, comme des aveugles conduits par des aveugles. Le sage qui connaît l'Être un, éternel, l'ancien dieu qui habite dans les profondeurs, ne ressent plus ni douleur ni joie, s'affranchit du bien et du mal, et du présent et du futur. Telle est la réponse de Yama aux questions de Naciketas.

L'étrange tableau que nous a laissé cette grande période de la pensée et de la poésie de l'Inde ancienne : Un Brahmane qui descend aux enfers, et, sans se laisser émouvoir par aucune promesse de plaisirs passagers, arrache au dieu de la mort le secret de la vie future.

Passons maintenant de ce poème védique à l'examen de la légende bouddhique.

A travers des siècles sans nombre, celui qui est prédestiné à devenir un Bouddha poursuit la recherche de cette connaissance qui doit le délivrer de la mort et de la nécessité de renaître. Il a pour ennemi Mâra, le Malin. Le dieu Mrityu promet à Naciketas l'empire de vastes royaumes, s'il veut renoncer à la connaissance de l'au-delà : de même Mâra offre au Bouddha l'empire de la terre, s'il devient infidèle à sa carrière de Bouddha ; Mrityu propose à Naciketas des nymphes d'une beauté surnaturelle : le Bouddha de même est tenté par les filles de Mâra qui ont nom Concupiscence, Inquiétude, Volupté. Tous deux d'ailleurs, Naciketas comme le Bouddha, résistent à toutes les séductions et obtiennent la science, qui les affranchit de la mort. Le nom de Mâra est essentiellement le même mot que Mrityu[35] ; le dieu de la mort est en même temps le prince de

---

[35] Les deux mots signifient « mort » et dérivent de la même racine *mar* « mourir ». En maints endroits du *Dhammapada* la tournure de la phrase fait ressentir clairement l'identité de Mâra et de Mrityu (pâli *maccu*) ; comparez (v. 34) *Mâradheyyaṃ pahâtave* avec (v. 86) *Maccudheyyaṃ suduitaraṃ* ; (v. 46) *chetvâna Mârassa papupphakâni adassanaṃ maccurâ-jassa gacche* ; cf. encore le v. 57 avec le v. 170. Voyez aussi **Mahâvagga, I, 11, 2** et le vers final du *Cûlagopâlakasutta* (*Majjh. Nik.*, 34). La littérature des Jaïnas fournit

ce monde, le grand maître des plaisirs terrestres, l'ennemi de la science : car le plaisir, pour les Brahmanes aussi bien que pour les Bouddhistes, est la chaîne qui retient captif dans le royaume de la mort, et la connaissance est le pouvoir qui brise cette chaîne. En un sens le dieu de la mort apparaît comme le tentateur qui excite au faste et au plaisir : dans la légende bouddhique cet aspect particulier, personnifié dans Mâra, passe si bien au premier plan que le caractère originel du dieu de la mort s'en efface presque. Le poème plus ancien de la Kâthaka-Upanishad maintient encore clairement la nature véritable de Mrityu ; mais, au moment où il nous le montre, nous pouvons déjà saisir en lui le point de départ de cette transformation du prince de la mort en tentateur.

LE DIEU BRAHMA

En même temps que Mâra, nous trouvons souvent nommé dans le style stéréotypé des Bouddhistes un autre être divin dont la première idée s'est formée également vers la fin des temps védiques, nous voulons parler du dieu Brahma. La figure de Brahma[36] est née de cette idée du Brahman dont le développement a occupé plus haut notre attention. Rien ne peint mieux la puissance avec laquelle dans l'Inde les spéculations les plus abstraites des écoles agissaient sur les idées du peuple entier, que de voir le Brahman, l'absolu sans couleurs ni forme, devenir un élément important de la foi populaire. Sans doute ce ne fut pas sans que la pensée perdît beaucoup de sa pureté originelle ou fût même, à vrai dire, perdue de vue. « La chose en soi en tant que telle » était décidément un dieu par trop abstrait, même pour les Indiens. Le nom neutre en se personnifiant devint masculin ; du Brahman sortit le dieu

---

des analogues, par exemple *Âyâraṃga-Sutta*, I, 3, 1, 3. Je renvoie également à Windisch, *Mâra und Buddha* (1895), p. 186.

[36] Nous écrivons ainsi par convention le nom du dieu Brahman (nominatif : Brahmâ) pour mieux le distinguer du Brahman neutre. (N. du trad.)

Brahma, « l'aïeul des mondes », le premier-né des êtres.

Nous ne pouvons tenter de donner ici une image plus détaillée de cette pénétration si caractéristique dans la conscience populaire d'un concept spéculatif : nous manquons presque complètement de documents à ce sujet. La seule chose que nous sachions avec certitude, c'est que non seulement le travail en question était déjà accompli à l'époque du Bouddhisme primitif, mais qu'il devait même s'être écoulé un certain intervalle depuis son accomplissement. Il n'y a peut-être pas d'être divin plus familier à l'imagination des Bouddhistes que Brahma Sahampati ; à tous les moments importants de la vie du Bouddha ou de ses fidèles il a coutume de quitter son « ciel de Brahma » et d'apparaître sur la terre comme le très humble serviteur des saints. Ce n'est pas tout : de ce Brahma principal l'imagination a tiré des classes entières d'autres dieux Brahma qui ont leur siège dans des cieux de Brahma différents — une preuve entre tant d'autres de l'impossibilité qu'il y a à ce que les textes védiques, où se trouve l'origine de la doctrine de l'Être un et universel, soient d'un âge voisin du Bouddhisme ; à l'époque bouddhique, du Brahman neutre était déjà sorti le dieu Brahma, et du dieu Brahma tout un système de divinités homonymes[37].

---

[37] Rappelons que la période prébouddhique ne comportait pas encore, à côté du culte de Brahma, de cultes analogues de Vishnu et de Çiva tels que les a conçus l'hindouisme plus tardif ; on en trouve tout au plus quelques ébauches insignifiantes.

LA PHILOSOPHIE SÂNKHYA

Nous ne pouvons clore notre essai sur la préhistoire de la pensée bouddhique sans toucher, au moins brièvement, à un problème dont il a été beaucoup question récemment : nous voulons parler du rapport entre le Bouddhisme et la philosophie Sânkhya[38] qui a joui d'une telle influence dans l'Inde postérieure. Devons-nous faire remonter cet important système à une époque antérieure au Bouddha et le mettre au nombre des sources où a puisé sa pensée[39] ?

La philosophie Sânkhya, sous sa forme pleinement développée et, pouvons-nous dire, classique, ne nous a été conservée que dans des textes relativement récents : on se croirait en présence d'un froid jeu d'esprit, à l'usage de gens du monde fatigués, sur la souffrance universelle et la Délivrance, d'un véritable travail de cabinet, plein de finesse et d'élégance spirituelles. A la place de l'Être unique et universel des vieilles Upanishads, le rationalisme de cette doctrine, dédaigneux de tout mysticisme, pose un dualisme nettement caractérisé : d'un côté la matière, de l'autre non plus un esprit suprême dont l'existence est expressément niée, mais les innombrables âmes individuelles,

---

[38] Nous devons un excellent exposé de ce système à R. Garbe, *Die Sâṃkhya-Philosophie, eine Darstellung des indischen Rationalismus* (2ᵉ éd., Leipzig 1917) ; cf. aussi l'ouvrage du même auteur, *Sâṃkhya und Yoga* (Strassbourg, 1896), dans le *Grundriss der indo-arischen Philologie und Altertumskunde*. En dehors de ces deux volumes, Garbe a traité des rapports entre le Sâmkhya et le Bouddhisme dans les *Abhandlungen* de l'Académie des Sciences de Bavière, Kl. I, vol. XIX, 3ᵉ section, p. 519 et sq. ; voir aussi Jacobi, *Nachrichten der Gött. Ges. der Wiss.*, phil. Kl., 1896, p. 43 et sq ; ZDMG, LII, 1 et sqq. ; Senart, *Mélanges de Harlez*, p. 286 et sqq. ; Barth, compte rendu du *Sâṃkhya und Yoga* de Garbe, *Journ. des Savants*, juillet 1900 ; *Dahlmann*, divers passages de ses ouvrages : *Nirvâṇa, Buddha, Die Sâṃkhyaphilosophie* ; l'auteur du présent volume, ZDMG, LII, p. 681 et sqq. ; *Die Lehre der Upanishaden*, p. 294 et sqq., 315 et sqq. ; Pischel, *Leben und Lehre des Buddha* (3ᵉ éd. 1917), *passim*.

[39] La même question se pose aussi en ce qui concerne le système du Yoga. Mais comme il s'agit là de pratiques ascétiques plutôt que de spéculations théoriques, je préfère n'en parler que dans le chapitre suivant.

incréées et éternelles au même titre que la matière. Cause des causes, cette dernière est l'exécutrice inconsciente de tout mouvement, de toute action en ce monde. L'âme, lumineuse de sa nature, est la spectatrice de cette activité, mais elle-même incapable de toute action, et pas même maîtresse de courber un brin d'herbe. Aussi ressemblent-elles toutes deux à l'aveugle et au paralytique dont le premier porte le second sur ses épaules hors de l'épaisseur de la forêt[40]. La forêt est la douleur qui est inhérente au train des choses, à l'éternelle et ténébreuse oscillation de la matière, qui toujours de nouveau, par un mouvement régulier, développe et résorbe alternativement l'univers. A ces mouvements du monde matériel appartiennent encore certains faits qui semblent du domaine de l'esprit, comme par exemple les faits d'intelligence et de sensibilité : ce ne sont également en soi que des changements mécaniques et la lumière de la conscience n'y tombe que de l'âme spectatrice. En réalité, l'âme se tient en dehors de tout ce devenir ; mais comme le clair cristal, du fait qu'on en approche une fleur rouge, perd en apparence sa limpidité et paraît rouge, ainsi l'âme, en qui le cours de la matière se réfléchit comme dans un miroir, paraît elle-même soumise à l'instabilité et à la douleur du monde matériel ; c'est elle qui semble être l'acteur qui monte sur cette scène dans des rôles toujours nouveaux ; c'est elle qui semble recommencer sans cesse à naître, pour vieillir et mourir et renaître à nouveau. Mais quand l'opposition entre la matière et l'âme est reconnue, quand l'erreur de l' » indifférentiation » est surmontée, alors le terme des renaissances est atteint. La douleur a perdu son pouvoir : la corde, qu'on prenait dans la pénombre pour un serpent, n'épouvante plus celui qui reconnaît en elle une simple corde. Comme la danseuse cesse de danser, quand le ballet est fini, ainsi, pour l'âme qui a atteint son but, la matière cesse son agitation douloureuse. Elle ne s'expose plus désormais aux regards de l'âme : par le même

---

[40] Le Bouddhisme postérieur s'est approprié cette comparaison : voyez le *Visuddhimagga* (V ᵉ siècle ap. J.-C.) dans Warren, *Buddhism in translations,* p. 185.

sentiment de délicatesse une femme de noble naissance quand elle voit : « Mon époux s'est aperçu de mon défaut », a honte et ne s'approche plus de l'époux. Ainsi l'âme, délivrée du tourbillon et de la douleur du monde, demeure pour l'Éternité comme un voyeur qui ne voit plus rien, comme un miroir qui ne réfléchit plus rien, comme une lumière pure et inviolée qui n'illumine plus rien.

Si l'on place la question sur le terrain de la doctrine du Sânkhya sous sa forme définitive, j'aurais peine à tenir pour vraisemblable qu'elle puisse passer pour antérieure au Bouddhisme. A la vérité, que les textes conservés de ce système soient foncièrement postérieurs au temps du Bouddha, le fait, pour être certain, n'est pas le moins du monde décisif : nous avons des raisons de ne pas juger sans autre forme de procès de l'ancienneté de la doctrine par celle de ces exposés. Mais j'estime que les idées mêmes, que nous rencontrons ici, portent l'empreinte d'une période moderne. Cette façon de philosopher est trop raffinée, on pourrait dire trop vieillotte, cette analyse de l'universelle douleur ramenée à n'être plus que jeu et apparence est trop artificielle, trop cherchée pour que nous puissions y voir des créations de l'époque pré-bouddhique. Les longues séries de concepts à travers lesquelles la pensée suit les lents et ingénieux détours de son chemin — nous avons dû renoncer à reproduire tout cet appareil compliqué dans notre esquisse du système — supposent un art bien autrement développé dans le maniement de grandes masses d'abstractions et de subtilités qu'on n'en peut, semble-t-il, attribuer à l'époque qui a précédé le Bouddha.

Mais au lieu de s'en tenir à cette forme arrêtée du système, on peut encore formuler autrement la question : des états préalables de cette doctrine n'ont-ils pas devancé le Bouddhisme et exercé sur lui son influence ? La chose peut en fait passer pour indubitable[41]. Ce qui en tout cas est sûr, c'est que, sous plus d'un rapport, la direction dans laquelle le Bouddhisme et le Sânkhya dépassent les conceptions des vieilles Upanishads est la même.

Ici comme là le Dieu ou la nature divine dont la mystique des Upanishads fait la trame de tout être et de tout devenir, est éliminé de l'univers, dépouillé de tout pouvoir sur le train du monde ; le développement du système Sânkhya le condamne à disparaître totalement ; le Bouddhisme le bannit, tout au moins, dans un lointain insondable où « l'innommable », « l'inconnaissable » semble, ou peu s'en faut, nié ou approximé au néant. D'autre part, avec une énergie que l'ancienne spéculation, uniquement abîmée dans la splendeur de l'éternel Brahman, n'avait jamais déployée en ce sens, ici comme là l'effort intellectuel se tourne vers le monde qui nous entoure. Ce n'est pas qu'on fût peu ou prou incliné à regarder ce monde d'un œil plus bienveillant que ne l'avaient fait les vieux penseurs. Bien au contraire : la doctrine du Sânkhya, comme le Bouddhisme, accentue avec une rigueur encore plus grande l'instabilité nécessairement propre à l'existence de ce monde, conçue comme un flux perpétuel et permanent seulement en son impermanence, et la douleur sans espoir qu'implique cette

---

[41] Dahlmann, (*Nirvâna*, p. 160 et sqq.) a défendu d'une façon pénétrante et suggestive la thèse qu'un Sâmkhya plus ancien et foncièrement différent du système postérieur, se rencontre dans la *Çvetâçvatara-Upanishad*, la *Kâthaka-Up.*, la *Maitrâyaṇîya-Up.*, etc. J'ai examiné ce problème de près dans ma *Lehre der Upanishaden* et dans les *Nachrichten* de Göttingen, 1917, p. 218 et sqq. J'y ai essayé, en suivant en partie Dahlmann, de retracer, — en premier lieu d'après ces Upanishads, mais aussi d'après les grandes épopées — un système de Samkhya foncièrement plus ancien que le système classique et qui se rapproche davantage de la doctrine primitive des Upanishads ; c'est le Sâmkhya qu'il convient de prendre en considération lorsqu'il s'agit de savoir quelle influence ce système a exercée sur l'origine du Bouddhisme. — Je ne trouve pas, malheureusement, que l'ouvrage de Dahlmann : *Die Sâmkhyaphilosophie als Nalurlehre und Erlösungslehre* (1902), ait contribué à tous égards au progrès de ces recherches.

instabilité. Mais dans les deux systèmes la même idée s'est fait jour : il est acquis que le mouvement de ce flux est gouverné par des lois déterminées et que celui-là doit connaître ces lois qui veut se mettre à l'abri des flots sur le rivage de la Délivrance. Ainsi dans le Bouddhisme comme dans la doctrine du Sânkhya apparaît au premier plan — théorie toute rationnelle, et, pourrait-on presque dire, se rapprochant de la conception des sciences naturelles — l'analyse du mécanisme qui préside à l'évolution du monde des phénomènes. Un trait commun des deux systèmes nous est également fourni par une autre idée, et l'accord subsiste jusque dans la manière de la formuler : c'est à savoir que les faits empiriques d'intelligence, de sensibilité, etc., avec leur cours et leurs variations, doivent être rapportés au règne de l'évolution mécanique de la nature. Le moi, le sujet ne peut pas être là où domine, dans son impermanence, le devenir universel auquel appartient également ce processus intérieur : « Je ne suis pas cela ; cela n'est pas mien ; cela n'est pas moi », déclare la doctrine du Sânkhya. Et l'un des plus célèbres sermons du Bouddha ne roule pas sur autre chose ; pas plus que d'aucune incarnation, d'aucune sensation, d'aucun concept, d'aucune connaissance on ne peut dire : « Cela est mien. Je suis cela. Cela est mon moi[42]. »

Ces analogies semblent évidemment indiquer qu'il existe un certain rapport entre les deux doctrines ; néanmoins, on aurait tort de supposer entre elles un lien trop intime. Selon toute vraisemblance, le Sânkhya, sous sa forme préclassique, a dominé à l'époque du Bouddha la philosophie brahmanique fondée sur le Véda ; mais elle était manifestement séparée de l'idéologie bouddhique par de vastes espaces remplis d'une foule de spéculations les plus diverses, dont on ne retrouve, tout au plus, que des traces ou de faibles vestiges. Si le

---

[42] Garbe (*Abh. der Bayer. Akademie der Wiss.*, I Cl., Bd. XIX, p. 526) a pour la première fois signalé l'exact parallélisme de ces deux formules. Cf. aussi *Maitr. Upan.*, III, 2 ; VI, 30.

Bouddhisme et le Sânkhya avaient été réellement liés entre eux d'une façon plus étroite et plus profonde, ils auraient, selon toute probabilité, laissé voir entre eux des concordances beaucoup plus nombreuses et plus précises. Ainsi, par exemple, tout l'appareil de notions et de termes techniques dont le Bouddhisme se sert pour analyser les éléments et les fonctions de la vie psychique, aurait certainement été différent si cette doctrine avait passé par l'école du Sânkhya. De même les considérations sur les philosophes et les philosophèmes contemporains, si abondantes dans les textes bouddhiques, auraient pris en ce cas un tout autre aspect.

Il existe donc, entre les deux ordres d'idées, des écarts considérables en même temps que des traits d'affinité intérieure ; et par suite il y a lieu de supposer qu'en dépit de ces écarts, le Bouddhisme a subi jusqu'à un certain point l'influence du Sânkhya, — probablement par le canal d'intermédiaires qui nous échappent. — C'est ainsi, si vague que soit la formule, que l'on peut essayer, à mon avis, de définir les rapports entre le Bouddhisme et ces anciennes spéculations auxquelles la subtilité et la virtuosité intellectuelles des philosophes postérieurs ont su donner, au cours des temps, la forme achevée et magistrale du Sânkhya classique.

Chapitre III

Ascétisme — Ordres monastiques

Occupons-nous maintenant de décrire les formes qu'avait revêtues la vie religieuse monastique sous l'influence directe des spéculations que nous venons d'examiner sur l'Être universel et la Délivrance. Dans ces idées philosophiques s'élaborait la dogmatique du Bouddhisme : dans ces débuts du monachisme sont de même jetés les fondements extérieurs de la communauté bouddhique.

Ces deux développements, l'un intérieur, l'autre extérieur de la vie religieuse se tiennent dans une étroite connexion.

Ces spéculations qui représentaient le monde des phénomènes comme instable et sans prix en comparaison de l'Âtman, principe fondamental du monde, avaient du même coup déprécié toutes les raisons de vivre qui, par nature, semblent à l'homme en valoir la peine. Sacrifices et pratiques extérieures sont impuissants à élever l'âme jusqu'à l'Âtman, à découvrir au moi particulier son identité avec le moi de l'univers. Il faut s'affranchir de tout ce qui est terrestre ; on doit fuir l'amour et la haine, la crainte et l'espérance ; on doit vivre comme si l'on ne vivait pas. Il est dit :

« Les Brahmanes, ceux qui sont instruits et qui savent, ne désirent pas de postérité ; qu'avons-nous à faire de postérité, nous qui avons l'Âtman pour patrie ? Ils cessent de rechercher des fils, de rechercher la richesse, de rechercher le monde du ciel, et voilà qu'ils partent comme mendiants.

Quelques-uns se contentent d'un renoncement moins strict : ils quittent leur maison et abandonnent tous leurs biens, tout le confort et tous les plaisirs de la vie ordinaire, mais ils ne mènent pas pour cela une existence vagabonde : ils se bâtissent dans la forêt des huttes de feuillage et vivent là, seuls ou avec leurs épouses, de racines et de fruits ; leur feu sacré les accompagne également et ils continuent comme auparavant à remplir, au moins en partie, les devoirs religieux du sacrifice.

Il est vraisemblable qu'au début c'étaient de préférence des Brahmanes qui, se faisant mendiants ou anachorètes, cherchaient leur salut dans le détachement des choses terrestres. Mais que les Brahmanes eussent seuls droit à ces biens spirituels, pour lesquels on abandonnait tous les biens de la terre, cela n'est affirmé nulle part. Nous n'avons aucun indice qui puisse nous faire supposer qu'avant le Bouddha ou de son temps, la caste des Brahmanes se soit hasardée à élever de pareilles prétentions ; il ne fut jamais, que nous sachions, besoin de combattre pour conquérir au prince et au paysan le droit de laisser là, comme le Brahmane, sa femme et ses enfants, sa maison et ses biens, pour se faire moine mendiant et travailler, dans la pauvreté et la chasteté, à l'affranchissement de son âme. A côté des Brahmanes que nous voyons, dans les anciens dialogues, discourir sur les mystères de l'Âtman, nous rencontrons en plus d'un endroit des princes[43], et dans ces cercles de sages les femmes mêmes ne font pas défaut : comment aurait-on voulut alors que l'on prêtait attention et respect à leurs paroles sur la Délivrance, leur interdire l'accès de

---

[43] Garbe, dans son essai intitulé *Die Weisheit des Brahmanen oder des Kriegers ?* (*Beiträge zur ind. Kulturgeschichte*, 1908, p.1 et sqq.) veut même voir dans ces spéculations sur le Brahman et l'Âtman surtout l'œuvre de la caste. des guerriers ; en quoi il me paraît aller beaucoup trop loin. Le nom même de Brahman donné à l'Être universel, indique laquelle des deux castes tient ici le premier rôle. Cf. à ce sujet Deussen, *Allgemeine Geschichte der Philosophie*, I, 2, p. 354 et sqq. ; Dahlmann, *Der Idealismus der indischen Religionsphilosophie*, p. 126 et sqq. Voir aussi ma *Lehre der Upanishaden*, p. 166 et sqq.

la vie sainte du renoncement, chemin de cette Délivrance ?

Un trait qui semble très particulier au sentiment religieux de ce monachisme védique est le caractère strictement ésotérique de la croyance. On avait conscience de posséder une connaissance qui ne pouvait et ne devait appartenir qu'à un petit nombre de gens et seulement à des personnes choisies, une sorte de doctrine occulte qui n'était pas appelée à pénétrer dans la vie de la nation. Le père pouvait révéler le mystère à son fils, le maître à son élève ; mais dans les cercles des croyants de l'Âtman manquait ce généreux enthousiasme qui ne croit vraiment posséder son propre bien qu'après avoir invité tout le monde à venir le partager avec lui.

Diffusion de l'ascétisme de l'ouest dans l'est de l'Inde : formation des ordres monastiques

Nos sources sont par trop incomplètes pour que nous puissions, en restant sur le terrain solide des faits transmis, suivre, même en gros, les étapes du développement postérieur du monachisme indien. Il nous faut appeler ici à notre aide des constructions conjecturales : celles-ci nous montrent bien parfois avec une approximation suffisante comment les choses ont dû se passer ; mais alors même elles ne nous sont d'aucune utilité, sitôt que nous cherchons quelqu'un de ces traits qui seuls pourraient donner à notre tableau un air de vie.

Deux faits doivent avoir joué dans le développement de cette vie monastique, jusqu'au point où le Bouddha la trouve parvenue, un rôle prépondérant : c'est d'abord l'organisation des moines et des ascètes en communautés soumises à une règle — organisation qui du reste était peut-être préparée d'avance en un certain sens par des formes antérieures d'association[44] — et en second lieu l'émancipation, par rapport au Véda, de beaucoup, sinon même de la plupart et des plus importantes de ces communautés.

Tout le progrès de l'époque devait contribuer à diminuer l'autorité du Véda. Le commerce et la vie active s'étaient développés ainsi que les grandes villes, centres de culture, avec leur atmosphère de libre pensée et de libre critique. Mais surtout le changement dans le lieu de la scène où se déroulait le mouvement religieux semble avoir exercé son influence.

Nous avons parlé, au début de notre exposé, du contraste qui existait, au point de vue de la civilisation, entre les parties occidentale et orientale du bassin du Gange : la terre sainte du Véda, la patrie de la poésie et des débuts de la spéculation védiques, s'étendait à l'Ouest ; l'Est avait reçu le Véda et le système brahmanique de ses voisins plus avancés au point de vue intellectuel, mais de cet élément étranger il n'avait pas fait sa chair et son sang. A l'Est, c'est un autre air qui souffle : la langue y préfère la lettre douce l à l'r de l'ouest (*lâjâ*, roi, pour *râjâ*), et il en est de même du reste : tout y a plus de laisser-aller ; le Brâhmane y est moins, le prince et le peuple y sont davantage[45]. Le mouvement, qui avait pris naissance dans l'Ouest, perd ici beaucoup de ce qu'il y avait en lui d'obscur et de fantastique ; peut-être aussi perd-il quelque chose de ses envolées hardies, libres de toutes réserves : il gagne d'autant en popularité ; les questions qui avaient été avant tout, à l'Ouest, l'apanage des écoles et de l'aristocratie intellectuelle de la nation

---

[44] Cf. ci-dessus, p. 34, n. 1.

[45] Sur la prééminence du Kshatriya à l'égard du Brahmane, cf. R. Charmers, *J. Roy. As. Soc.*, 1894, p. 342 et sqq. ; R. Fick, *Die sociale Gliederung im nordöstl. Indien*, p. 54 et sqq. ; v. aussi Rhys Davids, *Buddhist India*, 60 et sqq. — Jacobi (*Gött. gel. Anz.*, 1895 p. 208) porte un jugement tout différent sur les rapports entre l'Ouest et l'Est de l'Inde. Il est permis de ne point considérer comme inattaquable le postulat qui sert de base à sa théorie, à savoir que nous possédons dans le **Râmâyaṇa** une source qui nous renseigne sur l'Inde orientale à l'époque prébouddhique.

se transforment, dans l'Est, en questions vitales et courantes. On ne se met guère en peine ici de la mystique Unité de la spéculation brahmanique[46] ; les idées de la douleur de toute existence, de la purification de l'esprit, de la Délivrance n'en passent que plus décidément au premier plan.

Rien ne nous donne à penser que des agitations politiques ou des révolutions sociales soient entrées en jeu à cette époque pour orienter les esprits avec tant de force et d'ardeur vers ces idées et ces problèmes. C'est en des temps douloureux et durs, au milieu des convulsions d'agonie d'un monde qui s'écroulait, que le Christianisme a fondé son empire. L'Inde vivait dans une paix relative ; le gouvernement de ses petits États était, il est vrai, le despotisme ordinaire en Orient, mais on n'en connaissait pas d'autre et l'on ne s'en plaignait pas ; entre riches et pauvres, entre maîtres et serviteurs se creusait un large abîme (qui, dans ce pays, ne datait certainement pas de l'époque du Bouddha), mais il ne faudrait pas croire que les pauvres et les opprimés fussent les seuls ni même les plus nombreux à chercher sous l'habit religieux à se débarrasser du fardeau du monde.

Des voix s'élèvent bien, pleines de plaintes amères sur la

---

[46] Le fait est significatif : bien que les spéculations des Upanishads sur l'Âtman et le Brahman doivent au temps du Bouddha avoir été depuis longtemps exposées et être devenues une part du patrimoine établi des personnes versées dans les Védas, cependant les textes bouddhiques ne s'y engagent autant dire jamais, pas même pour les combattre. Le Brahman, considéré comme l'être universel, n'est jamais nommé, autant que je puis voir, par les anciens Bouddhistes, pas plus comme appartenant à leur conception qu'à une conception étrangère du monde ; cependant ils mentionnent souvent le dieu Brahma. Tout au plus pourrait-on trouver un souvenir du vieux concept du Brahman dans ce fait qu'il est dit, une fois, à propos des saints : « il vit, son moi transformé en Brahman ». Le texte (*brahmabhûtena attanâ viharati*, *Puggalap.*, p. 61) laisse indécise la question de savoir s'il s'agit ici, comme lorsque ce mot se rencontre dans les textes brahmaniques, du Brahman neutre (cf. par ex. Dahlmann, *Nirvâna*, p. 68) ou plutôt du Brahman masculin. Ce que le *Tevijjasutta* dit de la *brahmasahavyatâ* semble témoigner en faveur de cette dernière supposition. Cf. Rhys Davids, *Dialogues of the Buddha*, I, 298.

dépravation du temps, sur l'insatiable cupidité des hommes qui ne connaît aucunes bornes jusqu'à ce qu'enfin la mort survient et rend riches et pauvres égaux. Un *sûtra* bouddhique[47] dit :

« Je vois les riches en ce monde : les richesses qu'ils ont acquises, dans leur folie ils n'en donnent rien aux autres ; ils entassent avidement trésors sur trésors et se laissent entraîner de plus en plus loin à la poursuite du plaisir. Le roi, qui aurait subjugué la terre, qui gouvernerait jusqu'à l'Océan le pays de ce côté de la mer, désirerait encore, insatiable, celui qui est de l'autre côté de la mer. Le roi et beaucoup d'autres hommes, sans jamais être rassasiés de plaisirs, deviennent la proie de la mort... Ni parents, ni amis, ni compagnons ne sauvent le mourant ; ses héritiers prennent son bien, et lui, il reçoit le salaire de ses actions ; les richesses n'accompagnent pas le mourant, ni femme, ni enfant, ni bien, ni royaumes.

Et dans un autre endroit[48] il est dit :

« Les princes qui règnent sur les royaumes, riches en trésors et en biens, tournent leurs convoitises l'un contre l'autre, esclaves insatiables des plaisirs. S'ils s'agitent ainsi sans repos, flottant sur le torrent de l'instabilité, entraînés par la cupidité et la concupiscence, qui peut sur la terre vivre dans le repos ? »

Mais ce sont là des plaintes comme on en trouve de tout temps et en tout pays chez tous les prêcheurs de morale : nous ne pouvons conclure de ces citations qu'il soufflât sur l'Inde d'alors un vent pareil à celui qui passa sur Rome aux temps accablants du début de l'Empire. L'Indien n'avait pas besoin de temps semblables pour être pris, à l'aspect de la vie qui

---

[47] ***Ratthapâla-Suttanta***, dans le *Majjhima-Nikâya*, 82.

[48] *Saṃyuttaka-Nikâya*, *Sagâthavagga*, I, 3, 8. Dans le second vers il faut lire quelque chose comme *gedhataṇhappavâhîsu*.

l'entourait, d'une épouvante soudaine, pour voir, sous cette image, percer le masque de la mort. Et quel fruit tirer de cette existence ? On n'a pas appris à la fonder solidement sur le travail et la lutte pour des buts qui vaillent la peine de travailler et de combattre : on la fuit donc, poussé par le dégoût de la vie, par la peur de l'au-delà avec ses misères sans nom, — et c'est dans le renoncement au monde que l'on va chercher la paix et la sécurité. Ainsi font des riches et des nobles bien plus que des pauvres et des humbles, plutôt des jeunes gens fatigués de la vie avant d'avoir vécu que des vieillards n'ayant plus ici-bas rien à attendre ; ainsi font des femmes et des jeunes filles ; et quittant leur maison, ils prennent l'habit de moine ou de nonne. Un peu partout nous trouvons le tableau de luttes, comme alors chaque jour devait en amener avec lui, entre ceux qui aspirent à partir et les parents ou l'épouse et les enfants qui cherchent à retenir ces altérés de sacrifice ; on nous conte des traits d'invincible, d'impitoyable force d'âme, et comment plus d'un a su, en dépit de toute opposition, briser les liens qui le retenaient à la vie mondaine ; et ils s'en allaient, errant à l'aventure, trouvant un asile dans les lieux de crémation, dans les maisons abandonnées, au pied des arbres, honorés par les uns, frappés par les autres, poursuivis à coups de pierres, harcelés par les chiens[49].

SECTES ET CHEFS DE SECTES

Bientôt — et, selon toute évidence, longtemps déjà avant le Bouddha — s'élevèrent en plus d'un endroit des maîtres qui, sans plus se réclamer de la tradition védique, prétendirent avoir trouvé vers la Délivrance un nouveau chemin, le seul vrai ; et à ces maîtres il ne manqua pas d'élèves pour s'attacher à eux et les suivre dans leurs pérégrinations à travers le pays. A la faveur

---

[49] Comparez par exemple les peintures si vivantes que nous donne un texte jaïna, *Āyāraṃga-Sutta*, I, 8.

de la liberté de conscience la plus absolue qui ait jamais existé, sectes sur sectes se formèrent : ce sont les Nigganthas, « les déliés[50] », les Acelakas, les « Nus », bien d'autres noms encore de confréries de moines ou de nonnes, au milieu desquelles la jeune communauté du Bouddha fit son apparition. Le nom générique qu'on donnait aux religieux de cette tendance, pour les distinguer des Brahmanes, était celui de Samanas, c'est-à-dire ascètes ; ainsi le Bouddha se nommait le Samana Gotama ; on appelait ses disciples les « Samanas qui suivent le fils des Sakyas ». Selon toute vraisemblance, plus d'une de ces anciennes sectes de Samanas était déjà allée jusqu'à conférer au maître, autour duquel elle se groupait, des attributs analogues à ceux dont plus tard les Bouddhistes dotèrent le fondateur de leur communauté ; le descendant des Sakyas n'a pas été le seul ni même le premier à être honoré dans l'Inde comme étant « l'Illuminé » (*buddha*) ou « le Vainqueur » (*jina*) ; il n'était qu'un de ces nombreux sauveurs du monde, précepteurs des dieux et des hommes, qui, en habit de moine, promenaient alors leurs prédications à travers le pays.

---

[50] Cette secte, fondée ou plutôt, réformée par un contemporain du Bouddha, s'est conservée, on le sait, jusqu'à ce jour dans l'Inde sous le nom de Jaïnas. L'image que nous en donne sa littérature sacrée, d'ailleurs comparativement moderne, est conforme dans bien des traits essentiels au Bouddhisme. Une différence de doctrine notable porte sur la grande importance que les Nigganthas attribuent aux mortifications ; en ce qui concerne l'organisation de la communauté, ils accordent une place relativement plus importante aux adeptes laïques. — Il se peut du reste, ainsi que Jacobi l'admet à bon droit (*Ind. Antiquary*, IX, p. 162 ; cf. Leumann, *Beziehungen der Jaina-Literatur*, p. 68 et sqq. ; *Wiener Zeitschr. f. d. Kunde d. Morg.*, III, 337 ; Hoernle, *Proceed. of the As. Soc. of Bengal*, 1898, p. 40 et sqq. ; de même que mes remarques à ce sujet, *Zeitschr. d. d. m. Gesells.*, XLIX, p. 480), que ce Pârçva en qui les Jaïnas voyaient un précurseur du fondateur de leur secte et qui aurait précédé ce dernier d'environ 250 ans, soit un personnage historique. Nous remonterions ainsi à une très haute antiquité, à tout le moins pour ce qui est des commencements des formations sectaires que les Jaïnas pouvaient considérer comme analogues à leur propre secte. Toutefois nous devons laisser en suspens la question de savoir si un maître comme ce Pârçva appartient, ou non, au cadre de l'évolution que nous suivons ici ; que rien ne s'oppose à ce que nous admettions l'existence de formations sectaires précédant de beaucoup ces derniers développements, c'est ce qui a été exposé plus haut, p. 34, n. 1.

Les communautés de Samanas apportaient avec elles le souffle d'une époque plus jeune que celle du monde brahmanique. Ce dernier reposait sur la croyance antique aux forces mystiques et magiques qui ne se transmettaient, de génération en génération, qu'à l'intérieur de certains clans déterminés. Un Samana, par contre, était ce qu'il était en vertu de sa décision personnelle, de sa « connaissance » qui devait le guider à travers le labyrinthe de l'existence. Il avait conscience d'avoir sacrifié l'apparence du bonheur au véritable salut éternel de son âme. L'aspect sous lequel les Samanas, ou, du moins beaucoup d'entre eux, concevaient leur idéal de vie, apparaît dans un texte bouddhique qui définit ainsi qu'il suit les vrais Samanas :

« De nobles jeunes gens qui, sous l'empire d'une conviction intime, quittent la vie de foyer pour une vie sans foyer, dépourvus de fausseté, de fraude, d'hypocrisie, qui ne sont ni gonflés d'orgueil, ni arrogants, ni fanfarons, ni bavards.., dégoûtés de l'existence mondaine, les premiers à se détourner du monde, forts et allant de l'avant, attentifs et avertis, profonds et concentrés, pleins de sagesse, l'oreille ouverte, la parole juste.... »

Bien entendu, à côté de cette conception profonde et grave de la vie religieuse, on trouvait aussi, dans les milieux des Samanas, des manières de penser, de sentir et de vivre bien différentes, morbides ou violentes, banales ou extravagantes. Il y avait des ascètes qui vivaient dans les mortifications, se privaient de nourriture pendant de longues périodes, ne se lavaient pas, ne s'asseyaient pas, couchaient sur des lits d'épines. Il y avait des partisans de la croyance à la vertu lustrale de l'eau qui prenaient soin d'effacer par des ablutions continuelles tout péché qui pouvait les souiller. D'autres, poussant moins loin la prétention aux pratiques ascétiques, avaient pour devise : « Il n'y a rien de mal dans les plaisirs. Quel danger ces vénérables Samanas et Brahmanes aperçoivent-ils donc dans les plaisirs, pour qu'ils prêchent la fuite des plaisirs, le mépris des plaisirs ? Cette sœur religieuse est douce, tendre, parée d'une belle chevelure : c'est délice de la tenir entre ses bras. » Au milieu de tant de saints divers, il se trouvait aussi des « saints qui faisaient le chien », dont le vœu consistait à ramasser leur nourriture sur le sol et à se comporter en tout comme des chiens ; d'autres saints « faisaient la vache », et ainsi les récits bouddhiques nous présentent une collection assez nombreuse des divers types de saints de ce temps ; bien peu, semble-t-il, ont été assez heureux pour préserver leur sainteté du ridicule et de dangers encore plus sérieux.

Parmi les diverses tendances de la vie ascétique, antérieures à l'avènement du Bouddhisme, il en est une qui mérite une mention particulière ; elle a joué dans le développement de ce dernier, comme, en général, dans le développement religieux de l'Inde, un rôle d'une importance capitale : nous voulons parler du *Yoga,* littéralement, « l'effort »[51]. Cette doctrine a été le résultat d'un croisement des plus étranges : sur la croyance aux effets magiques des macérations et de l'extase, léguée par le passé le plus lointain, l'époque de philosophie avait greffé ses propres spéculations. L'érudition pédantesque, caractéristique du génie indien, en a tiré des théories à l'usage de l'ascète : en adoptant des postures déterminées, les sens détournés du monde objectif, en réprimant ou en réglant son souffle par de puissants moyens artificiels, en fixant immuablement son esprit sur un point unique, l'ascète pouvait amener le mécanisme de l'âme à des manifestations de plus en plus mystérieuses. Une puissance miraculeuse, une connaissance s'étendant sur le monde entier, appartenaient à celui qui acquérait pareille maîtrise. Il avait la faculté de multiplier son propre corps, de marcher sur les eaux, de s'élever dans l'air, de lire les pensées des autres, d'embrasser d'un coup d'œil les existences

---

[51] Sur les rapports entre les deux doctrines voir E. Senart, *Bouddhisme et Yoga* (*Revue de l'Histoire des Religions*, t. 42, p. 345 et sqq.) ; Jacobi, *Nachrichten der Götting. Gesellsch. der Wiss.*, 1896, p. 50. Sur le Yoga en général voir p. Tuxen, *Yoga* (1911) ; cf. encore ma *Lehre der Upanishaden*, p. 258 et sqq. ; Beckh, *Buddhismus*, 2ᵉ partie ; Fr. Heiler, *Die buddhistische Versenkung*, p. 40 et sqq.

antérieures vécues au cours des transmigrations de l'âme. Il apprenait à monter vers les hauteurs de plus en plus vertigineuses de l'extase jusqu'à voir s'ouvrir devant lui, dans la région ultime, la plus élevée, la porte de la Délivrance, par laquelle on échappe au monde périssable et aux douleurs qui lui sont inhérentes.

Les pratiques du Yoga devaient procurer à beaucoup de croyants une profonde ferveur et une félicité pure ; nul doute qu'elles ne fussent très répandues dans l'entourage du Bouddha. Les vieux textes bouddhiques mentionnent, comme étant universellement professée, la croyance à la force miraculeuse des Yogins, à leur connaissance surnaturelle des existences antérieures, etc. ; les Bouddhistes partageaient cette croyance avec le reste du monde. La tradition bouddhique abonde en descriptions variées d'états extatiques qui procèdent du Yoga. En exposant la vie du Bouddha nous serons amenés à parler des deux maîtres que le jeune homme, avide de Délivrance et destiné à devenir le Bouddha, avait choisis comme directeurs spirituels. L'un et l'autre l'auraient initié à l'art de la méditation selon les règles du Yoga. Lorsque, au cours de la nuit sainte, le Bouddha lui-même fut sur le point de connaître l'Illumination libératrice, il ne serait parvenu à ce moment décisif qu'après avoir franchi les quatre degrés consécutifs de la méditation extatique. Les exposés dogmatiques des textes sacrés comportent d'innombrables mentions de ces quatre extases ; mais ils ne disent jamais que le Bouddha ait été le premier à les atteindre ou seul, avec ses adeptes, à en posséder le secret ; au contraire, leur connaissance est à maintes reprises expressément attribuée aux adeptes d'une autre croyance[52]. En effet, les formules psychologiques des quatre méditations successives du Bouddha s'accordent jusque dans les moindres détails de la terminologie technique avec l'interprétation des quatre états

---

[52] Cf. Rhys Davids, *Dialogues of the Buddha*, I, p. 51, n. 1.

analogues, fournie par la doctrine du Yoga[53]. Plus loin nous aurons à montrer de façon plus détaillée que les disciples du Bouddha ont considéré la méditation, sinon comme le moyen unique ou suprême, du moins comme un véhicule important de la Délivrance ; ici encore, comme sur tant d'autres points, le Bouddhisme n'a certainement créé rien de nouveau : il s'est simplement approprié ce qui avait déjà existé avant lui, mais non sans l'avoir approfondi et débarrassé de maintes excroissances difformes.

SOPHISTIQUE

On peut signaler comme une sorte de *Sophistique* indienne certaines manifestations de l'activité intellectuelle de ces cercles animés d'ascètes et de philosophes : là où doit venir un Socrate, les sophistes ne peuvent manquer. De fait, les conditions au sein desquelles se produisit cette Sophistique sont tout à fait identiques à celles qui donnèrent naissance à sa contre-partie grecque. Sur les pas des hommes qui avec tant de simplicité et de largeur d'esprit avaient frayé en Grèce la voie à la pensée, après les Eléates et l'énigmatique Éphésien, se pressent les Gorgias et les Protagoras, toute une troupe spécieuse, avec une touche de frivolité, de virtuoses de dialectique et de rhétorique. Il en est de même dans l'Inde : aux graves penseurs de l'âge classique de la spéculation brahmanique succède une génération de dialecticiens, artistes en controverses, avec une forte teinture de matérialisme et de scepticisme, et qui, s'ils ne disposaient que d'une méthode de dialectique assez primitive, ne manquaient ni d'adresse ni de talent pour retourner sous toutes les faces les idées de leurs grands devanciers, les modifier et les transformer d'un coup en leurs contraires. Systèmes sur systèmes se bâtissaient, et, semble-t-il, avec des matériaux sans grande consistance ; les disciples passaient de l'un à l'autre, ainsi

---

[53] C'est ce que Senart a magistralement démontré dans son ouvrage cité ci-dessus.

que le décrit ironiquement une vieille stance bouddhique :

« On abandonne une chose, on en saisit une autre, — on suit son caprice, ou on reste prisonnier ; on se raccroche par-ci, on se précipite par-là, — tel un singe qui se glisse de branche en branche[54]. »

De ces systèmes nous ne connaissons guère qu'une liste des mots les plus frappants : le débat portait sur l'éternité ou l'instabilité du monde et du moi, ou sur le moyen terme à imaginer entre ces deux contraires, éternité d'une part, instabilité de l'autre, — sur l'infinité ou la non-infinité du monde, ou sur l'affirmation simultanée de son infinité et de sa non-infinité, ou sur la négation de l'une et de l'autre. On dispute sur l'existence de l'autre monde, sur la continuation de la vie après la mort.

Pour s'assurer de l'existence de l'âme on fait arracher peau, chair et os à un criminel condamné à mort : on ne trouve point d'âme. On fait peser un criminel avant et après l'exécution : on trouve le mort plus lourd que le vivant et on en conclut qu'il ne saurait être question d'une âme qui s'échapperait au moment de la mort. L'homme, enseigne Ajita, est composé de quatre éléments. Lorsqu'il meurt, la terre retourne à la terre ; quatre hommes le portent sur un brancard au lieu de crémation ; tout ce qui en reste, sont des ossements décolorés.

On dispute aussi sur la liberté de la volonté, sur l'existence d'une sanction morale. Makkhali Gosâla, que le Bouddha aurait déclaré être le pire de tous les maîtres d'erreur, nie la liberté de la volonté :

« Il n'y a pas de pouvoir (d'agir), il n'y a pas de force, l'homme n'a pas d'énergie, l'homme n'a pas de contrôle ; tous les êtres,

---

[54] *Sutta-Nipâta*, 791.

tout ce qui respire, tout ce qui est, tout ce qui vit est impuissant, sans pouvoir, sans force ; c'est sous l'action de la fatalité, de la causalité, de la nature que tout est mené à son but. »

Chaque être traverse une série déterminée de renaissances, après quoi le fou comme le sage « met un terme à la douleur ». On nie également l'existence dans le monde d'une loi morale ; Pûrana Kassapa enseigne :

« Qu'on passe sur la rive méridionale du Gange, qu'on tue et fasse tuer, qu'on ravage et fasse ravager, qu'on tourmente et fasse tourmenter, on ne se charge pas pour cela d'un péché : il n'y a pas de châtiment du péché. Qu'on passe sur la rive septentrionale du Gange, qu'on distribue et fasse distribuer des aumônes, qu'on sacrifie et fasse sacrifier, on ne fait pas pour cela une seule bonne œuvre : il n'y a pas de récompense des bonnes œuvres. »

On voit déjà paraître les premiers symptômes d'un scepticisme qui relève de la théorie de la connaissance et, notamment, les deux doctrines qui ont pour mots d'ordre : « Tout me semble vrai » et « Tout me semble faux » ; sur quoi on ne manque pas de demander au dialecticien qui proclame cette dernière formule s'il reconnaît également comme fausse sa propre théorie sur la fausseté de toutes choses.

C'est devant leurs partisans, leurs adversaires, le peuple rassemblé que ces disputeurs de profession, ces « coupeurs de cheveux en quatre » (l'expression était dès lors en usage dans l'Inde) se font entendre et admirer, ce sont des gens qui « vont fendant les systèmes de leur esprit incisif », qui, « avides de discussions, se précipitent dans les réunions », qui « se stigmatisent réciproquement du nom de fous ». Ils se font de mutuels reproches :

« Ce qu'il fallait dire au commencement, tu l'as dit à la fin ; ce qu'il fallait dire à la fin, tu l'as dit au commencement... Tu es battu. Va-t'en pour échapper à cette discussion, ou tâche de te tirer d'affaire, si tu peux.

A l'instar de leurs confrères grecs, mais d'une façon beaucoup moins élégante, ces charlatans philosophiques se font précéder orgueilleusement du bruit de leur invincibilité dialectique. Saccaka dit :

« Je ne connais pas de Samana ou de Brahmane, de professeur, de maître, de chef d'école, se donnât-il à lui-même le nom de très haut et très saint Bouddha, qui, se trouvant en face de moi dans un tournoi de paroles, ne se sentirait trembler, chanceler, défaillir, et sa sueur couler. Et si j'attaquais même une colonne sans vie avec mes paroles, devant mes paroles on la verrait trembler, chanceler, défaillir ; combien plus un être humain !

Nous sommes réduits sur tout ceci aux récits des Bouddhistes, et il se peut que, dans leur animosité contre cette classe de dialecticiens, ils aient chargé les couleurs plus qu'il n'était juste : mais l'image d'une telle sophistique n'est certainement pas forgée de toutes pièces.

C'est à ce moment, alors que ces mouvements intellectuels si profonds et si variés, débordant des cercles de penseurs brahmaniques, s'étaient largement répandus dans le peuple, alors que la virtuosité du scepticismedialectique commençait à s'attaquer aux idées morales, alors que des aspirations passionnées vers l'affranchissement du fardeau et des terreurs de la vie se mêlaient à des signes évidents d'une décadence morale grandissante, qu'entre en scène Gotama Bouddha.

Première Partie

Vie du Bouddha

Chapitre premier

Le caractère de la tradition
Légende et mythe

Fondement de la tradition bouddhique : la littérature sacrée palie et non les textes du nord

Parmi les textes qui racontent la vie du Bouddha la science historique plaçait autrefois au premier rang le *Lalita-Vistara*, biographie légendaire du Maître, écrite partie en sanskrit, partie en un mélange singulier de sanskrit et de langue populaire, et répandue parmi les Bouddhistes du Nord, au Népal, au Tibet, en Chine. Aujourd'hui nous avons accès à des traditions d'une forme différente qui doivent être reconnues comme sensiblement plus anciennes. C'est sur elles que doivent reposer les recherches sur la vie du Bouddha, sur sa doctrine et sur la communauté de ses disciples, — de même que l'étude de la vie de Jésus doit être fondée sur le Nouveau Testament et non sur quelque légendaire du Moyen âge.

Ces plus anciennes traditions à nous connues du Bouddhisme sont celles qui se sont conservées à Ceylan et que les moines de cette île étudient encore aujourd'hui[55].

Dans l'Inde même, — ou, du moins, dans une grande partie du domaine proprement indien — les textes bouddhiques subissaient de siècle en siècle des destinées toujours nouvelles et les souvenirs de l'ancienne communauté allaient se perdant de plus en plus sous la poésie et l'extravagance visionnaire des générations postérieures ; ce furent ces changements qui façonnèrent le *Lalita-Vistara* et les innombrables textes du même genre. Pendant ce temps la communauté de Ceylan restait fidèle à la simple « parole des Doyens » (Theravâda) ; sans doute on n'avait pu empêcher des productions relativement modernes de venir en plus d'un endroit grossir le vieux patrimoine des traditions sacrées[56] mais ces additions se

---

[55] Pour tout ce qui sera dit ci-dessous sur les relations entre les textes de Ceylan et l'ensemble des traditions du Nord, je renvoie à mes autres ouvrages : *Buddhistische Studien* (ZMDG. LII, p. 613 et sqq., 1898) ; *Studien zum Mahâvastu* (Nachr. der Gött. Ges. der Wiss., 1912, p. 123 et sqq.) ; *Studien zur Geschichte des buddhistischen Kanon* (*ibid.*, p. 155 et sqq.). Des fragments de la récension du canon telle qu'elle existe à Ceylan, ont été découverts par Bendall au Népal (*Actes du XIIIe Congrès Internat. des Orient.*, p. 58, et sqq. ; et. mes observations là-dessus dans *Nachr. der Gött. Ges. der Wiss.*, 1912, p. 198, note 6). — Parmi les représentants d'une thèse contraire à la mienne, je citerai Sylvain Lévi dans son étude importante : *Les Saintes Écritures du Bouddhisme* (1909). D'accord avec moi, dans l'essentiel, E. Tuneld, *Recherches sur la valeur des traditions bouddhiques palie et non-palie.* Lund, 1915.

[56] Laissons de côté la plus moderne des trois grandes collections de textes canoniques (Pitakas), celle de l'Abhidhamma ; parmi les textes qui règlent la vie en communauté (Vinaya) je mets naturellement au nombre de ces productions récentes aussi bien le *Parivâra* que les deux chapitres rajoutés à la fin du *Cullavagga* avec la relation des deux premiers conciles. Mais il n'y pas de doute que dans le Sutta-Pit□aka lui-même on ne rencontre de semblables nouveautés. Il semble que celles-ci aient trouvé place — à côté d'autres éléments, visiblement fort anciens ; cf. ZMDG, LII, p. 654, n. 2, — dans la dernière et la moins cohérente des cinq grandes collections, le *Khuddaka-Nikâya.* C'est ainsi que je pourrais tenir le *Buddhavam*□ *sa* pour foncièrement postérieur à l'ensemble des textes anciens. Tout le donne à penser, aussi bien l'allure générale du discours, le style des descriptions poétiques qu'une série de traits de détail, par exemple : l'énumération des sept pakaran□ as (24, G), la mention (26, 2) que lors de la première prédication du Bouddha 18 kotis (180 millions) d'êtres furent convertis (cf. le Commentaire des *Jâtakas*, vol. I, p. 82 et d'autre part *Mahâvagga*, I, 6). Sûrement ce n'est pas un pur effet du hasard, si justement dans ce *texte* la légende du Bouddha se présente avec des contours plus

faisaient purement par juxtaposition, et la partie ancienne se conservait intacte sans se laisser entamer par ces nouveautés. Le dialecte même de ces textes contribuait à les garantir contre les altérations ; c'était la langue de certaines parties du continent indien, qui ne se laissent pas encore identifier avec une certitude absolue, — selon toute évidence, la langue des régions dont les communautés et les missions ont pris une part importante à la propagation du Bouddhisme à Ceylan[57]. Cette langue des textes importés du continent (le pâli) était révérée à Ceylan comme la langue sacrée ; on s'imaginait que le Bouddha lui-même et tous les Bouddhas des âges passés s'en étaient servis[58]. La littérature religieuse native de l'île même, rédigée d'abord dans le dialecte populaire de Ceylan et plus tard également en pâli, s'ouvrait toute grande à l'envahissement des légendes et des

---

arrêtés, sous une forme plus voisine du type postérieur que ce n'est le cas, du moins à prendre les choses dans leur ensemble, dans les Pitakas ; — par exemple, à propos de chacun des Bouddhas, on nous indique successivement avec quelle sorte de compagnon ils ont, *nimitte caturo disvâ* (« après avoir vu les quatre signes »), abandonné leur maison, quelle sorte d'arbre était leur arbre de la Bodhi, etc. Rhys Davids, *Buddhist India*, p. 176, porte sur le *Buddhavamsa* et les éléments du canon apparentés à ce texte un jugement analogue au nôtre.

[57] D'après l'histoire de l'Église de l'île, — histoire qui est presque considérée à Ceylan comme canonique et qui, si elle s'offre à nous pour la première fois dans des textes du IVe ou du Ve siècle après le Christ, doit reposer sur des documents bien antérieurs — Mahinda, fils du grand roi de l'Inde Açoka, qui résidait à Pâtaliputta, (vers 260 av. J.-C.), aurait été le convertisseur de Ceylan. La tradition, sur des points essentiels, est évidemment arrangée : en quelle mesure est-elle vraie, c'est ce que provisoirement il est impossible de déterminer avec certitude. Quoiqu'il en soit, il reste probable que l'immense littérature bouddhique a été transplantée à Ceylan grâce aux relations continuelles que cette île entretenait avec les parties plus ou moins proches du continent, plutôt que du fait d'une mission venant des pays les plus lointains.

[58] En réalité les textes du canon furent originairement rédigés non pas en pâli, mais en mâgadhî, le dialecte du pays de Magadha (v. *supra*, p. 9). La récension pâlie est une traduction de cet original qui a complètement disparu, à moins qu'on ne considère comme ses vestiges les titres en mâgadhî de quelques textes canoniques, cités par le roi Açoka (inscription de Bairât). Les Singhalais se trompent lorsqu'ils considèrent le pâli comme étant la mâgadhî même.

spéculationspostérieures[59] ; ainsi se créait, au profit de la conservation des textes canoniques, une sorte de dérivatif qui les protégeait d'une manière efficace contre l'immixtion de pareils éléments.

Il peut d'ailleurs se faire que tôt ou tard nous mettions la main sur d'autres rédactions partielles du canon sacré, qui ne le cèdent pas en antiquité à l'exemplaire de Ceylan ; nous en possédons dès maintenant quelques échantillons. Des fragments de textes, partie en sanskrit, partie en dialecte populaire, ont été retrouvés de nos jours au Turkestan ; de nouvelles découvertes en augmentent rapidement le nombre[60]. Sans être minutieusement identiques à l'exemplaire pâli, ces textes s'accordent avec lui de la manière la plus complète et la plus intime aussi bien pour le fond que dans de nombreux détails. C'est là une garantie certaine que nous avons ici, en ce qui concerne le caractère général et le contenu, le canon authentique sous sa forme ancienne. Les titres des textes conservés dans les traductions chinoises et qui se répartissent sur une série de vieilles écoles bouddhiques[61] indiquent également que bien des choses anciennes y ont été conservées. Les échantillons, dès maintenant connus, de ces traductions, se présentent comme des textes parallèles, d'un ordre inférieur, venant se ranger à côté des livres pâlis les plus importants ;

---

[59] Fait significatif, les mêmes légendes qui, dans le Nord, font partie du canon même, où elles ont été tardivement interpolées, se retrouvent fréquemment à Ceylan dans les commentaires sans avoir été introduites dans le corps du texte. Voir *Nachr. der Gött. Ges. der Wiss.*, 1912, p. 200.

[60] Citons les fragments du *Dhammapada* découverts par Dutreuil de Rhins et publiés par Senart (*Journ. As.*, 1898), ainsi que les fragments de recensions sanskrites des textes canoniques que nous avons signalés dans les *Nachr. der Gött. Ges. der Wiss.*, 1912 (p. 171, n. 1 ; 172, n. 1). V. aussi Winternitz, *Die buddhistische Literatur*, p. 185 et sqq., et La Vallée-Poussin, *Journ. of the Royal Asiatic Soc.*, 1913, p. 569 et sqq., etc.

[61] J. Takakusu a montré depuis longtemps (*Journ. of the R. As. Soc.*, 1896, p. 415 et sqq.) que la littérature pâlie aussi est directement représentée dans les traductions chinoises.

chacun d'entre eux fournit une nouvelle confirmation de l'ancienneté de ces livres lesquels, d'ailleurs, avaient à peine besoin de cette preuve. A en juger par les résultats acquis jusqu'à présent, on ne saurait s'attendre à voir reparaître à la lumière du jour aucun document essentiel qui soit antérieur aux textes pâlis[62]. Si l'on fait porter la comparaison sur les textes connus de longue date et originaires du Népal, comme le *Lalita-Vistara,* déjà cité plus haut, ou encore le *Divya-Avadâna* et le *Mahâvastu,* on peut, avec un maximum de certitude, attribuer à la transmission pâlie[63] une priorité décisive. Tout en témoigne, la langue, le style, la technique de la versification. Dans l'antique simplicité des textes pâlis respire encore un souffle des temps védiques[64]. Les éléments mythiques ou légendaires, sans doute, n'y manquent, pas, mais ce sont plutôt des enjolivements ajoutés en passant au fond proprement religieux du texte : c'est dans ce fond que réside l'intérêt principal. Quelle différence avec les légendes artificielles et surchargées de la collection népâlaise, enluminures enfantines, rangées en une suite interminable, agrémentées de chiffres fantastiques et de noms retentissants, tantôt d'une horreur sans frein, tantôt d'une magnificence non moins effrénée ! Nos comparaisons portent-elles sur l'ordonnance et la composition respective des textes et des collections de textes conservés à Ceylan et au Népal, le résultat est le même. Examinez par exemple dans le canon pâli cette collection d'écrits relatifs à la discipline (Vinaya-Pitaka) :

---

[62] Nous parlons de textes dans leur ensemble ; on ne peut nier que les choses peuvent se présenter différemment quant aux détails. Les traditions du Nord nous ont déjà fourni, pour nombre de passages, des corrections de telle ou telle lecture des textes pâlis.

[63] Nous entendons parler de celle des textes canoniques ; nous ne pouvons pas, comme on l'a fait quelquefois, considérer comme le principal représentant de la tradition du Sud la biographie du Bouddha, qui sert d'introduction au recueil des Jâtakas.

[64] C'est ce que, sur le terrain de la métrique, j'ai tenté de faire toucher du doigt dans la *Gurupûjâkaumudî (Festschrift zu A. Weber's Doktorjubiläum,* 1896, p. 9 et sqq.) Cf. aussi NGGW. 1915, p. 513 et sqq.

comme le caractère originel de la division se montre clairement au jour ! On voit de ses yeux comment cette littérature sort du vieux formulaire de confession (*Pâtimokkha*) et se rattache ainsi à une institution fondamentale de la vie des anciennes communautés bouddhiques ; comment progressivement commentaires et développements viennent, par l'effet d'une évolution organique, se grouper autour du noyau primitif. A côté, prenez au hasard ce confus pêle-mêle de récits et de digressions dogmatiques, « le *Mahâvastu,* qui appartient à l'école des nobles Mahâsânghikas, qui forme une partie du Vinaya-Pitaka[65] » : quiconque a du discernement ne sera pas embarrassé sur la distinction à faire. — Mais, dira-t-on, la simplicité, ou du moins, à bien des égards, la simplicité *relative* des textes pâlis, tant pour la forme que pour le fond, pourrait n'être pas primitive : sous l'influence d'une tournure d'esprit particulière, d'un goût nouveau, on l'aurait dégagée, dans une sorte de restauration tardive, d'un type originairement plus compliqué. Rien ne vient à l'appui de cette hypothèse[66]. C'est plutôt l'inverse qui serait vrai ; supposons, en effet, que nous ne possédions pas les textes pâlis : avec les indices qui se sont conservés dans les ouvrages du Bouddhisme du Nord nous construirions en toute sûreté de conscience, comme point de départ de cette littérature religieuse, justement un type analogue à celui qui s'offre à nous dans la recension pâlie. Car à tout instant, au milieu ou à la suite des parties rédigées en un style

---

[65] *Mahâvastu,* vol. I, p. 2. 13, — Je crois avoir montré (ZDMG. LII, p. 645, n. 1 et *Nachr. der Gött. Ges. der Wiss.*, 1912, p. 152 et sqq.) combien est fragile le fil qui en définitive rattache le *Mahâvastu* au Vinaya au sens antique et réel de ce terme.

[66] Opposez la discussion de Senart, — dont le point de vue sur les questions relatives à la tradition bouddhique sera examiné de plus près par la suite (*infra*, p. 91 et sqq.). Dans son *Essai sur la légende du Bouddha,* 2ᵉ éd. p. xxv et sqq, Il dit entre autres choses : « Si les traditions du canon pâli étaient invariablement vraisemblables, leurs prétentions historiques pourraient nous impressionner. Mais personne ne va jusqu'à prendre la tradition pâlie pour de l'histoire pure et simple. Qu'elle contienne des éléments légendaires, en quoi cela contredit-il le fait que chez elle ces légendes sont plus près de leur source et qu'on y trouve des éléments historiques plus purs que chez les Bouddhistes du Nord ?

postérieur qui forment le gros de ces ouvrages, apparaissent, ainsi qu'un fond primitif tranchant nettement sur ces nouveautés, des restes et des vestiges d'un autre style qui ont souvent une ampleur considérable : et le type que ces fragments nous montrent est précisément celui que représente en fait pour nous le canon pâli[67].

CARACTÈRE HISTORIQUE DES SOUVENIRS RELATIFS À LA PERSONNE DU BOUDDHA

D'après tout ce qui vient d'être dit, seul l'examen de la tradition pâlie peut nous aider à résoudre la question dont nous aurons maintenant à nous occuper : Nous a-t-on conservé et dans quelle mesure des témoignages historiques relatifs au Bouddha et à sa vie ? Dans quelle mesure la réalité est-elle ici recouverte de fables et de mythes ? Senart[68] a été le représentant brillant et

---

[67] Ce qui est dit ici du *Lalita-Vistara* est rendu plus sensible par les développements que j'ai donnés à ce sujet dans les *Actes du cinquième Congrès international des orientalistes*, 2, p. 113 et sqq. Pour le *Mahâvastu*, le *Divya-Avadâna* et l'*Avadânaçataka* v. mes études dans des *Nachr. der Gött. Ges. der Wiss.*, cités supra. p. 85, n. 1. Observez p. ex. dans le *Divya-Avadâna*, comment au chapitre XVII, sur le tronc d'un *sûtra* traité dans un style ancien (ce *sûtra* est très voisin du *Mahâparinibbâna-Sutta* de la tradition pâlie), un récit moderne vient se greffer. Voyez encore comment au milieu d'une histoire moderne où les rois Vindusâra et Açoka jouent un rôle, un moine paraît qui « récite un *sûtra* » (p. 375) et comment le texte de ce *sûtra*, tranchant avec la plus grande netteté sur le contexte, rappelle tout à fait la manière de s'exprimer des textes pâlis. Il me faut me borner ici à ces courtes indications ; je renvoie en outre au *Mâra und Buddha* de Windisch, p. 1-2. J'ai déjà essayé de faire voir (ZMDG, LII, p. 667-673) comment une analyse des textes bouddhiques du Nord — du *Lalita-Vistara* et du *Mahâvastu*, — entreprise sans tenir aucun compte de la littérature pâlie, — permet à maintes reprises de reconnaître sous l'aspect chaotique que ces textes offrent à première vue, un noyau de conceptions religieuses et de récits de la plus haute importance, qui se laissent nettement distinguer des enjolivements dont ils sont enveloppés ; or, ce noyau est exactement identique à ce qui constitue, à l'état pur et sans mélange, la teneur du canon pâli.

[68] Dans son livre cité plus haut, p. 90, n. 1. La deuxième édition de ce livre (que nous citons dans notre exposé), ainsi qu'un autre ouvrage magistral du même savant (*Origines bouddhiques*, 1907) atténuent sensiblement, sur bien des points, le scepticisme de la première édition. — Kern, dans son *Geschiedenis van het Buddhisme in Indië*, a suivi

ingénieux d'une conception selon laquelle les principales parties du récit traditionnel au sujet du Bouddha ne seraient pas des souvenirs d'événements terrestres et, humains, mais seraient fondées sur l'antique mythe naturaliste relatif à la carrière lumineuse du héros solaire. Devons-nous considérer comme justifiée l'immense résignation que ce point de vue imposerait à notre besoin de réalité historique ?

Que nous montrent tout d'abord les textes sacrés du canon pâli ? — Que, dès le début, aussi loin que nous puissions suivre dans le passé les expressions de la conscience religieuse des Bouddhistes, il y a parmi eux une conviction fermement établie, et cette conviction la voici : L'accès à la connaissance qui sauve et à la vie sainte a été ouvert aux fidèles par la parole d'un maître, fondateur de la communauté, que l'on désigne sous le nom de « Bienheureux » (Bhagavâ) ou de « Connaissant », d' « Illuminé » (Bouddha). Celui qui désire entrer dans la confrérie religieuse prononce par trois fois cette formule : « Je mets mon recours dans le *Bouddha ;* je mets mon recours dans la Loi ; je mets mon recours dans la Communauté. » Dans les confessions de quinzaine, dont la liturgie est parmi les monuments de tous les plus anciens de la vie en communauté des Bouddhistes, le moine, qui dirige la cérémonie, exhorte les frères présents à ne taire aucun péché qu'ils aient commis, car se taire c'est mentir ; or « tout mensonge d'intention, ô frères, est un obstacle à la vie spirituelle : telle est la parole du *Bienheureux. »* Et la même liturgie de confession caractérise les moines qui professent des

---

une méthode différente de celle de Senart, notamment en interprétant les récits de la légende bouddhiste par des faits astronomiques. — Parmi ceux qui adoptent une attitude sceptique à l'égard de la personnalité du Bouddha il faut encore ranger R. O. Francke. Cet auteur « ne voudrait pas donner l'impression de croire que nous sachions quoi que ce soit sur la personnalité du fondateur de cette doctrine » (*Zeitschr. der Deutschen Morgenl. Gesellsch.,* 69, p. 55). A ses yeux, « le Bouddha dogmatique semble avoir été une forme obnubilée d'une ancienne conception de Dieu, peut-être de la conception philosophique de la divinité panthéiste » (*Ostasiatische Zeitschrift,* IV, p. 10). Cf aussi, l'article du même auteur, *Wiener Zeitschr. für die Kunde des Morgenl.* 18, p.331 et sqq.

hérésies, en leur mettant dans la bouche ces paroles : « C'est ainsi que j'entends la doctrine que le *Bienheureux* a prêchée », etc. Partout l'on reconnaît comme la source de la vérité et de la sainteté, non une révélation impersonnelle, non la réflexion individuelle, mais la personne, la parole du Maître, du Bienheureux, du Bouddha.

Et ce maître, on ne le regarde pas comme un sage du temps passé, de ce passé que la fantaisie indienne se plaisait à mesurer en jonglant avec des nombres prodigieux de siècles : on le connaît pour un homme qui a vécu il n'y a pas extrêmement longtemps. Entre sa mort et le concile des sept cents Anciens à Vesâlî (vers 380 av. J.-C.) on compte un siècle ; et il me semble établi que la plus grosse part, la part capitale des textes sacrés, ceux qui du commencement à la fin roulent sur sa personne et sa doctrine et nous racontent sa vie et sa mort, ont été rédigés dès avant la réunion de ce concile ; les parties les plus anciennes de ces textes, comme le Formulaire de confession dont nous venons de parler, appartiennent même, selon toute vraisemblance, plutôt au début qu'à la fin de ce premier siècle après la mort du Bouddha. Ainsi le temps qui sépare les témoins à entendre des événements sur lesquels portent leurs dépositions, est assez court. : il n'est pas beaucoup plus long, si même il l'est davantage, que le temps qui s'écoula entre la mort de Jésus et la rédaction de nos Évangiles. Est-il croyable que pendant, ce laps de temps tout souvenir authentique relatifà la vie du Bouddha ait pu se perdre au sein de la Communauté pour être plus ou moins remplacé par de fabuleuses légendes de héros solaire transférées à la personne du Maître ? Et cela au sein d'une confrérie d'ascètes, qui — la littérature qu'ils nous ont léguée en fait foi — n'attachaient de prix et d'intérêt à rien moins qu'à ces mythes naturalistes ?

Ou bien viendra-t-on prétendre que le fond de tableau sur lequel, dans les textes sacrés, se détache la figure du Bouddha, fasse si peu que ce soit songer à un monde fabuleux et mythique ? Les livres pâlis — c'est là une impression dont un lecteur sans préjugés ne pourra guère se défendre — nous donnent une image très vivante de l'animation qui régnait dans les cercles religieux de l'Inde à l'époque du Bouddha : nous apprenons les détails les plus circonstanciés sur les saints personnages qui, tantôt seuls, tantôt réunis en communauté, avec ou sans organisation, en termes plus profonds ou plus superficiels, prêchaient en ce temps-là au peuple le salut et la Délivrance. Toutes ces descriptions portent, à n'en pas douter, un cachet de réalité terrestre ; à propos même d'une ou deux de ces figures, nous nous trouvons dans des conditions exceptionnellement favorables pour décider de leur vérité ou de leur fausseté historique. On nous nomme régulièrement comme contemporains du Bouddha six grands maîtres, dangereux maîtres d'erreur, cela s'entend, aux yeux des Bouddhistes, et chefs de six sectes hétérodoxes. Or l'un d'eux, Nâtaputta, se retrouve, selon la belle découverte de Bühler et de Jacobi, dans les textes d'une secte qui compte encore aujourd'hui dans l'Inde nombre de représentants, celle des Jaïnas : il est honoré par eux comme le fondateur de leur foi, comme le sauveur, et occupe dans leurs idées une place tout à fait analogue à celle que les textes bouddhiques attribuent au Bouddha. Nous nous trouvons ainsi posséder sur ce Nâtaputta et sa communauté deux séries de témoignages : les uns nous viennent de ses propres adhérents, pour qui il est le Saint, l'Illuminé, le Vainqueur (*jina*), le Bouddha, — les textes des Jaïnas se servent également de cette expression ; — les autres nous sont fournis par les Bouddhistes qui le regardent comme un chef d'ascètes prêchant une doctrine erronée. Il s'est bien glissé dans la relation bouddhique, comme l'on devait s'y attendre, quelques inexactitudes ou même quelques altérations de la vérité : mais, à part cela, les traditions des Jaïnas et des Bouddhistes se confirment ici réciproquement de la manière la plus frappante[69].

---

[69] C'est ce que Bühler a montré en détail (*Almanach der kais. Akademie der Wissensch.*, Wien, 1887, p. 246 et sqq.) ; je ne puis ici que me ranger complètementà son opinion ; cf. aussi Jacobi, *Sacred Books*, XXII, p. XVI et sqq. et XLV, p. XV et sqq. A propos des incorrections légères des données bouddhiques, qui se trompent par

C'est ainsi qu'elles sont d'accord sur une série de points de la dogmatique jaïniste, sur la nudité des moines jaïnas, sur le fait que Nâtaputta a possédé dans la ville de Vesâlî un grand nombre de partisans. Une coïncidence est particulièrement remarquable : les Bouddhistes aussi bien que les Jaïnas citent en passant le nom de l'endroit où mourut Nâtaputta : or les uns comme les autres nomment la ville de Pâvâ.

Nous pouvons ajouter que sur un autre également des six maîtres mentionnés, sur Makkhali Gosâla, la tradition bouddhique comme la jaïniste nous ont conservé deux séries de renseignements tout à fait indépendantes l'une de l'autre[70] : leur concordance, ici encore, sur les points essentiels, ne laisse subsister aucun doute sur l'authenticité de l'ensemble de cette transmission.

Un pareil accord de témoignages sur des personnes et des circonstances nous donne la sensation que nous marchons ici sur le terrain solide de la réalité historique. Évidemment, le Bouddha fut un chef d'ordre monastique tout à fait du même type que Nâtaputta, que Gosâla ; ayant d'un ascète le costume et tout l'appareil extérieur, il erra de ville en ville, enseigna et rassembla autour de lui un cercle de disciples auquel il donna une règle comme en avaient les Brahmanes et les autres compagnies de religieux.

Ces faits du moins, tant qu'ils sont, nous avons le droit, en tout

---

exemple sur le nom de *gotra* brahmanique de Nâtaputta, comparez par exemple les erreurs commises par les Bouddhistes dans l'énumération des poètes védiques (*Mahâvagga*, VI, 35, 2.)

[70] Voyez les *Excursus* de Hoernle dans son. édition de l'*Uvâsagadasâo* ; le même auteur dans *Proceedings of the Asiatic Society of Bengal*, 1898, p. 41, ainsi que son article *Ájîvikas* dans *Encycl. of Religion and Ethics* ; Leman, *Wiener Zeitschrift f. d. Kunde d. Morgenl.*, III, 328 et sqq. ; O. Schrader, *Stand der ind. Philosophie zur Zeit Mahaviras und Buddhas*, 12, 34 et sqq. ; Rhys Davids, *Dialogues of the Buddha*, I, 71, n. 1. — Sur les relations de Gosâla avec Nâtaputta, cf. Jacobi, *Sacred Books*, XLV, p. XXIX et sqq., et Hoernle, *loc. cit.*

état de cause, de prétendre les posséder de science certaine, aussi certaine que peut l'être jamais la science de ces sortes de choses.

POINT DE BIOGRAPHIE ANCIENNE DU BOUDDHA
FRAGMENTS BIOGRAPHIQUES D'UNE HAUTE ANTIQUITÉ

Mais faut-il se résigner à ne rien savoir de plus ? Ne saurait-on démêler, au milieu de cette masse de légendes que présente la tradition, des traits de réalisme historique plus abondants, plus précis, qui viennent donner de la vie à cette première esquisse ?

Pour nous mettre en état de répondre, commençons par décrire de plus près la forme que revêt cette tradition. Le point capital et sur lequel il faut tout d'abord insister est celui-ci : il ne s'est pas conservé de *biographie* du Bouddha remontant à une époque ancienne, à l'époque des textes sacrés pâlis, et, nous pouvons le dire en toute assurance, il n'en a pas existé[71]. L'idée d'une biographie était en elle-même étrangère à la conscience de ce temps. Faire de la vie d'un homme, prise dans son unité, un prétexte à littérature, pour naturelle que cette idée nous paraisse aujourd'hui, elle n'était encore venue à l'esprit de personne.

Ajoutez encore qu'en ce temps, l'intérêt qu'excitait la vie du Maître s'effaçait complètement devant celui qui s'attachait à sa doctrine. Et dans l'école Socratique, comme, à ce qu'il semble, dans l'Église chrétienne primitive, il n'en a pas été autrement. Longtemps avant que l'on commençât à rédiger par écrit la vie de Jésus à la manière de nos Évangiles, on admet qu'il courait dans les jeunes communautés un recueil de paroles et de sentences de Jésus (λόγια κυριακα) ; à ce recueil ne s'ajoutaient

---

[71] On ne saurait admettre comme probant ce que Pischel (*Leben und Lhere des Buddha*, 3ᵉ éd., p. 57) dit au sujet d' « une ancienne description en vers de la vie du Bouddha ». Cf. mon ouvrage *Zur Geschichte der altind. Prosa*, p. 76.

de passages purement narratifs que juste assez pour faire connaître à quelle occasion, dans quelles circonstances avait été tenu chaque discours particulier. Le recueil lui-même n'avait pas la moindre prétention à la rigueur historique ni à la fidélité chrono-logique. Il en est de même des *Mémorables* de Xénophon. L'œuvre de Socrate nous y est dépeinte sur le vif, avec sa méthode et ses procédés, dans une riche profusion d'entretiens détachés du sage : quant à la *vie* même de Socrate, ni Xénophon, ni aucun des anciens Socratiques ne nous la fait connaître. Et quel motif aurait pu les y pousser ? Si la figure de Socrate paraissait remarquable aux Socratiques, c'était à cause des paroles de sagesse tombées des lèvres du grand original, non à cause des chétives destinées extérieures de sa vie.

Le développement des traditions relatives au Bouddha correspond aussi étroitement qu'il est possible à ces exemples parallèles. De bonne heure, on commença à fixer par l'écriture les discours que le Maître avait tenus, ou, du moins, des discours du même modèle, et à les transmettre de main en main au sein de la Communauté. On ne manque pas de noter *où* et *devant qui* chaque parole avait ou devait avoir été prononcée : il le fallait, si l'on voulait fixer la situation d'une manière concrète et, par là, mettre hors de doute l'authenticité des paroles du Bouddha qui s'y rapportaient. Mais *quand* le Bouddha a fait telle ou telle harangue, c'est là une question que l'on ne se posait pas. Les récits commencent : « Un jour... — ou « En ce temps-là, le bienheureux Bouddha séjournait en tel ou tel endroit... — L'Inde n'a jamais eu, en général, un sens bien aiguisé du *quand* des choses. Et puis, dans la vie d'un ascète comme le Bouddha, les années s'écoulaient si uniformément pareilles l'une à l'autre, qu'il devait sembler superflu à la Communauté de se demander : *Quand* tel ou tel événement est-il arrivé ? *Quand* a été prononcée telle ou telle parole ? — en admettant même que quelqu'un eût jamais songé à la possibilité d'une telle question[72].

Certains épisodes de sa vie errante, des entrevues avec quelque docteur ou quelque puissant du monde se liaient au souvenir de tel ou tel discours authentique ou forgé ; avant tout, les débuts de sa vie publique, la conversion de ses premiers disciples et, d'autre part, la fin de sa carrière, ses paroles d'adieu aux siens et sa mort tenaient, comme il est aisé à comprendre, la première place parmi ces souvenirs. On avait ainsi des fragments biographiques, mais ce n'est que bien plus tard que l'on en composa, pour la première fois, une biographie.

Nous ne trouvons dans les anciennes sources que des renseignements relativement maigres sur la jeunesse du Bouddha, sur la période qui précéda le début de sa prédication ou, pour parler comme les Indiens, son arrivée à l'état de Bouddha, celle où il ne possédait pas encore cette science, source du salut, qui fit de lui le précepteur des dieux et des hommes, mais où il la cherchait, toujours. Cependant, des récits — historiques ou légendaires, peu importe, — relatifs à cette période même ne font pas complètement défaut. Tels sont les trois passages poétiques qui font partie de l'ancien recueil versifié, le *Suttanipâta* et qui relatent la visite que le sage Asita fit au Bouddha enfant, dont il prédit la gloire future ; puis le départ du jeune homme hors de son pays natal et sa rencontre avec le roi du pays de Magadha, et enfin, une histoire de tentation[73]. Que l'on ne nous dise sur ce temps que fort peu de chose, rien n'est plus facile à expliquer. La Communauté était loin d'attacher autant d'intérêt à la personne terrestre de l'enfant et

---

[72] Plus tard, d'ailleurs, on souleva par le fait cette question, et naturellement on ne se sentit pas un moment embarrassé pour y répondre. De là vinrent les grandes listes où l'on trouvait spécifié ce que le Bouddha avait dit et fait dans la sixième, la septième, la huitième, etc., année de sa bouddhification (voyez par exemple Bigandet, *Life of Gaudama*, p. 160 et sqq.). La totale insignifiance de ces listes tardives saute aux yeux, si l'on songe au silence absolu des textes sacrés sur les matières de chronologie.

[73] Je renvoie pour ces trois récits à mon ouvrage *Aus dem alten Indien*, p. 45 et sqq.

du jeune homme de la maison des Sakyas qu'à celle « du bienheureux, du saint, du parfait Bouddha ». Ce qu'on voulait savoir, c'était ce qu'il avait dit à partir du moment où il était devenu le Bouddha ; devant celui-là, tout autre intérêt s'efface, même celui qu'excitaient ses luttes pour la conquête de la « Bodhi »[74]. Ce sont les siècles postérieurs qui, ornant dans une tout autre mesure que l'ancien temps la vie du Bouddha de merveilles sur merveilles, s'attachèrent les premiers avec une prédilection particulière à environner la figure de l'enfant prédestiné des plus extravagantes créations d'une imagination déréglée.

ÉLÉMENTS LÉGENDAIRES

Il ressort évidemment de ce qui a été dit plus haut — et il va, en fait, de soi — que même la tradition la plus ancienne, contenue dans les textes sacrés pâlis, n'est pas complètement exempte d'éléments fabuleux.

Le gros de ces éléments repose sur le besoin naturel de l'esprit des fidèles, qui veut que l'apparition sur la terre d'un sauveur du monde prenne, même au point de vue extérieur, les proportions d'un événement d'une importance sans égale ; dans les plus petits incidents de sa vie journalière, l'Hindou était et est encore habitué à prêter grande attention aux présages qui les accompagnent : comment aurait-on pu croire un instant que

---

[74] D'ailleurs, il y a aussi dans la forme extérieure des Sûtras et des textes du Vinaya une raison qui contribue essentiellement à maintenir la jeunesse du Bouddha en dehors des récits. Ces textes — sauf des exceptions insignifiantes — ne nous donnent pas, en effet, n'importe quels renseignements sous une forme librement choisie : il y est à chaque fois question d'un sermon du Bouddha ou d'une règle prescrite par lui à ses disciples : dès lors le récit d'introduction qui relatait l'occasion de ces paroles du Bouddha ne pouvait rouler que sur des événements de sa carrière *en tant que Bouddha*. De sa jeunesse il ne pouvait être question qu'en passant, par allusion, ou encore en usant de ce biais de lui mettre à lui-même dans la bouche des communications à ce sujet.

déjà la conception du saint, du sublime, du parfait Bouddha n'eût pas été annoncée par les signes et les miracles les plus frappants, n'eût pas été célébrée par la fête universelle des mondes ? Un infini trait de lumière traverse l'univers ; les mondes tremblent ; les quatre divinités qui tiennent sous leur garde les quatre régions du ciel s'approchent pour veiller sur la mère pendant la grossesse. Et la naissance ne s'accompagne pas de moins de merveilles[75]. Les Brahmanes possédaient les listes des signes corporels qui présagent le bonheur ou le malheur de l'homme ; l'enfant Bouddha devait naturellement porter tous les signes de bon augure et dans toute leur perfection, dans la même perfection qu'un monarque souverain de la terre. Les devins disent : « S'il choisit une vie mondaine, il deviendra le souverain du monde ; s'il renonce au monde, il sera le Bouddha. »

Il est inutile d'accumuler les traits légendaires de cette espèce : on ne saurait se méprendre sur leur caractère. Au sentiment de la Communauté chrétienne, c'était une chose entendue d'avance que toute puissance, toute excellence qu'avaient possédée les prophètes de l'Ancien Testament devait s'être retrouvée, avec plus d'éclat encore, dans la personne de Jésus : de même toutes les merveilles et les perfections qui, dans les idées indiennes, appartenaient aux plus grands des héros et des sages, les Bouddhistes devaient naturellement les attribuer au fondateur de leur Communauté. Or, au fond des vues de l'Inde sur les attributs d'un héros tout-puissant et conquérant du monde, on ne pouvait manquer de rencontrer, entre autres éléments, les vieux mythes naturalistes, dont le sens originel avait depuis longtemps cessé d'être compris ; il n'y a donc pas

---

[75] Le fait que de tels miracles nous sont contés déjà dans les textes plus canoniques, au sujet de la conception et de la naissance du Bouddha, et donné par R. Chalmers (*Journ. Roy. As. Soc.*, 1894, p. 386 ; cf. 1895, p. 751 et sqq.) comme une découverte nouvelle « which destroys certain views generally entertained by scholars ». Cf. cependant la première édition de ce livre, p. 423. Aujourd'hui, nous pouvons renvoyer à ce sujet à Windisch, *Buddha's Geburt* (1908).

lieu de s'étonner si plus d'un des traits, que l'on contait dans les cercles de fidèles à la glorification du Bouddha, se ramène, en définitive, à travers bien des intermédiaires, à telle fiction que depuis longtemps déjà, parmi les bergers et les laboureurs des temps védiques, voire même des centaines ou des milliers d'années auparavant, l'imagination populaire avait inventée sur le compte des divins héros des mythes naturalistes, les rayonnants prototypes de tout héroïsme terrestre. C'est là l'élément de justesse que l'on ne saurait contester à la théorie de Senart sur le Bouddha héros solaire[76].

Passons à un second groupe de traits légendaires à propos desquels nous pouvons déjà, jusqu'à un certain point, nous demander s'ils ne nous ont pas conservé quelque souvenir historique. Jusqu'ici, les éléments de la tradition que nous avons mentionnés découlaient de la croyance générale à la puissance et à la noblesse sans rivales du Bouddha : les traits, bien plus saillants, dont nous allons maintenant parler, ont, eux, leur racine en partie dans les attributs théologiques particuliers que la spéculation bouddhique conférait au Saint, au Savant, au Délivré, en partie dans les incidents extérieurs qui étaient la monnaie courante de la vie d'un ascète dans l'Inde, et qui, par une conclusion comme en tire naturellement toute légende, n'avaient pas dû être absents de la vie du Bouddha, l'ascète idéal.

Ce qui fait du Bouddha le Bouddha, c'est, comme son nom

---

[76] De ce que nous venons de dire ressort la position que nous prenons relativement à la marche de raisonnement suivie par Senart (p. XXVIII et sqq.) : d'après lui, un trait de la légende qui se trouve dans une source quelconque prouve du même coup l'existence de tous les autres, car ils sont tous liés ensemble de façon à former une unité qui est plus ancienne que le Bouddhisme. En dépit des matériaux que Senart réunit avec un savoir si étendu, nous ne croyons pas qu'il arrive à nous convaincre d'autre chose, sinon qu'en beaucoup d'endroits la légende bouddhique puise toujours au même fonds de vieilles imaginations populaires : et dans ce cas il est tout à fait naturel que les traits qui se présentent ensemble chez les Bouddhistes soient déjà depuis longtemps apparentés entre eux.

l'indique, sa science. Cette science, il ne la possède pas, comme par exemple le Christ, en vertu de la supériorité métaphysique d'une nature surhumaine ; il l'a acquise, ou, pour parler plus exactement, il l'a conquise. Le Bouddha est en même temps le Jina, c'est-à-dire le vainqueur. L'histoire du Bouddha doit donc être précédée de l'histoire de la lutte pour la conquête de la Bodhi.

Une lutte suppose un ennemi ; un vainqueur, un vaincu. Au dompteur de la mort et de la douleur doit s'opposer le Prince de la mort. Nous avons vu comment, dans la conscience indienne, s'était établie une identification entre le royaume de la mort et le royaume de ce monde ; nous nous rappelons le rôle que joue le dieu de la mort dans le poème védique de Naciketas : longue vie, accomplissement de tout désir, aucune promesse ne lui coûte pour faire renoncer le jeune homme à la science. De même à l'ascète qui s'efforce vers la Bodhi s'oppose Mâra, la Mort, le seigneur des plaisirs du monde qui ne sont, à vrai dire, autre chose que le masque de la mort. Pas à pas, Mâra suit son ennemi : il guette un moment de faiblesse qui le rende maître de cette âme : ce moment ne vient pas. A travers plus d'un échec, à travers de rudes combats intérieurs, le Bouddha jusqu'au bout persévère.

Le voici sur le point d'atteindre à la science qui délivre, récompense de tous ses efforts ; Mâra l'aborde, il tâche par des paroles tentatrices de le détourner de la voie du salut. C'est en vain. Le Bouddha obtient la science béatifiante, la suprême sainteté.

Nous choisissons le récit de cette dernière lutte décisive four faire comprendre, par un exemple sensible, le contraste qui existe entre la conception de Senart el. la nôtre au sujet de la nature de ces légendes.

HISTOIRE DE L'OBTENTION DE LA SCIENCE DE LA DÉLIVRANCE. — THÈSE DE SENART

Qu'y a-t-il d'essentiel dans cet événement aux yeux de l'ancienne Communauté ? Rien autre que ceci : le Bouddha, assis sous un arbre[77], traverse toute une série d'états extatiques, et dans les trois veilles d'une certaine nuit acquiert la triple science sacrée : son âme s'affranchit de toute impureté et la Délivrance devient son partage en même temps que la conscience d'être délivré[78]. Tels sont les éléments purement théologiques de ce récit ; à l'époque ancienne ils l'emportent de beaucoup en importance sur le combat avec Mâra ; quand les textes pâlis nous racontent l'obtention de la Délivrance, nulle part ou presque nulle part ils ne nous parlent de Mâra.

Il ne peut être question, à ma connaissance, que d'une seule exception. Dans un poème du *Suttanipâta*[79], on nous conte comment Mâra essaye, avec des paroles pleines de séduction, de ramener à la vie mondaine celui qui s'efforce vers la

---

[77] Dans la plupart des passages l'arbre n'est pas mentionné expressément. Dans l'*Ariyapariyesana-sutta* (voyez la note qui suit) il est dit seulement d'une façon toute générale que le Bouddha a trouvé dans Uruvelâ un agréable séjour, un bois charmant, une belle rivière : là il s'est assis et a obtenu la Délivrance.

[78] Comparez *Vinaya-Pitaka*, vol. III, p. 4 et sqq. et plusieurs suttas du *Majjhima-Nikâya*, tels que le *Bhayabherava-sutta* (n° 4), le *Dvedhâvittakka-sutta* (n° 19), l'*Ariyapariyesana-sutta* (n° 26), le *Mahâsaccaka-sutta* (n° 36) et autres : voyez aussi *Buddhavamsa*, II, 63-65 ; ajoutez encore les récits analogues sur l'obtention de la Délivrance par les disciples hommes et femmes, comme *Theragâthâ*, 626 et sqq. ; *Therîgâthâ*, 172 et sqq. Même le *Mahâvastu*, bien qu'appartenant au Bouddhisme du Nord, raconte (vol. II, p. 131-133, cf. ZDMG, LII, 667 ; d'autres passages offrent une version différente) l'obtention de la Bodhi sans qu'il soit fait mention du combat contre Mâra.

[79] N° 28, cf. *Lalita-Vistara*, p. 327-329, et Windisch, *Mâra und Buddha*, p. 1 et sqq.

Délivrance qu'il n'a pas encore obtenue[80]. Mais celui-ci ne faiblit pas : « J'entre en lutte avec Mâra et son armée : il ne saurait me faire abandonner la place. Son armée que le monde entier avec les dieux ne saurait vaincre, je l'anéantis. » Et Mâra voit que ses entreprises ne peuvent émouvoir l'inébranlable fermeté de son adversaire, et il se retire avec dépit. Citons encore un autre texte[81], dans lequel Mâra, *après* que le Bouddha a atteint la Bodhi, le tente sous l'arbre Ajapâla[82] : on nous parle en plus ici des tentatrices, qui lorsque le tentateur lui-même a abandonné la partie comme perdue, reprennent à nouveau le combat : ce sont les filles de Mâra, Concupiscence, Inquiétude, Volupté. Le Bouddha demeure inébranlé en sa paix bienheureuse.

Telle est, dans son absence d'apprêt, la version de l'ancienne Communauté. Les idées qui ont présidé à sa formation sont des plus simples, et, semble-t-il, évidentes. Sauraient-elles être obscurcies par les contes de fées dans lesquels le goût grotesque des âges postérieurs a travesti le récit ancien[83] ? Le Bouddha s'assied sous l'arbre de la Science, avec la ferme résolution de ne point se relever avant d'avoir atteint la science qui délivre. Mâra s'approche avec son armée : les démons fondent en foule sur le Bouddha avec des armes de flamme, au milieu du tourbillon des ouragans, des ténèbres, des torrents de pluie,

---

[80] C'est ce que montre clairement le début du poème et ce que confirme la rédaction du *Lalita-Vistara*. Quand malgré cela il vient à être question du Bouddha ou du Sambouddha ce n'est là qu'une façon de parler inexacte.

[81] *Samyutta-Nikâya*, vol. I, p. 123 et sqq. ; Windisch, *loc. laud.*, p. 116 et sqq.

[82] Cet arbre est distinct de celui sous lequel le Bouddha a conquis la délivrance.

[83] Les principales sources pour cette forme postérieure de la légende, complètement étrangère aux textes sacrés pâlis, sont le Commentaire du Jâtaka (I, p. 69 et sqq.) et le *Lalita-Vistara* (chap. XIX et sqq.).

pour le chasser de l'arbre[84] : le Bouddha demeure inébranlable et les démons finissent par s'enfuir.

L'interprétation de Senart[85] voit dans ce récit le mythe relatif à la lutte d'orage. Pouvons-nous nous laisser convaincre ? Examinons le sens que cette manière de voir attribue à certains traits de la légende.

Prenons par exemple l'arbre sous lequel est assis le Bouddha. Mâra veut l'en éloigner. Le démon lui dit : La place ne t'appartient pas, elle m'appartient.

Ainsi, conclut Senart, le véritable enjeu de la lutte est l'arbre. L'arbre appartient à Mâra ; le Bouddha s'en est emparé. Lui contester la possession de la Délivrance ou lui contester celle de l'arbre, c'est la même chose. Comment l'arbre arrive-t-il à prendre cette importance ? Quel est le lien qui attache à la possession de l'arbre celle de la science qui délivre, objet des aspirations du Bouddha ?

Le Véda mentionne l'arbre céleste, que l'éclair fracasse ; la mythologie des Finnois parle du chêne atmosphérique que renverse le nain solaire. Yama, le dieu de la mort du Véda, est assis à boire, en compagnie des bienheureux, sous un arbre au beau feuillage, comme dans la légende du Nord Hel a son siège à la racine du frêne Yggdrasill.

L'arbre est l'Arbre-des-nuées ; dans la nuée est retenue la liqueur céleste et sur elle veille un démon ténébreux ; c'est pour la nuée et pour l'ambroisie qu'elle recèle, que, dans les hymnes

---

[84] Doit-on considérer le *Dîgha-Nikâya* II, p. 262 comme une première esquisse de récit de ce genre ? De toute façon il s'agit là d'un autre moment que celui de l'obtention de la Bodhi.

[85] Sauf erreur il ne la maintient pas dans tous les détails dans ses *Origines bouddhiques* (voyez *supra*, p. 91, n. 1).

du Véda, les puissances lumineuses et celles des ténèbres se livrent leur grand combat : ce combat est précisément le même que celui du Bouddha contre les troupes de Mâra. Dans la lutte orageuse l'ambroisie (*amrita*) qui est enfermée dans la nuée, est le prix de la victoire : l'Illumination, la Délivrance que conquiert le Bouddha, est aussi appelée une ambroisie (*amrita*) ; le royaume de la science est le pays de l'immortalité (*padam amritam*). Telle est l'interprétation de Senart.

Suivrons-nous ce savant si distingué si nous constatons que le récit ancien des incidents qui se passent sous l'arbre n'est composé que d'éléments dogmatiques comme la description des quatre extases et de la triple connaissance acquise par le Bouddha[86] ? Si nous nous rappelons que dans les plus anciens textes — nous devrions peut-être excepter le seul Suttanipâta ou l'arbre n'est d'ailleurs pas expressément mentionné — le

---

[86] Ou bien faut-il penser que cet ancien récit représente en réalité une forme plus jeune de la tradition que les descriptions bariolées, comme en contient le *Lalita-Vistara* ? Ce type plus simple ne se serait alors formé que tardivement, sous la main de théologiens à l'esprit abstrait et qui n'avaient aucun goût pour ces sortes de légendes ? Où trouvons-nous le moindre sujet de tomber dans de pareils détours ? Le récit ancien contient tous les éléments qui, à l'esprit détaché du monde des disciples du Bouddha, quand ils réfléchissaient sur le moment décisif de la vie de leur maître, devaient s'offrir les premiers et paraître les plus importants : il énumère l'extase sacrée, la science qui embrasse l'univers d'un coup d'œil, l'absence de péché, la paix bienheureuse. Cela avait pour eux beaucoup plus de rapport avec le sujet en question que les nuées et les orages. — D'ailleurs la littérature des Jaïnas peut encore ici nous servir de confirmation. Voici, la forme qu'y revêt le récit correspondant : le sauveur, à tel et tel moment, « en dehors du village Jambhiyagâma, sur la rive septentrionale de la rivière Ujjuvâliyâ, dans le champ du propriétaire Sâmâga, au Nord-Est du lieu sacré Viyâvatta, non loin d'un arbre sâla (suit une description de son attitude et du jeûne qui a précédé), entré dans le trésor de la méditation, se trouvant au centre d'une pure méditation, a obtenu le Nirvâna, la science et la vision pleine, complète, sans trouble, sans obstacle, infinie, suprême, absolue, sublime » (*Âyâraṃga-Sutta*, II, 15, 25 ; cf. *Jinacaritra*, 120). Suit encore une description de son regard qui embrasse les mondes et les chemins de la transmigration, tout à fait comme dans le *Vinaya-Piṭaka*, vol. III, p. 5. Va-t-on prétendre qu'il y avait aussi chez les Jaïnas un combat avec le démon de l'orage, à propos de l'arbre-des-nuées, qui a été laissé de côté et que c'est pur effet du hasard s'ils ont conservé justement les mêmes traits que présentent également les anciens textes pâlis ?

Bouddha et Mâra ne combattent pas sous l'arbre, encore moins pour l'arbre[87] ? La seule chose que nous disent nos textes à propos de l'arbre de la science, l'arbre prétendu des nuées et de l'ambroisie, n'est-ce pas simplement que le Bouddha était assis à son pied quand il s'abîma dans ces méditations qui le conduisirent à l'illumination suprême ? Ce détail du récit a-t-il quoi que ce soit de frappant, et a-t-on vraiment besoin, pour l'expliquer, de faire appel à la mythologie comparée ? Où, je le demande, s'asseyaient dans l'Inde au temps du Bouddha, où s'asseyent encore aujourd'hui les ascètes qui n'ont pas de toit pour s'abriter et tous les gens qui errent sous les rayons torrides du soleil indien, sinon au pied des arbres[88] ?

Et nous ne sommes pas plus heureux qu'à propos de l'arbre de la science, dans nos efforts pour nous persuader de la portée

---

[87] Car un combat pour l'arbre, qui, comme nous l'avons remarqué, n'est même pas mentionné dans ce poème du *Suttanipâta*, ne peut guère être inféré de la lecture de ces paroles du Bouddha (vers 18) : « il (Mâra) ne m'ébranlera pas de cette place. » Cette expression, si simple et sans aucune portée mythologique, d'une persévérance inébranlable, trouve son explication, si tant est qu'elle en ait besoin, par exemple dans la conclusion du *Mahâgosinga-sutta* (*Majjhima-Nikâya*, n° 32) : « Un moine, après le repas, rentré de sa tournée d'aumônes, s'asseoit, les jambes croisées, le corps droit, la tête environnée d'une pensée vigilante, avec la résolution de *ne point se relever de cette place* avant que son âme, libre de tout attachement aux choses terrestres, se soit affranchie de toute impureté. »

[88] Le Bouddha demeure sept jours durant au pied du figuier banyan Ajapâla (*Mahâvagga*, I, 2 et 5), et le même temps au pied de l'arbre de Mucalinda (I, 3) et de l'arbre Râjâyatana (I, 4). Sur le chemin de Bénarès à Uruvelâ, il quitte la grand'route pour aller s'asseoir au pied d'un arbre, dans un bois (I, 15, 1). Ainsi fait le moine Kassapa (*Cullavagga*, XI, 1, 1). Ânanda, sur la demande du Bouddha qui le prie de le laisser seul pour un moment, « va s'asseoir, non loin de là, au pied d'un arbre. » (*Mahâ-parinibbâna-S.*, p. 24). Dans une description des exercices religieux de l'ascète (*Majjhima-Nikâya*, vol. I, p. 181) il est dit : « Il séjourne en un endroit solitaire, dans la forêt, au pied d'un arbre, sur une montagne, dans un creux, dans une caverne de la montagne, dans un cimetière, dans le désert, à ciel ouvert, sur un tas de paille » (cf. aussi **Cullavagga**, VI, 11). On pourrait multiplier à son gré le nombre de ces exemples d'ascètes séjournant sous des arbres, s'il en était besoin. Voyez aussi Rhys Davids, *Buddhist India*, 231.

mythique des autres éléments du récit[89]. Les démons qui assaillent impétueusement le Bouddha lancent des montagnes de feu, des arbres avec leurs racines, des masses de fer brûlantes, « et, comme si ce n'était point assez d'un symbolisme si clair et si connu, la pluie, les ténèbres, la foudre complètent ce tableau et figurent comme les signes les plus caractéristiques de la scène entière[90] ». Ces traits sont-ils vraiment à tel point caractéristiques ? Pour représenter l'attaque d'une armée de démons, rien ne se présente plus naturellement à l'imagination, qu'une mise en scène d'éclairs, de tonnerre et de ténèbres[91].

Mâra vaincu est comparé à un tronc privé de mains et de pieds[92] ; or, dans le Véda, Vritra, démon de l'orage, terrassé par

---

[89] Pas même pour ce qui est de l'interprétation mythologique de la personne de Mâra comme étant un démon de l'orage. L'idée originelle et dominante qui trouve son expression et sa personnification dans Mâra, est celle de la mort ; c'est ce qu'indique assez clairement son nom (Mâra, quelquefois Antaka, cf. plus haut p. 61, n. 1) et c'est ce que Senart lui-même a souligné dans ses *Origines bouddhiques*. Mais que le prince de la Mort soit en même temps le seigneur du royaume des plaisirs terrestres et le tentateur qui invite à ces plaisirs et se trouve ainsi avoir quelques rapports avec Kâma, le dieu de l'Amour, c'est ce que motive suffisamment le développement suivi par la spéculation, tant avant qu'après le Bouddha (v. plus haut, p. 61). Rien n'est moins surprenant que de voir la poésie bouddhique appliquer en passant à Mâra, l'ennemi diabolique, le nom d'un démon qui est cité dans le Véda comme un ennemi d'Indra, Namuci (d'ailleurs le *Çatapatha-Br.*, XII, 7, 3, 4 remarque déjà dans une discussion sur un passage du *R. V.*, VIII, 14, 13 : « pâpmâ vai Namucih☐ », c'est-à-dire : Namuci est le mal) ; de pareilles attributions de noms, qui ne découlent pas de la nature des êtres auxquels on les applique mais sont purement secondaires, il nous est naturellement interdit de tirer aucune conclusion mythologique. Tel est aussi l'avis de Windisch, *Mâra und Buddha*, p. 185. Quand nous parlons de la nature titanesque d'un *Faust*, qui s'aviserait de bâtir là-dessus des théories mythologiques sur l'origine de la légende de Faust ? — L'identité du Mâra bouddhique avec le Mairya de l'Avesta (épithète d'Ahriman, tentant Zoroastre) a été prudemment écartée par Senart (page 206, note).

[90] Senart, p. 167.

[91] Il est possible après tout que l'un ou l'autre de ces traits ait pris sa forme dans les légendes de la lutte d'orage et se soit depuis lors imposé à l'imagination ; mais cela ne prouverait pas grand'chose en faveur de l'interprétation mythologique du récit en question.

[92] Senart, p. 169.

la foudre d'Indra, est appelé de même « sans pieds et sans mains ». Mais ce que l'on nous dit de Mâra n'est qu'une comparaison entre cent autres qui lui sont appliquées et, par suite, ne prouve pas grand'chose ; et de plus, ne peut-on donc perdre bras et jambes en d'autres combats que celui de l'orage ? Un sermon du Bouddha dit de celui qui, à travers tous les obstacles, est parvenu à la sainteté : « Il a rendu Mâra aveugle et sans pied. » Entendez qu'il a fait le nécessaire pour que Mâra ne puisse plus le voir ni le poursuivre. N'est-il pas naturel d'admettre que le tour de ce détail dans la description de la lutte avec Mâra puisse être sorti par élaboration de quelque expression du même genre[93] ?

Mais c'est assez nous attarder sur ces détails. Nous pouvons dire en résumé : les traits dont se composent l'histoire de l'obtention de la Bodhi et, ajoutons-nous, un grand nombre de récits analogues de la légende du Bouddha ne doivent pas s'interpréter à l'aide de la mythologie ; ils s'expliquent tant par la dogmatique de la doctrine bouddhique de la Délivrance que par les conditions et les habitudes extérieures de la vie ascétique des Bouddhistes[94].

Un doute toutefois subsiste, qu'il est évident que cette méthode d'exégèse ne saurait tout à fait résoudre. Sommes-nous parvenus à démontrer que telle ou telle des épreuves par lesquelles on fait passer le Bouddha est un incident fréquent ou même constant dans la vie courante des ascètes de l'Inde, il se trouve qu'à chaque fois nous pouvons tirer de ce fait deux conclusions opposées. De deux choses l'une, ou bien nous avons affaire ici à des souvenirs dignes de foi : nous voyons, en effet, que les choses avaient coutume de se passer précisément

---

[93] La mise en valeur du passage en question (*Majjhima-Nikâya,* vol. I, p. 175) remonte à Rhys Davids (*Buddhism, its history and literature,* p. 104, n. 2).

[94] On trouvera ce résultat pleinement confirmé par l'analyse de la biographie de Nâtaputta (*Jinacaritra,* cf. la traduct. de Jacobi dans les *Sacred Books,* XXII).

ainsi, — ou bien ces traditions ne méritent aucune créance : en effet, justement parce que tel était le cours régulier des choses dans les temps postérieurs au Bouddha, c'était cette même marche des événements que devait reproduire dans ses fictions la légende de sa vie. La comparaison des traditions correspondantes des Jaïnas offrira ici plus d'un point d'appui à nos recherches : il n'en reste pas moins dans bien des cas tout à fait impossible de décider avec certitude laquelle des deux conclusions, que nous avons indiquées, est la vraie. Arrivé à ce moment de notre investigation, tantôt il nous faudra nous renfermer catégoriquement dans les limites qui s'imposent ici à la critique, tantôt nous contenter à tout hasard, pour guider nos décisions, de la plus ou moins grande vraisemblance de l'une des deux alternatives ; mais, dans ce cas, on ne peut naturellement réussir à exclure complètement du nombre des poids qui font trébucher la balance, les raisons subjectives de sentiment.

Caractères des données sur les circonstances extérieures de la vie du Bouddha

Si maintenant nous faisons abstraction, dans les divers groupes de traits traditionnels que nous avons énumérés, de tous ceux qui n'ont ou sont suspects de n'avoir aucune valeur historique, il nous reste entre les mains comme le noyau solide des récits relatifs au Bouddha ; et ce groupe de faits positifs, nous avons le droit de le revendiquer comme une acquisition à la vérité fort modeste, mais absolument sûre, pour l'histoire.

Nous avons connaissance du lieu de naissance du Bouddha et de la race dont il était sorti. On nous parle de ses parents, de la mort prématurée de sa mère, de la sœur de celle-ci, qui éleva l'enfant. Nous connaissons encore nombre de données du même genre qui se rapportent aux diverses parties de sa vie. C'est ainsi que nous possédons également sur son rival Nâtaputta des renseignements analogues, qui, si on les compare à ceux relatifs au Bouddha, en diffèrent, d'une façon qui inspire toute confiance[95]. Il serait inconcevable, même dans l'Inde, que la communauté qui tirait son nom du fils des Sakyas n'eût pas conservé, un siècle après sa mort, jusque sous le déguisement des légendes, le souvenir exact des noms les plus importants des personnes de l'entourage du Bouddha et de certaines circonstances capitales de sa vie extérieure. Qui regarderait comme possible qu'au sein des jeunes communautés chrétiennes du 1er siècle le souvenir de Joseph et de Marie, de Pierre et de Jean, de Judas et de Pilate, de Nazareth et du Golgotha eût pu se perdre ou être remplacé par des fictions ? C'est ici, ou jamais, le cas d'accepter en toute simplicité des faits tout simples.

Ou bien sommes-nous dans l'erreur et est-ce la critique qui a raison quand elle prétend découvrir encore ici de malignes impostures ? Le nom de la ville natale du Bouddha ne doit-il pas éveiller le soupçon, Kapilavatthu, le séjour de Kapila, du vieux sage mythique, fondateur de la philosophie Sânkhya[96] ?

---

[95] Jacobi, *Sacred Books*, XXII, p. XVII et sqq. Si l'on prend l'une à côté de l'autre les biographies traditionnelles des deux fondateurs de sectes, on reçoit, si l'on nous passe la comparaison, à peu près la même impression qu'en lisant une série des « Vitae » stéréotypées qui se trouvent à la suite des thèses allemandes : à chaque fois les noms particuliers et les chiffres diffèrent, mais des événements déterminés se reproduisent immanquablement dans une succession déterminée. La vie des ascètes indiens de ce temps ne se mouvait certainement pas dans une ornière moins invariable que de nos jours la vie du futur érudit, en tant qu'on la trouve exposée dans la « Vita ».

[96] Sur les rapports du Bouddhisme avec la philosophie Sânkhya, v. ci-dessus, p. 63 et sqq. Pour ce qui est du nom de Kapilavatthu, Garbe, après d'autres (*Abh. Bayer. Akad. der Wiss.*, I Cl., XIX Bd., 1891, p. 531 ; *Die Sânkhya-Philosophie*, p. 3, 29 ; *Grundriss*, III, 4, p. 2) l'interprète comme signifiant « séjour de Kapila », et considère par suite cette ville comme appartenant au champ d'action de Kapila, le fondateur de la philosophie Sânkhya » ; pour moi je m'associe aux doutes que Jacobi (*Gött. Gel. Anz.*, 1895, n° 3, p. 208 et sqq.) et Dahlmann (*Nirvâna*, p. 123) ont exprimés sur ce point. Je ne puis que partager l'opinion du premier de ces deux savants, quand il dit que le Kapila (le « brun ») de Kapilavatthu a bien pu n'être que n'importe quel « M. Brun » de l'Inde : au reste on pourrait encore songer à traduire « la place brune ». — A propos de ces remarques sur Kapila on peut encore songer au prétendu fait que les

Comment ne pas chercher dans un pareil nom toutes sortes de mystères mythologiques, allégoriques, littéraires, et comment par suite n'en pas trouver ?

Même avant l'ère nouvelle inaugurée par les recherches de Waddell et l'heureuse découverte de Führer (1896) il ne me semble pas que les témoignages en question aient été véritablement si insuffisants. Se peut-il rien de moins captieux que d'entendre un vieux poème du *Suttanipâta*[97] tracer la route de Brahmanes en voyage qui vont de Kosambi à Sâketa, puis à Sâvatthî, à Setabyâ, à *Kapilavatthu* et de là à Kusinârâ, à Pâvâ et Vesâlî ? Les pèlerins chinois qui ont visité l'Inde, au Ve et au VIIe siècle ap. J.-C. ont vu les ruines de Kapilavatthu. Ces pèlerins nous ont laissé sur leur itinéraire des renseignements qui concordent de la façon la plus exacte avec les données directes ou les allusions indirectes qui se rencontrent dans les livres pâlis sur l'emplacement de ces mêmes localités. En les suivant, on a retrouvé près du bourg népâlais de Paderia, à deux milles anglais au Nord de la ville de Bhagvânpour, la colonne, déjà vue par le pèlerin Hiuan-tsang et que, vers le milieu du IIIe siècle avant notre ère, le roi Açoka avait érigée dans le jardin Lumbinî, au lieu de naissance du Bouddha (l'inscription découverte sur cette colonne en fait foi), disant : « ici est né le Bouddha, le sage de la race des Sakyas... Il a érigé une colonne de pierre qui fait savoir : Ici est né le Bienheureux[98]. »

Bouddhistes auraient promu à la dignité divine Pañcaçikha, la deuxième grande autorité du Sânkhya. En fait ils mettent quelquefois en scène un Gandhabbaputta (génie) de ce nom. Malgré l'origine certainement tardive des fragments attribués à Pancaçikha, aucune raison d'ordre chronologique ne s'oppose, à notre avis, à ce que le génie en question ait été nommé d'après le maître du Sânkhya (cf. NGGW, 1917, 252 et sqq.). Toutefois le caractère de ce nom propre n'est nullement susceptible de justifier des conclusions qui soient valables pour l'histoire de la littérature ou de la philosophie. — Cf. sur cette question Garbe, *Sânkhyaphilosophie*, 2e éd., p. 69.

[97] Vers 1012.

[98] Voir sur les découvertes de Führer, Bühler, *Anzeiger der phil.-hist. Klasse der K. K. Wiener Ak.*, 7 janvier 1897 ; Barth, **Journ. des Savants, février 1897** ; Pischel,

A quelques milles au Nord-Ouest de cet endroit, vers Piprâvâ, on découvrit ensuite, dans un monument en briques destiné à recevoir des reliques, une urne qui serait, d'après l'inscription qu'elle porte, « un reliquaire du bienheureux Bouddha de la race des Sakyas[99]. » Pourra-t-on encore douter, à présent qu'Açoka en personne s'est présenté comme témoin, que la domination des Sakyas se soit vraiment et effectivement étendue sur cette région ?

Il n'est pas jusqu'à la mère du Bouddha, Mâyâ (c'est-à-dire « puissance magique »), chez qui la critique, à cause de son nom significatif, n'ait voulu trouver de secrètes intentions. Pour Senart, Mâyâ, qui meurt peu de jours après la naissance de son fils, est la vapeur matinale qui s'évanouit devant les rayons du soleil ; mais n'y a-t-il pas aussi sur la terre d'innombrables mères — celle de Nâtaputta fut plus heureuse — à qui la naissance d'un enfant coûte la vie ? De son côté Weber[100] avait d'abord voulu reconnaître dans le nom de Mâyâ une allusion au pouvoir cosmogonique de la Mâyâ dans la philosophie Sânkhya ; il est revenu depuis sur cette opinion et fait observer à ce propos que le concept de la Mâyâ appartient non pas à la doctrine Sânkhya mais au système Vedânta ; on peut ajouter que toute

---

Silzungsber. der Berl. Akademie, 1903, p. 724 et sqq., ainsi que Führer lui-même, *Monograph on Buddha Sakyamuni's Birth-Place* (Allahabad 1897) ; Mukherji, *Report on a tour of exploration of the antiquities in the Tarai, Nepal, the region of Kapilavastu* (Calc. 1901, avec une introduction de V. A. Smith). Mentionnons encore le récit de voyage de Sylvain Lévi (Comptes rendus de l'Ac. des Insc., 1899, p. 73 et sqq.). Cf. aussi, sur les découvertes de Kapilavatthu, Vincent Smith, *Encyclopaedia of Religions and Ethics*, VII, p. 661.

[99] Sur cette inscription dont les savants se sont beaucoup occupés, voir la bibliographie dans la liste des inscriptions de Lüders (*Epigr. Ind.* X), n° 9 :31. J'attire surtout l'attention sur l'étude de Senart, ***Journ. Asiatique***, 1906, I, p. 132 et sqq. Voir aussi R. O. Franke, *Ostasiat. Zeitschrift*, IV, p. 1 et sqq. — La construction de la phrase que comporte l'inscription de Piprâvâ n'est pas sûre ; il se peut que les Sakyas y soient nommés comme fondateurs du monument en question. L'étrange *sukiti* ne serait-il pas une mauvaise notation de *Sugata* ?

[100] *Literaturgeschichte, loc. laud.* ; cf. Köppen, *Die Religion des Buddha*, I, 76.

conception moitié philosophique, moitié mystique de la Mâyâ est complètement étrangère aux textes anciens du Bouddhisme et qu'ainsi, le nom de la mère du Bouddha ne saurait avoir été imaginé par égard pour une notion de ce genre[101].

Il nous faut reconnaître que nous avons une plus grande confiance dans la tradition. Nous croyons que le Bouddha a vraiment passé sa jeunesse dans la ville de Kapilavatthu et que les textes sacrés nomment sa mère Mâyâ, non par goût pour des mystères mythiques ou allégoriques, mais parce que tel était son nom.

Nous avons expliqué quel cas nous faisions de la tradition : passons maintenant à l'exposé même de la biographie du Bouddha.

---

[101] La sœur de Mâyâ, Mahâprajâpatî, n'échappe pas au sort commun : dans son nom aussi, qui semble en dire si long, on suppose de remarquables mystères (Senart, p. 290, n. 2). Senart traduit Prajâpatî par « créatrice », non sans voir lui-même que cela est contraire à la grammaire. En fait le mot représente « Prajâvatî », c'est-à-dire « riche en postérité » ; la même variante se trouve dans le *Lalita-Vistara*. En pâli *pajâpatî* = *prajâvatî* est une appellation très commune pour « épouse » ; voy. Childers, *sub verb.*, et *Manâvagga*, I, 14, 1. 2 ; X, 2, 3. 8 ; *Digha-Nikâya* II, 148. Le sens du nom propre est donc aussi tout à fait inoffensif.

Chapitre II

Jeunesse du Bouddha

Dans le pays et dans la maison des Sakyas (les Puissants) naissait, vers le milieu du VIe siècle avant l'ère chrétienne, un enfant de race noble que l'on appela Siddhattha. Outre ce nom, qu'il semble avoir porté dans le cercle de la famille, il en a d'autres qui ont acquis plus de célébrité. Moine errant, promenant ses prédications à travers l'Inde, il était pour ses contemporains « l'ascète Gotama » — surnom que, selon la coutume des nobles maisons indiennes, les Sakyas avaient emprunté à l'une des antiques familles de poètes védiques ; — pour nous, un des noms de ce personnage, le plus illustre de tous les Indiens, nous est plus familier qu'aucun autre, c'est celui de Bouddha, c'est-à-dire « Celui qui s'est éveillé », « Celui qui sait ». Ce n'était pas là un véritable nom propre : dans la bouche de ses fidèles ce terme exprimait la dignité que lui conférait le dogme pour avoir vaincu l'erreur et découvert la vérité, source du Salut. La même chose arriva à son contemporain Nâtaputta, le fondateur de la Communauté jaïniste, et, selon toute apparence, à bien d'autres encore parmi les chefs de sectes de l'Inde d'alors : leurs adhérents, entre autres surnoms analogues, les désignaient aussi par celui de Bouddha. Quant à la dénomination « Sakyamuni » ou « Sage de la maison des Sakyas », appliquée à Gotama Bouddha, elle appartient à la langue poétique ; dans la plus ancienne littérature elle n'apparaît que très rarement.

Les Sakyas

Nous pouvons déterminer avec assez de précision sur la carte de l'Inde le pays natal du Bouddha.

Entre les contreforts de l'Himâlaya dans le Népâl et le cours moyen de Rapti[102], qui arrose la partie nord-est de la province d'Aoudh, s'étend une bande de plaine, large d'environ trente milles anglais, et qui dépend en partie du Népâl, en partie des districts de Basti et de Gorakhpour. Au Nord, le long des montagnes, elle appartient au Téraï, à cette grande zone de forêts, abondamment arrosée, qui règne au pied des premières pentes. Vient ensuite, au Sud, un pays fertile, toujours très boisé, plein de lacs poissonneux, sillonné de nombreuses rivières promptes à déborder. Là était situé le domaine assez restreint, dont les Sakyas étaient les seigneurs et maîtres. A l'Est, la Rohinî les séparait de leurs voisins ; aujourd'hui encore cette rivière a gardé le nom qu'elle portait il y a plus de deux mille ans[103]. A l'Ouest et au Sud la domination des Sakyas a dû s'étendre jusqu'à la Rapti ou peu s'en faut[104].

---

[102] On rencontre souvent ce fleuve dans la littérature bouddhique sous le nom d'*Aciravatî*.

[103] La Rohinî se jette dans la Rapti à Gorakhpur, à environ 100 milles anglais (160 kilomètres) au Nord de Bénarès. Voir le *Report* de Mukherji, p. 18, cité chez Smith, p. 111, note 1.

[104] Quant à une exacte évaluation de la grandeur de ce domaine, il va de soi qu'on n'a pas de données suffisantes pour l'établir : on pourrait l'évaluer tout à fait approximativement au quart, tout au plus, de l'étendue du Brandebourg (environ deux fois la superficie d'un département français.) La tradition postérieure veut que la parenté du Bouddha ait compté 80.000 familles du côté de son père et autant du côté de sa mère (cf. Rhys Davids, *Buddhist India*, 18). Ces chiffres ne répondent pas à un souvenir réel et ne peuvent servir de base à aucune évaluation. Au nombre des localités du pays des Sakyas on trouve citées dans les sources pâlies, en dehors du Kapilavatthu, aussi Câtumâ (*Majjh. Nikâya* n° 67), Sâmagâma (*Majjh. Nik.* n° 104 ; *Ang. Nik.*, vol. III, p. 309) et les bourgs de Khomadussa (*Saṃy. Nik.*, vol. I, p. 184), de Devadaha (*ibid.*, vol. III, p. 5 ; vol IV, p. 124 et passim ; cf. Neumann, *Reden Gotamo Buddho's*, mittl. Samml. III, p. 3), de Silâvatî (*ibid.*, vol. I, p. 117 et 119), de Nagaraka (*Majjh. Nik.*, n° 121), de Medaḷumpa (*ibid.* n° 89), de Sakkara (*Saṃy. Nik.*, vol. V, p. 2) ; ajoutez encore (Commentaire du *Dhammapada*, p. 222 de l'édition Fausböll) Ulumpa. Cf. aussi Watters, JRAS. 1898, p. 545 et sqq.

Nulle part peut-être l'aspect d'un pays ne dépend aussi complètement des façons de faire des habitants que dans cette partie de l'Inde voisine de l'Himâlaya. La montagne déverse chaque année un volume d'eau considérable ; le travail de l'homme décide si cette eau fera la prospérité ou la ruine du pays. Dans des temps de trouble et d'incurie ces contrées ne sont qu'un désert marécageux, où règnent des miasmes pestilentiels ; vingt, ou trente ans de sécurité et de travail suffisent pour y développer une culture riche et prospère ; que les mêmes causes de décadence se présentent de nouveau et la contrée retourne encore plus vite à l'état de désert.

Au temps de la domination des Sakyas ce pays doit avoir été très bien cultivé[105] ; il a de nouveau atteint un haut degré de culture sous le gouvernement du grand empereur Akbar ; puis est venue une longue période de troubles ininterrompus et de profonde décadence ; aujourd'hui enfin, sous la main bienfaisante de l'administration britannique qui s'occupe d'amener dans le pays les moyens de travail qui y font défaut, il commence — dans la partie qui relève de cette administration — à retrouver son ancienne prospérité[106].

Entre de hautes futaies d'arbres *sâlas*, s'étendait la richesse monotone et dorée des rizières : la culture du riz, dont les textes bouddhiques mentionnent déjà l'existence[107], représente

---

[105] Le pèlerin chinois Hiuen-tsang (vers 650 apr. J.-C.) dit encore du pays natal du Bouddha : « La terre est grasse et fertile, les semailles et les récoltes ont lieu à des époques régulières ; les saisons ne se dérangent jamais ; les mœurs des habitants sont douces et faciles. » (Trad. Stan. Julien, II, p. 130.)

[106] On n'a qu'à comparer les descriptions de Buchanan, qui visita le pays en 1810 (dans Montgomery Martin, II, 292 et sqq., 402, etc.), avec A. Swinton, *Manuel of the Statistics of the district of Goruckpore* (Allahabad, 1861), et la publication officielle : *Statistical, descriptive, and historical account of the Gorackhpore district* (Allahabad, 1880,) p. 287, 330, etc. Voyez encore *Hunter's Gazetteer of India*, 2ᵉ éd. 1885, t. V, p. 164 et sqq., ainsi que H. R. Nevill, *Gorakhpur, a Gazetteer* (Allahabad, 1909).

[107] L'importance de la culture du riz pour les Sakyas ressort entre autres choses du nom du père du Bouddha, « Riz-pur » : on peut ajouter encore les noms,

aujourd'hui comme autrefois la culture principale de ce pays. Sur le sol excellent de ces plaines basses, l'eau de la saison des pluies et des inondations séjourne longtemps : ainsi l'arrosage des terres, indispensable à la culture du riz et extrêmement difficile à obtenir artificiellement, se trouve rendu presque entièrement superflu. Au milieu des champs de riz, nous pouvons nous représenter, au temps des Sakyas comme au nôtre, épars dans la plaine, des villages cachés dans le riche feuillage vert sombre des manguiers et des tamarins qui entourent l'étang communal. La capitale, Kapilavattu[108], ne peut guère avoir eu grande importance : toutefois il en est question dans un vieux dialogue bouddhique comme d'une ville richement peuplée, et où, dans les rues étroites, se pressaient en foule éléphants et chars, chevaux et piétons. Elle était située dans le Nord du pays des Sakyas, sur un territoire aujourd'hui népâlais et occupé par les forêts marécageuses du Téraï, proche de la chaîne sombre des montagnes du Népâl, au-dessus de laquelle s'élèvent jusqu'au ciel les cimes neigeuses de l'Himâlaya.

L'État des Sakyas était une de ces petites principautés aristocratiques comme il s'en était conservé beaucoup sur les frontières des grandes monarchies indiennes ; nous pouvons voir dans les Sakyas quelque chose comme les précurseurs de ces familles Rajpoutes modernes qui ont souvent réussi à maintenir leur indépendance dans des luttes à main armée contre les Rajas voisins[109]. De ces grandes monarchies indiennes dont nous parlions, celle qui se trouvait dans les rapports les plus étroits avec les Sakyas était le puissant

---

certainement imaginaires, de ses quatre frères, autant de composés qui comportent le mot « riz ».

[108] Voir *supra*, p. 109-110.

[109] Un tableau instructif de cet état de choses nous est donné par Sir W. H. Sleeman dans son ouvrage : *A journey through the kingdom of Oude* ; voyez par exemple t. I, p. 240.

royaume de Kosala (correspondant à peu près à l'Aoudh moderne) qui les avoisinait à l'Ouest et au Sud. Les Sakyas se considéraient eux-mêmes comme des Kosalas, comme des descendants d'enfants du grand roi légendaire Okkâka (Ikshvâku) que des intrigues de harem auraient chassés vers la montagne. Les rois de Kosala revendiquaient sur eux certains droits, peut-être purement honorifiques : plus tard ils doivent avoir soumis à leur pouvoir tout le pays des Sakyas et exterminé leur lignée[110].

Ainsi, comme puissance politique, les Sakyas n'occupaient qu'une place modeste parmi leurs voisins : mais l'esprit altier qui respirait dans cette antique race était passé en proverbe ; on disait : « Orgueilleux comme un Sakya. » Les Brahmanes, qui avaient été admis dans leurs conseils, en savaient quelque chose : ils savaient combien ces seigneurs mondains étaient peu disposés à tenir compte des prétentions de l'aristocratie religieuse. Souvent aussi il est question dans nos sources de la richesse des Sakyas[111] ; on en parle comme d'une « race fortunée, comblée de biens et de voluptés » ; on mentionne l'or qu'ils possèdent et celui que recèle le sol de leur royaume. La source principale de toute cette richesse était sans doute la culture du riz : on n'aura pas manqué non plus de tirer parti de

---

[110] Le roi de Kosala à qui ce fait est attribué est Vidûdabha, fils de Pasenadi, le contemporain et l'adorateur du Bouddha. Des légendes postérieures placent l'extermination des Sakyas du vivant même du Bouddha ; à ma connaissance, aucun témoignage pleinement valable ne vient, dans les textes sacrés pâlis, confirmer cette opinion : car l'Apadâna d'après lequel le Bouddha fut pris de douleurs de tête « quand les Sakyas furent tués, quand Vidûdabha les frappa » semble appartenir aux parties les plus récentes du canon pâli. L'histoire des reliques du Bouddha (à la fin du *Mahâparin. S.*) ne s'accorde que difficilement avec l'hypothèse selon laquelle le pouvoir des Sakyas aurait pris fin avant la mort du Bouddha.

[111] On ne peut d'ailleurs se dissimuler que la valeur de ces renseignements n'est pas tout à fait sûre. Il s'agissait de présenter la séparation du Bouddha d'avec sa famille comme un très grand sacrifice au point de vue mondain : on devait par suite dépeindre autant que possible sous les plus vives couleurs les richesses auxquelles il renonçait. On rencontre quelque chose d'analogue dans la biographie de Nâtaputta, le fondateur de la secte Jaïna.

la position avantageuse du pays qui semble fait exprès pour servir d'intermédiaire commercial entre la région des montagnes et la plaine du Gange.

LE BOUDDHA N'EST PAS FILS DE ROI

Une tradition, très répandue, fait du Bouddha un fils de roi. A la tête de cette constitution aristocratique il y avait effectivement un chef, établi nous ne savons d'après quelles règles, et qui portait le titre de roi ; dans l'espèce, ce titre ne devait guère désigner autre chose que la situation d'un « primus inter pares ». C'est cette dignité royale qu'aurait possédée Suddhodana, le père du Bouddha ; mais cette idée est complètement étrangère à la forme la plus ancienne sous laquelle nous soient parvenues les traditions au sujet de sa famille : il nous faut voir plutôt dans Suddhodana tout simplement un de ces grands et riches propriétaires fonciers que comptait la race des Sakyas : ce sont seulement les textes postérieurs[112] qui en ont fait « le grand roi Suddhodana ». C'est ainsi que chez les Jaïnas, le père du fondateur de la secte, manifestement d'une condition analogue à celle du père du Bouddha, a été transformé plus tard en un puissant monarque[113].

La mère de l'enfant, Mâyâ[114], appartenait également à la famille des Sakyas : elle mourut de bonne heure, nous dit-on, sept jours après la naissance de son fils ; sa sœur Mahâpajâpatî, seconde épouse de Suddhodana, tint lieu de mère à l'enfant.

---

[112] Pour la première fois, autant que je sache, le *Dîgha-Nikâya*, vol. II, p. 52.

[113] Jacobi, *Sacred Books of the East*, vol. XXII, p. X et sqq.

[114] Nous ne nous occuperons pas ici de récits légendaires qui embellissent la conception et la naissance du Bouddha. Nous renvoyons, pour cette question, à Windisch, *Buddha's Geburt und die Lehre von der Seelenwanderung*, 1908.

JEUNESSE - MARIAGE

Le récit traditionnel, d'accord sans doute avec la vérité, veut que le jeune noble ait passé sa jeunesse à Kapilavatthu.

De l'enfance du Bouddha nous ne savons presque rien. On nous parle d'un demi-frère et d'une demi-sœur, célèbre pour sa beauté, tous deux enfants de Mahâpajâpati. Quelle différence d'âge les séparait de leur frère, c'est ce que nous ignorons.

Dans l'Inde d'alors, l'éducation des enfants de bonne famille était plutôt tournée vers les exercices physiques et guerriers que vers la connaissance du Véda : les Bouddhistes n'ont jamais attribué à leur maître aucune érudition en matière védique.

En ce temps, un jeune homme riche et de qualité, pour mener un train de vie confortable et conforme à son rang, ne devait pas posséder moins de trois palais, ayant chacun une disposition particulière. Ils étaient faits pour être habités tour à tour suivant les saisons : on avait un palais d'hiver, un palais d'été, un palais de saison-des-pluies. La tradition veut que le futur Bouddha ait aussi passé les années de sa jeunesse dans trois palais semblables ; sa vie se mouvait sur ce même fond de riches décors dont s'entouraient alors comme aujourd'hui, dans l'Inde, les habitations des Grands ; ce sont des jardins pleins d'ombre, avec des étangs de lotus, et, à la surface de ces étangs, ondule doucement comme un lit flottant de fleurs bariolées qui brillent au soleil et, le soir, répandent au loin leurs parfums ; ce sont aussi, hors de la ville, les grands parcs où l'on se rend en voiture ou à dos d'éléphant, et là, loin du bruit du monde, sous l'ombrage des grands arbres touffus, des manguiers, des *pippalas* et des *sâlas*, on trouve, dès le seuil, repos et solitude.

On nous dit que le futur Bouddha fut marié ; un des textes

tardifs du canon pâli cite le nom de sa femme : Bhaddakaccâ[115], et laisse entendre qu'elle fut sa seule épouse légitime. Un fils né de ce mariage, Râhula, devint plus tard membre de l'ordre des religieux. Nous n'avons aucune raison de regarder ces détails comme inventés après coup, tout au contraire ; les plus anciennes traditions nous les donnent sans dessein et en passant : jamais la personne de Râhula ou de sa mère n'a servi de moyen d'édification ni de prétexte à situations pathétiques. Qu'on songe enfin au rôle que joue, dans la conception morale et les règles monastiques des Bouddhistes, le devoir d'étroite chasteté, et l'on se convaincra que nous sommes en présence de faits réels et non d'inventions arbitraires ; si l'on avait altéré ici l'histoire, ç'aurait été dans un tout autre sens : loin d'inventer de toutes pièces un mariage, on n'aurait songé qu'à dissimuler ce fait que le futur Bouddha avait été marié.

DÉPART DE LA MAISON

Avec ces quelques maigres détails, nous avons épuisé tout ce qui nous a été transmis de croyable à propos de la jeunesse du Bouddha. Mais sous quelle forme et sous quelle influence ces idées ont-elles germé dans son âme ? Comment a-t-il été déterminé à échanger sa patrie contre la terre étrangère, l'abondance de ses palais contre l'indigence du moine mendiant ?... Autant de questions qu'il nous faut renoncer même à poser. Sans doute on saisit bien en gros l'ordre du développement de sa pensée : au sein de cette atmosphère monotone de repos et d'inaction, de jouissance et de satiété, une sérieuse et puissante nature devait se sentir étouffer : en elle devait s'éveiller, par contraste, une vague inquiétude, puis le désir de se lancer à la conquête des buts les plus glorieux, et aussi le désespoir de jamais trouver dans les vaines et stériles

---

[115] Chalmers (*The Jâtaka*, vol. I, p. 232) a relevé à ce sujet le témoignage du *Buddhavaṃsa*. Les textes du Nord donnent d'autres noms.

jouissances du monde satisfaction à ce désir. Mais qui peut savoir quelle forme ces idées ont revêtue dans l'esprit du jeune homme ? Qui peut faire la part des influences extérieures sur ses dispositions morales, et marquer jusqu'à quel point a pu agir sur lui l'universel entraînement qui, en ce temps, poussait les hommes et les femmes à quitter leur maison pour embrasser la vie religieuse ?

Nous trouvons dans un des textes canoniques[116], exposée avec une simplicité naïve, la façon dont l'ancienne Communauté s'est représenté l'éveil, dans l'âme du Maître, des idées fondamentales de sa religion. Le Bouddha s'entretient avec ses disciples du temps de sa jeunesse, et, après avoir parlé de la profusion dont il vivait entouré dans ses palais, il continue ainsi :

« Telle était, ô disciples, la richesse qui m'était échue, telle était la splendeur au sein de laquelle je vivais. Alors s'éveilla en moi cette pensée : « Un homme du vulgaire, dans sa sottise, bien qu'il soit lui-même sujet à la vieillesse et n'échappe pas à la puissance de la vieillesse, ressent de l'aversion, de la répugnance et du dégoût quand il en voit un autre arrivé à la vieillesse : l'aversion qu'il ressent se retourne contre lui. Et moi aussi je suis sujet à la vieillesse et je n'échappe pas à la puissance de la vieillesse. Dois-je aussi, moi qui suis sujet à la vieillesse et n'échappe pas à la puissance de la vieillesse, ressentir de l'aversion, de la répugnance et du dégoût quand j'en vois un autre arrivé à la vieillesse ? Cela ne me siérait pas. » Et tandis que je pensais ainsi en moi-même, ô disciples, toute joie de jeunesse, inhérente à la jeunesse, s'évanouit en moi. — « Un homme du vulgaire, dans sa sottise, bien qu'il soit sujet à la maladie et qu'il n'échappe pas à la puissance de la maladie... » (et ainsi de suite : nous retrouvons la même série de pensées que nous venons de lire à propos de la vieillesse et de la

---

[116] *Anguttara-Nikâya*, vol. I, p. 145 et sqq.

jeunesse, tout d'abord à propos de la maladie et de la santé, puis à propos de la mort et de la vie). « Et tandis que je pensais ainsi en moi-même, ô disciples (ainsi se termine ce passage), toute joie de vivre, inhérente à la vie, s'évanouit en moi.

C'est, semble-t-il, un peu plus tard que la tradition éprouva le besoin de rendre ces idées plus sensibles en les mettant en action. En quelle occasion, au Bouddha jeune, bien portant, plein de vie, la pensée de la vieillesse, de la maladie et de la mort s'était-elle présentée pour la première fois, on sait avec quelle puissance décisive ? Quel modèle significatif lui révéla le chemin qui mène à l'affranchissement de toute douleur ? C'est ce qu'on voulut exprimer en paraboles ; ainsi naquit l'histoire bien connue[117] des quatre promenades du jeune homme aux jardins situés hors de la ville : dans ces sorties, les symboles de la fragilité des choses terrestres se présentent successivement à lui sous la figure d'un vieillard sans soutien, d'un homme gravement malade et d'un mort ; en dernier lieu il rencontre en la personne d'un moine, qui va, la tête rasée et vêtu de jaune, le symbole de la paix et de la délivrance de toutes les douleurs que cause l'instabilité des choses. C'est ainsi que cette forme postérieure de la légende préparait le récit de la fuite de Gotama hors de sa terre natale.

Suivant une bonne tradition, au moment où Gotama quitta sa maison pour embrasser la vie religieuse, il était âgé de vingt neuf ans.

Plus tard un poète s'en mêla, et en vérité ce n'était pas un médiocre poète : entre ses mains l'histoire de cette fuite se transforma en un poème d'une richesse de couleurs tout à fait indienne, tel que nous le lisons dans les recueils de légendes

---

[117] Elle figure déjà dans le *Dîgha-Nikâya* (vol. II, p. 21 et sqq.) où elle s'applique à Vipassî, un des Bouddhas légendaires du passé.

postérieurs[118].

Le Fils de roi est sorti en voiture : c'est au cours de cette promenade que la vue du moine l'a fait songer au bonheur d'une vie de renoncement ; il va rentrer : au moment où il monte sur son char, on lui annonce la naissance d'un fils. Il dit : « C'est Râhula[119] qui m'est né, c'est une chaîne qui m'est forgée », — une chaîne qui menace de l'attacher à cette vie domestique qu'il aspire à fuir. Comme il approche de la ville, une princesse, du haut de la terrasse du palais, l'aperçoit sur son char, environné d'un nimbe éclatant ; à sa vue elle s'écrie :

« Bienheureuse est la paix de la mère, bienheureuse la paix du père, bienheureuse la paix de l'épouse qui le possède, un tel époux !

Le jeune homme l'entend et songe en lui-même :

« Oui, elle le dit avec raison ; dans le cœur de la mère, quand elle contemple un pareil fils, descend une paix bienheureuse dans le cœur du père et dans le cœur de l'épouse descend une paix bienheureuse. Mais d'où vient la paix qui apporte au cœur le bonheur ?

Et il se fait à lui-même la réponse :

« Quand le feu de la concupiscence est éteint, quand le feu de la haine et de l'aveuglement est éteint, quand orgueil, erreurs, tous les péchés et tourments sont éteints, alors le cœur goûte une paix bienheureuse.

---

[118] Le texte le plus ancien qui contient quelques éléments de ce récit, est le *Vimânavatthu*, 81.

[119] Dans le nom de Râhula, on semble avoir songé à Râhu, le démon qui dévore (dans les éclipses) le soleil et la lune.

Dans son palais, autour du fils de roi s'empressent nombre de suivantes, belles et parées : elles tâchent de distraire sa pensée par la musique et la danse, mais il ne les regarde ni ne les écoute, et bientôt il s'endort. Dans la nuit, il se réveille : à la clarté des lampes, il aperçoit les chanteuses de tout à l'heure, maintenant assoupies : les unes parlent en dormant, d'autres bavent ; à d'autres encore leur vêtement a glissé et découvre les honteuses misères de leur corps. A cette vue, c'est comme s'il se trouvait sur un lieu de crémation couvert de hideux cadavres, comme si la maison était en flammes autour de lui : « Malheur ! s'écrie-t-il, le mal m'environne ; malheur ! l'affliction m'environne ! Voici venu le temps de partir pour le grand départ. » Mais, dans sa hâte de s'échapper, une pensée l'arrête : il songe à son fils nouveau-né : « Je veux voir mon enfant », dit-il. Il va à la chambre de sa femme ; il la trouve reposant sur un lit jonché de fleurs, la main étendue sur la tête de l'enfant. Alors il songe : « Si j'écarte sa main de la tête de mon enfant pour le connaître, elle s'éveillera ; quand je serai Bouddha, je reviendrai et je m'inquiéterai de mon fils. » Au dehors, l'attend son fidèle cheval, Kanthaka : et ainsi s'enfuit le fils du roi, sans qu'aucun œil humain l'aperçoive, loin de sa femme, de son enfant et de son royaume, bien loin, dans la nuit ; il marche à la recherche de la paix, pour son âme et pour le monde et pour les dieux : et à ses pas s'attache Mâra, le Tentateur : il le suit comme son ombre, il épie les combats qui se livrent dans cette âme ; car un moment de faiblesse, un mauvais désir ou une pensée injuste mettraient à sa discrétion son ennemi abhorré.

Tout cela, c'est de la poésie ; qu'on écoute maintenant la simple prose : voici comment à une époque plus ancienne on parlait de la fuite ou plus exactement du départ du Bouddha hors de sa maison :

« L'ascète Gotama, jeune, en ses jeunes années, dans la force et la fleur de la jeunesse, au printemps de sa vie, a quitté sa maison pour mener une vie errante. L'ascète Gotama, malgré la volonté de ses père et mère[120], malgré les larmes qu'ils versaient et répandaient, s'est fait raser les cheveux et la barbe, a pris des vêtements jaunes et a quitté sa maison pour mener une vie errante.

Et ailleurs encore on nous dit :

« C'est un étroit assujettissement que la vie dans la maison, un état d'impureté ; la liberté est dans l'abandon de sa maison ; comme il pensait ainsi, il abandonna sa maison.

Tout cela est bien pâle à côté de la poésie que les âges suivants ont répandue sur le départ du Bouddha hors de Kapilavatthu ; mais ce n'est pas une raison pour négliger ces quelques débris sans fard du peu qu'une génération plus ancienne savait ou croyait savoir sur le même sujet.

TEMPS DE VAINES RECHERCHES

C'est ainsi que la jeunesse du Bouddha s'était écoulée dans sa patrie ; à ce moment s'ouvre une nouvelle période, celle de son exil volontaire ; désormais, il va mener la vie errante d'un ascète. La première chose à faire, c'était en effet de rompre les liens de la vie domestique et de la famille ; à cette condition seule, on pouvait atteindre le salut éternel : ainsi le voulaient les idées du temps.

Selon toutes probabilités, pendant les sept années qui suivirent

---

[120] Cette façon de parler n'implique sûrement pas que la mère du Bouddha, Mâyâ, fût regardée comme étant encore en vie : Mahâpajâpatî (v. p. 118) peut avoir été considérée comme mère. Peut-être aussi faut-il admettre une inexactitude d'expression, ainsi que cela a pu aisément se produire en transportant une tournure stéréotypée au cas particulier du. Bouddha.

son départ de sa ville natale, il chercha[121] : ce n'est qu'au bout de ce temps, qu'il eut conscience d'avoir trouvé, qu'il se reconnut lui-même comme le Bouddha, le Délivré et le prédicateur de la Délivrance pour le monde des dieux et des hommes.

Pendant ces sept ans, il commença par suivre successivement les leçons de deux précepteurs spirituels : sous leur direction, il comptait atteindre ce que, dans la langue du temps, on nommait « le plus haut état de noble repos », le « néant », le « Nirvâna », « l'état éternel ». Par quel chemin ces maîtres prétendaient-ils l'y conduire ? Sans doute, ils s'occupaient de provoquer l'état pathologique qu'on peut désigner sous le nom d' » absorption en soi » : pratiques déjà courantes alors et tout à fait du genre de celles qui ont joué plus tard, dans le Bouddhisme lui-même, un rôle très important. Pour arriver à cet état, il suffit de garder longtemps et sans interruption certaines attitudes prescrites, moyennant quoi l'esprit se figure se débarrasser de tout contenu défini, de toute idée, de toute représentation, et, ajoute-t-on, de l'absence même de représentation.

Cependant il ne trouvait pas la paix : alors il abandonna ces maîtres, et il allait à l'aventure à travers le pays de Magadha : enfin il arriva au bourg d'Uruvelâ[122]. Un vieux récit lui fait dire en parlant de ce voyage :

---

[121] D'après Windisch (*Mâra und Buddha*, p. 205), les plus anciennes sources admettent sept ans, et les postérieures six. Il me semble qu'il n'existe aucune contradiction de ce genre : seulement les sept années se rapportent à tout le temps qui s'est écoulé entre l'abandon de la maison et l'Illumination ; les six ne comprennent que la période des austérités à Uruvelâ.

[122] Le nom s'est conservé, c'est celui du village d'Ourel, près de Bouddha-Gayâ, au Sud de Patna. La rivière qui y coule et dont il est fréquemment question est la Neranjarâ, aujourd'hui Phalgou (cf. Cunningham, *Ancient Geography of India*, p. 457 et le *Mahâbodhi* du même, p. 2 et sqq.). — [Le nom ancien de la rivière de Bodh-Gayâ, appelée aujourd'hui la Lilañj, doit se lire, à notre avis, « Nerañjanâ » : elle n'est pas le Phalgou, mais un affluent du Phalgou. (Note du trad.)]

« Arrivé en cet endroit, ô disciples, je songeai ainsi en moi-même : « Vraiment, c'est ici un agréable coin de terre, une belle forêt ; la rivière coule limpide et présente de jolies places pour le bain ; tout autour sont situés des villages où l'on peut aller : il fait bon être ici pour un cœur magnanime et qui aspire au salut.

Aujourd'hui encore ces lieux mémorables présentent un aspect tout pareil à celui qu'évoquent ces paroles. L'étendue de la forêt et de la brousse a diminué, mais il ne manque pas, parmi les champs et les prairies, d'imposants bosquets de grands arbres. J'ai vu la rivière en hiver, alors qu'elle était en grande partie desséchée dans son large lit de sable ; pendant la saison des pluies elle est sujette, dit-on, à des crues soudaines. La ligne de l'horizon est formée par de gracieuses collines boisées et des rochers[123].

Là, dans les bois d'Uruvelâ, Gotama a dû passer de longues années se livrant aux plus austères macérations[124]. Là il a erré « comme une gazelle sauvage », selon l'expression qu'emploieront par la suite les textes sacrés.

« Quand j'apercevais un gardien de bœufs, ou un gardien de menu bétail, ou quelqu'un qui allait chercher de l'herbe ou du bois, ou un bûcheron, je me précipitais de forêt en forêt, de fourré en fourré, de vallée en vallée, de colline en colline. Et pourquoi cela ? Pour qu'ils ne me voient pas et pour que je ne les voie pas.

Il s'arrache cheveux et barbe, couche sur des épines, laisse la boue et la poussière envahir son corps. Il se tient assis, la langue

---

[123] K. E. Neumann, *Die Reden Gotamo Buddho's aus der mittleren Sammlung*, I, p. 271, observe que le caractère tropical (il serait plus exact de dire subtropical) de ce paysage est singulièrement peu marqué. Mon impression est toute différente.

[124] J. Dutoit, *Die duskaracaryâ des Boddhisattva* (1905), a étudié en détail les traditions relatives à cette période de la vie du Bouddha.

appuyée contre le palais, « fixant, pressurant, torturant fortement » sa pensée : il attend l'instant où lui viendra l'Illumination surnaturelle. Elle ne vient pas. Il cherche à s'affranchir, de façon de plus en plus parfaite, des dernières exigences du corps, réprime son souffle, s'abstient de toute nourriture. Un vieux texte versifié lui fait dire[125] :

« Mon sang rouge s'est desséché, ma bile s'est desséchée et de même ma salive. — Quand ma chair toute entière aura disparu, mon âme de plus en plus sera lumineuse, — de plus en plus fermes seront la vigilance de l'esprit, la sagesse et la méditation.

Cinq autres ascètes demeurent dans le voisinage de Gotama : ils sont pleins d'admiration devant la grandeur de ses macérations ; ils attendent pour voir s'il obtiendra l'Illumination tant désirée : leur intention est de devenir alors ses disciples et de suivre le chemin qu'il leur montrerait vers la délivrance. Son corps est épuisé par les tourments qu'il s'impose, et cependant il se sent toujours aussi loin du but. Il reconnaît que les macérations ne peuvent nullement le conduire à l'Illumination. Il prend donc de nouveau une abondante nourriture pour retrouver ses forces perdues. A ce moment ses cinq compagnons le quittent : ils le regardent comme déchu : il n'y a plus rien à attendre de lui. Et ainsi Gotama reste seul.

CRISE DÉCISIVE

Une nuit, nous racontent les anciennes traditions, l'instant décisif arriva enfin pour lui ; il cherchait : la certitude d'avoir trouvé devint son partage. Il était assis sous un arbre que l'on appela depuis l' » arbre de la Science » ; dans ses efforts pour abolir la conscience de sa personnalité, il traversait des états d'âme de plus en plus purs : soudain son esprit s'illumina et

---

[125] *Sutta-Nipâta,* 434.

tout lui fut révélé ; dans une intuition à laquelle rien n'échappait il crut reconnaître l'égarement des âmes engagées dans le cercle des renaissances, il crut savoir de quelles sources coulait la douleur du monde, et par quelle voie on arriverait à l'extinction de cette douleur.

Voici ce qu'il aurait dit lui-même en parlant de cet instant :

« Tandis que je faisais ces découvertes et que je me livrais à ces contemplations, mon âme était délivrée du péché de la convoitise, délivrée du péché du devenir, délivrée du péché des fausses croyances, délivrée du péché de l'ignorance. Dans le délivré s'éveilla la connaissance de la délivrance : la nécessité de renaître est abolie, la sainteté atteinte, le devoir rempli ; je ne reviendrai plus dans ce monde : voilà ce que je connus.

De cet instant les Bouddhistes ont fait dater une ère nouvelle dans la vie de leur maître comme dans celle du monde des hommes et des dieux ; l'ascète Gotama était devenu le Bouddha, l'Éveillé, l'Illuminé. Cette nuit que le Bouddha a passée sous l'arbre de la Science[126], au bord de la Neranjarâ, est la nuit sainte du monde bouddhique.

HISTOIRE OU MYTHE ?

C'est ainsi que les textes sacrés racontent l'histoire des luttes intérieures du Bouddha, luttes qui se terminèrent par la

---

[126] Cunningham (*Archæol. Reports*, I, 5), dit de l'arbre *Pippala* (*Ficus religiosa*) situé à Ourel (Bouddha-Gayâ) et qu'on croit être cet arbre de la Science : « Le fameux arbre de la Bodhi existe encore, mais il est tout à fait délabré : un gros tronc, avec trois branches dirigées du côté de l'Ouest, est encore vert, mais les autres branches sont dégarnies d'écorce et pourries... L'arbre doit avoir été fréquemment renouvelé, car le *pippala* actuel est debout sur une terrasse élevée d'au moins 30 pieds (9 mètres) au-dessus du pays environnant. » Dans l'intervalle un orage a détruit l'arbre (1876) Cunningham donne la suite de son histoire dans son Mahâbôdhi, p. 30. — Cf. *Encyclopaedia of Relig. and Ethics*, VI, 184.

conquête de la certitude et de la paix. Ce récit a-t-il une valeur historique[127] ?

Nous sommes ici en présence d'une de ces questions auxquelles la critique historique ne saurait répondre d'une façon claire et nette par un oui ou par un non décisif.

Le caractère des sources, prises en elles-mêmes, ne nous garantit pas plus que nous ayons affaire ici à de l'histoire qu'à un mythe. Dans les sources, il y a des renseignements évidemment vrais mêlés à d'autres qui sont tout aussi évidemment faux : l'histoire de la façon dont le Maître arriva à la dignité de Bouddha ne se montre clairement ni sous un jour, ni sous l'autre[128].

Supposons par exemple que de son vivant le Bouddha n'ait jamais traversé ni songé à traverser d'épreuves de ce genre : nous n'en saisissons pas moins fort bien comment ce récit a pris naissance dans le cercle de ses disciples. Il était le Bouddha, il possédait la science sacrée : il faut donc qu'en un lieu donné, à un moment déterminé, il soit devenu le Bouddha et ait acquis la science sacrée. Mais avant ce moment que s'est-il passé ? Ici encore la conclusion s'imposait naturellement à la légende en voie de formation : auparavant, pendant une période assez longue, il a dû être dominé par le sentiment vif, douloureux même, que son but était encore loin de lui. Ce n'est pas tout : cette période même de recherches et de déceptions, à quoi

---

[127] Nous avons parlé plus haut de la conception de Senart qui ramène le récit en question à un mythe naturaliste. V. plus haut p. 103 et sqq.

[128] Le fait même que le récit en question ressemble dans ses traits essentiels à celui que nous font les Jaïnas sur la manière dont le fondateur de leur secte obtint de son côté l'illumination (v. plus haut, p.104, n. 1), peut naturellement servir aussi bien à infirmer qu'à établir le caractère historique de cet événement. Sur l'analogie de ces traditions bouddhistes et jaïnistes en général, v. p. 109. n. 1. Les détails sur l'époque de recherches antérieure à l'Illumination sont d'ailleurs différents chez les Jaïnas et chez les Bouddhistes.

peut-elle avoir été occupée ? Les disciples du Bouddha avaient à lutter pied à pied contre les tendances des ascètes qui espéraient atteindre la béatitude au moyen de jeûnes et de dures macérations : la préoccupation de ces luttes entre les doctrines adverses se refléta, cela va de soi, dans la manière de présenter l'histoire des premières tentatives de Gotama : il fallait qu'avant d'obtenir à jamais en partage le trésor de la vraie Délivrance, il eût cherché à atteindre le salut par la fausse route des macérations ; il fallait qu'il eût encore renchéri sur ce que les Brahmanes et les moines avaient réalisé avant lui en fait de tourments volontaires et qu'il eût reconnu par lui-même l'inutilité de pareils efforts ; alors seulement, se détournant de la fausse voie pour entrer dans la vraie, il était devenu le Bouddha.

Il est clair, on le voit, que le récit qui nous occupe peut être une fiction, et cela d'autant plus que le récit des premiers événements qui suivirent l'arrivée du maître à la dignité de Bouddha, revêt, comme nous le verrons plus loin, un caractère franchement fictif.

Mais, à mon avis, cela n'infirme nullement le poids des raisons que l'on peut jeter dans l'autre plateau de la balance.

La brusque intervention de ce changement d'orientation dans la vie intérieure du Bouddha n'est pas sans analogues : à toutes les époques, des natures semblables, placées dans des circonstances semblables, ont éprouvé quelque chose de pareil ; nous sommes trop sûrs du fait pour n'être pas portés à croire que nous avons affaire ici à un événement du même genre. Aux périodes les plus différentes de l'histoire, on retrouve sous les formes les plus variées cette même conception : on voit dans l'espace d'un moment l'homme se convertir ou se transformer de fond en comble ; on fixe au jour et à l'heure près l'instant où une âme encore obscure et asservie s'est trouvée délivrée et illuminée. On met son espoir dans cette éclosion subite, parfois même violente et orageuse de l'âme à la lumière, on s'y attend et on l'éprouve en fait. Le christianisme, on le sait, connaît d'innombrables faits de ce genre. Au reste, ils ne sont nullement l'apanage exclusif des personnes de basse condition et qui vivent dans une atmosphère intellectuelle un peu trouble : tout au contraire, les natures qui ont dans l'âme le plus de sensibilité et de délicatesse, le plus de mobilité dans l'imagination sont surtout sujettes à de pareilles aventures. Ont-ils senti soudain s'agiter en eux des sentiments plus chaleureux ou des imaginations plus vives ? Ont-ils pu, après une période de luttes intérieures, respirer et goûter un moment de repos ? Ou bien encore, même sans motif apparent, sont-ils parvenus au terme de la crise décisive issue des sources profondes et cachées de leur vie intérieure ? Tout cela, ils l'interprètent à leur manière : c'est l'esprit qui s'ouvre à la révélation, c'est l'appel de la toute-puissance divine, après lequel, consciemment ou non, ils soupiraient, et toute leur vie peut en recevoir une direction nouvelle.

Dans les temps anciens, dont les textes sacrés des Bouddhistes nous donnent une image, et aussi, nous pouvons le conjecturer avec vraisemblance, au temps même du Bouddha, c'était là une croyance générale : on avait foi dans cette soudaine illumination de l'esprit, dans cet affranchissement de l'âme accompli en un moment. Nous trouvons cette idée chez les Bouddhistes, nous la trouvons chez les Jaïnas : on visait à la « Délivrance de la mort », on se faisait part les uns aux autres, avec un visage rayonnant, qu'on avait trouvé la « Délivrance de la mort ». On demandait combien de temps il fallait à celui qui aspirait au salut pour atteindre son but ; on se donnait bien à entendre les uns aux autres, soit avec le secours d'images et de paraboles, soit directement, que le jour et l'heure où le bienfait de l'immortalité devenait le partage de l'homme ne dépendaient pas de lui ; mais le maître n'en promettait pas moins au disciple que, s'il marchait dans la bonne voie, « au bout de peu de temps, ce pour l'amour de quoi de nobles jeunes gens abandonnent leur maison pour mener une vie errante, la plus haute consommation des saintes aspirations deviendrait son partage, que dès cette vie il connaîtrait la vérité même et la verrait face à face[129]. ». Cette perception quasi-visionnaire de la vérité, les uns la cherchaient dans les macérations, les autres (grâce à une extrême tension de l'esprit combinée avec une longue immobilité du corps), dans une sorte d'absorption extatique : tous guettaient le moment où l'obtention du but se manifesterait à eux avec une évidence immédiate. On considérait son existence naturelle comme sombre et inquiète : comment se représenter cet état qu'on cherchait à atteindre et que souvent on finissait par éprouver, sinon comme un état de clarté et de certitude intime et pure ? Ajoutez encore, cela ne pouvait manquer, la prétention de pénétrer dans une intuition visionnaire le système du monde. Quiconque avait connu un pareil moment en gardait à jamais la mémoire : comme un roi consacré — lisons-nous dans les textes — se souvient, sa vie durant, du lieu où il est né, et de celui où il a été sacré roi, et de celui où dans la bataille il a remporté la victoire, ainsi un moine, lui aussi, se souvient du lieu où il a renoncé à la vie mondaine et pris l'habit monastique, et du lieu où il a connu les quatre vérités saintes, et du lieu où, pur de tout péché, il a atteint la Délivrance et l'a vue face à face[130].

Mais alors qu'y a-t-il d'invraisemblable à dire : oui, une semblable attente emplissait l'âme du descendant des Sakyas à son départ de sa ville natale ; il a connu ces luttes, ces combats entre l'espérance et le désespoir dont est remplie l'histoire de tous les grands initiateurs religieux de l'humanité ; après une période de vives souffrances intellectuelles (et pourquoi pas

---

[129] Cf. par exemple le passage suivant : « Le disciple, ô disciples, n'a pas le pouvoir de décider qu'aujourd'hui ou demain ou après-demain son âme soit libre de tout attachement aux choses de la terre. Mais, ô disciples, le moment vient où l'âme du disciple, s'il s'applique à la droiture et s'il s'applique à la méditation et à la sagesse, est affranchie de tout attachement aux choses de la terre et de tout péché. » Le disciple est comparé à un paysan qui doit labourer, ensemencer, arroser son champ, mais ne peut dire : Je veux que la moisson mûrisse aujourd'hui ou demain. Cependant le jour viendra où elle sera mûre (*Anguttara-Nikâya*, vol. I, p. 240).

[130] *Anguttara-Nikâya*, vol. I, p. 106 et sqq.

aussi corporelles ?),à un moment déterminé, il reçut en partage une impression de pur repos, d'intime certitude ; ou bien, peut-être, sentit-il rayonner en lui la splendeur lumineuse des visions qui embrassent les mondes, et il salua dans ces impressions le signe ardemment souhaité de la conquête de la « Délivrance » ; à partir de cet instant il eut le sentiment d'être le Bouddha, le successeur qu'une loi de l'univers donnait aux Bouddhas des temps passés, et il se mit en route pour apporter aux autres le bonheur qui lui avait été départi[131] ?

Et si telle a été la marche des événements, comment plus tard le Bouddha n'aurait-il pas fait part aux disciples, qu'il guidait dans la voie de la sainteté, des épreuves intérieures au milieu desquelles il se souvenait d'avoir jadis atteint son but ? Sans doute, le souvenir de ces confidences a pu revêtir avec le temps, au sein de la Communauté, et peut-être même déjà dans la conscience du Maître, le rigide appareil des formes dogmatiques

---

[131] Il mérite certainement d'être noté combien les états intérieurs, qui auraient accompagné cet avènement à la dignité de Bouddha, coïncident jusque dans les détails avec ce que la science moderne considère comme les traits typiques des histoires de conversion, bien attestées de nos jours. Gotama conçoit l'inutilité de toutes les macérations, il renonce à ce pénible effort ; c'est alors que survient l'Illumination qui jusque-là lui avait échappé. Comparez à ce récit les données reproduites par W. James, *The Varieties of Religious Experience*, 10ᵉ éd., p. 208 et sqq. ; il s'agit des conversions du type « reddition de soi-même » (*self-surrender type*) et nous y trouvons sans cesse le même témoignage émanant de personnes qui ont passé par les états en question : « Un matin... je m'aperçus soudain que tous mes efforts et projets pour opérer ou me procurer à moi-même la délivrance et le salut étaient absolument vains... Alors, pendant que je me promenais dans un bosquet épais, une splendeur ineffable sembla se révéler à la compréhension de mon âme », etc. (p. 212 et sqq.). — D'autres traits de la tradition bouddhique, — dont, évidemment, on tenterait en vain de préciser la position vis-à-vis de ce que nous venons d'exposer, — se rapprochent plutôt du « type volitif (*volitional type*) de conversion ». La décision que prend le futur Bouddha de ne pas quitter la place avant d'avoir atteint le but (ci-dessus, p. 90, n. 1) s'accorde avec des témoignages cités par James (p. 207) : « Je criai aussi haut que je pouvais et m'écriai que je ne quitterais pas cette place lors même que tous les hommes de la terre et tous les diables de l'enfer m'entoureraient... » Comparez la connaissance qui embrasse d'un coup d'œil l'univers entier et qui serait échue au Bouddha au moment décisif, avec la « conscience cosmique » (*cosmic consciousness*) décrite par James (p. 398 et sqq.).

et scolastiques ; mais leur caractère primitif continue à transparaître à travers ce revêtement. En ce sens, il est tout à fait permis de penser que ce récit, au moins en partie, contient des événements réels.

Notre critique ne peut pas, là où il n'y a que des probabilités, créer des certitudes. Que chacun décide ou s'abstienne de décider, comme il le trouvera bon ; pour notre part, qu'il nous soit permis de professer l'opinion que nous possédons dans le récit de la manière dont le descendant des Sakyas est devenu le Bouddha, un véritable fragment d'histoire.

Chapitre III

Commencement de la prédication

Avec cette ère nouvelle de la vie du Bouddha commence dans nos sources un fragment narratif de plus longue haleine[132]. Nous y voyons comment l'ancienne Communauté s'est représenté les premières démarches publiques du Bouddha, la conquête des premiers disciples, la défaite des premiers adversaires. De longtemps encore on ne s'avisa pas de chercher à esquisser un tableau suivi de la vie du Maître : mais on devait naturellement attacher un intérêt particulier aux premiers temps de sa vie comme aussi à ses derniers jours ; et c'est ainsi que de très bonne heure (car l'on ne saurait méconnaître le caractère archaïque du récit), ce fragment de sa biographie s'est fixé sous sa forme traditionnelle. Chacun en a pu faire sur soi-même l'expérience : après une longue suite monotone de jours, les souvenirs finissent par flotter pêle-mêle et se confondre ; seuls quelques moments ont le privilège de se conserver clairement — ou du moins avec une clarté comparative — dans la mémoire : ce sont les premiers commencements, les jours où tout était nouveau, où l'on trouvait sa voie.

Les quatre fois sept jours

On ne peut lire le début du récit en question sans qu'il rappelle

---

[132] ***Mahâvagga*, I, 1-24** (trad. anglaise de Davids et Oldenberg, dans la collection des *Sacred Books of the East*). Cf. pour une partie de ce récit l'*Ariyapariyesana-sutta* (*Majjh. Nik.*, n° 26).

à l'esprit la tradition de nos Évangiles. Avant de commencer sa prédication publique, Jésus reste jeûner quarante jours dans le désert et il était tenté par Satan, « et il était chez les bêtes, et les anges le servaient[133] ». De même le Bouddha, avant de se mettre en route pour prêcher sa doctrine, demeure quatre fois sept jours à jeûner dans le voisinage de l'arbre de la Science, « goûtant la félicité de la Délivrance ». Après une lutte pénible il a remporté la victoire ; avant de s'engager dans de nouveaux combats, il s'arrête, comme il est juste, pour respirer et jouir de sa conquête ; avant de prêcher aux autres la Délivrance, il se donne un peu de temps pour goûter sa propre félicité.

Les sept premiers jours, le Bouddha demeure plongé dans la méditation, au pied même de l'arbre sacré. Dans la nuit qui suit le septième jour, il fait défiler devant son esprit l'enchaînement des causes et des effets d'où découle la douleur de l'existence : « De l'ignorance proviennent les formations[134], des formations provient la connaissance », et ainsi, après une longue série de termes intermédiaires : « Du devenir provient la naissance, de la naissance proviennent vieillesse et mort, douleur et plainte, peine, chagrin et désespoir. » Mais si la première cause est supprimée, d'où dépend cette chaîne d'effets, si l'ignorance est abolie, tout ce qui en découle tombe du même coup et toute douleur est vaincue. Au milieu de ces découvertes le Bienheureux prononça à ce moment cette stance :

« Quand se dévoile le règne de l'ordre éternel — aux méditations, aux ardentes méditations du Brahmane, — alors il n'est point de doute qui ne doive s'enfuir, — quand l'origine de toute chose lui devient connue. »

Trois fois, dans les trois veilles de la nuit, il fit défiler devant

---

[133] *Évangile selon saint Marc*, I, 13.

[134] Nous aurons à revenir d'une façon approfondie sur ces points dans l'exposé de la doctrine bouddhique.

son esprit toute cette série de causes et d'effets qui s'enchaînent : enfin il prononça cette stance :

« Quand se dévoile le règne de l'ordre éternel — aux méditations, aux ardentes méditations du Brahmane, — le Brahmane terrasse les légions du tentateur, — pareil au soleil qui rayonne il traverse les nuages. »

Puis, quand les sept jours furent passés, le Bouddha se leva de ces pensées dans lesquelles il était plongé, il abandonna sa place sous l'arbre de la Science et il alla vers le figuier Ajapâla (l'arbre des chevriers).

HISTOIRE DE TENTATION

Dans une autre mise en œuvre, assurément plus récente[135], de ces traditions, on introduit ici une histoire de tentation : c'est ainsi que Jésus, précisément pendant ces quarante jours qu'il passa dans le désert, fut en butte aux sollicitations de Satan, et, dès avant le début de sa carrière, le démon s'efforça par ses tentations de le rendre infidèle à sa vocation de Sauveur[136].

---

[135] Nous n'admettons pas que l'histoire de cette tentation ait fait partie de l'ancienne tradition : ce qui nous y détermine, ce n'est pas seulement l'argument extérieur tiré du fait qu'elle manque dans le *Mahâvagga*, c'est encore l'existence d'un épisode qu'on trouve un peu plus loin. Dans la suite de l'histoire des luttes intérieures du Bouddha nous rencontrerons la question de savoir s'il doit prêcher au monde sa doctrine et non plutôt profiter seul de la Délivrance atteinte ; une apparition de Brahma dissipe le doute. C'est absolument la même pensée qui trouve son expression dans cette histoire et qui fait le fond du récit à propos de Mâra ; c'est dans les deux cas les luttes du Bouddha aux prises avec la possibilité de faire tourner la science sacrée, fruit de sa victoire, à son seul profit et non à celui de toute l'humanité. Si donc Mâra l'a tenté en l'invitant à le faire, et si le Bouddha a rejeté cette invitation en donnant pour raison que le temps d'entrer dans le Nirvâna ne viendrait pour lui qu'après l'acquisition de disciples des deux sexes et la prédication de sa doctrine dans le monde entier, alors il n'y a plus de place pour le récit de la conversation avec Brahma.

[136] Dans les deux cas, ce sont des raisons semblables, voisines, qui ont provoqué la formation des récits correspondants : il ne faut pas songer, me semble-t-il, à une

Ce serait assurément aller trop loin que de prétendre trouver dans la tradition bouddhique le souvenir conservé jusqu'à nous d'apparitions individuelles, précises, de bons et de mauvais esprits avec lesquels le Bouddha se serait cru en relations : il n'en est pas moins hors de doute que le Bouddha et ses disciples partageaient la croyance générale des Indiens à de telles apparitions et qu'ils étaient convaincus d'en avoir fait l'épreuve par eux-mêmes.

Mâra, le Tentateur, sait que crainte ni plaisir ne peuvent plus rien sur le Bouddha ; déjà sous l'arbre de la Science il avait dompté à jamais toute pensée et toute émotion terrestre. Mettre à néant cette victoire n'est pas possible : mais il y a encore une chose que peut obtenir le Tentateur : il peut déterminer le Bouddha à tourner dès ce moment le dos à la vie terrestre et à entrer dans le Nirvâna. En ce cas, il serait seul à échapper à la puissance de Mâra, il n'irait pas apporter à l'humanité la doctrine de la Délivrance. Voici comment le Bouddha raconte plus tard à son disciple Ânanda l'histoire de sa tentation :

« En ce temps-là, Mâra le Malin s'approcha de moi. S'approchant de moi, il se plaça à mes côtés ; debout à mes côtés, ô Ânanda, Mâra le Malin me parla ainsi : « Entre à présent dans le Nirvâna, ô Bienheureux, entre dans le Nirvâna, ô Parfait : voici à présent venu pour le Bienheureux le temps du Nirvâna. » Comme il parlait ainsi, ô Ânanda, je répondis à Mâra le Malin en ces termes : « Je n'entrerai pas dans le Nirvâna, ô Malin, avant de m'être gagné comme disciples des moines qui

---

influence de la tradition bouddhique sur la tradition chrétienne. Telle est aussi l'opinion de Windisch, *Mâra und Buddha*, p. 214 et sqq., et de Garbe, *Deutsche Rundschau*, juillet 1910, p. 78. Mais les avis, on le sait, sont partagés sur ce point ; cf. par exemple B. van den Bergh van Eysinga, *Indische Einflüsse auf Evangelische Erzählungen* (2ᵉ éd., 1909), p. 38 et sqq. L'histoire bouddhique de la tentation se trouve dans le *Mahâparinibbâna-Sutta* (*Dîgha-Nik.*, vol. II, p. 12 et sqq.), et, intercalée à sa place dans la suite générale du récit, dans le *Lalita-Vistara*, chap. XXIV. — V. une conception différente de cette histoire chez Garbe, *Indien und das Christentum*, p. 50 et sqq.

soient sages et instruits, auditeurs éprouvés de la parole, au courant de la doctrine, fidèles à la doctrine et la mettant en pratique, experts en bonne conduite, suivant la voie de la doctrine, qui propagent, enseignent, fassent connaître, exposent, découvrent, ordonnent, expliquent ce qu'ils ont entendu de la bouche de leur Maître, qui écrasent et réduisent à néant par la doctrine la contradiction qui s'élève, qui prêchent la doctrine en opérant des miracles[137]. Je n'entrerai pas dans le Nirvâna, ô Malin, avant de m'être gagné comme disciples des nonnes qui soient sages et instruites..., etc. (Selon les habitudes de style du Bouddhisme ancien, ce qui vient d'être dit à propos des moines se répète mot pour mot à propos des nonnes, à propos des frères et des sœurs laïques.) Je n'entrerai pas dans le Nirvâna, ô Malin, avant que la sainte manière de vivre, que je prêche, se développe, s'étende et se propage dans tout le peuple et entre en vogue et soit annoncée à tous les hommes[138].

Nous revenons à la plus ancienne version du récit.

Pendant encore trois fois sept jours le Bouddha demeure à des places différentes dans le voisinage de l'arbre de la Science, « goûtant la béatitude de la Délivrance ». C'est pour ainsi dire une ouverture qui se joue au grand drame dont il sera le héros : des incidents caractéristiques annoncent symboliquement les choses à venir. C'est d'abord la rencontre avec un « Brahmane à l'air méprisant », épisode qui fait songer à la lutte victorieuse contre le Brahmanisme. On ne nous dit rien de la façon méprisante dont ce Brahmane aurait traité le Bouddha : on nous rapporte seulement qu'il lui posa cette question : « En quoi consiste, ô Gotama, l'essence d'un Brahmane, quelles sont les qualités qui élèvent un homme au rang de Brahmane ? »

---

[137] « En opérant des miracles » semble, aujourd'hui encore, la traduction exacte. Comparez cependant Franke, *Dîgha-Nikâya*, 155, n. 3.

[138] La fin du passage est peut-être à interpréter autrement : « et s'étale en toute lumière aussi loin qu'habitent les dieux et les hommes. » Franke, *loc. laud.*, 207, n. 2.

Déjà, au milieu de ses pensées intérieures, le Bouddha, dans cette stance prononcée sous l'arbre de la Science, avait parlé du Brahmane : c'est aux ardentes méditations du Brahmane que se découvrent les lois de l'univers ; et voici maintenant qu'un Brahmane vient lui contester, à lui, né dans une condition mondaine, le droit de s'arroger les honneurs de la condition brahmanique. Le Bouddha l'éconduit avec cette réponse : Celui-là est un vrai Brahmane qui a banni de lui-même tout mal, qui ignore le mépris et l'impureté, qui est vainqueur de lui-même.

Une objection humaine n'est rien pour le Bouddha ; la furie même des éléments ne peut troubler sa paix bienheureuse. Une tempête s'élève : sept jours durant la pluie se déverse sur lui à torrents ; le froid, l'ouragan, les ténèbres l'assiègent. Le roi des serpents, Mucalinda, sort de son royaume caché ; il enveloppe sept fois de ses replis le corps du Bouddha et le défend contre la tempête.

« Mais après sept jours, quand le roi des serpents, Mucalinda, vit que le ciel était devenu clair et sans nuage, il dénoua ses anneaux d'autour du corps du Bienheureux, cacha sa forme de serpent, prit la figure d'un jeune homme et se présenta devant le Bienheureux, adorant le Bienheureux avec les mains réunies. Ce que voyant, le Bienheureux prononça à ce moment cette stance :

« Bienheureuse la solitude de l'heureux qui connaît et voit la vérité ; — bienheureux celui qui toujours est maître de lui, qui ne fait de mal à aucun être ; — bienheureux celui pour qui toute passion, tout désir ont pris fin ; — vaincre l'orgueil du moi, c'est vraiment la suprême béatitude.

Un symbole bien bouddhique : le Sauveur du monde, qui, au milieu de la furie de la tempête, entouré sept fois des anneaux d'un serpent, goûte dans la solitude la béatitude de la paix.

Vient ensuite la première rencontre avec des hommes qui l'honorent en qualité de Bouddha. Deux marchands en voyage viennent à passer : une divinité, qui pendant sa vie terrestre a été parente des marchands, leur révèle le voisinage du Bouddha et les presse de donner à manger au Saint. Les divinités qui règnent sur les quatre régions du monde lui offrent des bols à aumônes (car sans un bol les parfaits Bouddhas ne peuvent recevoir aucun aliment) et il mange ce que les marchands lui présentent, la première nourriture qu'il prenne après ce long jeûne.

Mais les marchands Tapussa et Bhallika, lorsqu'ils virent que le Bienheureux avait retiré les mains de son bol (c'est-à-dire qu'il avait terminé son repas), se prosternèrent aux pieds du Bienheureux et dirent au Bienheureux : « Nous qui sommes ici, Maître, nous mettons notre recours dans le Bienheureux et dans sa Loi ; que le Bienheureux nous prenne comme zélateurs[139], à partir d'aujourd'hui pour toute la durée de notre vie, nous qui avons mis notre recours en lui.

« C'étaient dans le monde les premiers qui eussent confessé la foi avec les deux termes » — à savoir la foi dans le Bouddha et dans sa Loi, car le troisième membre de la Trinité bouddhique, la Communauté, n'existe pas encore.

Dans ce prélude à l'histoire de l'œuvre du Bouddha on s'étonne de ne pas trouver la moindre allusion symbolique au principal devoir de sa vie : n'a-t-il pas à prêcher la doctrine de la Délivrance ? Ne doit-il pas attirer à lui du sein du peuple une foule dont il se fera suivre, revêtue de l'habit monastique ? Nous voyons les deux marchands mettre leur recours dans le Bouddha et dans sa Loi et cependant la Loi ne leur a pas encore été prêchée. — Le récit qui va suivre a justement trait à la raison de cette inconséquence apparente et nous en donne

---

[139] C'est-à-dire en qualité de fidèles laïques, non en qualité de moines.

l'explication. Autre chose est d'avoir obtenu pour soi-même la vérité, source de la Délivrance, autre chose est de l'annoncer au monde. Le premier pas a été franchi par le Bouddha ; sa résolution d'accomplir le second n'est pas encore arrêtée ; il lui reste des appréhensions et des doutes à vaincre avant de prendre cette résolution[140].

Ici je veux laisser parler le texte lui-même[141].

« A l'esprit du Bienheureux, tandis qu'il demeurait retiré dans la solitude, cette pensée se présenta : « J'ai découvert cette vérité profonde, difficile à apercevoir, difficile à comprendre, apaisante, sublime, surpassant toute pensée, abstruse, que seul le sage peut saisir. Dans le tourbillon du monde s'agite ici-bas l'humanité, dans le tourbillon du monde elle a son séjour et trouve son plaisir. Pour l'humanité qui s'agite ici-bas dans le tourbillon du monde, ce sera une chose difficile à embrasser par la pensée que la loi de causalité, l'enchaînement des causes et des effets ; et ce sera encore une chose tout à fait difficile à embrasser par la pensée que l'entrée dans le repos de toutes les formations, le détachement des choses de la terre, l'extinction de la convoitise, la cessation du désir, la fin, le Nirvâna. Si je me mets à prêcher la doctrine et qu'on ne me comprenne pas, cela ne ferait que me causer de l'épuisement, que me causer de la fatigue. » Et à l'instant même se présenta à l'esprit du Bienheureux cette stance que jamais personne auparavant n'avait entendue :

« A quoi bon découvrir au monde ce que j'ai conquis dans de pénibles combats ? — La vérité demeure cachée pour celui

---

[140] Pour parler la langue dogmatique des Bouddhistes, « un Paccekabouddha » (Bouddha pour lui seul ou Bouddha individuel) n'est pas un Sammâsambouddha (ou Bouddha universel et enseignant le monde). Le fait que le Bouddha se présente comme Sammâsambouddha a besoin d'être expliqué.

[141] **Mahâvagga**, I, 5, p. 2 et sqq. = *Majjh. Nikâya*, vol. I, p. 167 et sqq.

qu'emplissent le désir et la haine. — C'est chose qui coûte de la peine, pleine de mystère, profonde, cachée à l'esprit grossier ; il ne peut la voir, celui dont de terrestres désirs enveloppent l'esprit de ténèbres. »

Tandis que le Bienheureux pensait ainsi, il inclinait dans son cœur à demeurer en repos et à ne pas prêcher la doctrine. A ce moment, Brahma Sahampati[142] connut avec sa pensée la pensée du saint et se parla ainsi à lui-même : « En vérité le monde périra, en vérité le monde s'abîmera, si le Parfait, le Saint, le suprême Bouddha incline ainsi dans son cœur à demeurer en repos et à ne pas prêcher la doctrine. »

Alors Brahma Sahampati quitta le ciel de Brahma aussi vite qu'un homme fort étend son bras ployé ou ploie son bras étendu, et il parut devant le Bienheureux. Alors Brahma Sahampati dépouilla de son manteau une de ses épaules[143], mit le genou droit en terre, éleva ses mains réunies vers le Bienheureux et lui parla en ces termes : « Veuille, ô Maître, le Bienheureux prêcher la doctrine, veuille le Parfait prêcher la doctrine. Il y a des êtres qui sont purs de la fange terrestre, mais s'ils n'entendent pas la prédication de la doctrine, ils ne seront pas sauvés : ceux-là embrasseront la doctrine. » Ainsi parla Brahma Sahampati ; lorsqu'il eut dit ces paroles, il continua à parler ainsi :

« Dans le pays de Magadha régnait jusqu'à présent — une loi impure professée par des hommes pécheurs. — Ouvre-nous, ô Sage, la porte de l'éternité, — fais-nous entendre, ô Sauveur, ce que tu as découvert. — Celui qui se tient debout là-haut, à la cime des rochers de la montagne, — sa vue s'étend au loin sur tout le peuple. — De même toi, ô Sage, élève-toi aussi bien

---

[142] Sahampati est, chez les Bouddhistes, le surnom perpétuel du Brahma suprême (cf. plus haut, p. 61) ; il n'y a pas d'interprétation certaine de ce mot.

[143] C'est une marque de vénération.

haut, — là où les cimes de la vérité dominent au loin la terre, — et abaisse tes regards, ô Sauveur, sur l'humanité, — l'humanité souffrante, qu'éprouvent la naissance et la vieillesse. — Debout, debout, héros vaillant, riche en victoires, — marche à travers le monde, guide sans tache. — Élève ta voix, ô Maître : beaucoup comprendront ta parole. »

(Le Bouddha oppose à l'invitation de Brahma le doute et les appréhensions qui dans une prédication de la vérité lui font voir une entreprise stérile. Trois fois Brahma renouvelle sa prière : le Bouddha l'exauce enfin :)

De même que dans un étang de lotus, parmi les roses des eaux, lotus bleus, lotus blancs, nées dans l'eau, montant dans l'eau, les unes n'émergent pas de l'eau et fleurissent au fond — d'autres roses des eaux, lotus bleus, lotus blancs, nées dans l'eau, montant dans l'eau, s'élèvent jusqu'à la surface de l'eau — d'autres roses des eaux, lotus bleus, lotus blancs, nées dans l'eau, montant dans l'eau, émergent de l'eau, et l'eau ne mouille plus leur fleur ; de même aussi, quand le Bienheureux avec le regard d'un Bouddha jeta les yeux sur le monde, il aperçut des êtres dont les âmes étaient pures et dont les âmes n'étaient pas pures de la fange terrestre, des êtres d'un esprit vif et d'un esprit obtus, d'un caractère noble et d'un caractère bas, de bons auditeurs et de mauvais auditeurs, beaucoup qui vivaient dans la crainte à la pensée de l'autre monde et de leurs péchés. Et quand il eut vu ces choses, il adressa à Brahma Sahampati cette stance :

« Qu'elle soit ouverte à tous, la porte de l'Éternité ; — que celui qui a des oreilles entende la parole et croie. — C'est pour éviter une peine inutile, ô Brahma, — que je n'ai pas encore révélé aux hommes la noble parole. »

Et Brahma Sahampati comprit : Le Bienheureux a exaucé ma prière, il prêchera la doctrine. Et il s'inclina devant le Bienheureux, fit avec vénération le tour de sa personne, et disparut. »

Ainsi la légende a fait vaincre à son héros le dernier obstacle qui l'arrête dans sa mission de Sauveur, elle lui a fait vaincre tous les doutes et toutes les hésitations : sa résolution de prêcher au monde la science où lui-même a trouvé la paix est désormais arrêtée.

LE SERMON DE BÉNARÈS

Qui doit être le premier à s'entendre annoncer la nouvelle doctrine ? La légende veut que le Bouddha ait avant tout songé aux deux maîtres à qui il avait jadis confié la direction de sa jeunesse. S'il leur prêchait sa doctrine, ceux-là le comprendraient. Une divinité lui apporte la nouvelle que tous deux sont morts. Peut-être l'étaient-ils en effet : en tout cas, l'intention de ce trait de la légende est aisée à saisir. Personne n'avait plus de droits qu'eux à être les premiers à entendre prêcher l'Évangile. Ç'aurait été, de la part du Bouddha, de l'ingratitude que de ne point leur faire part avant tous les autres de ses précieuses conquêtes. Or on ne savait pas qu'il se fût acquitté de ce devoir : c'étaient même d'autres personnes que l'on connaissait ou du moins que l'on nommait comme ayant été les premiers prosélytes. Il fallait donc que tous deux eussent quitté la vie quand le Bouddha commença sa prédication.

Ainsi donc ceux qui ont été jadis les maîtres du Bouddha ne peuvent pas se convertir à lui et devenir ses premiers disciples : il n'en est pas de même des cinq ascètes, anciens compagnons de ses recherches et de ses luttes ; on se souvient qu'après avoir longtemps fait assaut de mortifications avec lui, ils l'avaient abandonné du jour où ils le virent renoncer à chercher le salut par la voie des macérations[144]. Ils ont leur séjour à Bénarès et

---

[144] Voyez le chapitre précédent, p. 127.

c'est là que notre récit transporte à présent le Bouddha. De tout temps, dans le monde bouddhistes, Bénarès a passé pour la ville où le « sermon de la Délivrance » avait eu ses premiers auditeurs et ses premiers fidèles. Aujourd'hui encore, au nord de la ville, à Sarnath, la masse imposante, en briques et en pierre, du Dhamek Stupa, entourée des vestiges d'un grand nombre d'édifices religieux révélés par les fouilles, marque l'endroit où, selon une tradition digne de foi, s'est produit cet événement si riche en conséquences[145].

Nous essayerons ci-dessous de caractériser d'une manière plus approfondie la manière dont le Bouddha avait coutume d'enseigner sa doctrine : pour le moment nous nous bornons à reproduire l'ancienne tradition. Elle nous présente son héros, tout au début de sa carrière, absolument sous le même aspect qu'elle nous le montrera jusqu'au bout de sa longue existence.

---

[145] C'était chez ses anciens compagnons et dévots que le Bouddha pouvait le plus sûrement trouver des auditeurs bien disposés : aussi est-il naturel qu'il ait tourné vers eux les premiers efforts de sa prédication. Le fait est de toute vraisemblance : cette vraisemblance même, devons-nous y voir ici une preuve d'authenticité ou du contraire ? C'est ce que la critique n'a aucun moyen d'établir. Pourtant, à notre avis, tout porte à croire a priori qu'on n'avait pas perdu le souvenir du lieu où avait été prononcé le premier sermon (ou du moins le premier sermon suivi de succès) du Bouddha ni des personnes à qui ce sermon s'adressait. Peut-être y avait-il eu antérieurement des tentatives du Bouddha, pour s'acquérir des sectateurs, qui étaient restées infructueuses : le silence de la tradition en aurait éteint le souvenir ; c'est là une chose tout à fait possible ; mais l'essai de M. Feer (*Études bouddhiques*, I, p. 1-37), tendant à montrer dans la tradition les vestiges d'événements de ce genre, ne me semble pas heureux ; la nature du récit traditionnel ne permet pas de déduire des faits et gestes du Bouddha cette filiation d'événements, que ce savant, non sans faire à l'occasion violence à la tradition, a voulu y découvrir. — Si nous suivons sur la carte la marche triomphale du Bouddha que nous trouvons exposée dans le **Mahâvagga**, I, 1-24, nous n'avons pas grand'chose à objecter à cet itinéraire : ces allées et venues sont bien conformes aux habitudes des pieux voyageurs hindous. Quant à l'étroite analogie que les Bouddhistes prétendent découvrir entre la marche victorieuse de leur maître et celle d'un roi conquérant du monde, comme l'imagination s'était donnée ici pleine carrière, l'on ne peut s'empêcher de penser que le premier itinéraire n'ait été tracé d'après le schéma géographique, passé à l'état de cliché, du second. (Voyez par exemple le *Lalita-Vistara*, chap. 3). Les profondes contradictions qui se rencontrent entre le récit du *Mahâvagga* et ce schéma nous sont un gage de l'authenticité au moins partielle du premier.

Nous ne pouvons demander aux moines, à qui nous sommes redevables de ces renseignements, de nous représenter ni même d'imaginer l'évolution d'une âme : l'idée du « devenir psychologique » leur était inconnue ; ne l'aurait-elle pas été, comment aurait-il pu y avoir du « devenir » dans l'âme du Parfait qui avait justement trouvé le passage hors du monde douloureux du Devenir ?

Nous retrouvons dans l'histoire du premier sermon du Bouddha à Bénarès la façon de conter solennelle et circonstanciée particulière aux textes sacrés des Bouddhistes ; voici cette histoire[146] :

« Et le Bienheureux, voyageant d'étape en étape, arriva près de Bénarès, dans le bois Isipatana, où séjournaient les cinq moines. Et les cinq moines aperçurent de loin le Bienheureux qui s'approchait ; quand ils le virent, ils se dirent entre eux : « Amis, voici venir l'ascète Gotama qui vit dans l'abondance, qui a renoncé à ses aspirations et qui s'est adonné à l'abondance. Nous ne voulons lui rendre aucun honneur, ni nous lever devant lui, ni le débarrasser de son bol à aumônes et de son manteau ; seulement nous voulons lui préparer un siège : s'il le veut, il peut s'asseoir. »

Mais plus le Bienheureux approchait des cinq moines et moins les cinq moines pouvaient persévérer dans leur résolution ; ils allèrent au-devant du Bienheureux ; l'un débarrassa le Bienheureux de son bol à aumônes et de son manteau, un autre lui prépara un siège, un troisième plaça devant lui de l'eau pour ses pieds, un banc et un escabeau pour ses pieds. Le Bienheureux s'assit sur le siège qui lui avait été préparé ; quand il se fut assis, le Bienheureux lava ses pieds.

Mais ceux-ci s'adressaient au Bienheureux en l'appelant par son

---

[146] ***Mahâvagga***, I, 6, 10 et sqq.

nom et le nommaient « ami ». Comme ils parlaient ainsi, le Bienheureux dit aux cinq moines : « Ô moines, ne vous adressez pas au Parfait[147] en l'appelant par son nom et ne le nommez pas « ami ». Le Parfait, ô moines, est le saint, le suprême Bouddha. Ouvrez, ô moines, vos oreilles, la Délivrance de la mort est trouvée ; je vous enseigne, je vous prêche la doctrine. Si vous suivez l'enseignement, dans peu de temps ce pour l'amour de quoi de nobles jeunes gens quittent leur maison pour mener une vie errante, le suprême accomplissement des aspirations saintes deviendra votre partage : dès cette vie vous connaîtrez la vérité et vous la verrez face à face. »

Comme il parlait ainsi, les cinq moines dirent au Bienheureux : « Si tu n'as pu jadis, ami Gotama, atteindre par tes aspirations, par tes pratiques, par tes austérités la Perfection surhumaine, l'éclatante plénitude de la science et de l'intuition qui est l'apanage des saints, comment veux-tu maintenant que tu vis dans l'abondance, que tu as renoncé à tes aspirations et que tu t'es adonné à l'abondance, atteindre la perfection surhumaine, l'éclatante plénitude de la Science et de l'intuition qui est l'apanage des saints ? »

Comme ils parlaient ainsi, le Bienheureux dit aux cinq moines : « Le Parfait, ô moines, ne vit pas dans l'abondance ; il n'a pas renoncé à ses aspirations et ne s'est pas adonné à l'abondance. Le Parfait, ô moines, est le saint, le suprême Bouddha. Ouvrez, ô moines, vos oreilles, la Délivrance de la mort est trouvée ; je vous enseigne, je vous prêche la doctrine. Si vous suivez l'enseignement, dans peu de temps ce pour l'amour de quoi de

---

[147] Le mot que nous traduisons ici par le « Parfait (*Tathâgata*) est, selon toute vraisemblance, celui dont le Bouddha avait coutume de se servir quand il parlait de lui-même. Le sens propre de ce terme est « celui qui est allé ainsi », c'est-à-dire, ainsi que l'on doit aller. Cf. l'étude détaillée de ce mot, Franke, *Dîgha-Nikâya*, p. 287 et sqq.

nobles jeunes gens quittent leur maison pour mener une vie errante, le suprême accomplissement des aspirations saintes deviendra votre partage ; dès cette vie vous connaîtrez la vérité et vous la verrez face à face. »

(Ils répètent le même échange de paroles une deuxième et une troisième fois.)

Comme ils parlaient ainsi, le Bienheureux dit aux cinq moines : « Reconnaissez-vous, ô moines, que jamais encore je ne vous ai parlé ainsi ?

— Tu ne l'as jamais fait, ô Maître.

— Le Parfait, ô moines, est le saint, le suprême Bouddha ; ouvrez, ô moines, vos oreilles : la Délivrance de la mort est trouvée ... etc. »

Alors les cinq moines écoutèrent de nouveau le Bienheureux, ils lui prêtèrent l'oreille et tournèrent leurs pensées vers la science.

Alors le Bienheureux parla ainsi aux cinq moines : « Il y a deux extrêmes, ô moines, dont celui qui mène une vie spirituelle doit rester éloigné. Quels sont ces deux extrêmes ? L'un est une vie de plaisir, adonnée aux plaisirs et à la jouissance : cela est bas, ignoble, contraire à l'esprit, indigne, vain. L'autre est une vie de macérations : cela est triste, indigne, vain. De ces deux extrêmes, ô moines, le Parfait s'est gardé éloigné, et il a découvert le chemin qui passe au milieu, le chemin qui dessille les yeux et l'esprit, qui mène au repos, à la science, à l'illumination, au Nirvâna. Et quel est, ô moines, ce chemin du milieu que le Parfait a découvert, qui dessille les yeux et l'esprit, qui mène au repos, à la science, à l'illumination, au Nirvâna ? C'est ce chemin sacré, à huit branches, qui s'appelle : foi pure, volonté pure, langage pur, action pure, moyens d'existence purs, application pure, mémoire pure, méditation pure. C'est là, ô moines, le chemin du milieu, que le Parfait a découvert, qui dessille les yeux et l'esprit, qui mène au repos, à la science, à l'illumination, au Nirvâna.

« Voici, ô moines, la vérité sainte sur la douleur : la naissance est douleur, la vieillesse est douleur, la maladie est douleur, la mort est douleur, l'union avec ce qu'on n'aime pas est douleur, la séparation d'avec ce que l'on aime est douleur, ne pas obtenir son désir est douleur, en résumé, les cinq sortes d'objets de l'attachement[148] sont douleur.

« Voici, ô moines, la vérité sainte sur l'origine de la douleur : c'est la soif qui conduit de renaissance en renaissance, accompagnée du plaisir et de la convoitise, qui trouve çà et là son plaisir : la soif de plaisir, la soif d'existence, la soif d'impermanence[149].

« Voici, ô moines, la vérité sainte sur la suppression de la douleur : l'extinction de cette soif par l'anéantissement complet du désir, en bannissant le désir, en y renonçant, en s'en délivrant, en ne lui laissant pas de place.

« Voici, ô moines, la vérité sainte sur le chemin qui mène à la suppression de la douleur : c'est ce chemin sacré, à huit branches, qui s'appelle : foi pure, volonté pure, langage pur,

---

[148] C'est-à-dire les cinq groupes d'éléments qui constituent l'être physique et moral de l'homme : le corps, les sensations, les représentations (y compris les notions perçues), les formations (voir sur cette notion l'exposé de la doctrine) et la connaissance. Celui qui n'est pas délivré embrasse ces éléments et s'y attache en son for intérieur.

[149] « Soif d'existence » et « soif d'impermanence » sont expliquées comme étant la convoitise en tant qu'elle s'associe, soit à la croyance en la durée perpétuelle de l'existence et à la joie causée par cette durée, soit au contraire à la croyance que tout est fini avec la mort. Qu'il s'agisse de « soif d'impermanence » et non de « soif de puissance » (cf. Rhys Davids, *Sacred Books of the Buddhists*, III, p. 340), c'est ce que prouve l'ancienne tradition et notamment, nous semble-t-il, l'*Itivuttaka*, p. 43. Voir, sur cette expression, L. de la Vallée Poussin, J. As. 1903, II, 397, n. 2 ; Beckh, *Buddhismus*, II, 123.

action pure, moyens d'existence purs, application pure, mémoire pure, méditation pure.

C'est là la vérité sainte sur la douleur. Ainsi, ô moines, sur ces idées, dont personne auparavant n'avait entendu parler, mes yeux s'ouvrirent : ainsi s'en ouvrit pour moi la science, la connaissance, le savoir, l'intuition. — Cette vérité sainte sur la douleur, il faut la comprendre. — Cette vérité sainte sur la douleur, je l'ai comprise ; ainsi, ô moines, sur ces idées dont personne auparavant, n'avait entendu parler, mes yeux s'ouvrirent : ainsi s'en ouvrit pour moi la science, la connaissance, le savoir, l'intuition. »

(Suivent de semblables manières de s'exprimer à propos des trois autres vérités.)

« Et aussi longtemps, ô moines, que de ces quatre vérités saintes je ne possédais pas avec une pleine clarté cette connaissance et cette intuition véridiques en trois articles et douze parties[150], aussi longtemps, ô moines, je savais aussi que dans ce monde, avec les mondes des dieux, avec le monde de Mâra et de Brahma, au sein de tous les êtres avec les ascètes et les Brahmanes, avec les dieux et les hommes, je n'avais pas atteint le rang suprême de Bouddha. Mais, ô moines, depuis que de ces quatre vérités saintes je possède avec une pleine clarté cette connaissance et cette intuition véridiques en trois articles et douze parties, depuis ce moment, ô moines, je sais que dans ce monde avec les mondes des dieux, avec le monde de Mâra et de Brahma, au sein de tous les êtres avec les ascètes et les Brahmanes, avec les dieux et les hommes, j'ai obtenu le rang suprême de Bouddha. Et je l'ai reconnu et vu : mon âme

---

[150] Sur chacune des quatre vérités le Bouddha possède une connaissance en trois articles, par exemple, sur la première : » Ceci est la vérité sainte sur la douleur. » — « Cette vérité sainte sur la douleur, il faut la comprendre. » — « Cette vérité sainte sur la douleur, je l'ai comprise. »

est à tout jamais délivrée ; ceci est ma dernière naissance ; il n'y a plus désormais de nouvelles naissances pour moi. »

Ainsi parla le Bienheureux : et les cinq moines, joyeux, glorifiaient la parole du Bienheureux. »

Tel est le sermon de Bénarès, qui, selon la tradition, inaugure la prédication du Bouddha, par lequel, pour employer les mêmes termes que ses disciples, « il a mis en mouvement la roue de la Loi ». Au point de vue historique, on peut penser ce que l'on voudra de la façon, plus ou moins fidèle, dont le sermon nous a été rapporté : pour ma part, je serais disposé à n'avoir que les plus grands doutes sur ce point[151] : ces paroles n'en sont pas moins d'une importance capitale ; plus on les tient pour librement inventées, plus on doit en faire grand cas, car plus l'on est sûr d'y trouver, non pas à la vérité les mots prononcés par hasard dans une occasion déterminée, mais bien les idées dans lesquelles l'ancienne Communauté a vu et a eu certes raison de voir ce qu'il y avait d'essentiel dans la prédication du Maître. On voit clairement ressortir les idées maîtresses, qui dominaient le monde de pensées étroit et grave au sein duquel vivait la Communauté bouddhique : au centre de tout est une seule notion, la notion de la « Délivrance ». La Délivrance, ce dont il faut nous délivrer, la voie qui doit nous mener à la Délivrance, c'est de cela et de rien autre chose que traite ce sermon du Bouddha et la prédication du Bouddha en général. Dieu et le monde n'inquiètent pas le Bouddhiste : il ne connaît qu'une question : Comment en ce monde de douleurs dois-je me délivrer de la douleur ? Nous aurons à revenir sur la réponse que le sermon de Bénarès fait à cette question.

---

[151] Je ne saurais admettre d'aucune façon l'avis de Deussen (*Allgemeine Geschichte der Philosophie*, I, 3, 156) selon lequel les quatre vérités saintes auraient été rattachées à la première partie, probablement authentique, (du sermon) sans qu'il y ait entre elles aucun lien organique.

LES PREMIERS DISCIPLES

Quand le Bouddha a terminé son discours, un cri s'élève de la terre à travers tous les mondes des dieux : le saint a fait tourner à Bénarès la roue de la Loi. Les cinq moines, Kondañña à leur tête (celui qui a gardé depuis le nom de « Kondañña le Confesseur »), prient le Bouddha de leur donner l'ordination comme à des prosélytes, et il le fait avec ces paroles : « Approchez, ô moines ; la doctrine est bien prêchée ; vivez en sainteté, pour mettre un terme à toute douleur. » C'est ainsi que la Communauté des disciples du Bouddha prend naissance ; les cinq moines en sont les premiers membres. Un nouveau discours du Bouddha sur l'inconstance et la vanité de toutes les choses terrestres opère dans l'âme des cinq disciples et leur fait atteindre l'état de sainteté sans péchés : « A ce moment, ainsi conclut la relation, il y eut six saints dans le monde », — le Bouddha lui-même, et ses cinq disciples.

PROPAGATION DE LA DOCTRINE

Bientôt le nombre des croyants augmente. Le premier qui soit ensuite converti est Yasa, un jeune homme de riche famille, natif de Bénarès : son père, sa mère, sa femme écoutent également la prédication du Bouddha et embrassent sa foi en qualité de fidèles laïques. De nombreux amis de Yasa, jeunes gens des plus hautes familles de Bénarès et des pays d'alentour, sont ordonnés moines. Déjà la troupe des croyants compte soixante membres. Le Bouddha les envoie prêcher la doctrine à travers le pays. C'est là le secret du rapide accroissement de la jeune Communauté : cette puissance d'expansion, qu'on remarque chez elle, c'est surtout à son caractère nomade qu'elle le doit : elle est tantôt ici, tantôt là, apparaissant, disparaissant en mille endroits à la fois. Voici, d'après nos sources, les paroles dont se servait le Bouddha pour transformer ses croyants en missionnaires :

« O disciples, je suis délivré de tous les liens divins et humains. Et vous aussi, ô disciples, vous êtes délivrés de tous les liens divins et humains. Mettez-vous donc en route, ô disciples, et marchez, pour le salut de beaucoup, pour le bonheur de beaucoup, par compassion pour le monde, pour le bien, pour le salut, pour le bonheur des dieux et des hommes. Ne suivez pas à deux le même chemin. Prêchez, ô disciples, la doctrine qui est glorieuse en son commencement, glorieuse en son milieu, glorieuse en sa fin, prêchez-la dans son esprit et dans sa lettre ; publiez la vie pleine, parfaite et pure, la vie de sainteté. Il y a des êtres que n'aveugle pas la poussière de la terre ; mais s'ils n'entendent pas prêcher la doctrine, ils ne pourront arriver au salut ; ceux-là embrasseront la doctrine. Pour moi, ô disciples, j'irai à Uruvelâ, au bourg du chef d'armée, pour prêcher la doctrine. »

A Uruvelâ habitent des Brahmanes, anachorètes des bois, au nombre de mille : suivant les préceptes du Véda, ils entretiennent le feu sacré du sacrifice et font leurs ablutions dans la rivière Neranjarâ. Trois frères, Brahmanes de la famille des Kassapas, sont les chefs de ces ascètes. Le Bouddha vient vers l'un d'eux et dompte par sa puissance miraculeuse le redoutable roi des serpents qui habite la « place du sacrifice » de Kassapa. Frappés d'admiration, les Brahmanes l'invitent à passer l'hiver auprès d'eux. Il reste donc là, demeurant dans la forêt auprès de l'ermitage de Kassapa où il prend chaque jour son repas. Miracles sur miracles prouvent aux Brahmanes sa haute dignité ; des divinités descendent du ciel pour écouter sa prédication : elles brillent durant la nuit comme un feu qui flamboie. Frappé d'admiration, Kassapa reconnaît la dignité surnaturelle de son hôte, mais il ne peut se résigner à se subordonner à lui. Notre vieux récit nous dit ici :

Alors le Bienheureux pensa ainsi en lui-même : « Longtemps encore cet insensé pensera ainsi : « En vérité le grand Samana a une haute puissance miraculeuse, il a un grand pouvoir : mais il n'est pas saint comme moi. » Allons, je veux toucher le cœur de cet anachorète. » Alors le Bienheureux dit à l'anachorète Kassapa d'Uruvelâ : « Tu n'es pas saint, Kassapa, tu n'es pas encore entré dans le chemin de la sainteté : tu ne sais même rien de ce qu'il te faudrait faire pour être saint et entrer dans le chemin de la sainteté. » Alors l'anachorète Kassapa d'Uruvelâ se prosterna aux pieds du Bienheureux et dit au Bienheureux : « Fais, ô Maître, que je reçoive du Bienheureux les ordinations, l'inférieure et la supérieure. »

A ce récit ressemblent plus ou moins toutes les histoires de conversion des évangiles bouddhiques. Il y a bien çà et là quelques tentatives de peinture des caractères : toutes restent gauches et médiocres. Ni la gravité ni la profondeur du sentiment, ni de sublimes élans d'émotion n'étaient refusés à ces esprits : la poésie des Bouddhistes en témoigne. Mais la prose rigide des vieux textes est impuissante à peindre l'image d'une âme remuée par l'émotion ; elle arrive à peine à comprendre une vie individuelle.

Les deux frères de Kassapa et tous les anachorètes de leur entourage se convertissent au Bouddha et sont ordonnés moines. C'est peut-être un trait historique — et il serait loisible de répéter la même remarque dans des circonstances analogues de l'histoire — qui fait figurer au premier plan, parmi les tout premiers prosélytes de la nouvelle croyance, des religieux appartenant à l'ancienne religion[152]. Par la conversion des Kassapas, le nombre des croyants est porté d'un coup à plus d'un millier.

D'Uruvelâ le pieux cortège se dirige maintenant vers la capitale du royaume de Magadha, Râjagaha (Rajgir), qui est toute voisine. On fait halte aux portes de la ville, dans un bois de bambous. Le jeune roi Bimbisâra entend parler de la venue du

---

[152] La remarque a été faite par Windisch, *Mâra und Buddha*, p. 234.

Bouddha ; il sort aussitôt de la ville avec une immense suite[153] de bourgeois et de Brahmanes ; il est curieux de connaître le Maître dont la renommée s'est déjà répandue au loin. Lorsqu'on aperçoit le Bouddha et Kassapa assis l'un près de l'autre, un doute s'élève : lequel des deux est le maître, lequel est le disciple ? Alors Kassapa se lève de son siège, se prosterne aux pieds du Bouddha et dit : « Mon maître, Seigneur, est le Bienheureux ; je suis son disciple. » Et le Bouddha prêche devant le roi et sa suite ; Bimbisâra se déclare membre laïque de la Communauté bouddhique ainsi qu'un grand nombre de ses sujets. Il fut désormais, durant toute sa vie, qui fut longue, l'un des amis et des protecteurs les plus fidèles du Bouddha et de sa Loi.

D'après la tradition, c'est à ce moment et dans cette même ville de Râjagaha que le Bouddha se serait attaché les deux disciples qui plus tard, dans les cercles de la Communauté, ont été vénérés comme les premiers après le Maître, Sâriputta et Moggallâna. Ces jeunes gens, tous deux Brahmanes de naissance, étaient unis par une étroite amitié ; ils séjournaient à ce moment à Râjagaha à la suite d'un de ces moines mendiants, de ces chefs d'école nomades, alors si nombreux, du nom de Sanjaya. Dans leur commune recherche des biens spirituels, ils s'étaient fait, nous dit-on, l'un à l'autre cette promesse : « Celui qui aura le premier obtenu la Délivrance de la mort en avertira l'autre. » Un jour, Sâriputta aperçut l'un des disciples du Bouddha, Assaji, qui parcourait les rues de Râjagaha pour recueillir des aumônes : il était calme, avec un maintien plein de noblesse et les yeux baissés. Notre récit[154] dit ici :

---

[153] Le texte dit que « douze myriades de Brahmanes et de citadins du Magadha » faisaient escorte au roi.

[154] Le fragment que nous traduisons ici est probablement au nombre des textes que le roi Açoka, dans l'inscription de Bairât (vers 250 av. J.-C. ?) recommande aux moines et aux nonnes, aux frères et aux sœurs laïques d'écouter et d'apprendre avec ferveur. Le texte y est désigné sous le titre : « Les questions d'Upatissa. » Upatissa

Quand il le vit, il pensa : « En vérité c'est là un des moines qui sont saints dès ce monde ou qui sont entrés dans la voie de la sainteté. Je vais aller à ce moine et lui demander : « Ami, au nom de qui as-tu renoncé au monde ? Et qui est ton maître ? Et la doctrine de qui professes-tu ? » Mais à ce moment Sâriputta, le moine mendiant, pensa : « Ce n'est pas le moment d'interroger ce moine. Il va entre les maisons et recueille des aumônes. Je vais suivre ce moine, comme on suit quelqu'un de qui l'on sollicite une faveur. » Mais lorsque le vénérable Assaji eut recueilli des aumônes à Râjagaha, il prit les dons qu'il avait reçus et s'en retourna. A ce moment Sâriputta, le moine mendiant, alla au vénérable Assaji ; parvenu près de lui, il échangea des salutations avec le vénérable Assaji. Après qu'il eût échangé avec lui des salutations amicales, il se plaça près de lui. Debout près de lui, Sâriputta, le moine mendiant, parla ainsi au vénérable Assaji :

— Ami, ta physionomie est sereine, ton teint est pur et clair. Au nom de qui, ami, as-tu renoncé au monde ? Et qui est ton maître ? Et la doctrine de qui professes-tu ?

— Ami, c'est le grand Samana, le fils des Sakyas, qui sort de la maison des Sakyas et qui a renoncé au monde. C'est en son nom à lui, le Bienheureux, que j'ai renoncé au monde ; c'est lui, le Bienheureux, qui est mon maître, et c'est sa doctrine à lui, le Bienheureux, que je professe.

— Et que dit ton maître, ami, et qu'enseigne-t-il ?

— Ami, je ne suis qu'un novice, il n'y a pas longtemps que j'ai quitté le monde ; c'est tout récemment que j'ai embrassé cette doctrine et cette discipline. Je ne puis te prêcher la doctrine

---

n'est qu'un nom de Sâriputta : il s'appelait Sâriputta, le fils de Sâri, du nom de sa mère. — Il se peut cependant que ces « questions » désignent un autre texte, ainsi que l'a signalé K. E. Neumann (*Majjhima-Nikâya,* 24).

dans toute son étendue, mais je puis t'en indiquer brièvement l'esprit.

Alors Sâriputta, le moine mendiant, dit au vénérable Assaji :

— Qu'il en soit ainsi, ami. Dis-m'en peu ou beaucoup, mais parle-moi de l'esprit ; c'est après l'esprit seul que mon cœur soupire ; pourquoi tant se préoccuper de la lettre ?

Alors le vénérable Assaji dit à Sâriputta, le moine mendiant, cette parole de la doctrine :

« Les objets, qui résultent d'une cause, dont le Parfait enseigne la cause et comment ils prennent fin : telle est la doctrine du grand Samana[155]. »

Mais lorsque Sâriputta, le moine mendiant, entendit cette parole de la doctrine, la vision pure et sans tache de la vérité se leva pour lui et il discerna ceci : « Tout ce qui est sujet à la naissance, tout, cela aussi est sujet à la disparition. » Et il dit à Assaji :

— Quand bien même la doctrine ne serait que cela, tu n'en as pas moins atteint l'état où il n'y a plus de douleur, état qui n'a pas été depuis bien des myriades d'âges du monde.

A ces mots Sâriputta va vers Moggallâna, son ami :

---

[155] Cette stance a été plus tard considérée comme le *Credo* en abrégé du Bouddhisme ; on la trouve inscrite sur de nombreux monuments. Sans doute elle se rapporte à la doctrine de l'enchaînement des causes et des effets sur laquelle, comme nous l'avons vu (v. p. 135) la tradition fait s'arrêter la pensée du Bouddha, alors qu'il est assis sous l'arbre sacré de la Bodhi. Le destin douloureux du monde se réalise dans l'enchaînement des effets qui découlent de l'Ignorance. Que sont ces objets dépendant les uns des autres et résultant de l'Ignorance ? Et comment prennent-ils fin, c'est-à-dire comment la douleur du monde est-elle abolie ? Voilà ce qu'enseigne la doctrine du Bouddha.

— Ami, dit Moggallâna, ta physionomie est sereine, ton teint est pur et clair. As-tu trouvé la Délivrance de la mort ?

— Oui, ami, j'ai trouvé la Délivrance de la mort.

Et il lui parle de sa rencontre avec Assaji et pour Moggallâna aussi se lève la vision pure et sans tache de la vérité. En vain Sanjaya, leur maître, tâche de les retenir près de lui. Ils vont avec une grande troupe d'autres disciples de Sanjaya dans le parc où séjourne le Bouddha ; quant à Sanjaya, un flot de sang chaud lui jaillit de la bouche. Le Bouddha voit venir les deux amis : il annonce à son entourage que ceux qui s'approchent là deviendront les premiers et les plus nobles d'entre ses disciples. Et tous deux sont ordonnés par le Bouddha lui-même.

Notre récit poursuit :

En ce temps-là beaucoup de jeunes gens distingués et nobles du pays de Magadha mettaient leur espérance dans le Bienheureux, afin de vivre en état de sainteté. Et le peuple se fâchait et il murmurait et il était en colère :

— L'ascète Gotama est venu pour apporter l'absence d'enfants ; l'ascète Gotama est venu pour apporter le veuvage ; l'ascète Gotama est venu pour apporter l'extinction des familles. Il vient de faire des mille ermites ses disciples et il a fait des deux cent cinquante moines mendiants de Sanjaya ses disciples, et ici ces nombreux jeunes gens distingués et nobles du pays de Magadha mettent leur espérance dans l'ascète Gotama, afin de vivre en état de sainteté.

Et quand les gens apercevaient ses disciples, ils les injuriaient avec cette stance :

« Le grand moine est venu s'établir dans la ville, bâtie sur une montagne, du Magadha. — Il a converti tous les disciples de Sanjaya, qui convertira-t-il aujourd'hui ?

Et les disciples entendaient que le peuple se fâchait et qu'il murmurait et qu'il était en colère. Et les disciples le dirent au Bienheureux :

— Ces rumeurs, ô disciples, ne seront pas de longue durée. Elles dureront sept jours ; au bout de sept jours, elles se dissiperont. Mais vous, ô disciples, s'ils vous cherchent querelle avec cette stance :

« Le grand moine est venu s'établir dans la ville, bâtie sur une montagne, du Magadha. — Il a converti tous les disciples de Sanjaya, qui convertira-t-il aujourd'hui ?

répondez-leur par cette stance :

« Les héros, les Parfaits convertissent par la vérité de leur parole. — Qui voudrait outrager l'Illuminé, qui convertit par la puissance de la vérité ?

Alors sans doute, dans les rues de la capitale, peuplées de gens à la langue affilée, bien des traits ont pu être décochés de part et d'autre entre amis et ennemis du jeune maître : n'aurions-nous pas ici un exemple de ces attaques et de ces reparties ?

Chapitre IV

Œuvre du Bouddha

Les deux principaux disciples sont convertis et la mauvaise humeur du peuple de Râjagaha a été vite apaisée : ici s'interrompt la relation suivie de la carrière du Bouddha ; elle ne reprendra qu'avec la reprise même de l'intérêt, lorsqu'il s'agira de conserver fidèlement le souvenir des dernières pérégrinations du maître vieilli, de ses paroles d'adieu et de sa mort. Quant à la longue période qui s'étend entre le début et la fin de sa vie et qui compte, nous dit-on, plus de quarante années, nous n'avons conservé à son propos dans la vieille tradition rien qui ressemble à un exposé suivi : nous possédons seulement des recueils d'innombrables paroles, dialogues et sentences, authentiques ou apocryphes, mis dans la bouche du Bouddha ; tous les renseignements qu'on y trouve, c'est, en tête, la courte mention de l'occasion extérieure de ces discours, du lieu où ils ont été tenus, des personnes à qui ils ont été adressés[156].

A regarder les choses par le dehors, rien de plus monotone que cette vie peinte en grisaille, telle que nous la présente la

---

[156] On distingue au premier coup d'œil qu'une bonne partie de ces matériaux a pour fond des inventions assez grossières ; voyez par exemple la façon dont on nous présente dans le Vinaya la doctrine canonique relative aux personnes qui ne sont pas autorisées à recevoir l'ordination inférieure (*pabbajjâ*) ; d'après le texte, le Bouddha se trouve à Râjagaha, et à ce moment se présentent à la file tous les cas imaginables où l'on peut conférer l'ordination à des gens non qualifiés pour la recevoir ; à chaque fois des plaintes s'élèvent, on crie à l'inconvenance et le Bouddha met fin à ces protestations en édictant l'interdiction appropriée au cas. Puis le Bouddha se rend à un autre endroit : là défile une nouvelle série d'événements analogues qui fournit l'occasion de régler d'autres points de droit canon, et ainsi de suite...

tradition : de tout ce qui a fait le fond et l'intérêt véritable de cette biographie, rien ne nous est révélé. Quand et comment s'est formée dans l'esprit du Bouddha cette conception du monde et de la vie qu'il a transmise à sa Communauté ? Par quels degrés surtout a grandi en lui sa foi en lui-même et en sa mission ? Comment enfin l'esprit indien, la critique des écoles indiennes ont-ils réagi sur la pensée et les intentions du Maître ? Autant de questions que renoncera une fois pour toutes à soulever quiconque jettera les yeux sur nos sources. De cela nous ne saurons ni ne pourrons jamais rien savoir.

Que pouvons-nous donc ? Seulement ceci : réunir sans distinction d'époques en un tableau d'ensemble les traits épars que nous offre la tradition et nous faire ainsi une idée de l'enseignement et de la vie du Bouddha, de ses relations avec les grands et les petits, avec le cercle des disciples qui entourent sa personne, avec les cercles plus larges de ses partisans et de ses adversaires.

Pouvons-nous, dans un tableau de ce genre, prétendre atteindre à la vérité de l'histoire ?

Oui et non.

Non, car ce tableau nous présente un type, non un portrait ; il nous montre bien ce qu'étaient les premiers Bouddhistes, il ne nous rend pas les traits individuels qui appartenaient en propre au Bouddha et seulement à lui ; il ne nous en donne pas une image caractéristique, comme celle que nous avons par exemple de Socrate, image qui ressemble au seul Socrate et à nul autre, pas même à un Socratique.

Et cependant le défaut même, que nous signalions dans nos connaissances, nous autorise d'autre part à leur rendre notre confiance.

L'Inde est par-dessus tout le pays des types ; n'y cherchez pas d'individualités empreintes d'un cachet particulier. La vie naît et passe là-bas, comme les plantes fleurissent et se fanent, sous l'influence sourde et accablante des forces naturelles, et les forces naturelles ne peuvent produire et former que des types. Là seulement où souffle le vent de la liberté, se déploie fièrement et sans contrainte la spontanéité de l'homme ; là seulement il peut et il ose être quelqu'un et ne ressembler qu'à lui-même. Rien de pareil dans l'Inde : chez toutes les créations de l'épopée indienne, en dépit de la richesse de sa palette, nous retrouvons cette étrange roideur de l'attitude ; tous ces personnages nous apparaissent comme des ombres où un sang vivifiant ne circule pas ; et d'où leur vient ce caractère, sinon avant tout de ce que le domaine de cette poésie ne s'étend pas jusqu'à la limite où commence la vie originale des individus ? Le talent de peindre des individualités était interdit à la poésie indienne, parce qu'au peuple hindou lui-même était refusée la force de les créer. C'est ainsi encore que dans l'histoire de la pensée indienne, il n'est point question de l'individu, mais seulement et toujours de l'esprit du peuple hindou dans son ensemble, de ce que les Indiens appellent, quand on s'enquiert de l'origine de leurs livres sacrés, l'esprit saint des Védas. Tout est l'œuvre d'un esprit général, impersonnel, et l'individu n'a d'autres caractères que ceux qu'a imprimés en lui l'esprit public.

Ne devons-nous pas croire que cette même loi a régi également les commencements du Bouddhisme ? Les grands disciples qui entouraient le maître, Sâriputta et Moggallâna, Upâli et Ânanda sont dans les anciens récits parfaitement semblables les uns aux autres ; leur image à son tour n'est, sur une moindre échelle, que le portrait minutieusement fidèle du Bouddha. Il était difficile qu'il en fût autrement dans la réalité ; l'individu n'était guère plus qu'un exemplaire, une incarnation de l'esprit de la Communauté ; et, de son côté, cet esprit de la Communauté ainsi que ses manifestations extérieures se différenciaient à peine de l'esprit du Bouddha lui-même et de la règle de vie du Bouddha.

Le temps qui s'est écoulé entre le Buddha et la fixation de la tradition a peut-être été plus pauvre que ne le fut jamais l'Inde en personnalités capables de donner au grand mouvement bouddhique une direction nouvelle et de lui imprimer le cachet de leur personnalité propre : l'ancienne Église bouddhique n'a pas eu de Paul. Mais ce fait même nous donne une précieuse garantie : ce mouvement, tel qu'il nous est représenté, est donc bien, dans ses parties essentielles, celui que créèrent le Bouddha et ses premiers disciples. Il se peut que plus d'un trait de génie et de force créatrice ait été particulier au Bouddha, et que les natures médiocres qui nous ont conservé son image, aient ramené ces traits de grandeur à leur petit niveau : mais, sûrement, une figure comme la sienne n'a pas été foncièrement mal comprise.

Examinons donc le tableau que nous présente la tradition ; historiquement parlant, bien peu des traits qui le composent méritent d'être garantis exacts ; et, cependant, à un point de vue plus élevé, en prenant le tableau dans son ensemble, nous avons le droit d'en garantir l'authenticité.

VIE JOURNALIÈRE DU BOUDDHA
SAISON DES VOYAGES ET SAISON DES PLUIES

Chaque nouvelle année ramenait, pour le Bouddha et pour ses disciples, une période de voyages alternant avec une période de repos et de retraite. En juin, après la chaleur embrasée et aride de l'été indien, on voit s'amonceler d'énormes nuages et des roulements de tonnerre annoncent l'approche de la mousson pluvieuse : à ce moment, les Indiens, aujourd'hui comme de toute antiquité, se préparent, eux et leurs maisons, pour cette saison où le train ordinaire de la vie se trouve interrompu par les pluies ; durant des semaines, des averses torrentielles retiennent en beaucoup d'endroits les habitants dans leurs cabanes ou tout au moins dans leurs villages ; leurs communications avec le voisinage sont coupées par les ruisseaux grossis et transformés en torrents et par les inondations. « Les oiseaux, dit un vieil ouvrage bouddhique, bâtissent leur nid dans la cime des arbres ; c'est là qu'ils se cachent et qu'ils se blottissent pendant la saison humide. » De même, pour les membres des confréries de moines (et cela, sans doute, non point seulement depuis le Bouddha, mais depuis qu'il y avait dans l'Inde des religieux menant une vie nomade), c'était une règle inviolable d'interrompre leurs voyages durant les trois mois pluvieux : ils s'établissaient dans le voisinage des villes ou des villages, où les dons des fidèles pouvaient assurer leur subsistance, et ils passaient cette saison dans une paisible retraite. Il y avait encore une autre raison à l'observation rigoureuse de cette règle : la saison-des-pluies, venant après la brûlante sécheresse de l'été, réveille partout la vie et fait pulluler bêtes et plantes nouvelles : on ne pouvait donc voyager à ce moment, sans violer à chaque pas le précepte qui défendait de détruire aucune existence, si infime qu'elle fût.

C'est ainsi que chaque année, trois mois durant, le Bouddha « observait la saison-des-pluies » ; il était entouré de nombreux disciples qui se rassemblaient pour passer la saison pluvieuse dans le voisinage de leur maître. Rois et riches se disputaient l'honneur de lui donner pendant ce temps l'hospitalité, à lui et aux disciples qui l'accompagnaient, dans les logis et les jardins qu'ils avaient préparés pour la Communauté.

La saison-des-pluies prenait fin, et les voyages commençaient ; le Bouddha allait de place en place, — « dans la robe jaune des nomades sans foyers » — et presque toujours avec un grand cortège de disciples ; les textes, qui en exagèrent probablement le nombre, le font suivre habituellement, tantôt de trois cents, tantôt de cinq cents personnes[157]. Sur les grandes routes que

---

[157] A l'occasion d'une prophétie du Bouddha au sujet de Metteyya, le prochain Bouddha, qui paraîtra sur la terre dans un avenir lointain, il est dit : « Il conduira ses disciples en troupe par milliers, comme je conduis à présent mes disciples en troupe par centaines (*Dîgha-Nikâya*, III, p. 76). Dans un autre passage il est question d'une

suivaient de préférence les religieux nomades aussi bien que les marchands en voyage, bien souvent les fidèles du pays avaient pris soin d'établir un abri à l'intention du Bouddha et de ses disciples ; là où demeuraient des moines qui professaient la doctrine, on trouvait asile dans leur logis ; et s'il n'y avait pas d'autre gîte à attendre, il ne manquait pas de manguiers ou de bananiers, au pied desquels la troupe pouvait se reposer ou passer la nuit.

Le domaine que sillonnaient de préférence ces voyages était le cercle des « pays de l'Est », c'est-à-dire surtout les vieux royaumes des Kâsi-Kosalas et des Magadhas, joints aux États indépendants qui leur étaient limitrophes : ce sont les provinces actuelles d'Aoudh et de Bihar ainsi que la partie avoisinante du Népal. Il en était tout autrement des royaumes de l'Hindoustan occidental : c'étaient les antiques sièges de la civilisation védique, et les Brahmanes, qui y régnaient en maîtres, restaient étrangers et hostiles aux mouvements religieux de l'Est ; aussi ces pays, si le récit de la tradition est exact, ont bien été effleurés par les voyages du Bouddha, mais seulement à de rares intervalles et en passant. Nous connaissons les stations principales de ces voyages ; ce sont en même temps les points extrêmes ou peut s'en faut, au Nord-Ouest et au Sud-Est, du domaine qui était le théâtre ordinaire de la vie nomade du Bouddha ; ces deux villes, qui servaient de résidence aux rois de Kosala et de Magadha, s'appelaient l'une Sâvatthî (sur la Rapti)[158] l'autre Râjagaha (aujourd'hui Rajgir, au Sud du

---

réunion de disciples du Bouddha, qui ont atteint l'état sans péchés ; ces disciples seraient au nombre de 1250 (*Mahâpadânasuttanta* ; *Dîgha-Nikâya*, II, p. 52 ; cf. aussi *Buddhavaṃsa* 26, 5, ainsi que *Dîgha-Nik.* I, p. 49, et *supra*, p. 86, note 1).

[158] Contrairement à l'avis de Vincent Smith (JRAS, 1898, p. 520 et sqq. cf. *ibid.* 1900, p. 1 et sqq) qui avait cherché cette ville en territoire népalais, des découvertes plus récentes (Vogel, JRAS, 1908, p. 971 et sqq.) ont confirmé l'ancien point de vue de Cunningham, selon lequel la ville de Sâvatthî était située à l'emplacement de l'actuel Sahet-Mahet, à la limite des districts de Bahraich et de Gonda.

Bihar)[159]. Dans la banlieue immédiate de ces villes la Communauté possédait de nombreux et beaux parcs, où l'on avait élevé des bâtiments de toutes sortes pour les besoins de la vie de couvent.

« Pas trop loin et pas trop près de la ville (telle est dans les textes sacrés l'ordinaire description de ces sortes de parcs), bien pourvu d'entrées et de sorties, facilement accessible à toute personne qui désire y venir, pas trop animé le jour, silencieux la nuit, éloigné du tumulte et de la foule des hommes, un endroit de retraite, un séjour favorable pour méditer dans la solitude...

Tel était le Veluvana (le bois de bambous), jadis bois d'agrément du roi Bimbisâra et dont il avait fait présent au Bouddha et à sa Communauté ; un autre, plus célèbre encore, était le Jetavana, près de Sâvatthî, cadeau du grand marchand Anâthapindika, le plus généreux des zélateurs du Bouddha. C'est, de ce jardin que l'ancienne poésie monastique dit :

« Jetavana, le (bois) aimable parcouru par des troupes de sages, — où demeura le prince de la Vérité, le lieu qui réjouit mon âme[160].

---

[159] La distance entre ces deux villes est à peu près la même qu'entre Berlin et Francfort (soit entre Paris et Bordeaux). Outre ces deux villes on trouve encore nommées dans l'énumération « des grandes villes où beaucoup de Kshatriyas distingués, de Brahmanes distingués et de bourgeois distingués ont foi dans le Parfait (*Mahâparinibbâna-Sutta*) : Campâ, Sâketa, Kosambî et Bénarès : toutes villes de l'Est, sauf Kosambî qui d'ailleurs n'est pas loin à l'Ouest et qui notoirement parmi les villes de l'occident était relativement la plus fréquentée par les moines bouddhistes. — Un vers du *Samyutta-Nikâya* (vol. I, p. 199) répond à la question de savoir dans quelles limites se meuvent les disciples du Bouddha : « Vers le Magadha ils sont allés, vers le Kosala ils sont allés ; et quelques-uns voyagent dans le pays de Vajji (à Vesâlî). »

[160] *Samyutta-Nikâya*, vol. I, p. 33 (p. 55), *Majjhima-Nik.*, vol. III, p. 262. — Le pèlerin chinois Fa-hien (au commencement du Ve siècle de l'ère chrétienne) écrit au sujet du Jetavana : « L'eau claire des étangs, la verdure luxuriante et d'innombrables fleurs aux couleurs variées se réunissent dans la description de ce qu'on appelle le Vihâra de Chi-ûn (Jeta). » (D'après la trad. de Beal, p. 75.)

Et ce ne sont point seulement les textes sacrés qui nous en parlent : les monuments figurés, les bas-reliefs du grand *stûpa* de Bharhut, nous montrent également combien ce cadeau d'Anâthapindika a été célébré de toute antiquité au sein de la Communauté bouddhique. On nous raconte comment Anâthapindika cherchait un endroit qui fût digne de servir de séjour au Bouddha et à ses disciples ; seul, le parc du prince Jeta paraissait réunir tous les avantages, mais le prince se refusait à le vendre. Après de longues contestations, Anâthapindika obtint le parc au prix de tout l'or nécessaire pour recouvrir le sol du Jetavana tout entier. Il le donna au Bouddha, dont ce bois fut depuis le séjour favori. D'innombrables morceaux des textes sacrés où sont relatées les paroles et les sentences du Bouddha commencent par ces mots : « En ce temps-là le saint Bouddha séjournait à Sâvatthî, dans le Jetavana, le parc d'Anâthapindika. »

Si dans la vie errante et nomade du Bouddha et de ses disciples il peut être question d'une patrie, ce sont surtout des séjours comme le Veluvana ou le Jetavana qui méritent ce nom ; placés dans le voisinage des grands centres de la vie indienne, ils restaient cependant en dehors du tumulte des grandes villes : jadis c'étaient les calmes lieux de repos des souverains et des grands ; maintenant on y voyait errer les vêtements jaunes des moines mendiants, et la « Communauté dans les quatre coins du monde, présents et absents », était devenue la maîtresse de l'ancienne propriété des rois. Dans ces jardins s'étendaient les habitations des frères, maisons, galeries couvertes, grandes salles, magasins à provision : tout autour les étangs se couvraient de lotus, les manguiers répandaient au loin leur parfum ; d'élégants palmiers-éventails se dressaient bien au-dessus des masses de feuillage ; l'arbre *nyagrodha* ouvrait ses profondeurs de verdure, et ses racines aériennes, descendant s'enfoncer en terre, devenaient de nouveaux arbres et formaient des berceaux et des allées de feuillages dont l'ombre et la fraîcheur semblaient inviter à de calmes méditations.

Tel est le milieu où le Bouddha a passé une grand partie de sa vie, peut-être les périodes les plus actives et les plus fécondes. C'est là qu'il avait coutume de s'asseoir et de parler, pendant qu'un disciple se tenait derrière lui et l'éventait. C'est là que le peuple affluait en foule, moines et laïques, pour le voir et pour entendre sa parole. Il vient même des pèlerins de pays éloignés : ce sont des moines qui ont entendu prêcher la doctrine du Bouddha ; quand la saison-des-pluies est passée, ils se mettent en marche pour voir le Maître face à face :

« C'est la coutume (nous est-il dit à chaque instant dans nos textes) que les moines, après qu'ils ont observé la saison-des-pluies, se mettent en route pour voir le Bienheureux. C'est la coutume du bienheureux Bouddha d'échanger des salutations avec les moines qui viennent de loin. — « Tout va-t-il bien pour vous, ô moines ? (a coutume de demander le Bouddha aux arrivants) ; trouvez-vous de quoi vivre ? Avez-vous bien passé la saison-des-pluies dans la paix et la concorde et sans querelle ? Et n'avez-vous eu à souffrir d'aucune privation ? »

C'est ainsi qu'on nous raconte l'histoire d'un fidèle, nommé Sona : il était né bien loin des contrées où vivait le Bouddha, dans le pays d'Avanti[161] ; là il avait eu connaissance de la nouvelle doctrine et avait senti s'éveiller en lui le désir d'être reçu au nombre de ses croyants. Trois années durant il avait dû attendre ; enfin il était parvenu à réunir, dans cette contrée lointaine, les dix moines dont la présence était requise pour conférer les ordres à un nouveau membre de la Communauté. Un jour, comme il demeurait dans la solitude, il sentit s'éveiller en lui cette pensée :

« J'ai bien entendu parler du Bienheureux : il est comme ceci, il est comme cela ; mais je ne l'ai jamais vu face à face. Je veux aller le voir, le Bienheureux, le Saint, le très-haut Bouddha, si

---

[161] Région d'Ujjayinî (Ujjain).

mon directeur me le permet. » (Et son directeur à qui il fit part de son désir, lui répondit :) « Bien, bien, Sona ; va, Sona, va le voir, le Bienheureux, le saint, le très-haut Bouddha. Tu le verras, ô Sona, le Bienheureux, qui apporte la joie, qui dispense la joie, dont les sens sont tranquilles, dont l'âme est tranquille, le suprême vainqueur de soi-même et le plus riche en paix, le héros, qui s'est dompté lui-même, qui veille sur lui-même, qui tient ses sens en bride. »

Et Sona se met en voyage vers Sâvatthî où le Bouddha séjournait dans le Jetavana, le parc d'Anâthapindika. Les pèlerins de ce genre affluaient en foule au lieu où se tenait le Bouddha ; c'étaient alors des réceptions et des salutations entre les troupes d'arrivants et leurs frères spirituels qui habitaient l'endroit, des échanges de nouvelles, des dispositions à prendre pour loger les voyageurs : tout cela ne laissait pas de provoquer assez souvent de ces tumultes inouïs pour des oreilles occidentales et qui, en Orient, semblent inséparables de ces sortes d'occasions : nous trouvons plus d'une fois, dans les textes sacrés, des plaintes très sérieuses à ce sujet.

La renommée du Bouddha attirait aussi vers lui, de près ou de loin, un grand nombre de personnes étrangères à la Communauté : « Vers l'ascète Gotama, nous est-il dit entre autres choses, les gens viennent, traversant royaumes et pays, pour le consulter. » Souvent, lorsqu'il s'arrêtait dans le voisinage des résidences royales, les rois, les princes et les grands dignitaires sortaient de la ville, montés sur des chars ou sur des éléphants, et venaient lui poser des questions ou écouter sa doctrine. Une scène de ce genre nous est décrite dans le début du *Sûtra du fruit de l'Ascétisme* et nous en trouvons encore une représentation figurée dans les bas-reliefs de Bharhut. Voici le récit du *sûtra* : Le roi de Magadha Ajâtasattu, pendant la « nuit des Lotus » (c'est-à-dire dans la nuit de la pleine lune d'octobre, moment où les lotus fleurissent), est assis en plein air sur le toit en terrasse de son palais, entouré de ses conseillers :

A ce moment (nous dit le texte), le roi de Magadha, Ajâtasattu, le fils de Vedehî, laissa échapper cette exclamation : « En vérité, cette nuit de lune est belle, en vérité cette nuit de lune est délicieuse, en vérité cette nuit de lune est superbe, en vérité cette nuit de lune invite à la joie, en vérité cette nuit de lune porte des signes heureux. Quel Samana ou quel Brahmane dois-je aller entendre, pour qu'en l'entendant mon âme soit réjouie ? » (Et chacun des conseillers lui désigne un directeur, l'un celui-ci, l'autre celui-là, mais Jîvaka, le médecin du roi, garde le silence.) Alors le roi de Magadha, Ajâtasattu, le fils de Vedehî, dit à Jîvaka Komârabhacca : « Pourquoi restes-tu silencieux, ami Jîvaka ? » — « Dans mon jardin de manguiers, ô Seigneur, il demeure, le Bienheureux, le saint, le suprême Bouddha avec une grande troupe de disciples, avec douze cent cinquante moines. Sur lui, le Bienheureux Gotama, de magnifiques louanges se répandent à travers le monde en cette sorte : Il est, lui, le Bienheureux, il est le saint, le suprême Bouddha, celui qui sait, celui qui est instruit, le béni, celui qui connaît les mondes, le Très-Haut, celui qui dompte et guide les indomptés, le précepteur des dieux et des hommes, le sublime Bouddha. Va l'entendre, lui, le Bienheureux, ô Seigneur ; il se pourrait bien, qu'en l'entendant, lui, le Bienheureux, ton âme, ô Seigneur, soit réjouie.

Et le roi fait préparer des éléphants pour lui et pour les reines ; à la clarté des flambeaux, par la nuit de lune, le cortège royal sort de Râjagaha et se rend au bois de manguiers de Jîvaka ; c'est là que le Bouddha aurait eu avec le roi le célèbre entretien *Sur le Fruit de l'Ascétisme*, à la fin duquel le roi se convertit et devint membre laïque de la Communauté du Bouddha.

Les tableaux que les textes sacrés nous ont conservés de ce genre de scènes sont extrêmement nombreux ; nul doute qu'ils ne reflètent réellement l'image de l'animation qui régnait autour de la personne du Bouddha. Quand les pas du Bouddha le conduisent à quelque ville indépendante, on nous parle d'ordinaire de l'accueil que lui font les nobles familles seigneuriales de l'endroit : à Kusinârâ, les Mallas, la famille régnante de cette ville, sortent à sa rencontre et publient cet édit : « Quiconque ne sortira pas à la rencontre du Bienheureux payera une amende de cinq cents. » Une autre fois le Bouddha arrive à la plus brillante des villes indépendantes de l'Inde, à l'opulente Vesâlî ; les nobles jeunes gens de la maison des Licchavis se portent vers lui, dans leurs chars traînés par de magnifiques attelages, les uns en vêtements blancs, avec des parures blanches, d'autres en jaune, d'autres encore en rouge ou en noir. En voyant venir de loin les Licchavis, le Bouddha dit à ses disciples : « Celui d'entre vous, ô disciples, qui n'a pas vu la troupe divine des trente-trois dieux, que celui-là voie la troupe des Licchavis, regarde la troupe des Licchavis, contemple la troupe des Licchavis. » Et outre la jeunesse noble de Vesâli, voici venir aussi sur son char, avec un luxe égal, une autre célébrité de la ville : c'est la courtisane Ambapâlî ; elle invite le Bouddha avec ses disciples à prendre leur repas dans son bois de manguiers ; ils s'y rendent, et, quand le repas est fini, elle fait don du bois de manguiers au Bouddha et à sa Communauté.

Tel était le public qui se rencontrait dans l'entourage du Bouddha ; pour compléter le tableau, il faut encore mentionner d'autres visiteurs : c'est le somptueux Brahmane qui a reçu du roi en dotation les revenus de tout un village et qui vient en char suivi d'un grand cortège ; c'est le jeune étudiant brahmanique encore en tutelle, envoyé par son directeur pour le renseigner sur ce Gotama dont on parle tant et qui brûle de s'acquérir de la réputation dans un tournoi dialectique avec un aussi célèbre adversaire ; ou bien c'est ce groupe d'étudiants brahmaniques qui ont entendu parler du Bouddha et qui s'en viennent vers lui d'un pays de l'Inde du Sud, pour le trouver établi sur une montagne à proximité de la capitale du pays de Magadha :

« Comme les gens assoiffés vers une boisson rafraîchissante, comme vers l'ombre à l'heure où l'on est tourmenté par le soleil — comme les marchands vers le gain, ainsi ils se hâtaient vers la montagne. — Là se tenait le Bienheureux, entouré de la troupe des disciples ; — il leur enseignait la parole de la vérité, qui retentissait comme le rugissement du lion dans la forêt[162]. »

N'oublions pas enfin les sophistes, les « coupeurs de cheveux en quatre », de condition religieuse ou mondaine : ils ont entendu dire que le Samana Gotama s'est arrêté dans le voisinage et ils s'apprêtent à lui tendre un piège avec des questions à double tranchant et, quelque réponse qu'il fasse, à l'embrouiller dans des contradictions.

Les entretiens se terminent fréquemment, comme il est naturel, par une invitation à dîner ; les adversaires vaincus ou les zélateurs du Bouddha le prient de venir chez eux le jour suivant avec ses disciples prendre le repas de midi : « Puisse, ô Maître, le Bienheureux accepter pour demain à dîner chez moi, ainsi que ses disciples. » Et par son silence le Bouddha témoigne qu'il accepte l'invitation. Le jour suivant, vers l'heure de midi, quand le repas est prêt, l'hôte envoie un messager au Bouddha : « Il est temps, Maître ; le repas est prêt. » Et le Bouddha prend alors son manteau et son bol à aumônes et se rend avec ses disciples à la demeure de leur hôte, dans la ville ou dans le village. Pour ce repas, les hôtes aisés mettaient à contribution, à part les plats de viande, toutes les ressources de la cuisine d'ailleurs peu raffinée de ce temps ; le maître de la maison lui-même et sa famille servaient les invités ; puis, le repas achevé et l'ablution des mains faite selon la coutume, le maître de la maison et les siens prenaient place aux côtés du Bouddha et celui-ci leur adressait quelques mots d'exhortation et quelques conseils spirituels.

---

[162] *Sutta-Nipâta*, 1014 et sqq.

Division de la journée

Si le jour n'est pris par aucune invitation, d'ordinaire le Bouddha accomplit, selon l'usage des moines, sa quête à travers la ville ou le village. Il s'est levé de bonne heure comme ses disciples, à l'aurore ; il a passé les premières heures du jour en exercices religieux ou dans la conversation des disciples ; il est temps de se mettre en route vers la ville avec ses compagnons. Il y avait déjà longtemps que son prestige était à son comble et que son nom était devenu l'un des plus grands de l'Inde, et chaque jour on pouvait voir cet homme, devant qui s'inclinaient les rois, passer dans les rues et les ruelles, de maison en maison, son bol à aumônes à la main, et, sans adresser une demande, les yeux baissés, debout et silencieux, attendre qu'on voulût bien déposer dans son bol à aumônes une bouchée de nourriture.

Il rentrait de sa quête et prenait son repas ; puis venait, comme l'exige le climat de l'Inde, une période de repos à l'écart. Dans une chambre silencieuse, ou mieux encore dans les profondeurs du bois épais, plein de fraîcheur et d'ombre, il passait paisiblement dans une méditation solitaire, ou encore pendant les chaleurs de l'été dans le sommeil[163], les heures étouffantes et calmes de l'après-midi ; enfin, l'approche du soir le faisait sortir du « noble silence » et le ramenait dans la compagnie de ses amis et de ses ennemis, peut-être vers une de ces réunions avec ses disciples que décrit un texte sacré :

« Lorsque fut arrivé le jour de jeûne, le milieu du mois, le Bienheureux s'assit en plein air, dans la nuit de pleine lune, entouré de la communauté des disciples. Alors le Bienheureux embrassa du regard la communauté silencieuse, de plus en plus

---

[163] *Majjhima-Nikâya*, vol. I, p. 249.

silencieuse des disciples et parla aux disciples[164]...

LES DISCIPLES DU BOUDDHA

Tel était l'aspect extérieur de cette vie, autant que nous pouvons nous en faire une idée ; pénétrons à présent dans son intimité. Commençons par faire connaissance avec ceux à qui s'adressait surtout la prédication du Bouddha, nous voulons dire les disciples qui s'efforçaient d'entrer à sa suite dans le chemin de la béatitude, « qui entourent le victorieux, le guide dans le voyage — comme la troupe des ministres et des généraux entoure le roi, le maître du monde — quand, dans sa carrière triomphale, il parcourt la terre qu'environnent les mers[165].

Sans aucun doute, ce cercle de disciples (et cela dès les premiers temps) n'a nullement été une association libre de personnes unies par les seuls liens du cœur, quelque chose comme le cercle des disciples de Jésus. Ici nous rencontrons plutôt dès l'origine une congrégation d'ascètes soumise à des règles fixes, un véritable ordre de moines mendiants avec le Bouddha à sa tête. Depuis longtemps déjà avant l'époque du Bouddha, l'Inde avait vu, en effet, se constituer les formes et la réglementation extérieure de la vie en communauté ; c'était là une idée tout à fait familière à la conscience religieuse de ce temps : l'état monastique apparaissait comme la condition naturelle des personnes unies dans une commune aspiration vers la Délivrance, et la seule qui répondit à leurs vœux. En somme, l'apparition du Bouddha n'avait rien qui pût sembler insolite à

---

[164] ***Sutta-Nipâta*, III, 12**. — Que l'on compare ce qui est dit ici avec la description surchargée d'embellissements miraculeux, mais non point dépourvue de charme, que Buddhaghosha (VIe siècle ap. J.-C.) donne du train de vie journalier du Bouddha (*Sumangala-Vilâsinî*, I, p. 45 et sqq. ; traduit chez Warren, ***Buddhism in translations***, p. 91 et sqq., et chez Rhys Davids, *Buddhism, its history and literature*, p. 108 et sqq.

[165] *Samyutta-Nikâya*, vol. I, p. 192.

ses contemporains : de ce côté encore il n'a rien eu à créer de foncièrement nouveau : c'eût été, au contraire, une innovation que d'entreprendre de prêcher vers la Délivrance une autre voie que celle des observances monastiques.

On nous a conservé les paroles sacramentelles dont le Bouddha se serait servi pour admettre dans ce cercle ses premiers fidèles : « Approche-toi, ô moine : la loi est bien prêchée, marche dans la voie de la sainteté pour mettre un terme à toute douleur. » Nous ne savons s'il y a au fond de cette tradition rien qui ressemble à un souvenir authentique, mais l'idée qui s'en dégage nous paraît tout à fait sûre : le cercle des disciples du Bouddha a bien été dès l'origine une confrérie de moines et l'on ne pouvait y recevoir un nouveau frère que selon un rite déterminé, en prononçant une formule déterminée.

L'habit religieux de couleur jaune et la tonsure, tels sont les signes extérieurs auxquels se reconnaissent « les ascètes sectateurs du fils des Sakyas » (*Samanâ Sakyaputtiyâ*), le plus ancien nom par lequel le peuple ait désigné les membres de la jeune Communauté. Ils observent, leur vie durant, les vœux de pauvreté et de chasteté. Ils se sont affranchis de la famille et de la parenté. A aucun lien d'amour ni de devoir ces assoiffés de Délivrance ne reconnaissent le droit de les retenir dans le monde. L'époux qui veut suivre le Bouddha dit à son épouse : « Lors même que tu jetterais notre enfant aux chacals et aux chiens, tu ne me déterminerais pas au retour, ô misérable, pour l'amour de l'enfant[166].

Il va de soi qu'au sein de cette confrérie des disciples du Bouddha cesse toute distinction de caste. Dans une des instructions que les textes sacrés mettent dans la bouche du Bouddha, il nous est dit à ce propos :

---

[166] *Therîgâthâ*, p. 303.

« De même, ô disciples, que les grandes rivières, toutes tant qu'elles sont, la Gangâ, la Yamunâ, l'Aciravatî, la Sarabhû, la Mahî, lorsqu'elles atteignent le Grand Océan, perdent leur ancien nom et leur ancienne race et ne portent plus qu'un seul nom, celui de « Grand Océan », ainsi, ô disciples, ces quatre castes, Nobles et Brahmanes, Vaiçyas et Çûdras, lorsque, conformément à la doctrine et à la règle qu'a prêchée le Parfait, elles disent adieu à leur maison pour mener une vie errante, perdent leur ancien nom et leur ancienne race et ne portent plus qu'un seul nom, celui d'» ascètes sectateurs du fils des Sakyas ».

Il en est également question dans le sermon *Sur le Fruit de l'Ascétisme* : le roi Ajâtasattu a interrogé le Bouddha sur les avantages que retire celui qui abandonne sa maison et embrasse la vie religieuse : dans sa réponse, celui-ci examine le cas d'un esclave ou d'un serviteur du roi qui prendrait le vêtement jaune et, devenu moine, vivrait d'une vie irréprochable en pensées, en paroles et en actions :

« Dirais-tu (demande le Bouddha au roi) : « Allons, que cet homme redevienne mon esclave et mon serviteur, pour se lever avant moi et se coucher après moi, pour se charger de ce que je lui ordonnerai de faire, pour vivre soumis à mon caprice, me tenir des discours agréables, pour avoir les yeux fixés sur mon visage ? » — Et le roi répond : « Non, Maître ; je m'inclinerais devant lui, je me lèverais devant lui, je l'inviterais à s'asseoir, je lui offrirais ce dont il a besoin en fait de vêtements, de nourriture, d'abri et de médicaments, s'il est, malade, et je lui garantirais protection, sauvegarde et défense, ainsi qu'il convient. »

Ainsi le vêtement religieux des disciples du Bouddha rend égaux les serviteurs et les maîtres, les Brahmanes et les Çûdras : car le sermon sur la Délivrance est fait « pour le salut de bien des gens, pour la joie de bien des gens, pour la bénédiction, pour le salut, pour la joie des dieux et des hommes ».

On sait avec quelle prédilection la critique historique moderne, dans son étude approfondie des mouvements religieux, s'efforce particulièrement d'en faire ressortir ou même d'en découvrir le côté social ; elle n'a pas manqué d'attribuer au Bouddha le rôle de réformateur de la société : d'après elle, il aurait brisé les chaînes de la tyrannie des castes, et aurait conquis aux pauvres et aux simples leur place dans le royaume spirituel qu'il fondait. Telle n'est pas la vérité et tout historien consciencieux du Bouddha doit lui dénier absolument la gloire d'avoir accompli une révolution de ce genre, de quelque façon d'ailleurs qu'on se la représente dans le détail. On peut parler de l'élément démocratique du Bouddhisme, mais avec des restrictions qu'il faut avoir toujours présentes à l'esprit : jamais le Bouddha n'a songé à une réformation quelconque de l'état social ; jamais il n'a rêvé de fonder sur la terre quelque royaume idéal, de réaliser quelque pieuse utopie : ces idées lui sont absolument étrangères, à lui et aux siens. Il n'y a jamais eu dans l'Inde rien qui ressemble à un mouvement social. Cet emportement de passion, qui seul peut donner un chef à la cause des opprimés contre les oppresseurs, l'âme du Bouddha ne le connaissait pas. L'État, la société peuvent rester ce qu'ils sont : l'homme pieux qui a renoncé au monde pour se faire moine, ne prend plus aucune part à ses soucis et à ses affaires. La caste ne signifie plus rien pour lui, parce que toutes les choses de la terre ont cessé de le toucher : mais il ne lui vient pas à l'esprit de travailler de tout son pouvoir, en faveur de ceux qui sont restés dans le monde, à supprimer cette institution ou du moins à en adoucir la rigueur[167].

---

[167] Rappelons ici en passant la théorie — véritable essai de philosophie de l'histoire — que le Bouddhisme avait imaginée sur l'origine des castes. Elle porte l'empreinte d'un rationalisme digne d'être remarqué. D'une distinction originelle des castes, ayant ses racines dans de mystiques profondeurs, ainsi que l'affirmait le Brahmanisme, il n'en est plus question. A l'origine, les êtres possédaient en commun le riz, dont ils vivaient. Plus tard ils se le partagèrent entre eux. L'un d'eux usurpa la propriété d'un autre. Les autres punirent d'abord le malfaiteur de leur propre main ; puis ils décidèrent : « Nous voulons nommer un être qui pour nous réprimande celui qui

Il est parfaitement vrai que le Bouddhisme ne revendique pas seulement pour les Brahmanes l'accès de la vie religieuse ; mais voici où l'erreur commence : il est faux que le Bouddha ait pris l'initiative de ces revendications et ait emporté ce droit de haute lutte. Bien avant qu'il parût, à côté de l'unique condition religieuse qu'avait connue l'antiquité, celle des Brahmanes, existait depuis longtemps un deuxième ordre de religieux, leurs égaux dans la considération publique, les Samanas, c'est-à-dire les Ascètes : cette condition était ouverte à toute personne déterminée à quitter le monde, sans distinction de naissance[168]. A la manière dont la tradition bouddhique nous en parle, on voit qu'elle était reconnue sans conteste ; on ne se souvenait même pas qu'il en eût jamais été autrement. On peut donc, sans exagérer la valeur de cette tradition, en tirer cette garantie : le Bouddha n'avait plus à engager de combats contre les grands et les savants au nom du droit des pauvres et des simples à la vie religieuse ; en tout cas, ce n'est pas le moins du monde à une lutte de ce genre qu'il a employé le meilleur de sa vie.

Nous n'avons nullement épuisé ici tout ce qu'on aurait à dire contre la conception, historiquement fausse, qui fait du Bouddha le champion victorieux des humbles contre une orgueilleuse aristocratie de naissance et d'intelligence.

On parle, et avec raison, de l'égalité des droits de tous au sein de la Communauté du Bouddha : mais il n'est pas superflu de distinguer la théorie qui régnait à ce sujet parmi les Bouddhistes et la pratique des faits.

Il est exact, comme nous l'avons vu, que les Bouddhistes ont

---

mérite une réprimande, blâme celui qui mérite un blâme, bannisse celui qui mérite le bannissement : en récompense nous voulons lui donner une part de notre riz. » C'est ainsi que le premier roi fut choisi sur la terre. L'origine de la classe des prêtres est expliquée dans le même style (*Aggaññasutta*, *Dîgha-Nikâya*, XXVII ; cf. *Mahâvastu*, vol. I, p. 343 et sqq.).

[168] V. plus haut, p. 76.

reconnu en théorie le droit égal de tous, sans distinction de caste, à être reçu dans leur ordre, et pour rester conséquents avec eux-mêmes ils devaient le reconnaître : même il n'est guère arrivé, semble-t-il, qu'en dépit de cette règle, quelques personnes se soient vues repoussées d'une façon abusive pour des raisons de caste[169]. Et cependant, qu'on examine la composition réelle du cercle qui entourait le Bouddha et celle de la plus ancienne Communauté en général : on verra que cette composition ne paraît nullement répondre à ces théories égalitaires. Sans doute le Bouddhisme primitif n'a pas maintenu dans sa rigueur l'exclusivisme brahmanique : mais il n'en semble pas moins avoir reçu en héritage du passé un penchant marqué vers l'aristocratie. Les textes sacrés, tant en ce qu'ils nous disent qu'en ce qui se lit entre les lignes, nous édifient parfaitement à ce sujet. Dans la première instruction que la tradition met dans la bouche du Bouddha, le sermon de Bénarès, nous trouvons une expression, qui caractérise sans y penser, d'une manière aussi courte que précise, les dispositions d'esprit de l'ancienne Communauté. A un endroit le Bouddha parle du suprême accomplissement des aspirations saintes, pour l'amour de quoi « les *fils de nobles familles* (*kulaputtâ*) quittent leurs foyers et mènent une vie errante ». Les disciples qui se groupaient autour de ce directeur issu de la noble maison des Sakyas, du descendant du roi Ikshvâku, étaient eux-mêmes presque sans exception « des fils de nobles familles ». Si nous examinons la liste des personnes que nous avons l'habitude de rencontrer dans nos textes, nous sommes encore confirmés dans l'idée que telle était bien la tendance caractéristique, la véritable constitution de cette Communauté ; nous y voyons de

---

[169] S'il en avait été autrement, on devrait trouver dans le code canonique du Vinaya (qui justement développe d'une façon toute particulière le chapitre qui traite de l'admission dans la Communauté) des recommandations expresses contre cet abus. Le Vinaya nous fait clairement comprendre de quel côté se faisait sentir le besoin de préceptes : il s'agissait plutôt de prévenir des admissions indues (par exemple de personnes dont l'entrée dans l'ordre aurait lésé les droits d'un tiers) que d'empêcher d'injustes refus d'admission.

jeunes Brahmanes comme Sâriputta, Moggallâna, Kaccâna ; des nobles comme Ânanda, Râhula, Anuruddha ; des fils de gros marchands et de chefs de la bourgeoisie, comme Yasa, en résumé des hommes et des jeunes gens appartenant aux cercles les plus distingués de la société et dont l'éducation répondait à leur position sociale[170]. A ce premier groupe venaient s'ajouter de nombreux ascètes des autres sectes qui s'étaient convertis à la foi du Bouddha et qui par leur naissance et leur éducation appartenaient sans doute au même monde[171]. Les Candâlas —

---

[170] Parmi les disciples de l'entourage du Bouddha, il y en a un qu'on a coutume de citer comme étant d'humble naissance, le barbier Upâli. Cela n'est pas tout à fait exact : en sa qualité de barbier des Sakyas Upâli était un homme de cour et il nous apparaît dans la tradition comme un ami personnel des jeunes gens de la famille des Sakyas. Voyez **Cullavagga, VII, 1, 4** et sur la situation des barbiers royaux à la cour, *Jâtaka*, I, p. 342. — Je ne puis trouver convaincante l'opinion de Jacobi (*Sacred Books of the East*, t. XLV, p. xxv, note 1) d'après laquelle « les Brahmanes instruits se tenaient à l'écart des classes de la société auxquelles s'adressait la nouvelle religion ».

[171] On peut encore faire remarquer à l'appui de ce raisonnement que d'après le dogme bouddhique un Bouddha ne peut naître que dans la condition de Brahmane ou de Noble : ici encore se marque fortement ce fait que les distinctions de castes, dans l'opinion des Bouddhistes, n'étaient nullement devenues sans valeur.

— Il y a encore bien d'autres choses qui tendent à confirmer ce même caractère. Dans un récit il est question d'un jeune Brahmane distingué qui se présente dans le jardin d'un couvent et demande le Bouddha : « Et les disciples pensaient ainsi : Ce jeune Ambat☐t☐ ha est considéré et de grande famille, et il est l'élève d'un Brahmane considéré, de Pokkharasâti. En vérité, c'est une bonne fortune pour le Bienheureux qu'un pareille conversation avec un aussi noble jeune homme (*Ambat☐ṭ☐ hasutta* ; *Dîgha-Nikâya*, vol. I, p. 89). Ailleurs le disciple favori du Bouddha Ânanda parle à son maître d'un homme de la noble maison des Mallas, les souverains de Kusinârâ : « Ce Malla Roja, ô Seigneur, est une personne considérée, renommée ; les bonnes grâces d'une personne, ainsi considérée et renommée sont d'une haute importance pour notre doctrine et notre ordre. Or donc, Seigneur, fasse le Bienheureux que le Malla Roja soit gagné à notre doctrine et à notre ordre. Et le Bouddha accueille favorablement la requête de son disciple (**Mahâvagga**, VI, 36).

— Quand les textes font s'approcher du Bouddha pour recevoir son enseignement une personne quelconque, qu'ils ne nomment pas, ils parlent d'ordinaire d'»un certain Brahmane... » (Voyez en particulier de nombreux exemples dans l'*Anguttara-Nikâya, Tika-Nipâta*).

— Les textes des Jaïnas nous révèlent quelque chose de semblable : dans la parabole sur la fleur de lotus qui doit être détachée du fonds fangeux (dans le *Sûtra-Kritânga*, II, 1), la fleur n'est pas, comme on pourrait penser, l'homme en général qui réclame la Délivrance, mais « un roi ».

les Parias de ce temps — ne sont mentionnés parmi les membres de l'ordre qu'à titre de rares exceptions[172]. Le bas peuple, ceux qui avaient grandi, en travaillant de leurs mains, dans des occupations serviles et qu'avaient trempés les misères de la vie, avaient peine à comprendre la prédication sur le mal de toute existence[173] ; toute cette dialectique de la doctrine sur l'enchaînement des causes et des effets qui engendrent la douleur, ne répondait pas davantage aux souhaits de ceux « qui sont pauvres d'esprit ». « C'est à l'homme intelligent, est-il dit, que s'adresse la doctrine, non au sot. » Paroles toutes différentes des paroles de Celui qui laissait venir à lui les petits

---

[172] Le code de discipline du *Vinaya* (vol. IV, p. 6-7) énumère toutes sortes de propos injurieux interdits aux membres de la confrérie ; il mentionne, dans le nombre, le cas où un frère traiterait l'autre de « Candâla » ; étant donnée la façon dont tous les faits possibles et imaginables sont ramenés dans ce texte à un système schématique, on ne peut évidemment rien tirer de là sur les conditions de la vie réelle. — Cf. aussi R. Fick, *Die soziale Gliederung im nordöstlichen Indien zu Buddhas Zeit*, p. 51, ainsi que les conceptions divergentes de Rhys Davids, *Sacred Books of the Buddhists*, II, 102 et sqq.. et Mme Rhys Davids, *Psalms of the Brethren*, XXVIII et sqq.

[173] Cela ne veut naturellement pas dire qu'on ne rencontre absolument pas dans les anciens textes de gens d'humble condition parmi les membres de l'ordre. Nous avons à ce sujet un récit intéressant, mais presque le seul qui subsiste : il fait partie de la collection des « Sentences des Doyens » (Theragâthâ) et il est attribué au Thera (Doyen) Sunîta :

> « Je suis issu d'une humble famille, j'étais pauvre et nécessiteux. Humble était le métier que je faisais : j'enlevais les fleurs fanées (jetées dans la rue). J'étais un objet de mépris aux yeux des hommes, nullement considéré, querellé souvent. Dans l'humilité de mon cœur je témoignais du respect à nombre de gens. »

(Sunita raconte ensuite comment il rencontra le Bouddha et reçut de lui l'ordination ; il se retira dans la forêt, et là, s'adonnant à la méditation, obtint la Délivrance. Les dieux s'approchaient de lui et le vénéraient) :

> « Et le maître me vit, comme j'étais entouré de la troupe des dieux. Alors un sourire apparut sur ses traits et il dit cette parole : « Par l'éclat de la sainteté et par la chasteté de la vie, par la maîtrise de soi-même et la victoire sur soi-même, voilà par quels moyens on devient un Brahmane ; voilà la plus haute condition du Brahmane » (*Theragâthâ*, 620 et sqq.).

— Un autre moine de basse extraction est le bouvier Nanda, qui est mentionné dans le *Saṃyutta-Nikâya*, vol. IV, p. 181. — Voir aussi Mme Rhys Davids, *loc. cit.*

enfants, « car le royaume de Dieu est à ceux qui leur ressemblent ». Il y a un abîme entre l'esprit de ces paroles et le Bouddhisme, et cet abîme n'est pas comblé du fait que la tradition bouddhique mentionne çà et là tels ou tels personnages précoces, admis dès l'âge le plus tendre au nombre de « ceux qui comprennent la doctrine ». La doctrine du Bouddha n'est pas faite pour les enfants, tel que les conçoit la parole du Christ, ni pour leurs pareils[174].

Nous décrirons plus tard d'une manière plus approfondie la règle de la Communauté : ici il n'est question que du temps du Bouddha, et nous ne savons au juste si telle règle en particulier remonte jusqu'à lui. Il se peut cependant que ces « assemblées de confession », qui avaient lieu toutes les quinzaines et qui jouaient un rôle si important dans le culte simple du Bouddhisme ancien, aient été tenues par le Bouddha et les disciples qui l'entouraient. Le ton qui régnait dans les relations des fidèles entre eux était paisible, mesuré, nous pourrions même dire cérémonieux. S'il nous est permis d'en juger d'après l'impression que nous laissent les textes sacrés, une bonté paisible, une joie calme et sûre d'elle-même, voilà les dispositions dont ces moines étaient pénétrés dans leur vie en commun ; mais tout cela ne réussissait pas à compenser le peu de vivacité qu'ils apportaient à exprimer et à communiquer leurs impressions et les grâces qu'ils recevaient. Les états d'extase n'étaient pas rares et étaient recherchés comme un bien spirituel éminent : c'étaient plutôt des états de calme ravissement ou encore des exercices de séclusion hypnotique que d'orgiastiques transports. Chacun y aspirait pour soi seul et il était rigoureusement interdit de se vanter devant les frères des extases que l'on avait eues ; on ne connaissait pas cette exaltation en masse, qui saisit des assemblées tout entières, où l'on s'entraîne l'un l'autre et où l'imagination, excitée chez tous, fait partager à des centaines de personnes les mêmes visions.

---

[174] Mme Rhys Davids, *loc. cit.*

On voudrait avoir de chacune des personnes qui composaient le cercle intime des disciples une image originale et vivante : mais il n'y faut point compter. Ici, comme partout dans la littérature de l'Inde ancienne, on n'entrevoit encore et toujours que des types, non des individus. Nous avons déjà signalé plus haut cette particularité : tous les grands disciples se ressemblent entre eux à s'y méprendre : c'est toujours le même idéal de parfaite pureté, de parfaite paix du cœur, de parfait dévouement au Bouddha. Ce ne sont pas des personnes, c'est l'esprit de la Communauté bouddhique qui s'est fait chair.

Les quelques détails que nous possédons sur chaque disciple, leurs noms et les circonstances extérieures les plus importantes de leur vie, sont sans doute historiques. Au premier rang se plaçaient, selon une tradition constante, ces deux Brahmanes si étroitement unis d'amitié dès leur jeunesse, Sâriputta et Moggallâna ; nous avons déjà vu comment le Bouddha se les était attachés au commencement de sa carrière[175]. Durant toute sa vie et la leur, qui fut longue, ils le suivirent fidèlement, et dans un âge avancé, peu de temps avant la mort du Bouddha, ils moururent tous deux à peu de distance l'un de l'autre. Moggallâna, ajoute-t-on, aurait péri de mort violente. C'est Sâriputta que le Bouddha aurait désigné comme le premier d'entre ses disciples ; qu'il soit, est-il dit[176], comme le fils aîné d'un monarque souverain du monde, qui aux côtés du roi met avec lui en mouvement la « roue de la souveraineté » que celui-ci fait tourner sur la terre[177]. — Avec ces deux Brahmanes il

---

[175] Pages 151 et sqq. — Combien fortement enraciné et important était le souvenir de la prééminence de ces deux disciples, c'est ce que montre le fait qu'on attribuait aux Bouddhas des âges passés une paire analogue de disciples hors ligne, dont, pour chacun d'eux, on savait nommer les noms (V. par ex. *Samyutta-Nikâya*, vol. II, p. 191 et sqq.).

[176] *Anguttara-Nikâya*, vol. III, p. 149 ; *Selasutta* (**Sutta-Nipâta, v. 557**) ; cf. *Majjhima-Nikâya*, vol. III, p. 29.

[177] Dans cette conception de Sâriputta comme « fils aîné de l'Église » il ne se trouve pas d'ailleurs sous-entendu le moins du monde qu'il soit appelé à être le successeur

faut nommer également dans l'entourage intime du Bouddha son propre cousin Ânanda ; tout jeune encore, il avait reçu les ordres en même temps qu'un grand nombre de jeunes gens nobles de la maison des Sakyas[178]. C'est entre les mains d'Ânanda que reposait d'ordinaire le soin de la personne du Bouddha ; c'est lui qui devait pourvoir aux besoins extérieurs de sa vie journalière ; quelquefois, lorsque le Bouddha a laissé derrière lui tous ses autres disciples, Ânanda l'accompagne seul ; nous verrons encore le rôle considérable que lui prête le récit des derniers voyages du Bouddha et de ses paroles d'adieu ; aussi a-t-il plus de droit que personne au nom de « disciple bien-aimé ». — Parmi les membres de ce cercle intime se trouvait encore Upâli qui, après avoir servi en dualité de barbier les nobles Sakyas, était entré dans l'ordre du Bouddha en même temps que ses maîtres. Il est plus d'une fois désigné dans les textes sacrés comme celui qui enseigna le premier les règles ecclésiastiques de la Communauté ; il se peut qu'il ait pris effectivement une part des plus actives à la transmission dans l'École, et peut-être même à la rédaction, de l'ancienne liturgie de confession, d'où procède toute la littérature de droit religieux du Bouddhisme. — Un propre fils du Bouddha, Râhula, entra également dans l'Ordre et il est fréquemment mentionné en compagnie de ceux qu'on appelait les grands disciples ; mais il ne semble pas avoir jamais joué parmi eux un rôle éminent.

Les disciples du Bouddha comptèrent aussi dans leur sein un Judas Ischarioth (avec cette seule différence que ses embûches

---

du Bouddha et le chef de la Communauté après la mort du Maître. L'idée d'un chef de la Communauté autre que le Bouddha est étrangère, comme nous le verrons, au Bouddhisme ; sans compter que pour servir de prototype de cette idée la tradition n'aurait pas pu faire de choix plus malheureux que celui d'un disciple qui est mort avant le maître.

[178] D'après un des rares renseignements chronologiques conservés dans les textes sacrés, ce fait aurait eu lieu vingt-cinq ans avant la mort du Bouddha (*Theragâthâ*, 1039 et sqq.).

ne réussirent pas) ; il se nommait Devadatta et était le propre cousin du Bouddha[179]. Poussé par l'ambition, il aurait cherché à prendre en main, à la place du Maître déjà vieilli, la direction de la Communauté. Le Bouddha ne voulant pas la lui céder, il s'allie avec Ajâtasattu, le fils du roi Bimbisâra, qui convoitait le trône de son père, et tente avec son aide de se défaire du Bouddha. Leurs complots échouent ; on nous raconte comment la vie du Saint se trouve miraculeusement préservée : les assassins qu'on envoie pour le tuer, en s'approchant de lui, sont saisis de crainte et tremblent ; il leur parle avec douceur et ils se convertissent à lui ; — le bloc de rocher qui doit l'écraser, deux cimes de montagne se penchant en même temps l'arrêtent au passage, et, c'est à peine s'il froisse légèrement le pied du Bouddha ; — l'éléphant sauvage, que l'on a lancé contre lui dans une rue étroite, s'arrête devant lui sous l'influence magique de sa « pensée amie » et recule, docile. En dernier lieu, Devadatta aurait tenté de s'emparer, par une autre voie, de la direction de la Communauté. Il dressa une liste de cinq propositions, au sujet desquelles nous possédons une relation qui paraît mériter toute confiance[180]. Sur une série de points relatifs à la vie monastique, tandis que le Bouddha avait laissé à la fantaisie individuelle une certaine part de liberté, Devadatta tentait de substituer à cette règle libérale la pratique d'un ascétisme plus rigoureux ; qu'on en juge par quelques-unes des réformes qu'il réclamait : tout moine devait, sa vie durant, faire son séjour de la forêt, tandis que le Bouddha permettait de vivre et vivait lui-même habituellement dans le voisinage des

---

[179] La plus ancienne forme des récits à propos de Devadatta se trouve dans le septième livre du ***Cullavagga*** ; voir l'exposé détaillé dans l'article de Rhys Davids : *Devadatta* (*Encyclopaedia of Religion and Ethics*).

[180] ***Cullavagga***, *loc. laud.* On peut faire à ce propos l'hypothèse suivante, naturellement impossible à prouver : il n'y aurait d'historique dans ces récits que l'histoire de ces cinq propositions et du schisme provoqué par Devadatta ; les tentatives d'assassinat ne seraient plus qu'une invention des Bouddhistes orthodoxes, dans le but de rendre odieuse la mémoire d'un hérétique détesté.

villes et des bourgs ; autre chose encore : tout moine ne devait vivre que des dons qu'il recueillait dans son bol à aumônes et il lui était interdit d'accepter des personnes pieuses aucune invitation à dîner ; il ne devait se couvrir que de vêtements rapiécés avec des chiffons ramassés dans la rue : et beaucoup d'autres prescriptions semblables. Celui qui y aurait manqué se serait vu menacé d'être exclu de la Communauté. Telles étaient les règles que préconisait Devadatta comme les principes d'une stricte et véritable vie religieuse ; il les opposait à la règle du Bouddha qu'il présentait comme une lâche concession faite aux faiblesses humaines, et il tentait d'entraîner dans son parti les moines de la suite du Bouddha. S'il faut en croire la tradition, sa tentative n'eut qu'un succès éphémère, qui se changea bientôt en un échec complet. Devadatta aurait trouvé une fin misérable[181].

Tels sont les plus éminents d'entre les disciples du Bouddha. Une longue série de personnages de ce cercle nous apparaît dans la collection des « Sentences des Doyens » (*Theragâthâ*)[182]. Certes, la majeure partie de ces stances a été mise dans la bouche de disciples célèbres, censés en être les auteurs, par des poètes religieux postérieurs ; il ne s'ensuit pas, cependant, que nous devions renoncer à y trouver ne fût-ce qu'un écho des pensées et des sentiments qui animaient l'ancien cercle de disciples. Les confessions parlent des joies et des douleurs de la vie mondaine, désormais reléguée dans un passé lointain où l'orgueil de la haute naissance, de la richesse, de la beauté, les tentations de l'amour et l'ardeur accablante du désir avaient tenu prisonnier le cœur enivré. Le souvenir se reporte à de

---

[181] Selon une autre version postérieure et très répandue du récit, la gueule de l'enfer se serait ouverte et l'aurait englouti vivant ; la relation du *Cullavagga* le fait bien aller en enfer, cela va de soi, mais elle ne sait rien de cette prétendue descente aux enfers en chair et en os.

[182] Voir les traductions de ce texte de K. E. Neumann (*Die Lieder der Mönche und Nonnen Gotamo Buddho's*, 1899) et de Mme Rhys Davids (*Psalms of the Brethren*, 1913), ainsi que ma *Literatur des alten Indien*, p. 100 et sqq.

longs et chauds combats : « Qui dans ce monde déliera mes liens, qui me fera goûter la joie du réveil ? » Alors apparaît l'image lumineuse du grand dispensateur de la paix :

« Je vis le Bouddha, accompagné de la troupe de ses disciples, alors que, héros, il faisait son entrée dans la ville royale du pays de Magadha. Alors je rejetai le fardeau que je portais, et je m'avançai pour m'incliner devant lui. Pris de compassion pour moi, — oui, pour moi, — il s'arrêta, lui, le plus éminent des hommes... Et alors le Maître miséricordieux me parla, lui qui a pitié du monde entier : Approche-toi, moine ! Telle fut l'ordination que je reçus.

La suite du récit sonne comme un chant de triomphe ; le souvenir évoque les visions bienheureuses du grand moment décisif où le lutteur remporta la victoire : les ténèbres sont dispersées, l'âme libérée voit tomber ses liens.

Fidèles laïques

De même que les croyants qui ont composé ou passent pour avoir composé ces stances, tous ceux qui méritent le nom de disciples du Bouddha dans toute l'acception de ce terme, ont renoncé au monde afin, — selon l'antique formule, — « de vivre en sainteté pour mettre un terme à toute douleur » ; ils sont devenus moines et nonnes et désignés par l'expression de « Mendiants » et de Mendiantes » (en pâli *bhikkhu* et *bhikkhunî*). Mais ce n'étaient pas là les seuls fidèles : dans l'histoire de Jésus, à côté de Pierre et de Jean nous apercevons d'autres figures, les Lazare et les Nicodème, les Marie et les Marthe : de même le Bouddhisme a connu de tout temps, à côté des « Mendiants » et « Mendiantes », les « Zélateurs » et les « Zélatrices » (*upâsaka* et *upâsikâ*) du Bouddha et de sa doctrine : ces croyants honorent le Bouddha comme le saint prédicateur de la Délivrance et sa parole comme la parole de la vérité ; seulement ils demeurent dans leur condition mondaine, dans le mariage, dans la possession de leurs biens ; ils tâchent, selon leur pouvoir, à force de dons et de fondations de toute sorte, de bien mériter de la Communauté[183].

On a considéré la formation de ce large cercle de fidèles mondains comme une déviation, un affaiblissement du Bouddhisme originel, un oubli de la rigueur et de la sévérité primitives, une concession d'ordre pratique à la faiblesse de l'humaine nature. On a encore assuré que dans les plus anciens textes on trouvait seulement les personnes pieuses, c'est-à-dire les moines, opposées aux personnes non pieuses, c'est-à-dire les laïques : mais la distinction entre moines et laïques également pieux ne s'y rencontrerait pas. Tout cela est complètement erroné. Les plus anciennes traditions que nous possédions ont déjà connaissance de laïques, qui font profession d'amitié et de dévotion pour le Bouddha et pour la Communauté ; cela est dans l'ordre naturel des choses et tout nousautorise à nous ranger sans hésiter à cette opinion. En fait, l'existence des moines mendiants dans l'Inde, si haut qu'elle remonte, suppose

---

[183] Un examen plus approfondi des rapports entre les moines proprement dits et les frères laïques doit naturellement être réservé pour le tableau de la vie de la Communauté (3ᵉ partie). Montrons seulement ici, par anticipation, que la notion de « fidèle laïque » (*upâsaka*) ne peut avoir dans le droit canon bouddhique la même valeur technique et la même signification que celle de moine (*bhikkhu*) : cette dernière vise une situation canonique rigoureusement définie, la première une situation existant de fait plutôt que de droit. Pour que quelqu'un devienne un Bhikkhu, il est indispensable que la Communauté accomplisse un acte canonique ; il n'en est pas de même quand quelqu'un désire être considéré comme Upâsaka ; à la vérité, sa façon d'exprimer son vœu et les textes qui s'y rapportent (comme à propos de tous les cas qui se présentent fréquemment) ont un air de formule réglée : « Seigneur, est-il dit, je mets mon recours dans le Bienheureux et dans sa doctrine et dans la Communauté des disciples : que le Bienheureux me reçoive comme son dévot (*upâsaka*) à partir d'aujourd'hui et pour toute ma vie, moi qui ai mis mon recours en lui. » Mais d'un acte canonique proprement dit, d'une reconnaissance de l'Upâsaka comme tel de la part de la Communauté, il n'en est pas question. Enfin nulle part il n'est fait défense à l'Upâsaka bouddhiste d'être en même temps l'Upâsaka d'une autre Communauté (voyez nommément **Cullav.**, V, 20, 3) ; ainsi de toute manière il semble impossible de considérer l'Upâsaka comme appartenant à une Église, au sens où nous l'entendons.

l'existence de groupes de fidèles laïques qui leur faisaient l'aumône : il ne pouvait manquer de s'établir bientôt des rapports de confraternité entre tels moines ou tel ordre de moines et tels laïques en particulier : que ces rapports revêtissent ou non des formes fixes, des désignations consacrées, peu importe ; ils se sentaient faits les uns pour les autres, pour se devoir mutuellement, les uns l'enseignement spirituel, les autres le peu dont ils avaient besoin pour soutenir leur vie. Il n'y a rien eu de plus entre la Communauté du Bouddha et les dévots laïques.

Parmi ceux qui ont « mis leur recours dans le Bouddha, dans la Loi, dans la Communauté », c'est-à-dire qui se sont déclarés ses fidèles laïques, nous rencontrons des princes et des nobles, des Brahmanes et des marchands ; les gens riches et haut placés l'emportent ici encore sur les pauvres ; s'adresser aux humbles, aux malheureux, à ceux qui souffrent et qui traînent d'autres douleurs encore que la grande douleur commune de l'instabilité des choses, voilà ce que le Bouddhisme n'a jamais su faire.

Au premier rang parmi les fervents laïques se placent les deux rois amis du Bouddha, Bimbisâra, le souverain du Magadha, et Pasenadi, le souverain du Kosala ; tous deux étaient à peu près du même âge que le Bouddha et furent toute leur vie les protecteurs de sa Communauté. Nommons encore Jîvaka, l'illustre médecin particulier de Bimbisâra[184] ; il avait ordre de donner ses soins non seulement au roi lui-même et à ses femmes, mais encore au Bouddha et à sa Communauté ; nommons enfin le prince-marchand Anâthapindika, celui qui avait fait présent à la Communauté du séjour favori du Bouddha, le Jetavana. Sans doute, dans tous les endroits un peu importants près desquels le Bouddha passait dans ses voyages, il trouvait des groupes de semblables fidèles ; ils venaient à sa

---

[184] L'histoire de Jîvaka et de ses cures merveilleuses est racontée au VIIIe livre du **Mahâvagga**.

rencontre, organisaient des réunions dans lesquelles le Bouddha parlait, le nourrissaient ainsi que toute sa suite, disposaient pour les recevoir leurs maisons et leurs parcs, voire même les donnaient en toute propriété à la Communauté. Partait-il en voyage avec ses troupes de disciples, sans doute aussi de pieux adorateurs l'accompagnaient dans sa marche avec des voitures de charge et des chars : ils transportaient avec eux des vivres, du sel et de l'huile, pour préparer les uns après les autres, lorsque venait leur tour, le repas des voyageurs ; et des bandes d'indigents suivaient pour profiter des reliefs de ces repas.

LES FEMMES

Le Bouddha et ses disciples se trouvèrent plus d'une fois en relations avec des femmes, et il ne pouvait en être autrement : dans leurs quêtes, les femmes leur faisaient l'aumône[185] ; dans les repas qu'ils prenaient chez un laïque, les femmes qui faisaient partie de la famille paraissaient aux côtés du maître de la maison, et assistaient au sermon qui se faisait après dîner : chaque jour amenait de semblables rencontres. Les femmes n'étaient d'ailleurs nullement séquestrées : cette coutume n'entra que bien plus tard dans les mœurs et il n'en était pas question dans l'Inde ancienne. Elles prenaient part à la vie religieuse du peuple, et les Hindous (les plus admirables et les plus charmants de leurs poèmes épiques en font foi) savaient comprendre l'âme de la femme et payer à sa noblesse le tribut de leur respect.

Mais voici justement la question : dans son âpre ardeur de sacrifice, le Bouddha s'était détaché violemment de tout ce qu'il y a au monde d'aimable et de charmant : or un esprit comme le sien avait-il le don de comprendre et d'apprécier l'éternel

---

[185] *Cullavagga*, VIII, 5, 2. C'étaient d'ordinaire des femmes qui accueillaient dans les maisons laïques les moines en tournée de mendicité, et déposaient des aliments dans leur bol à aumônes.

féminin ? A lui aussi la femme ne devait-elle avant tout apparaître telle que la représentait nécessairement, dans l'atmosphère brûlante de la sensualité indienne, toute conception morale de la vie, comme le plus dangereux des pièges tendus à l'homme, comme la plus puissante des forces de séduction qui rivent l'esprit à ce monde ? Et d'autre part, cet idéal qui se proposait aux efforts des disciples, si impersonnel et si abstrait, était-il fait pour satisfaire et enthousiasmer le cœur des femmes, et leur intelligence, « qui tient dans les deux doigts »[186], entendait-elle seulement rien à la sévérité et à la rigueur de toute cette dialectique ?

Les anciens livres de contes des Bouddhistes sont pleins de récits et de considérations sur l'incorrigible fourberie des femmes[187] :

Impénétrable et cachée comme dans l'eau le chemin du poisson (ainsi s'exprime la morale d'un de ces contes), est la nature des femmes, ces brigandes pleines de malice, en qui il est difficile de trouver la vérité, pour qui le mensonge est comme la vérité et la vérité comme le mensonge. — Maître (dit Ânanda au Bouddha), comment faut-il nous conduire à l'égard d'une femme ? — Il vous faut éviter sa vue, ô Ânanda. — Et si cependant nous la voyons, Maître, que faut-il alors que nous fassions ? — Ne point lui parler, ô Ânanda. — Et si cependant, Maître, nous lui parlons ?... — Alors, il vous faut prendre garde à vous, ô Ânanda.

On nous rapporte (et il se peut que cette tradition ait un fond de vérité) que pendant longtemps on ne reçut dans l'ordre du Bouddha que des hommes ; puis le Bouddha aurait cédé aux instances de sa mère adoptive Mahâpajâpatî et aurait consenti,

---

[186] *Therîgâthâ*, 60. — L'expression semble être due à un geste coutumier des femmes qui se servent de deux doigts pour s'assurer si le riz est cuit à point.

[187] Voir pour les détails ma *Literatur des alten Indien*, p. 117 et sqq.

non sans la plus vive répugnance, à admettre des femmes au nombre de ses disciples[188] :

« De même, ô Ânanda, que sur un champ de riz qui est en pleine prospérité éclate la maladie que l'on appelle la nielle — et alors la prospérité du champ de riz ne dure pas longtemps, — de même, ô Ânanda, quand dans une doctrine et dans un ordre on autorise les femmes à renoncer au monde et à mener la vie errante, alors la vie sainte ne prospère pas longtemps. — Si, ô Ânanda, dans la doctrine et dans l'ordre que le Parfait a fondés, il n'avait pas été accordé aux femmes de quitter leurs foyers pour mener une vie errante, la vie sainte, ô Ânanda, serait demeurée longtemps observée : la pure doctrine se serait maintenue pendant mille ans. Mais parce que, ô Ânanda, dans la doctrine et dans l'ordre que le Parfait a fondés, les femmes renoncent au monde et embrassent la vie errante, désormais, ô Ânanda, la vie sainte ne demeurera plus longtemps observée : la doctrine de la vérité ne se maintiendra plus à présent que cinq cents ans.

Parmi les textes sacrés, on trouve une collection particulière de stances[189], parallèles aux *Sentences des Doyens* mentionnées plus haut, et qui se donnent comme tombées des lèvres de disciples femmes : elles nous font passer sous les yeux quantité de figures appartenant à ce groupe, telles du moins qu'elles

---

[188] *Cullavagga*, X, 1. On peut remarquer, à l'appui de cette opinion que dans les récits sur les premiers événements de la prédication du Bouddha, on ne rencontre effectivement pas de nonnes au nombre des disciples. Au reste, la formule de confession *Pâtimokkha*, sûrement un des plus anciens monuments littéraires du Bouddhisme, mentionne pas à pas les nonnes, et le roi Açoka en parle aussi dans les édits de Bairat et de Sarnath.

[189] La *Therîgâthâ* (avec le Commentaire *Paramathadîpanî*). Cf. les traductions précitées de Neumann (ci-dessus, p. 180, note 1) et de Mme Rhys Davids (**Psalms of the Sisters**, 1909), ainsi que l'ingénieux essai de cette dernière (alors Miss Foley), *Women leaders of the Buddhist reformation* (*Transactions of the IXth Congress of Orientalists*, I, p. 344). — Voir aussi Maria E. Lulius van Goor, *De Buddhistische Non* (Leiden 1915), p. 142 et sqq.

apparaissaient à l'imagination des générations postérieures. La nonne Khemâ, jadis la belle épouse du roi Bimbisâra, s'y rencontre à côté de la nonne Vimalâ, qui menait auparavant la vie de courtisane, et, à présent, la tête rasée, sous son costume religieux, dans sa sainteté triomphante, s'en va quêtant. Des femmes riches, distinguées, très désirées, qui ont renoncé au monde et à ses joies, y coudoient d'autres, pauvres, infortunées, celle qu'a répudiée son époux, la veuve esseulée, la mère qui pleure l'enfant perdu et qui n'a pu dominer son chagrin que grâce à la connaissance de l'universelle douleur et du chemin qui mène hors de ses atteintes. Toutefois ces pieuses figures idéales ne doivent pas nous donner le change sur l'importance qui pouvait bien revenir aux femmes dans l'entourage du Bouddha. Ceux d'entre les textes sacrés qui touchent à ces questions sans prévention ni parti-pris, ne permettent pas qu'on s'y trompe : évidemment les femmes qui s'étaient faites disciples étaient tenues assez éloignées, d'âme aussi bien que de corps, de la personne du Maître. Le Bouddhisme n'a pas connu de Marie de Béthanie. Quand le Bouddha a arrêté dans son esprit la règle que doit suivre la Communauté des nonnes, c'est devant les moines qu'il l'expose, et c'est seulement par leur intermédiaire qu'il la fait parvenir aux religieuses ; cette règle même place les nonnes dans une dépendance presque humiliante vis-à-vis des moines ; à la façon dont on les traite dans la Communauté, on sent qu'elles sont simplement tolérées et tolérées d'assez mauvaise grâce. Quand le Maître meurt, aucune femme d'entre ses disciples ne l'assiste ; on fait même reproche à Ânanda d'avoir laissé approcher du corps du Bouddha des femmes dont les larmes souillèrent le cadavre. « O Criton, fais ramener cette femme à la maison », dit Socrate, lorsque Xanthippe se présente dans sa prison pour lui dire un dernier adieu.

DIALOGUE ENTRE LE BOUDDHA ET VISÂKHÂ

Il subsistait ainsi entre l'esprit qui animait le Bouddha et ses disciples, et d'autre part la nature de la femme, ses ressources et ses aspirations, une antinomie foncière et que rien ne pouvait effacer. Mais nous voyons que les femmes de l'Inde n'en déployaient que plus de zèle dans l'accomplissement de ces devoirs pratiques que la jeune Communauté proposait à l'activité des personnes pieuses : elles ne ménagent ni leurs dons, ni leurs peines, ni leurs services. Le sublime élan de charité qui accueillit à chaque pas le Bouddhisme est en grande partie, peut-être pour la plus grande partie, l'œuvre des femmes.

Les textes sacrés nous donnent comme le type idéal de la « Zélatrice » du Bouddha avec son zèle inépuisable, ses aumônes et ses bienfaits toujours prêts, l'excellente matrone Visâkhâ. C'était une riche bourgeoise de Sâvatthî, la capitale du pays de Kosala ; elle était mère d'enfants nombreux et prospères, grand'mère d'innombrables petits-enfants. Tout le monde invite Visâkhâ aux sacrifices et aux festins, et la fait servir avant les autres : un hôte comme elle apporte le bonheur dans la maison. C'est Visâkhâ la première qui aurait pratiqué en grand la bienfaisance et aurait pourvu aux besoins les plus urgents des disciples du Bouddha venus à Sâvatthi. Je me borne à reproduire ici le récit traditionnel[190] ; il nous éclaire en même temps sur l'idée que se faisaient ces pieuses personnes de l'action de donner et de celle de recevoir et de leurs mérites relatifs. Pour elles, le véritable bienfaiteur, celui à qui l'on doit des remerciements, ce n'est pas, comme on pourrait le croire, celui qui fait l'aumône au Bouddha et à sa Communauté, c'est au contraire le Bouddha qui reçoit le don ; ne fournit-il pas ainsi au donateur le moyen de pratiquer la vertu de bienfaisance et de participer à la récompense promise à cette vertu ?

(Un jour, le Bouddha avec ses disciples prend son repas dans la maison de Visâkhâ. Le repas terminé, Visâkhâ vient s'asseoir près de lui et lui adresse la parole) : « Seigneur, j'ai huit souhaits

---

[190] *Mahâvagga*, VIII, 15.

que j'implore du Bienheureux. — Les Parfaits, ô Visâkhâ, sont trop nobles pour accorder n'importe quel souhait. — Rien que de permis, ô Seigneur, et d'irréprochable. — S'il en est ainsi, parle, ô Visâkhâ.

— Je désire, ô Seigneur, ma vie durant, fournir des vêtements de pluie à la Communauté, fournir de la nourriture aux moines qui arrivent ici du dehors, fournir de la nourriture aux moines de passage, fournir de la nourriture aux frères malades, fournir de la nourriture à ceux qui soignent les malades, fournir des médicaments aux malades, faire des distributions quotidiennes de bouillie de riz, fournir des vêtements de bain à la Communauté des nonnes.

— Quel but te proposes-tu, ô Visâkhâ, pour que tu t'approches ainsi du Parfait avec ces huit vœux ?

(Alors Visâkhâ explique chacun de ses vœux un à un. Elle parle ainsi) :

« Un moine, Seigneur, qui arrive de l'étranger, ne connaît pas les rues et les chemins, et c'est fatigué qu'il s'avance pour recueillir des aumônes. Si ce moine a pris les aliments que je veux faire présenter aux moines nouvellement arrivés, il peut alors, après s'être enquis des rues et des chemins, se mettre en marche reposé pour recueillir des aumônes. Tel est, Seigneur, le but que je me propose : c'est pourquoi je désire, ma vie durant, fournir de la nourriture aux moines nouvellement arrivés. — Ce n'est pas tout, Seigneur : un moine de passage, s'il est forcé de chercher lui-même sa nourriture, demeurera en retard derrière sa caravane ou bien il arrivera tard à l'étape et continuera sa route fatigué. Si ce moine a pris les aliments que je veux faire présenter aux moines de passage, il ne restera pas en arrière de sa caravane et il arrivera à temps à l'étape et il continuera sa route reposé. Tel est, Seigneur, le but que je me propose ; c'est pourquoi je désire, ma vie durant, fournir de la nourriture aux moines en voyage. — Il est arrivé, Seigneur, que les nonnes se baignaient nues dans la rivière Aciravatî[191] à la même place de bain que des courtisanes. Les courtisanes, Seigneur, se raillaient des religieuses « A quoi songez-vous, Révérendes, avec votre vie de sainteté, aussi longtemps que vous êtes jeunes ? Ne convient-il pas de se livrer au plaisir ? Attendez d'être vieilles pour embrasser la vie sainte ; ainsi vous connaîtrez les deux vies, celle d'à présent et celle d'alors. » Et les religieuses, Seigneur, ainsi raillées par les courtisanes, étaient troublées. C'est une chose impure ô Seigneur, que la nudité chez la femme, une chose honteuse et condamnable. Telles sont mes raisons, Seigneur ; c'est pourquoi je désire, ma vie durant, fournir des vêtements de bain à la Communauté des nonnes.

Et le Bouddha dit :

— Bien, Visâkhâ ! Ce que tu fais est bien, puisque telle est la récompense que tu te proposes en implorant le Parfait au sujet de ces huit vœux. Je t'accorde, Visâkhâ, ces huit vœux.

(Alors le Saint loua Visâkhâ, la mère de Migâra avec cette stance) :

« Elle distribue à manger et à boire, pleine d'une noble joie, — la disciple du Saint, riche en vertus, — qui donne sans compter pour mériter le ciel, — qui apaise les douleurs, qui ne songe qu'à faire plaisir, — qui obtient le lot de la vie bienheureuse. — Elle marche dans le sentier lumineux, le sentier de l'honneur. — Libre de douleurs, joyeuse, elle jouira longtemps — de la récompense de ses bonnes actions, là-haut, dans le royaume bienheureux du ciel.

Telle était Visâkhâ ; telles étaient ces bienfaitrices de la

---

[191] La Rapti.

Communauté avec leur zèle pieux et leurs ressources également inépuisables : ce sont certainement là, ou jamais, des figures prises d'après nature dans l'Inde de cette époque ; aussi n'a-t-on pas le droit de les passer sous silence quand on veut se faire une idée des personnes dont l'activité a fait de la Communauté bouddhique primitive ce qu'elle était.

LES ADVERSAIRES DU BOUDDHA

Les disciples et les amis du Bouddha nous sont connus : enquérons-nous maintenant de ses ennemis et des luttes qui mirent à l'épreuve la valeur du nouvel Évangile. Si nous en croyions les textes bouddhiques, la carrière du Bouddha n'aurait été d'un bout à l'autre qu'une longue marche triomphale. Là où le Bouddha arrive, le peuple afflue en foule autour de lui. Les autres directeurs spirituels sont abandonnés ; ils se taisent, quand dans les assemblées « il élève sa voix de lion ». Qui entend sa parole se convertit.

Il est peu probable que ce tableau soit tout à fait conforme à la vérité. Sûrement on peut assez bien appliquer à plus d'un événement de la vie du Bouddha et de ses disciples ce récit où l'on voit des gens possédés par le mauvais esprit se moquer des pieux moines des temps passés :

« Les voilà donc », (leur crie-t-on), « ces têtes chauves, cette vile prêtraille ! Les voilà ces hommes doucereux, avec leurs têtes baissées, avec leur esprit de contemplation, — ah, cet esprit de contemplation ! Ils sont contemplateurs comme le chat qui guette une souris ! »[192]

Ces scènes de rues traduisent, sans nul doute, l'état d'esprit de certains milieux. Mais ce qui est encore plus important au point

---

[192] *Majjhima-Nikâya*, vol. I, p. 334.

de vue historique est l'hostilité qu'opposaient à la doctrine du Bouddha le brahmanisme et les sectes d'ascètes hétérodoxes. Nous pouvons, au moins sur certains points, nous rendre un compte exact de ce qui s'est passé.

LE BRAHMANISME

Avant tout il doit être bien entendu que le Bouddha ne s'est pas trouvé dans la même situation que d'autres réformateurs ; il n'a pas rencontré en face de lui une puissance forte, centralisée, capable de résister et décidée à la résistance, sorte de personnification du vieil état de choses qu'il combattait et qu'il voulait remplacer par un nouveau.

On a coutume de parler du Bouddhisme comme d'une opposition au Brahmanisme, de même qu'on a le droit de désigner en somme le Luthérianisme comme une opposition à la Papauté. Mais on pourrait être induit en erreur par ce parallèle : c'en serait une que d'imaginer une manière d'Église brahmanique, en butte aux attaques du Bouddha, lui opposant à son tour de la résistance, et luttant au nom de l'ordre de choses établi contre une naissante réformation. Au temps du Bouddha et dans les lieux où s'est exercée son influence, il n'y avait pas de théocratie brahmanique enserrant tout le peuple et pesant sur toute sa manière de vivre. Au sein des pays de l'Est, le mouvement religieux, abandonné à lui-même, s'était développé en toute liberté et ramifié dans nombre de directions très diverses ; une foule de sectes y vivaient côte à côte, en bonne intelligence ou en guerre, selon les cas. Les représentants du Véda, du Brahmanisme ne sont qu'un groupe entre bien d'autres, et même, selon toute apparence, non des plus puissants. Il leur manquait une organisation forte ; ils ne formaient pas le moins du monde une Église d'État, au moins dans les pays de l'Est, là où grandissait le Bouddhisme primitif ; ils n'avaient pas pour imposer leurs préceptes l'aide du bras séculier. Leur considération personnelle n'était nullement à l'abri des commentaires. Depuis le gros Brahmane, qui en qualité de haut fonctionnaire pressurait le peuple au nom du roi et fraudait le roi ensuite, jusqu'à ces prêtres de bas étage, qui, lorsqu'on leur donnait à dîner, sans souci des convenances, se signalaient à table par une choquante grossièreté, leur personne et leur conduite provoquaient du haut en bas la critique et l'on ne se gênait pas pour exprimer son opinion. Depuis longtemps, dans les sentiments du peuple, un Samana, c'est-à-dire un ascète, ne pesait pas un cheveu de moins qu'un Brahmane. Le Véda lui-même, ces grandes lettres de noblesse de la condition brahmanique, ne pouvait leur fournir un prétexte effectif à puissance et à popularité. Qui, parmi le peuple, s'inquiétait beaucoup du Véda, de cette abstruse théorie du sacrifice dont on comprenait à peine la langue, de ces vieux hymnes que l'on comprenait encore bien moins, des hymnes à des dieux oubliés, bibelots de grammairien et d'antiquaire ? Des abus comme l'exercice impudent du métier de devin ou d'augure, ou le principe même du sacrifice de propitiation, joint à la conception grossière et formaliste de la faute et de la purification qu'il supposait et qui ne servait qu'à dissimuler une convoitise sans bornes, devait entretenir dans les âmes sérieuses et clairvoyantes le plus vif éloignement pour toute cette prêtraille.

Ainsi donc le Brahmanisme n'était pas pour le Bouddha un ennemi dont la défaite fût impossible. Il se peut qu'il ait souvent trouvé sur son chemin des Brahmanes en renom et dont l'influence locale lui créât quelque obstacle[193] ; mais en revanche il avait pour lui cent autres Brahmanes, ses disciples

---

[193] Le rôle presque insignifiant que jouent dans les récits des voyages du Bouddha, les régions occidentales de l'Hindoustan (pays des Kuru-Pancâlâs, etc...) ne s'explique pas suffisamment par le seul fait de leur éloignement : il faut encore y voir une conséquence de la situation plus puissante que s'étaient acquise les Brahmanes dans cette terre natale de la croyance védique. Quand les **Lois de Manu** ['225'] (IX, 225) prescrivent aux autorités de bannir de la ville les hérétiques, c'est là une prétention du Brahmanisme qu'un code composé à l'Est n'aurait peut-être pas osé soulever.

ou ses partisans déclarés. Il n'y a pas eu de grand combat à livrer. D'armes séculières, les Brahmanes n'en avaient pas à leur disposition, et là où les armes spirituelles devaient décider de la lutte, leur défaite était sûre[194].

CRITIQUES DIRIGÉES PAR LE BOUDDHA CONTRE LE SACRIFICE

Le Bouddha discréditait le principe même du sacrifice ; avec une mordante ironie il flagellait dans la science des écrits védiques une vaine sottise, sinon une duperie éhontée ; l'orgueil que les Brahmanes tiraient de leur caste n'était pas traité avec plus de ménagement. A quoi riment ces prétentions des Brahmanes, fondées sur leur naissance alors que celle-ci ne fait que leur conférer la même nature qu'à tous les autres ? Leurs cheveux, leurs yeux, leurs pieds ne diffèrent en rien de ceux des autres hommes :

« Ne vous préoccupez ni de l'origine ni de vœux scholastiques, — la flamme naît du bois mort[195]... »

Parce que l'on répète machinalement les chants et les sentences des sages poètes de l'antiquité, il ne faut pas se croire soi-même un sage ; c'est comme si un homme de rien ou un esclave imaginait de se placer à l'endroit d'où le roi vient de parler à sa suite, prononçait les mêmes paroles et, cela fait, se croyait roi,

---

[194] Un fait digne de remarque, c'est que le langage courant des textes bouddhiques n'attache en aucune façon au mot de « Brahmane » le sens d'ennemi de la cause du Bouddha ; ce n'est pas par exemple comme dans le Nouveau Testament où les Pharisiens et les Scribes nous sont invariablement donnés comme des ennemis de Jésus. Cf. ci-dessus, p. 150 et sqq., p. 165 et sqq., et R. Fick, *Die sociale Gliederung in nordöstlichen Indien*, p. 162.

[195] **Sutta-Nipâta**, 462.

lui aussi[196]. L'élève croit ce que son maître a cru, le maître ce qu'il a appris des maîtres qui l'ont précédé :

« Comme une chaîne d'aveugles, à mon avis, telle est la parole des Brahmanes ; celui qui est devant ne voit rien, celui qui est au milieu ne voit rien ; celui qui est derrière ne voit rien. Eh bien donc, s'il en est ainsi, la croyance des Brahmanes n'est-elle pas vaine[197] ?

A quoi bon encore ces bains grâce auxquels les Brahmanes, souvent tout grelottants de froid, s'imaginent se laver de la faute de leurs mauvaises actions ? « Alors toutes les grenouilles et les tortues devraient forcément aller au ciel, et les serpents d'eau et les crocodiles et tous les animaux aquatiques... » ; les bonnes actions, au même titre que les mauvaises seraient d'ailleurs emportées au lavage de l'eau. Ce qu'il faut, c'est ne pas commettre les actions dont les Brahmanes cherchent à se purifier dans l'eau, et ensuite ne pas être assez fou pour exposer son corps à la froidure[198]. Mais celui qui a commis un péché reste impur ; — qu'il ait touché, ou non, de la bouse de vache humide, qu'il ait fait, ou non, le tour du feu, qu'il ait récité, ou non, les mains jointes, une prière au Soleil[199].

Nous possédons l'expression classique du cas que l'ancienne Communauté bouddhiste, et nous pouvons même dire le Bouddha, faisaient du culte védique et de ses sacrifices : nous la trouvons dans un dialogue entre le Bouddha et un Brahmane renommé, qui l'avait interrogé sur les caractères d'un bon sacrifice[200] ; ce dialogue nous offre en même temps un exemple

---

[196] **Ambattha-sutta** (*Dîgha-Nikâya*, vol. I, p. 104).

[197] *Cankîsuttanta* (*Majjhima-N.*, 95).

[198] *Therîgâthâ*, 236 et sqq.

[199] *Anguttara-Nikâya*, vol. V, p. 266.

[200] **Kûtadanta-sutta** (*Dîgha-Nikâya*, V).

frappant de la manière dont la prédication bouddhique aimait à reprendre les idées et les règles du rituel brahmanique pour les approfondir et les interpréter dans un sens plus idéaliste :

(Le Bouddha raconte l'histoire d'un roi puissant et heureux du temps passé : après avoir remporté de grandes victoires et conquis toute la terre, ce roi prit la résolution d'offrir aux dieux un grand sacrifice. Il fait donc venir son chapelain et lui demande ses instructions pour la réalisation de son projet. Le prêtre l'engage, avant de sacrifier, à faire régner tout d'abord dans son royaume le calme, le bien-être, la sécurité. Ce n'est qu'après avoir guéri tous les maux du pays qu'il se met en devoir de sacrifier. Et dans son sacrifice, il ne détruit la vie d'aucun être animé : il n'immole ni bœufs ni moutons, il n'abat pas d'arbre, il ne fauche pas de gazon. Les serviteurs du roi apportent leur concours au sacrifice, mais non par contrainte et dans les larmes, ni par peur du bâton de leur surveillant : chacun y collabore de son plein gré et toute initiative lui est laissée. On fait des offrandes de lait, d'huile et de miel : et ainsi le sacrifice du roi atteint son but. Mais il y a encore, continue le Bouddha, un autre sacrifice, plus aisé à offrir que celui-là et cependant supérieur et comblé de plus de bénédictions : c'est lorsqu'on distribue des aumônes à de pieux moines, que l'on construit des habitations pour le Bouddha et pour sa Communauté. Et il y a encore une forme plus haute du sacrifice : c'est lorsque d'un cœur croyant on met son recours dans le Bouddha, dans la Loi et dans la Communauté, qu'on ne prive de vie aucun être, qu'on se débarrasse du mensonge et de l'imposture. Et il y a encore une forme plus haute du sacrifice : c'est lorsque, devenu moine, on ne connaît plus ni joie ni douleur et qu'on s'abîme dans la sainte méditation. Mais le plus haut sacrifice que l'homme puisse offrir, la grâce la plus haute qu'il lui soit donné d'atteindre, c'est lorsqu'il parvient enfin à la Délivrance et remporte cette certitude : Je ne reviendrai plus en ce monde. C'est là le suprême achèvement du sacrifice.)

(Ainsi parle le Bouddha : son sermon apporte la foi dans l'âme du Brahmane qui s'écrie) : « Je mets mon recours dans le Bouddha, dans la Loi et dans la Communauté. » (Il se proposait lui-même d'offrir un grand sacrifice et il tenait prêts à cette intention des centaines d'animaux) : « Ces animaux, dit-il, je les délie et je les laisse aller : puissent-ils trouver du frais gazon à manger, puissent-ils trouver de l'eau fraîche à boire, puissent de fraîches brises les éventer !

Les idées, dont nous trouvons ici l'expression, se passent de commentaires ; elles suffisent à marquer bien nettement l'attitude que les Bouddhistes avaient adoptée vis-à-vis de l'ancien culte. Comment de leur côté les Brahmanes défendaient-ils leurs positions ? Comment menaient-ils la lutte contre la nouvelle croyance ? Nous n'avons à ce sujet aucun renseignement ou du moins aucun renseignement bien positif. Celui même d'entre les textes de la jeune littérature védique qui peut sembler par comparaison le plus rapproché de ces luttes, la *Maitrâyanîya-Upanishad*[201], en est encore trop éloigné pour nous offrir des impressions vraiment directes et senties sur l'entrée en scène de la Jeune Communauté bouddhiste et autres confréries d'ascètes. L'Upanishad se plaint de l'existence de toutes sortes de personnalités religieuses sans mandat : elle se plaint de ces gens « qui sont, toujours contents, toujours par les chemins et toujours mendient », des Çûdras qui s'occupent d'études, gens sortis de la domesticité royale, danseurs et acteurs, personnes qui portent par imposture le vêtement jaune des ascètes, des anneaux d'oreille et des crânes humains, dialecticiens qui abordent sur la route les croyants du Véda avec des sophismes, des paraboles et des prestiges de tout genre, et encore bien d'autres artisans de perdition « qui sont des voleurs

---

[201] On la trouve traduite par Max Müller dans les *Sacred Books of the East*, vol. XV, et par Deussen dans les *Sechzig Upanishad's*. L'opinion critique sur la date d'apparition de ce texte et la distinction entre ses parties primitives et ses développements postérieurs est d'ailleurs pour l'instant tellement incertaine qu'il ne faut attribuer qu'une valeur purement hypothétique à l'usage que nous faisons ici de cette Upanishad. Sur sa date voir ma *Lehre der Upanishaden*, p. 205 et sqq.

déclarés et ne vont pas au ciel ». Il n'est pas impossible, bien qu'on ne puisse le démontrer, que les Bouddhistes soient au nombre des gens qui nous sont ainsi dépeints. Supposons d'ailleurs ; — et sous toutes réserves, cela va sans dire, — que nous ayons le droit de considérer cette Upanishad comme nous donnant pour ce temps le niveau des productions intellectuelles des représentants de la spéculation brahmanique ; tout ce que nous rencontrons d'incroyable confusion dans ce bric-à-brac de mystères ne peut que nous confirmer dans cette idée : dès le début, dans la lutte entre le Brahmanisme et le Bouddhisme, non seulement l'avantage extérieur, mais aussi la supériorité morale a été du côté des disciples du Bouddha.

RELATIONS AVEC LES AUTRES ORDRES MONASTIQUES

Les représentants de l'ancienne croyance ne furent pas les seuls adversaires du Bouddha : il en trouva d'autres, plus importants et plus sérieux, dans les chefs d'ascètes, ses rivaux[202], et leurs communautés de moines. L'esprit qui animait beaucoup de ces communautés n'était pas d'ailleurs sans analogie avec celui qui inspirait l'œuvre du Bouddha lui-même. Quand on lit les livres sacrés des Jaïnas, on croirait entendre parler des Bouddhistes.

Quel était le ton ordinaire des relations entre moines de communautés rivales ? Nous ne pouvons en juger en pleine connaissance de cause. En général, il ne semble pas qu'il ait régné entre eux d'inimitié ouvertement déclarée : c'était une chose assez commune que des visites d'ermitage à ermitage, des échanges de politesses, et de calmes et pacifiques entretiens sur des questions de dogme. Tout cela n'empêchait pas de perpétuelles intrigues d'aller leur train, cela va sans dire : quand il s'agissait de se disputer la protection de quelque personnage

---

[202] Il se peut que le Bouddha ait été plus jeune que les six chefs de sectes hétérodoxes (v. plus haut, p. 93) constamment mentionnés (**Sutta-Nipâta**, p. 91 ; *Saṃy Nik.*, vol. I, p. 68).

influent, on n'épargnait aucune peine. Le roi Açoka se crut plus tard obligé dans ses édits d'attirer sur ce point l'attention des confréries religieuses : c'est tout simplement nuire à sa propre croyance, remarque-t-il, que de prétendre l'exalter en décriant les croyants des autres sectes. Quelle fut à cet égard la conduite du Bouddha et des disciples de son entourage ? Étaient-ils sur ce point à l'abri de tout reproche ? Nous ne savons : ce qui est sûr, c'est que la littérature canonique du Bouddhisme ancien ne semble pas toujours faite pour nous persuader de l'inutilité des avertissements d'Açoka. Qu'on en juge : les Bouddhistes se sont avisés de ranger par groupes numérotés toutes les choses du même genre, notions dogmatiques et autres, qui ont un nombre déterminé : or prenez le chapitre des Décades : vous y trouverez une liste en bonne forme des dix « Absences-de-vertu » des moines Nigghantas (les Jaïnas) : ils sont sans foi, sans moralité, sans pudeur, sans aversion pour le péché et ainsi de suite ; quand après cela, dans la suite de l'énumération, on vient nous dire qu'ils ont l'habitude de diffamer les autres, le reproche ne laisse pas que de paraître assez étrange, ainsi présenté. Mais entre tous les rivaux religieux du Bouddha et des Bouddhistes, Makkhali Gosâla[203], représentant d'une conception déterministe du monde, est particulièrement maltraité ; les sources jaïnistes nous le donnent pour un disciple infidèle de Nâtaputta, prématurément emporté par la maladie et la folie ; il est dit de lui dans une des instructions du Bouddha[204] : « Comme de tous les vêtements qui sont tissés un vêtement de crin est reconnu le pire, — un vêtement de crin, ô disciples, est froid par le temps froid, chaud par le temps chaud, d'une couleur terne, sentant mauvais, rude au toucher, — ainsi, ô disciples, de toutes les doctrines des autres ascètes et des autres Brahmanes, la doctrine de Makkhali est reconnue la pire. »

---

[203] Voyez sur ce même personnage plus haut, p. 81, et la bibliographie donnée dans la note 2 de la page 94.

[204] *Anguttara-Nikâya*, vol. I, p. 286.

CRITIQUE DES MORTIFICATIONS

Sur un point surtout le Bouddha se séparait de la plupart de ses rivaux : il repoussait formellement les mortifications ; les autres y voyaient le chemin de la Délivrance[205]. On se rappelle le récit de la tradition sur les recherches, les tâtonnements qui remplirent la jeunesse du Maître : on a vu comment il avait poussé l'ascétisme jusqu'à la dernière rigueur et en avait par lui-même éprouvé la stérilité. Non, ce qui chasse de l'âme les terrestres pensées, ce n'est pas le jeûne, ce ne sont pas les macérations de la chair ; c'est le travail intérieur de l'âme sur elle-même, c'est avant tout l'effort vers la science ; et la force de réaliser cet effort, où la puiser sinon dans un régime qui ne comporte pas plus la bonne chère que les privations et encore moins les macérations. On sait que dans le Sermon de Bénarès[206] la tradition a entrepris d'esquisser comme un programme de l'œuvre du Bouddha : nous ne manquons pas d'y trouver un passage polémique contre ces aberrations d'un ascétisme farouche : le chemin qui conduit à la Délivrance se tient éloigné de toute mortification, tout autant qu'il s'écarte de toute volupté terrestre : ce sont, est-il dit, choses également indignes et vaines. Dans un passage, la vraie vie religieuse est comparée à un luth : il faut que les cordes en soient tendues d'une façon ni trop lâche ni trop roide, si l'on veut qu'il donne la note juste. L'équilibre des facultés, l'harmonie intérieure, voilà le but idéal que le Bouddha recommande aux aspirations des siens. Ces idées devaient naturellement attirer à la

---

[205] J'emprunte les passages suivants à un texte sacré des sectateurs de Nâtaputta : « Le jour, immobile comme une colonne, le visage tourné vers le soleil, se laissant brûler à une place exposée à l'ardeur du soleil ; la nuit, s'accroupissant, fixe..., grâce à cette pénitence signalée, grande, assidue, éminente, excellente, salutaire, abondante, qui promet le bonheur, admirable, sublime, haute, très haute, signalée, puissante, il paraissait très affaibli... ; richement revêtu de pénitence, mais épuisé de chair et de sang, pareil à un feu recouvert d'un monceau de cendres, resplendissant de pénitence et d'éclat, dans la splendeur de l'éclat de la pénitence, il est là debout. »

[206] V. plus haut, p. 146.

Communauté bouddhique les reproches des sectes rivales : on l'accusait d'un certain penchant pour les aises et les plaisirs de la vie ; c'est ainsi qu'une stance jaïna[207] nous décrit les agréments de la vie monastique des Bouddhistes : elle est, il est vrai, assez moderne, mais une description aussi vive doit sûrement remonter, du moins pour le fond, jusqu'à une époque fort ancienne :

« La nuit, reposer sur un lit moelleux, — au matin prendre une bonne rasade, — à midi manger, à la nuit boire encore, — s'endormir la bouche pleine de sucreries, — et au bout de tout cela la Délivrance est conquise : — voilà ce que s'est imaginé le fils des Sakyas. »

La règle de l'Ordre bouddhique et le cachet de véracité des descriptions que nous ont laissées les textes du Vinaya ne laissent planer aucun doute sur le cas qu'il faut faire de ces cris partis du camp ennemi. Sans doute il y aura eu plus d'une défaillance, plus d'un écart chez les individus ; mais nous devons juger la vie de la Communauté dans son ensemble. Or, s'il est vrai que le Bouddha est resté sur le terrain et dans les limites où s'était enfermé une fois pour toutes, par le fait de sa constitution même, le monachisme hindou, il n'en a pas moins développé, autant qu'il était possible dans de pareilles conditions, une morale saine, et le grand mérite que nous devons revendiquer pour son œuvre, c'est justement cette santé morale. Il a vu plus clair qu'aucun de ses contemporains à travers les voiles qui environnent et cachent le fond même de la morale ; il a eu la notion du point essentiel et la force d'écarter rigoureusement tout ce qui lui est étranger, et, cette notion et cette rigueur, il les a léguées à ses disciples. Sa doctrine devait prévaloir sur celle des rivaux, ses contemporains, des siècles après leur mort à tous : il se peut que le hasard ait décidé de cette victoire ; mais peut-être, si l'obscurité qui recouvre pour

---

[207] Elle a été mise en lumière par Leuman, *Wiener Zeitschr. f. d. K. d. M.*, III, 332.

nous ces siècles venait peu à peu à se dissiper, nous verrions ce simple jeu du hasard se transformer à mesure en l'action nécessaire d'une cause intérieure.

L'ENSEIGNEMENT DU BOUDDHA

Notre tâche n'est pas encore terminée : il nous reste à donner une idée des paroles du Bouddha, tout au moins de leur forme : quant au fond, nous en réservons l'exposition pour la prochaine division de ce livre.

Toute l'action du Bouddha s'est exercée en paroles ; il n'a rien écrit. Il semble bien que dès lors, dans l'Inde, on se servait assez couramment de l'écriture pour de courts messages ou de courtes notifications ; quant à des livres, on n'en écrivait pas : on les enseignait et on les apprenait de mémoire. On sait quels traités étendus les apôtres adressaient, en manière de lettres, aux communautés chrétiennes primitives, et quelle riche lumière ces épîtres répandent sur l'histoire de ces communautés et de l'esprit nouveau ; dans la littérature bouddhique de pareils documents nous font complètement défaut.

LA LANGUE DU BOUDDHA

Le Bouddha ne parlait pas sanscrit ; il parlait, comme toutes les personnes de son entourage, la langue populaire de l'Hindoustan oriental[208]. Grâce aux inscriptions et à l'analogie

---

[208] Les Brahmanes aussi, dans les pays de l'Est, parlaient sans doute dans le commerce de tous les jours le dialecte du peuple ; si le sanscrit avait été dans cette région ce que nous le voyons devenu plus tard dans le drame, la langue de la haute société, il serait impossible que dans les textes sacrés pâlis on ne rencontrât aucun indice de cet usage. Or, il ne s'y trouve pas, à ma connaissance, une seule allusion au sanscrit, à part le passage du ***Cullavagga***, V, 33, qui n'a pas rapport à la question qui nous occupe ; donc, selon toute apparence, en dehors des écoles de Brahmanes, le sanscrit n'était nullement répandu. Le sanscrit appartenait originairement à la partie occidentale de l'Hindoustan ; ce n'est que bien plus tard, ainsi que nous l'apprennent

du pâli (idiome congénère et qui se parlait dans d'autres parties de la péninsule), nous pouvons nous faire une idée assez nette de ce dialecte ; c'était une langue douce et agréable à l'oreille : elle présente avec le sanscrit les mêmes différences caractéristiques qui distinguent l'italien du latin : c'est le même procédé d'oblitération des groupes de consonnes, la même recherche des finales vocaliques : au lieu de *muktas* (libre) on dit *mutte*, au lieu de *vidyut* (l'éclair) *vijju*, comme en italien l'on dit *fatti* au lieu de *facti* et *ama* au lieu de *amat*. La contexture des phrases était simple et assez peu faite pour rendre dans leur finesse et leur subtilité des nuances de dialectique.

Tel était le dialecte dans lequel fut d'abord prêchée la doctrine de la Délivrance ; l'Église primitive n'y a d'ailleurs attaché aucune importance particulière. La parole du Bouddha n'est enchaînée à aucune langue : « J'ordonne, ô disciples, lui fait dire la tradition[209], que chacun apprenne la parole du Bouddha dans sa propre langue. »

LES SERMONS ET LEUR CARACTÈRE SCOLASTIQUE

Lorsqu'on lit les instructions que les textes sacrés mettent dans la bouche du Maître, une question se pose presque invinciblement à l'esprit : la prédication du Bouddha a-t-elle jamais eu rien de commun pour la forme avec ces productions si étrangement compassées ? A-t-il jamais procédé ainsi par séries d'idées abstraites, presque toujours plus subtiles que claires, et par répétitions accumulées sans fin ? On aimerait, dans le tableau de ces premiers temps, à ne rien voir qu'enthousiasme, verve et fraîcheur de jeunesse au cœur du maître et des disciples ; on voudrait bannir de cette image tout

---

les inscriptions, qu'il a joui dans l'Inde entière d'une faveur universelle, comme langue des gens cultivés.

[209] *Cullavagga*, V, 33, 1.

air de contrainte et d'apprêt. Et puis, quoi de plus naturel si, en cherchant à nous faire une idée de l'enseignement et de la prédication du Bouddha, au lieu de nous borner à consulter la tradition de la Communauté bouddhique, nous puisons encore à une autre source, si, consciemment ou non, nous sommes hantés en même temps par l'idée de l'enseignement de Jésus ? Simplicité des préceptes, naturel parfait de l'expression, portée profonde du sens, c'est sur ce modèle, ou quelque autre du même genre, que nous aimerions à concevoir la prédication de la doctrine bouddhique, aussi longtemps que demeura vivace l'ardeur inspirée des premiers temps.

Assurément des considérations de cet ordre méritent quelque attention : cependant la critique historique fera sagement, avant de se hasarder à s'y fier, d'examiner avec précaution le fondement sur lequel elles reposent.

Il ne faut pas oublier qu'il existe des différences fondamentales au point de vue des idées et des sentiments entre les premiers Chrétiens et les premiers Bouddhistes : le contraste entre les deux communautés ne pouvait manquer de se retrouver dans le caractère et la méthode de leur prédication religieuse.

Chez les uns, on ne met rien au-dessus du sentiment, dans sa pureté native, de la simplicité du cœur, de la foi ; ce sont des enfants à qui leur Père qui est dans les cieux a accordé son royaume : qu'est-ce qui fera dès lors vibrer les cordes de l'âme ? Une simple et courte parole, jaillie du fond d'une âme pure, en aura le privilège bien mieux que l'exposition strictement logique d'un système philosophique abstrait. Mais le monde au sein duquel vivait le Bouddha avait une tout autre manière de concevoir les choses : pour lui le salut ou la perdition dépend de la science ou de l'ignorance ; l'ignorance est la racine dernière de tout mal, et la seule puissance qui puisse détruire le mal dans sa racine est la science. La Délivrance est donc avant tout une question de savoir[210], et la prédication de la Délivrance ne peut être autre chose que l'exposé de ce savoir, c'est-à-dire un enchaînement continu de notions et de propositions abstraites.

N'allons donc pas, par pur amour de la vraisemblance, appliquer à l'Inde des formules qui n'ont pas été créées pour elle et détruire de gaîté de cœur l'originalité et la continuité du développement de l'esprit hindou ; gardons-nous également de nous faire de la figure du Bouddha une image de fantaisie, de l'imaginer comme une de ces natures primesautières, agissantes, intuitives, pour qui l'esprit est tout et la lettre rien. La pensée du Bouddha tirait son aliment du long développement antérieur de la spéculation métaphysique ; il partageait, lui aussi, cette joie de philosopher, inhérente au sang indien, ce penchant à l'abstraction, à la classification, à la schématisation ; nous pouvons à ce point de vue le rapprocher bien moins du fondateur que des représentants théologiques du Christianisme, par exemple d'un Origène. Fions-nous en donc à la tradition : elle fait parler le Bouddha de bien des manières, mais c'est aux

---

[210] Cette façon de concevoir les choses n'est pas susceptible d'une expression plus significative et en même temps plus naïve que celle qu'elle a trouvée dans le récit des chroniques de l'Église singhalaise sur le premier entretien de Mahinda, l'apôtre de Ceylan, avec le roi Devânampiya Tissa (vers 250 av. J.-C.). Le Thera (doyen) fait subir au roi un examen en forme sur la logique : il s'agit de savoir « si le roi possède une intelligence claire ». Dans le voisinage il y a un manguier. Le Thera demande : — Comment s'appelle cet arbre, ô grand roi ? — Il s'appelle manguier, Maître. — Y a-t-il, ô grand roi, en dehors de ce manguier, encore un autre manguier, ou n'y en a-t-il pas ? — Il y a beaucoup d'autres manguiers, Maître. — Y a-t-il, en dehors de ce manguier-ci et de ces manguiers-là, encore d'autres arbres, ô grand roi ? — Il y en a, Maître ; mais ce ne sont pas des manguiers. — Y a-t-il en dehors des autres manguiers et des arbres non manguiers encore un autre arbre ? — Oui, Maître, il y a ce manguier-ci. — Bien, grand roi ; tu est intelligent. — Le Thera impose encore une autre épreuve dont le roi se tire également avec éclat : « En dehors de tes parents et de tes non-parents y a-t-il encore quelque homme, ô grand roi ? — Moi-même, Maître. — Bien, grand roi, on n'est à soi-même ni parent ni non-parent. » « Alors, est-il dit ensuite, le Thera vit que le roi était intelligent et qu'il pourrait comprendre la doctrine et il lui prêcha la parabole du Pied de l'Éléphant. » (Buddhaghosha, dans le *Vinaya-Piṭaka*, vol. III, p. 324.)

grandes instructions qu'elle attribue le plus d'importance dans sa prédication ; le dialogue ou la parabole, la fable ou la stance gnomique ne semblent à côté qu'un accident, ou, pour ainsi dire, un simple enjolivement marginal[211].

La littérature védique nous donne une image du style de cérémonie usité de bonne heure dans les discours dogmatiques, instructions ou controverses : le Bouddha n'était pas né que depuis longtemps déjà ce style s'était formé dans les écoles de Brahmanes ou sur la place du sacrifice. Aux paroles qui allaient exprimer les choses saintes, on croyait devoir un auguste appareil : dans ces discours religieux les phrases se lient sur un mode solennel et hiératique, et ce caractère formaliste ne tarde pas à leur donner un air de pesante gravité. Les attitudes mêmes de l'orateur ne sont pas indifférentes : un strict cérémonial règle sa pose et ses gestes. Tel était l'usage des cercles brahmaniques longtemps avant le Bouddha, telle était aussi la conception de la Communauté bouddhique au temps auquel remontent nos textes : pouvons-nous penser que le Bouddha et son entourage, placés entre ces deux époques, n'en aient pas partagé les sentiments ? Il se peut que pour la forme, le ton, le mouvement, les instructions que nous trouvons dans les textes sacrés s'écartent singulièrement de l'idée que nous sommes portés à nous faire d'une parole vivante et parlée ; mais à des formations différentes il faut savoir appliquer des formules différentes ; et comment ne pas croire que la façon de parler du Bouddha, avec sa solennité et sa gravité, n'ait eu beaucoup plus d'analogie avec le type des discours conservés par la tradition qu'avec celui que notre sentiment du naturel et de la vraisemblance pourrait être tenté de mettre à sa place[212] ?

---

[211] Voir la définition de la prose hiératique du Bouddhisme ancien dans mon ouvrage intitulé *Zur Geschichte der altindischen Prosa*, p. 39 et sqq.

[212] Garbe présente un autre aspect de la question traitée ici dans ses *Beiträge zur indischen Kulturgeschichte*, p. 26.

Aucun mouvement dans les périodes de ces discours ; on n'y voit que raideur et monotonie ; aucun jeu d'ombre ou de lumière : partout une image fidèle du monde tel que se le représentait cette Communauté de moines, de ce monde en grisaille où tout naît pour disparaître, qui d'une marche toujours égale poursuit sa route douloureuse et sous lequel reposent les abîmes immobiles du Nirvâna. On ne sent rien vibrer dans cette prédication, aucun effort intérieur, aucune tentative passionnée. Tous les tâtonnements sont restés en arrière, dépassés de bien loin par celui qui a trouvé, qui a vaincu. Omniscient, avec une calme sérénité, il énonce les lois immuables qui président à la lutte et assurent la victoire à celui qui sait tenir en mains, sans jamais se départir de sa fermeté, tous les fils de la vie spirituelle. Cette prédication ne cherche jamais à s'emparer de l'âme de l'auditeur avec la puissance inhérente à l'homme supérieur et la rigueur inséparable de cette puissance. On n'exerce aucune pression pour s'attirer des croyants, on n'éprouve aucune amertume contre les incrédules qui restent à l'écart. Dans ces discours chaque mot, chaque phrase s'allonge à côté des autres dans sa calme uniformité : que cette phrase, ce mot expriment ce qu'il y a de plus insignifiant ou de plus important, il n'importe. Dans l'opinion des Bouddhistes, les mondes des dieux et ceux des hommes ne sont pas seuls gouvernés par une nécessité éternelle : il en est de même du monde des concepts et des vérités ; il existe pour chaque idée une manière déterminée de la connaître et de l'exprimer, et il n'en existe qu'une : cette forme même, le penseur ne la crée pas, il la retrouve. Le Bouddha parle : ce qu'il dit, dans d'innombrables périodes du monde, des infinités de Bouddhas l'ont dit et le rediront comme lui. Par suite, nous ne trouverons ici rien qui ressemble au jeu libre et spontané d'un esprit qui en use librement avec son sujet : chaque pensée a le même droit d'être entendue complètement et sans abréviation aucune à la place qui lui revient ; c'est ainsi que s'accumulent ces répétitions interminables que les disciples du Bouddha ne se lassaient pas d'écouter et de vénérer toujours à nouveau : c'était là pour eux le revêtement nécessaire de la pensée sainte. A la vérité, plus on est allé loin dans cette voie et plus ont été nombreux les gens dont le goût profane se révoltait : nous rencontrons à l'occasion dans les textes des plaintes caractéristiques sur les moines qui n'écoutent pas lorsqu'on expose devant eux les profondes prédications du Parfait sur les choses abstraites : les discours rehaussés d'artifices poétiques et de mots variés ont seuls le don de leur plaire[213]. En fait, il ne devait pas être donné à tout le monde d'observer jusqu'au bout une pieuse attention en entendant par exemple la manière dont une instruction du Bouddha[214] développait ce thème que plus l'homme a d'amours, plus il a de douleurs : « Qui a cent sortes d'amours a cent sortes de douleurs. Qui a quatre-vingt-dix sortes d'amours a quatre-vingt-dix sortes de douleurs... » Et ainsi de suite pour la série complète des nombres jusqu'à la conclusion : « Qui a un amour a une douleur ; qui n'a pas d'amour n'a pas de douleur. » Beaucoup, on peut même dire la plupart des anciennes instructions sont plus ou moins semblables à celle-là. — Voyez encore une des plus célèbres[215] : il s'agit d'exprimer cette idée que tous les sens de l'homme pêle-mêle avec le monde qu'ils perçoivent sont saisis et consumés par les douleurs qui naissent de l'instabilité des choses terrestres, comme par un brasier. On serait tenté de croire, à la lecture, qu'au temps du Bouddha l'esprit humain n'avait pas encore découvert la parole magique qui sait introduire l'enchaînement, l'abréviation et l'unité dans de prolixes suites de phrases juxtaposées, le mot si puissant sans en avoir l'air de « et » :

« Alors le Bienheureux dit à ses disciples : Tout, ô disciples, est en flammes. Et quel est ce tout, ô disciples, qui est en flammes ? L'œil, ô disciples, est en flammes, le visible est en

---

[213] *Anguttara-Nikâya*, vol. I, p. 72 ; *Saṁyutta-Nikâya*, vol. II, p. 267.

[214] *Udâna*, VIII, 8.

[215] **Mahâvagga**, I, 21.

flammes, la connaissance du visible est en flammes, le contact avec le visible est en flammes, le sentiment qui naît du contact avec le visible, que ce soit joie, que ce soit douleur, que ce ne soit ni douleur ni joie, ce sentiment aussi est en flammes. Par quel feu cela est-il enflammé ? Par le feu du désir, par le feu de la haine, par le feu de l'aveuglement cela est enflammé ; par la naissance, la vieillesse, la mort, les peines, les plaintes, la douleur, le chagrin, le désespoir cela est enflammé : telles sont mes paroles. — L'oreille est en flammes, ce que l'oreille perçoit est en flammes, le contact avec ce que l'oreille perçoit est en flammes, le sentiment qui naît du contact avec ce que l'oreille perçoit, que ce soit joie, que ce soit douleur, que ce ne soit ni douleur ni joie, ce sentiment aussi est en flammes. Par quel feu cela est-il enflammé ? Par le feu du désir, par le feu de la haine, par le feu de l'aveuglement cela est enflammé ; par la naissance, la vieillesse, la mort, les peines, les plaintes, la douleur, le chagrin, le désespoir cela est enflammé : telles sont mes paroles. — L'odorat est en flammes... (Suit pour la troisième fois la même série de phrases.) Le goût est en flammes... ; le corps (toucher) est en flammes... ; l'esprit (sens interne) est en flammes... (A chaque fois le développement revient toujours le même, sans aucune abréviation. Puis le discours continue) :

« Sachant cela, ô disciples, un sage, un noble auditeur de la doctrine sera dégoûté de l'œil, il sera dégoûté du visible, il sera dégoûté de la connaissance du visible, il sera dégoûté du contact avec le visible, il sera dégoûté du sentiment qui naît du contact avec le visible, que ce soit joie, que ce soit douleur, que ce ne soit ni douleur ni joie. Il sera dégoûté de l'oreille... (Suivent tout au long l'une après l'autre les mêmes séries d'idées que ci-dessus. Le discours se termine ainsi) :

« A l'instant où il sera dégoûté de cela, il sera libre de désir ; libre de désir, il sera délivré (sauvé) ; dans le délivré se lève cette connaissance : « Je suis délivré ; toute naissance nouvelle est anéantie, la sainteté est accomplie, le devoir rempli ; il n'y a plus de retour ici-bas » ; telle est la connaissance qu'il possède.

TYPE DES HISTOIRES DE CONVERSION

Cette instruction *Sur les flammes du brasier des sens* est censée adressée par le Maître aux mille ermites d'Uruvelâ[216] ; mais à ce moment, nous dit-on, leur conversion était chose faite et ils avaient déjà reçu les ordres ; en eux déjà, selon l'expression habituelle des textes sacrés, « s'était éveillée la vision pure et sans tache de la vérité : tout ce qui est soumis à la loi de la naissance, tout cela est également soumis à la loi de la disparition ». S'il s'agit, au contraire, de faire entendre à un néophyte, encore étranger à la prédication du Bouddha, le sermon sur la douleur et la Délivrance, les relations des textes sacrés revêtent un caractère assez différent. Pour donner une idée de ce type nouveau, qu'on nous permette de citer ici le récit sur les Anciens des quatre-vingt mille villages du royaume de Magadha : le roi de Magadha les a convoqués et, la session terminée, les envoie au Bouddha[217], pour écouter sa prédication :

« Mais lorsque le roi de Magadha, Seniya Bimbisâra, eut instruit les quatre-vingt mille Anciens des villages dans les règlements du monde visible, il les congédia et dit : « Amis, vous êtes dès à présent instruits par moi dans les règlements du monde visible ; allez maintenant et approchez-vous de Lui, le Bienheureux ; Lui, le Bienheureux, vous instruira des choses de l'autre monde. » Alors les quatre-vingt mille Anciens allèrent à la montagne Gijjhakûta (le pic des vautours). En ce temps-là le service de la personne du Bienheureux incombait au révérend Sâgata. Les quatre-vingt mille Anciens des villages allèrent où était le révérend Sâgata ; lorsqu'ils furent arrivés près de lui, ils dirent au révérend Sâgata : « Nous sommes ici, Seigneur, nous, les quatre-vingt mille Anciens des villages, pour voir le

---

[216] Voyez plus haut, p. 150.

[217] *Mahâvagga*, V, 1.

Bienheureux. Or donc, Seigneur, faites-nous jouir de la vue du Bienheureux. » — Attendez ici un instant, amis, que je vous annonce au Bienheureux. » Alors le révérend Sâgata, du haut des degrés (placés à l'entrée du monastère) disparut à la vue des quatre-vingt mille Anciens des villages et à leurs yeux, apparut à la vue du Bienheureux et dit au Bienheureux : « Les quatre-vingt mille Anciens des villages viennent ici, Seigneur, pour voir le Bienheureux. Que le Bienheureux, Seigneur, veuille bien faire ce qu'il juge opportun. — Prépare-moi donc un siège, ô Sâgata, à l'ombre du monastère. — Oui, Seigneur », répondit au Bienheureux le révérend Sâgata ; il prit un siège, disparut à la vue du Bienheureux, apparut au haut des degrés à la vue des quatre-vingt mille Anciens des villages et à leurs yeux, et prépara un siège à l'ombre du monastère. Alors le Bienheureux sortit du monastère et se plaça sur le siège qui lui avait été préparé à l'ombre du monastère. Alors les quatre-vingt mille Anciens des villages vinrent à l'endroit où était le Bienheureux ; lorsqu'ils furent arrivés près de lui, ils s'inclinèrent devant le Bienheureux et se placèrent à ses côtés. Or les quatre-vingt mille Anciens des villages tournaient seulement leur attention vers le révérend Sâgata et non aussi vers le Bienheureux. A ce moment le Bienheureux connut dans son esprit les pensées des quatre-vingt mille Anciens des villages et dit au révérend Sâgata : « Montre donc, ô Sâgata, quelque miracle encore plus grand et qui dépasse les forces humaines. — Oui, Seigneur, » répondit au Bienheureux le révérend Sâgata ; il s'éleva en l'air, et, dans les hautes régions de l'atmosphère, il marchait, il se tenait debout, il se couchait, il s'asseyait, il exhalait de la fumée et des flammes, et il s'évanouissait. Lors donc que dans les hautes régions de l'air le révérend Sâgata eut fait voir en plusieurs manières ce miracle, qui dépasse les forces humaines, il inclina son front aux pieds du Bienheureux et dit au Bienheureux : « Mon Maître, Seigneur, est le Bienheureux, je suis son disciple ; mon Maître, Seigneur, est le Bienheureux, je suis son disciple. » Alors les quatre-vingt mille Anciens des villages pensèrent : « Vraiment cela est admirable, vraiment cela est merveilleux ; si le disciple a tant de pouvoir et de puissance, quel sera le maître ! » et ils tournaient leur attention seulement vers le Bienheureux, et non aussi vers le vénérable Sâgata. Alors le Bienheureux connut dans son esprit les pensées des quatre-vingt mille Anciens des villages et leur prêcha la Parole, dans l'ordre, comme il suit : le sermon sur l'aumône, le sermon sur la droiture, le sermon sur les cieux, sur la perversité, la vanité, l'impureté de la concupiscence, sur la gloire de ne pas être l'esclave de la volupté. Lors donc que le Bienheureux reconnut que leurs âmes étaient prêtes, ouvertes, libres d'entraves, élevées et tournées vers lui, il leur prêcha ce qui est avant tout la prédication des Bouddhas, la douleur, l'origine de la douleur, l'abolition de la douleur, le chemin vers l'abolition de la douleur. De même qu'une étoffe propre, de laquelle toute impureté est absente, s'imprègne tout entière de la teinture, ainsi s'éveilla dans les quatre vingt mille Anciens des villages, tandis qu'ils étaient là assis, la vision pure et sans tache de la vérité : « tout ce qui est soumis à la loi de la naissance, tout cela est également soumis à la loi de la disparition. » Et connaissant la doctrine, pénétrés de la doctrine, possédant la doctrine, s'abîmant en la doctrine, domptant le doute, sans hésitations, pénétrés par la révélation, n'ayant besoin de rien autre chose dans leur croyance à la doctrine du Maître, ils parlèrent ainsi au Bienheureux : « Admirable, Seigneur, admirable ! De même, ô Seigneur, que l'on relève ce qui est abattu ou que l'on dévoile ce qui est caché, ou que l'on indique son chemin à celui qui est égaré, ou que dans les ténèbres on élève un flambeau pour que celui qui a des yeux puisse voir l'aspect des choses, ainsi le Bienheureux en divers discours a prêché la doctrine. Nous mettons, Seigneur, notre recours dans le Bienheureux et dans la Doctrine et dans la Communauté des disciples ; que le Bienheureux veuille bien nous recevoir comme ses disciples laïques, attendu qu'à partir d'aujourd'hui, pour toute la durée de notre vie, nous avons mis notre recours en lui.

Ce récit de la visite des Anciens au Bouddha peutêtre considéré comme typique ; ce sont ces traits que nous trouvons presque toujours reproduits en pareille occasion par les textes sacrés. Le

Bouddha, on l'a vu, ne discourt pas dès le début sur ce qui constitue le terme et le fond même de sa prédication ; il commence par exhorter aux vertus propres à la condition mondaine, à la générosité, à l'intégrité dans la conduite de la vie terrestre ; il parle des cieux et des récompenses qui y sont réservées à ceux qui ont mené ici-bas une vie pleine de nobles aspirations ; c'est seulement lorsqu'il sent ses auditeurs prêts à comprendre des idées encore plus profondes, qu'il se décide à les entretenir de ce qui, selon l'expression des textes, « est avant tout la prédication des Bouddhas », de la doctrine de la Douleur et de la Délivrance. Quelquefois l'exposé de cette doctrine procède par antithèses qui se répètent indéfiniment : l'imperfection est opposée à la perfection, les misères du monde à la paix du renoncement. Ailleurs cet exposé se déploie d'étape en étape : il commence par décrire les aspirations de l'âme, encore imparfaites à leur début, pour s'élever peu à peu jusqu'aux sommets du but suprême. Mais ce sont, quant au fond, toujours les mêmes sujets de prédication, toujours les mêmes expressions de joie et de gratitude dans la bouche des convertis et, pour finir, toujours la même formule par laquelle ils déclarent, en qualité de frères ou de sœurs laïques, mettre leur recours dans la Trinité de l'Église bouddhique : le Bouddha, la Doctrine et la Communauté.

Entre temps nous rencontrons çà et là quelque récit de miracle. Il est vrai que certains passages de nos textes se prononcent très froidement sur la valeur religieuse attribuée aux miracles. Assumer diverses formes, s'élever dans les airs ou marcher sur les eaux, lire les pensées d'autrui, — autant de facultés que possèdent au même degré les hommes pieux et les jongleurs ; celui-là seul opère un vrai miracle qui amène les autres à penser selon la vérité et à connaître l'illumination intérieure, qui acquiert pour lui-même la faculté de la méditation religieuse, la connaissance et la délivrance[218]. Mais cette haute conception du

---

[218] *Dîgha-Nikâya* I, 211 et sqq. Cf. *Anguttara-Nikâya* I, 170 et sqq.

miracle n'est pas une règle absolue : très souvent nous voyons attribuer au Bouddha ou à ses saints disciples des actes miraculeux qui ne sont en rien supérieurs au miracle baroque et sans intérêt.

Où que nous ouvrions nos Évangiles, nous découvrons à chaque page les traits les plus délicats et les plus profonds de l'influence de Jésus : attentive, consolante, salutaire, réconfortante, nous la voyons s'exercer d'âme à âme, de personne à personne. Combien autre est l'image que l'ancienne Communauté bouddhique nous a conservée de l'influence de son maître, combien pauvre de cette puissance de sympathie qui remue l'être jusque dans ses profondeurs ! Ici plus de détail humain, vivant, personnel ; tout se cache derrière le schéma, derrière la formule ; c'est seulement à la douleur générale du monde qu'encore et toujours est confrontée toute douleur personnelle et particulière, pour qu'ainsi l'esprit se prépare à suivre le chemin qui doit le conduire par delà toute douleur.

DIALOGUES. ANALOGIE. INDUCTION.

Çà et là on remarque quelque modification dans la forme extérieure de ces récits ; au lieu d'un sermon on trouve un dialogue ; le Bouddha interroge ou se laisse interroger. Cette époque avait déjà l'habitude des entretiens didactiques et les cultivait en toute connaissance de cause, avec autant de zèle que d'habileté. Les interlocuteurs s'engagent à l'avance à parler avec le plus grand sérieux et selon la vérité. On tient à ce que l'entretien ne s'écarte pas inutilement de son but. Quiconque se perd dans des contradictions ne manque pas d'être critiqué : « Ta parole suivante ne s'accorde pas avec la précédente, la précédente ne s'accorde pas avec la suivante. » On distingue « la question à laquelle on doit répondre tout simplement, — la question à laquelle on doit répondre en faisant une distinction,

— la question à laquelle on doit répondre en faisant une contre-question, — la question qu'on doit laisser de côté[219]. » Quelqu'un qui a pris part ou qui a assisté à un entretien important, en fait souvent un exposé détaillé à d'autres dont il cherche à connaître l'avis. Néanmoins, la valeur littéraire des textes sacrés est, malheureusement, trop insuffisante pour nous donner une image vivante des entretiens qui avaient lieu dans l'entourage du Bouddha ou au sein de l'ancienne communauté. Les moines qui avaient rédigé ces textes n'avaient pas beaucoup de talent, surtout ils n'avaient rien moins que la veine dramatique. Les interlocuteurs du Bouddha ne sont là que pour répondre « oui », ou bien, au cas où ce sont de malveillants adversaires, pour rester muets et confondus[220] et finalement se

---

[219] *Ang.-N.*, vol. I, p. 197 ; cf. **Milindapañha**, p. 144 et sqq.

[220] Il faut voir les textes sacrés aux prises avec le soin de peindre les caractères des divers interlocuteurs et les autres difficultés d'un exposé dialogué et par conséquent dramatique : voici un exemple plaisant de la façon dont ils s'en tirent : il nous est fourni par l'histoire du dialogue du Bouddha avec la belle-fille d'Anâthapindika (dans l'*Anguttara-Nikâya*, vol. IV, p. 91 et sqq.). Le Bouddha, faisant sa quête, arrive à la maison du plus riche et du plus libéral de ses Zélateurs, le grand chef des marchands, Anâthapindika. Il y entend un grand bruit de voix, comme de personnes qui se querellent, et demande : « Que signifient ces cris et ce tapage dans ta maison ? On croirait qu'on a enlevé leurs poissons à des pêcheurs. » Et Anâthapindika confie en gémissant son chagrin au Bouddha : une belle-fille à lui, d'une riche famille, est venue demeurer dans sa maison ; or elle ne veut écouter ni son mari ni ses beaux-parents et se refuse à rendre au Bouddha les honneurs qui lui sont dus. Le Bouddha dit à cette femme : « Approche, Sujâtâ. » Elle répond : « Oui, Seigneur » et s'approche du Bouddha. Il lui dit : « Il y a, Sujâtâ, sept sortes d'épouses, qu'un homme peut avoir. Quelles sont ces sept sortes ? Ce sont : Celle qui est semblable à une homicide, celle qui est semblable à une voleuse, celle qui est semblable à une maîtresse, celle qui est semblable à une mère, celle qui est semblable à une sœur, celle qui est semblable à une amie, celle qui est semblable à une servante. Telles sont les sept sortes d'épouses qu'on peut avoir. Laquelle de ces sept es-tu ? » — Et Sujâtâ a soudain oublié toute opiniâtreté et toute arrogance, et répond avec humilité : « Seigneur, je ne comprends pas dans le détail le sens de ce que le Bienheureux vient de dire en peu de mots ; or donc, Seigneur, que le Bienheureux veuille bien me prêcher à moi aussi sa doctrine, pour que je comprenne dans le détail le sens de ce que le Bienheureux vient de dire en peu de mots. » — « Sois donc attentive à mes paroles, ô Sujâtâ, et prends-les bien à cœur : je vais te le dire. » — « Oui, Seigneur », répond Sujâtâ. Et alors le Bouddha lui décrit les sept sortes de femmes, depuis la pire, celle qui s'attache à d'autres hommes, méprise son époux et en veut à sa vie, jusqu'à la meilleure, celle qui,

convertir, si la chose n'est déjà faite. Ne nous laissons pas cependant rebuter par cette absence de vie et de réalité concrète ; étudions le contenu logique des entretiens ; nous y rencontrerons plus d'un trait (traits assez peu apparents à la vérité et assez gauches, mais réels) d'une méthode didactique connue : c'est celle que l'histoire désigne à bon droit par le nom de l'homme qui put, chez un peuple plus brillamment doué, la pratiquer d'une façon incomparablement plus complète, c'est la « maïeutique » de Socrate. Ici et là, même façon d' » accoucher » les idées au moyen de questions portant sur les analogies que présente la vie de tous les jours ; ici et là, mêmes débuts, — bien que ce ne soient que les premiers débuts — d'une méthode inductive.

Prenons par exemple le récit de l'entretien entre le Bouddha et Sona[221] ; ce Sona est un disciple qui s'était imposé d'excessives macérations ; il vient de s'apercevoir de l'inutilité de ses pratiques et il est disposé à se jeter dans l'autre extrême et à retourner à une vie de plaisir. Le Bouddha lui dit :

« Qu'y a-t-il, Sona ? Étais-tu auparavant, avant ton départ de ta maison, habile à toucher du luth ? 2 — Oui, Seigneur. — Qu'en penses-tu donc, Sona ? Si sur ton luth les cordes sont trop tendues, est-ce qu'alors le luth donnera le ton juste et sera prêt à être touché ? — Il n'en sera rien, Seigneur. — Et qu'en penses-tu encore, Sona ? Si sur ton luth les cordes sont trop détendues, est-ce qu'alors le luth donnera le ton juste et sera prêt à être touché ? — Il n'en sera rien, Seigneur. — Comment donc, Sona ? Si sur ton luth les cordes ne sont ni trop tendues, ni non plus trop détendues, si elles gardent la juste mesure, est-

---

comme une servante, est perpétuellement soumise à la volonté de son époux et supporte sans murmures ses actions et ses paroles. « Telles sont, ô Sujâtâ, les sept sortes d'épouses qu'un homme peut avoir. Laquelle de ces sept es-tu ? » — « A partir d'aujourd'hui, Seigneur, que le Bienheureux veuille bien me compter comme une de ces femmes qui sont pour leur époux une épouse pareille à une servante. »

[221] *Mahâvagga* ['15'], V, 1, 15 et sqq.

ce qu'alors le luth donnera le ton juste et sera prêt à être touché ? — Oui, Seigneur. — Eh bien, de même, ô Sona, les forces de l'âme, trop tendues, tombent dans l'excès, — trop détendues, tombent dans la mollesse. Ainsi donc, ô Sona, réalise en toi l'équilibre de tes forces, et tends sans relâche à l'équilibre de tes facultés spirituelles, et propose-toi cela comme but. »

Ailleurs le Bouddha a pour interlocuteur un Brahmane[222] ; l'entretien roule sur les relations des quatre castes entre elles et sur les prétentions que les castes supérieures élèvent au service et à l'obéissance des inférieures. Le Bouddha donne à sa critique la forme d'un dialogue et procède par demandes et réponses :

« Si l'on faisait à un Kshatriya (à un noble) cette question : « Au service duquel de ces deux hommes te mettrais-tu ? Par le fait de l'un, si tu te mets à son service, en retour de ces services tu t'en trouveras plus mal et non mieux ; par le fait de l'autre, si tu te mets à son service, en retour de ces services, tu t'en trouveras mieux et non plus mal » — le Kshatriya, s'il répondait bien répondrait ainsi : « Au service de celui par le fait de qui, si je me mets à son service, en retour de ces services je m'en trouve plus mal et non mieux, au service de celui-là je ne me mettrais pas ; mais au service de celui par le fait de qui, si je me mets à son service, en retour de ces services je m'en trouve mieux et non plus mal, au service de celui-là je me mettrais. » — (Et maintenant l'induction poursuit sa marche roide et logique : « Si l'on faisait cette question à un Brahmane..., à un Vaiçya..., à un Çûdra... » — La réponse est naturellement chaque fois la même et tout ce travail d'analyse aboutit enfin à ce résultat) : « Dans le cas où, à être au service de quelqu'un, on sent sa foi grandir, son savoir grandir, son entendement grandir, dans ce cas je dis que l'on doit se mettre au service de celui-là. »

---

[222] *Phasukârî-Suttanta* (*Majjh.-Nik.* 96).

PARABOLES

Çà et là, entre des exposés dogmatiques et des exhortations morales, s'intercalent, comme dans nos Évangiles, des paraboles : « Je veux vous conter une parabole, dit le Bouddha ; grâce à une parabole, plus d'un homme sage découvre le sens de ce qui est dit[223]. » Les faits et gestes de l'homme aussi bien que la vie de la nature fournissent les motifs de ces paraboles ; elles ont trait à la vie spirituelle et à l'effort, à la Délivrance, aux Délivrés et aux non-Délivrés. La Communauté des disciples, cette réunion de nobles esprits, au sein de laquelle disparaissent toutes les distinctions mondaines de haute et de basse naissance, est semblable à la mer avec toutes ses merveilles : dans ses profondeurs perles et pierres précieuses reposent : dans son sein s'agitent de gigantesques créatures ; les fleuves s'y jettent, et ils perdent leur nom, et ils se transforment en mer, tous, tant qu'ils sont. Comme la fleur de lotus élève sa tête hors des eaux, à l'abri du contact de l'eau, ainsi les Bouddhas, nés dans le monde, s'élèvent au-dessus du monde, hors du contact de l'impureté du monde. La prédication du Bouddha est comparée à l'opération du médecin qui extrait la flèche empoisonnée de la blessure et, avec des plantes salutaires, triomphe de la violence du poison. Le paysan laboure son champ, fait les semailles, amène l'eau : mais il n'a pas le pouvoir de dire : « Aujourd'hui le grain doit germer, demain il doit lever, le jour suivant il doit mûrir » ; il lui faut attendre que la saison favorable arrive et apporte à sa moisson croissance et maturité ; il en est de même du disciple qui travaille à obtenir la Délivrance : il lui faut s'imposer une règle de vie sévère, s'adonner à la méditation religieuse, s'instruire avec ardeur dans la doctrine du salut ; mais il n'a pas le pouvoir de dire : « Aujourd'hui ou demain mon esprit doit être délivré de tout

---

[223] Je renvoie à l'excellent article de Mme Rhys Davids : *Buddhist Parables and Similes* (*The Open Court*, sept. 1908).

élément terrestre » ; il lui faut attendre que le temps où la Délivrance deviendra son partage soit venu pour lui.

Voici encore la parabole qui nous est contée à propos du Tentateur qui travaille à entraîner l'homme hors de la route du salut sur une mauvaise voie et du Sauveur qui le remet dans le vrai chemin[224] :

« Imaginez, ô disciples, dans une forêt, sur le penchant d'une montagne, un grand bas-fond et un étang près duquel vit un grand troupeau de bêtes sauvages ; et il vient un homme qui cherche la perte, la souffrance et le malheur de ces bêtes : il cache le chemin par lequel on peut passer bel et bien et sûrement, et ouvre un faux chemin, un chemin marécageux, un sentier marécageux : et alors, ô disciples, le grand troupeau de bêtes sauvages souffrira dorénavant dommage et péril et diminuera. Mais si maintenant, ô disciples, un homme vient qui cherche la prospérité, le bien-être et le bonheur du grand troupeau de bêtes sauvages, cet homme ouvre et fraye le chemin par lequel on peut passer bel et bien et sûrement, et détruit le faux chemin, et anéantit le chemin marécageux, le sentier marécageux ; et alors, ô disciples, le grand troupeau de bêtes sauvages dorénavant prospérera, croîtra et augmentera. Une parabole, ô disciples, je vous ai dite, pour vous en faire savoir le sens. Or le sens, le voici : Le grand bas-fond et l'étang, ô disciples, ce sont les plaisirs. Le grand troupeau de bêtes sauvages, ô disciples, ce sont les êtres vivants. L'homme, ô disciples, qui cherche la perte, la souffrance et le malheur est Mâra le Malin. Le faux sentier, ô disciples, est le faux sentier à huit branches, qui s'appelle : foi fausse, volonté fausse, langage faux, action fausse, moyens d'existence faux, application fausse, mémoire fausse, méditation fausse. Le chemin marécageux, ô disciples, est la jouissance et le désir. Le sentier marécageux, ô disciples, est l'ignorance. L'homme, ô disciples, qui cherche la

---

[224] *Dvedhâvitakka-Sutta* (*Majjh.-N.*, vol. I, p. 117).

prospérité, le bien-être, le bonheur, est le Parfait, le saint, le suprême Bouddha. Le chemin sûr et bon, ô disciples, et par où l'on peut bien passer, est le chemin sacré à huit branches, qui s'appelle : foi pure, volonté pure, langage pur, action pure, moyens d'existence purs, application pure, mémoire pure, méditation pure. Ainsi donc, ô disciples, par moi a été ouvert le bon, le sûr sentier, par lequel on peut bien passer ; le faux chemin est détruit, le chemin marécageux, le sentier marécageux est anéanti. Tout ce que peut faire, ô disciples, un maître qui cherche le bonheur de ses disciples, qui a compassion d'eux, par compassion pour eux, je l'ai fait pour vous. »

Tel est le genre des paraboles qui émaillent la prédication de la douleur et de la Délivrance. A travers la solennité formaliste du style ecclésiastique des moines on sent passer un souffle nouveau : c'est un profond sentiment de la vie et de la nature ; c'est ce penchant naturel qui porte l'homme à tâcher de dérober son secret à ce monde divers ; qui sait si, symboliquement, il ne saurait rien lui apprendre du monde spirituel et de ses mystères ?

FABLES ET CONTES

Des paraboles aux fables et aux contes, il n'y a qu'un pas : les moines bouddhiques étaient restés assez indiens pour continuer à goûter dans sa plénitude l'antique plaisir de l'Inde, le plaisir de conter. Les textes sacrés mettent donc des contes dans la bouche du Bouddha : tantôt c'est une fable avec des animaux comme personnages ; tantôt c'est une histoire tirée des étranges vicissitudes de ce monde et des mille péripéties de la Vie humaine : le fond en est sérieux ou parfois plaisant : « Il y avait une fois deux sages frères... » commence le Bouddha ; ou bien : « Il y avait une fois à Bénarès un roi nommé Brahmadatta » ; ailleurs c'est l'histoire du roi exilé « Longue-douleur » et de son sage fils « Longue-vie » ; ou bien c'est la fable de la Perdrix, du

Singe et de l'Éléphant, qui apprennent à vivre selon la sagesse et en bonne intelligence les uns avec les autres ; et à la fin de chaque histoire vient se placer, comme il convient, la morale[225].

STANCES

Mais la plus belle parure de la prédication du Bouddha, ce sont les stances poétiques : là, comme dans un foyer lumineux, se concentre tout le meilleur de l'esprit bouddhique, tout ce qu'il a d'éclat et de chaleur. Il ne nous faut nullement considérer ces stances comme un ornement fabriqué après coup et ajouté par la Communauté à la prédication de son fondateur : la nature flexible du mètre employé, le *çloka*, se prêtait aisément à ces courtes improvisations et il se peut fort bien que des sentences

---

[225] Quelques-unes de ces histoires appartiennent à un genre particulier dont les traits caractéristiques s'étaient évidemment fixés dès une époque ancienne : leur héros principal est identifié avec le Bouddha considéré dans une de ses existences antérieures, et les autres personnages qui y jouent un rôle avec des personnes de l'entourage du Bouddha ou du cercle de ses adversaires. Plus tard on fabriqua par centaines des histoires présentant toutes cette même « clef », ou bien on remania de vieux sujets de conte pour les accommoder « ad majorem Buddhae gloriam » ; on trouve parmi ces derniers des fables que le monde occidental a bien connues dès l'antiquité : telles sont, par exemple, la fable de l'Ane dans la peau du Lion, celle de la Cigogne qui extrait un os de la gorge du Loup (dans la fable indienne ce sont, respectivement, le Pic et le Lion). Les récits de ce genre forment un livre à part dans les textes sacrés : c'est la collection des *Jâtakas* (histoires tirées des naissances antérieures). J'ai donné un exposé détaillé de cette littérature des contes dans ma *Literatur des alten Indien*, p. 103 et sqq. ; sur l'histoire de ces récits voir *Nachträge der Gött. Ges. der Wiss.*, 1911, p. 441 et sqq. ; 1912, p. 183 et sqq. — C'est d'ailleurs une chose remarquable que de voir comment ici le parallélisme des conceptions indiennes et des idées grecques correspondantes s'étend jusque dans ces ramifications accessoires. Empédocle s'exprime tout à fait dans le style des Jâtakas : « Et j'ai été jadis un garçon, une fille, un arbre, un aigle, un poisson muet dans la mer. » Et il est dit de Pythagore : « Quand il tendait puissamment toutes les forces de l'esprit, il pouvait aisément embrasser des yeux les destinées de cette vie, à travers dix et même vingt âges d'hommes. » La différence entre les idées grecques et bouddhiques est simplement que celles-ci renchérissent sur le merveilleux en plus merveilleux encore, et cela sans aucune mesure. (Cf. mon ouvrage : *Aus Indien und Iran*, p. 93). Sur les Jâtakas voir aussi mon ouvrage cité ci-dessus, p. 179, n. 1, p. 79 et sqq., et NGGW, 1918, 429 et sqq. ; 1919, 61 et sqq.

de ce genre se soient effectivement rencontrées dans la bouche du Bouddha et de ceux de ses disciples qui en avaient particulièrement le don[226]. A côté de la morne sécheresse des discours dogmatiques rédigés en prose, rien de plus imprévu que ces stances : on pourrait être tenté de se demander si ce sont vraiment les mêmes esprits qui ont composé les uns et les autres. On croit sentir combien cette prose tenait ceux qui l'employaient à l'étroit et à la gêne : mais partout où cesse le domaine de la prose, partout où, au lieu d'abstractions arides et subtiles, on exprime en toute simplicité les aspirations, les peines, les espérances de son cœur, aussitôt on sent la vie s'éveiller et avec elle sa fleur, la poésie. Sous le royal manteau que leur fait le style imagé de l'Inde éclatent à nos yeux des sentiments pleins de profondeur, et les *çlokas*, avec leur rythme à la fois régulier et doux, où se mêlent d'une façon si originale la variété et la monotonie, s'épandent de toutes parts, pareils aux souples vagues d'un lac, où, entre les lotus multicolores et parfumés, la clarté du ciel se reflète.

Quant à l'âme de cette poésie, c'est l'âme même de la croyance bouddhique : c'est cette seule et unique pensée, dont toutes les stances, dans une sublime monotonie, se font l'écho : Funeste est l'instabilité des choses de ce monde ; bienheureux celui qui possède ce qui est éternel. C'est elle qui donne le ton à toute la morale rythmée des Bouddhistes, et fait qu'elle respire cette sérénité profonde, bienheureuse, dont on nous dit, en termes magnifiques, que les dieux mêmes en sont jaloux ; du haut de cette sérénité le Bouddhiste laisse tomber son regard sur les

---

[226] Le disciple à qui la tradition (*Dîp.* IV, 4) attribue surtout ce don d'improvisation (*paṭ☐ibhâna*) est Vangîsa (Maître de la parole), le héros d'une section spéciale des textes sacrés, appelée le *Vangîsathera-Sam☐yutta* (*Sam☐y. Nik.*, I, 8 ; cf. *Sutta-Nipâta*, 29 et passim). Il y est dit souvent : Telle ou telle pensée « brille soudain à (l'esprit de) Vangîsa » (*paṭ☐ibhâti*), et alors il prononce une strophe où il résume la situation du moment, loue le Bouddha, etc. Il dit de ces strophes « qu'elles n'ont pas été méditées d'avance (*pubbe parivitakkitâ*), mais que « soudain elles brillent à mon esprit » (*☐hânaso maṃ paṭ☐ibhanti*).

agitations du monde, se penche vers l'homme angoissé et, sans mot dire, présente à ses yeux l'image de la paix du cœur. Ç'a été pour l'étude du Bouddhisme une véritable bonne fortune que d'avoir à sa disposition, dès le début, le Dhammapada, le plus beau et le plus riche des recueils de stances : on ne pouvait avoir la main plus heureuse ; c'est à ce recueil que doit toujours revenir quiconque veut arriver à comprendre l'âme intérieure du Bouddhisme. Voici, pour terminer ce chapitre, quelques stances empruntées à ce texte[227] :

« Longue est la nuit pour celui qui est éveillé, long est le chemin pour celui qui est fatigué, — longue la torture des renaissances — pour celui qui ne voit pas la lumière de la vérité.

« Comme la profonde mer, sereine, pure, et claire comme un miroir, — ainsi le cœur du sage écoutant la vérité trouve le repos. »

Arrête avec vigueur le cours du torrent de l'existence ; proscris loin de toi tout plaisir : — quiconque a reconnu la fin de tout ce qui est périssable, celui-là connaît l'Incréé. »

« J'errais sur le chemin de bien des renaissances, vainement, — cherchant le bâtisseur de l'existence ; c'est une grande douleur que de toujours renaître. — A présent, je t'ai découvert, bâtisseur de la maison ; tu ne dois plus rebâtir la maison. — Tes poutres sont toutes brisées, le faîte de la maison est détruit. — L'âme, échappée à l'instabilité du monde, a atteint le terme du désir. »

---

[227] *Dhammapada* **60, 82, 383, 153** et sqq.

CHAPITRE V

LA MORT DU BOUDDHA

Le Bouddha aurait atteint l'âge de quatre-vingts ans : sur ces quatre-vingts ans, quarante-quatre appartiennent à son œuvre publique, ou, pour parler la langue de ses croyants, à « sa fonction de Bouddha ». L'année de sa mort est une des dates les plus sûrement établies de l'histoire de l'Inde ancienne ; des calculs, qui ne peuvent beaucoup s'écarter de la vérité, le font mourir vers 480 avant J.-C.

Nous possédons une relation détaillée des derniers mois de sa vie et de son dernier grand voyage, qui de Râjagaha le conduisit à Kusinârâ, l'endroit de sa mort : nous la trouvons dans un sûtra de la collection des textes sacrés rédigés en pâli[228]. Les circonstances extérieures de ce récit offrent, pour la plus grande partie (non cependant sans quelques restrictions)[229], toutes les apparences d'un souvenir formel ; quant aux paroles et aux sentences du Bouddha, qui presque toutes contiennent une allusion s'y est, donnée sans doute plus librement carrière. On sent vibrer dans ce *sûtra* une note d'émotion chaleureuse,

---

[228] Le *Mahâparinibbâna-Sutta*. Parmi les traductions de ce texte mentionnons celles de M. et Mme Rhys Davids (*Sacred Books of the Buddhists*, III), de K. E. Neumann (*Die letzten Tage Gotamo Buddhos*) et de Franke (*Dîgha-Nikâya*, 179 et sqq.). Sur les textes parallèles du canon bouddhique du Nord, voir mes observations dans la *Zeitschrift der Deutschen Morgenländ. Gesellschaft*, 52, p. 657 et sqq., et dans les *Nachtr. der Gött. Ges. der Wiss.*, 1912, p. 158, 168 et sqq. ; cf. Speyer, ZDMG. 53, p. 121 ; Puini, *Giorn. della Soc. As. Ital.* XXII.

[229] Un fait surtout éveille la défiance : les incidents de Pât☐aliputta et la rencontre avec Ambapâlî (ci-dessus, p. 165), sont encore racontés ailleurs et dans un tout autre ordre d'idées (***Mahâvagga***, VI, 28 et sqq.).

généralement étrangère au langage si froidement impersonnel de l'Église bouddhique, et qu'inspire, dans l'occurrence, le souvenir solennel des derniers jours que le Maître a passés parmi ses disciples. Qu'il nous soit à tout le moins permis de reproduire ici tantôt en abrégé, tantôt dans une traduction littérale une partie de ce récit.

De Râjagaha, la vieille capitale du royaume de Magadha, le Bouddha se dirige vers le Nord. Il franchit le Gange à l'endroit précisément où, sous la direction de hauts fonctionnaires du royaume de Magadha, l'on est en train de bâtir la nouvelle résidence royale de Pâtaliputta[230], la capitale de l'Inde dans les siècles suivants. Le Bouddha prédit la grandeur future de cette ville. Puis il continue sa marche vers la riche et brillante ville libre de Vesâlî. Près de Vesâlî, dans le bourg de Beluva, il congédie les disciples qui l'accompagnent, et là, il passe dans une retraite solitaire les trois mois pluvieux : ce devait être sa dernière saison-des-pluies. A Beluva, une grave maladie le frappa, accompagnée de douleurs violentes ; il était près de la mort. A ce moment il songea à ses disciples :

« Il ne convient pas que j'entre dans le Nirvâna sans avoir conversé avec ceux qui prenaient souci de moi, sans avoir parlé à la Communauté des disciples. Je veux par la force de ma volonté surmonter cette maladie et retenir la vie en moi. » Et le Bienheureux, par la force de sa volonté, surmonta la maladie et retint la vie en lui. Et la maladie du Bienheureux se dissipa. Et le Bienheureux se releva de cette maladie, et, aussitôt qu'il fut relevé de cette maladie, il sortit de la maison et s'assit à l'ombre de la maison sur le siège qui était préparé pour lui. Et le révérend Ânanda se rendit près du Bienheureux ; lorsqu'il fut arrivé près de lui et qu'il eut vénéré le Bienheureux, il s'assit à ses côtés ; assis à ses côtés le révérend Ânanda parla ainsi au Bienheureux : « Je vois, Seigneur, que le Bienheureux est bien ;

---

[230] La Παλίβοθρα des Grecs (aujourd'hui Patna).

je vois, Seigneur, que le Bienheureux est mieux. Mes forces m'avaient abandonné[231], ô Seigneur, j'étais pris de vertige, mon esprit ne pouvant envisager la vérité de la maladie du Bienheureux. Et cependant, Seigneur, cette idée me rassurait : le Bienheureux n'entrera pas dans le Nirvâna, tant qu'il n'aura pas fait connaître ses intentions touchant la Communauté des disciples. » — « Que désire encore de moi, ô Ânanda, la Communauté des disciples ? J'ai publié la doctrine, ô Ânanda, et je n'ai fait aucune distinction entre le dedans et le dehors ; la doctrine de la vérité, ô Ânanda, le Parfait l'a enseignée sans restriction. Celui qui a cette pensée, ô Ânanda : « Je veux régner sur la Communauté », ou : « Puisse la Communauté m'être assujettie », celui-là peut, ô Ânanda, faire savoir ses intentions touchant la Communauté. Mais le Parfait, ô Ânanda, n'a pas cette pensée : « Je veux régner sur la Communauté », ou : « Puisse la Communauté m'être assujettie. » Pourquoi, ô Ânanda, le Parfait irait-il faire connaître ses intentions touchant la Communauté ? Je suis maintenant caduc, ô Ânanda, je suis vieux, je suis un vieillard blanchi qui est arrivé au bout de son chemin et a atteint la vieillesse : je suis âgé de quatre-vingts ans… Soyez-vous à vous-mêmes, ô Ânanda, votre propre flambeau et votre propre recours, ne cherchez pas d'autre recours. Que la vérité soit votre flambeau et votre recours, ne cherchez pas d'autre recours… Celui qui, dès ce moment, ô Ânanda, ou après ma sortie de ce monde, sera son propre flambeau et son propre recours et ne cherchera pas d'autre recours, celui qui fait de la vérité son flambeau et son recours et ne cherchera pas d'autre recours, ceux-là seront, ô Ânanda, mes disciples au plus haut degré[232], qui poursuivront la bonne manière de se conduire.

Le Bouddha va maintenant à Vesâlî et fait à travers la ville sa

---

[231] La traduction n'est pas sûre ; cf. Franke, *Dîgha-Nikâya*, 202, n. 7.

[232] Cette traduction n'est pas sûre.

quête accoutumée. Puis Mâra vient vers lui et le requiert d'entrer à l'instant dans le Nirvâna. Le Bouddha l'éconduit : « Ne t'inquiète pas de cela, ô Malin. Encore un peu de temps et ce sera le Nirvâna du Parfait ; d'ici à trois mois le Parfait entrera dans le Nirvâna. » Et le Bouddha abolit en lui la volonté qui enchaînait en lui la vie : un tremblement de terre et le bruit du tonnerre accompagnent sa résolution d'entrer dans le Nirvâna.

Au soir, il fait assembler par Ânanda tous les moines qui demeurent dans le voisinage de Vesâlî. Et il s'assied au milieu d'eux et leur parle ainsi :

— Apprenez donc bien, ô disciples, la science que j'ai acquise et que je vous ai fait connaître, et marchez dans sa voie, et exercez-la, et accroissez-la, afin que cette vie de sainteté puisse durer et longtemps se prolonger pour la prospérité de bien des personnes, pour la joie de bien des personnes, par compassion pour le monde, pour le salut, la prospérité, la joie des dieux et des hommes. Et quelle est cette science que j'ai acquise et que je vous ai fait connaître, qu'il vous faut bien apprendre et pratiquer et exercer et accroître, pour que cette vie de sainteté puisse durer et longtemps se prolonger pour la prospérité de bien des personnes, pour la joie de bien des personnes, par compassion pour le monde, pour le salut, la prospérité, la joie des dieux et des hommes ? C'est la quadruple vigilance, la quadruple bonne observance, les quatre parties du saint pouvoir, les cinq organes, les cinq forces, les sept termes de la connaissance, le chemin sacré à huit branches. Telle est, ô disciples, la science que j'ai acquise et que je vous ai fait connaître »..., etc.

Et le Bienheureux continua en s'adressant aux moines : « En vérité, ô moines, je vous le dis : toutes les choses de la terre sont périssables ; luttez sans relâche. Encore un peu de temps, et ce sera le Nirvâna du Parfait ; d'ici à trois mois le Parfait entrera dans le Nirvâna. »

Ainsi parla le Bienheureux ; quand le Parfait eut ainsi parlé, le Maître poursuivit ainsi :

« Mon existence touche à sa fin, le terme de ma vie est proche. — Je m'en vais, vous demeurez ; un lieu d'asile est prêt pour moi. — Veillez sans relâche et vivez toujours en sainteté, — résolument, ô disciples, conservez sans cesse votre esprit tout prêt. — Celui qui sans chanceler vit incessamment fidèle à la parole de la vérité, — celui-là s'arrache aux mains de la Naissance et de la Mort, et arrive d'emblée au terme de toute douleur.

Le lendemain, le Bouddha fait encore une fois sa quête à travers les rues de Vesâlî ; puis il jette un dernier regard sur la ville et, avec une grande suite de disciples, il se dirige vers Kusinârâ[233] ; c'est là qu'il se réservait de faire son entrée dans le Nirvâna. En chemin, à Pâvâ, il est frappé de la maladie qui doit mettre fin à ses jours. Notre texte nous a conservé ce renseignement qu'il tomba malade pour avoir mangé de la viande de porc[234] que Cunda, le fils d'un forgeron de Pâvâ, lui avait servie.

Malade et fatigué, le Bouddha continue sa marche vers Kusinârâ. On nous a conservé quelques vers très anciens, où il est question de ce voyage :

Le Bouddha en voyage arriva à la rivière Kakutthâ, la paisible, la pure rivière, avec son eau limpide. — Fatigué, le Maître

---

[233] Actuellement Kasia, dans le district de Gorakhpur, selon Cunningham (Ancient Geography of India, p. 430). Cette identification a été fortement contestée ; les découvertes récentes semblent la confirmer, mais nous n'avons pas encore de certitude sur ce point. Voir la littérature de la question chez Franke, *Dîgha-Nikâya*, 224, n. 3, et Vincent Smith, *Enc. Rel. and Eth.*, VII, p. 761 et sqq.

[234] Je pense avec Franke que cette version du texte touche probablement juste ; Neumann et Rhys Davids sont d'un autre avis. La Vallée Poussin (*Bouddhisme*, p. 237) donne une interprétation mythologique de ce repas ; son hypothèse ne me paraît pas fondée.

descendit dans l'onde, lui, le très haut Parfait, le Sans-Pareil. — Une fois baigné, il but, et sortit de la rivière, lui, le Maître, entouré de la troupe de ses disciples. — Le Maître saint, le Prêcheur de la vérité, le Sage, s'en alla vers le bois de manguiers. — Puis il dit au moine Cunda : « Plie-moi en quatre mon manteau, que je me couche. » — Et Cunda fit ce que le Maître lui avait commandé, et il étendit promptement à terre le manteau plié en quatre. — Là le Maître se coucha, malade, et Cunda s'assit à côté de lui[235].

Enfin le Bouddha arrive à Kusinârâ. Là, sur le bord de la rivière Hiranyavatî, se trouve un bosquet d'arbres *sâlas* :

« Va, ô Ânanda, dit le Bouddha, et prépare-moi entre deux arbres jumeaux un lit, la tête tournée vers le Nord. Je suis fatigué, Ânanda, je désire me coucher.

Ce n'était pas la saison où les *sâlas* fleurissent, et cependant ces deux arbres étaient de haut en bas couverts de fleurs. Sous les arbres fleuris le Bouddha se coucha comme un lion se couche et leur floraison neigeait sur lui : une pluie de fleurs tomba du ciel, et là-haut se faisaient entendre de célestes mélodies pour honorer le Saint, à l'heure de la mort.

Et le Bienheureux dit au révérend Ânanda : « Tout couverts de fleurs, ô Ânanda, bien que ce ne soit pas la saison des fleurs, sont ces deux arbres jumeaux, et sur le corps du Parfait leurs fleurs pleuvent, pleuvent en foule, pleuvent à flots..., de célestes mélodies se font entendre dans l'air, pour honorer le Parfait.

---

[235] Ces très anciens vers qui décrivent cette situation si simple avec tant de naturel et de vérité font partie sans aucun doute des souvenirs les plus authentiques qui nous aient été conservés sur la vie du Bouddha. Ils méritent, lorsqu'on se pose la question de savoir si nous sommes ici en présence de la biographie d'un homme ou d'un héros solaire, de ne pas être négligés pour les fictions d'ouvrages postérieurs tels que le *Lalita-Vistara*.

Mais au Parfait revient encore un autre honneur, une autre glorification, un autre hommage, un autre culte, une autre vénération. Le disciple, la disciple, le frère laïque, la sœur laïque qui met en pratique la doctrine, experts en bonne conduite, vivant selon la doctrine, voilà ceux qui rendent le mieux au Parfait honneur, gloire, culte et hommage. C'est pourquoi, ô Ânanda, il vous faut faire tous vos efforts, en pensant : Nous voulons mettre en pratique la doctrine, experts en la bonne conduite, vivant suivant la doctrine. »

Cependant Ânanda rentra dans la maison et il pleurait : « Il me faut encore travailler à ma discipline, je n'ai pas encore atteint mon but, et mon Maître va entrer dans le Nirvâna, lui qui avait compassion de moi. » Et le Bouddha envoya vers lui un de ses disciples : « Va, ô disciple, et dis en mon nom à Ânanda : Ami Ânanda, le Maître désire te parler. » Et Ânanda alla vers le Maître, s'inclina devant, lui et s'assit à ses côtés ; et le Bouddha lui dit : « Ne va pas ainsi, ô Ânanda, ne va pas gémir, ne va pas te désespérer. Ne te l'ai-je pas déjà dit ? De tout ce que l'homme aime, de tout ce qui le charme, de tout cela il lui faut se séparer, se priver, se détacher. Comment se pourrait-il, ô Ânanda, que ce qui est né, devenu, façonné, sujet à l'instabilité, ne passe pas ? Cela n'est pas possible. Mais toi, ô Ânanda, tu as longtemps honoré le Parfait, avec tendresse et bienveillance, avec joie, sans artifice, sans bornes, en pensées, en paroles et en actions. Tu as fait le bien, ô Ânanda ; persévère et bientôt tu seras affranchi de tout péché.

La nuit vient : les nobles de Kusinârâ, les Mallas sortent en foule de la ville avec leurs femmes et leurs enfants ; ils affluent au bois de *sâlas*, pour rendre une dernière fois leurs devoirs au Maître mourant. Subhadda, un moine d'une autre secte, qui avait ambitionné un entretien avec le Bouddha, se convertit à lui : dernier venu d'entre les fidèles à qui il fut donné de voir le Maître face à face.

Peu de temps avant de quitter ce monde, le Bouddha dit à

Ânanda : « Il pourrait se faire, ô Ânanda, que vous pensiez ainsi : La Parole a perdu son maître, nous n'avons plus de maître. Il ne faut pas penser ainsi, ô Ânanda. La doctrine, Ânanda, et la règle que j'ai enseignée et prêchée, voilà votre maître, lorsque j'aurai disparu. »

Et il dit aux disciples : « En vérité, ô disciples, je vous le dis : tout ce qui est créé est périssable ; luttez sans relâche. Ce furent ses dernières paroles.

A partir de ce moment, son esprit s'éleva d'extases en extases, sans fin, par tous les degrés du ravissement : puis il entra dans le Nirvâna. Et la terre trembla et le tonnerre roula. Et au moment où le Bouddha entra dans le Nirvâna, le dieu Brahma prononça cette stance :

« Dans les mondes tous les êtres dépouilleront un jour toute existence corporelle, tout de même qu'aujourd'hui le Bouddha, le prince de la victoire, le Suprême maître du monde, le Puissant, le Parfait, est entré dans le Nirvâna.

Devant les portes de la ville, au soleil levant, les nobles de Kusinârâ brûlèrent le corps du Bouddha avec tous les honneurs que l'on rend au cadavre d'un roi souverain du monde.

Deuxième partie

Les doctrines du bouddhisme

CHAPITRE PREMIER

LA VÉRITÉ SUR LA DOULEUR

LE BOUDDHISME EST UNE DOCTRINE SUR LA DOULEUR ET LA DÉLIVRANCE

Un jour (lisons-nous[236]), le Bienheureux séjournait à Kosambî dans le bois de *sinsapâs*. Et le Bienheureux prit dans sa main quelques feuilles de *sinsapâ* et dit aux disciples ; « Quelles pensez-vous, ô disciples, qui soient les plus nombreuses, ces quelques feuilles de *sinsapâ* que j'ai prises en ma main, ou les autres feuilles au-dessus de nous dans le bois de *sinsapâs* ?

— « Ces quelques feuilles, ô Maître, que le Bienheureux a prises en sa main, sont peu, et bien plus sont ces feuilles au-dessus de nous dans le bois de *sinsapâs*.

— « De même, ô disciples, cela est bien davantage, que j'ai découvert et ne vous ai pas annoncé, que ce que je vous ai annoncé. Et pourquoi, ô disciples, ne vous l'ai-je pas annoncé ? Parce que cela, ô disciples, ne vous apporte aucun profit, parce que cela ne vous avance pas dans la sainteté, parce que cela ne vous conduit pas à l'éloignement des choses terrestres, à

---

[236] Dans le *Saṃyuttaka-Nikâya*, vol. V, p. 437 et sqq. — Dans toute cette partie de mon exposé ma manière de voir diffère trop profondément et sur trop de points de celle de R. O. Francke (*Die Buddhalehre in ihrer erreich-bar-ältesten Gestalt im Dîgha-Nikâya*, ZDMG, 69, p. 455 et sqq. ; 71, p. 50 et. sqq.) pour que je puisse entrer ici dans une discussion de détail.

l'extinction de tout désir, à la cessation du périssable, à la paix, à la science, à l'illumination, au Nirvâna : aussi ne vous l'ai-je pas annoncé. Que vous ai-je donc annoncé, ô disciples ? Ce qu'est la Douleur, ô disciples, voilà ce que je vous ai annoncé. Ce qu'est l'origine de la douleur, ô disciples, voilà ce que je vous ai annoncé. Ce qu'est l'abolition de la douleur, ô disciples, voilà ce que je vous ai annoncé. Ce qu'est le chemin qui mène à l'abolition de la douleur, ô disciples, voilà ce que je vous ai annoncé.

Ce passage montre, net et court, ce que veut être la doctrine du Bouddha et ce qu'elle ne prétend pas être, ou plutôt ce qu'elle se refuse catégoriquement à être. Elle ne veut pas être une philosophie qui, assoiffée de savoir, sonde jusqu'au fond dernier des choses et dévoile à l'esprit l'univers avec ses espaces et ses abîmes. Le Bouddhiste ne voit dans la joie de cette connaissance que l'attachement de l'esprit à un but périssable, une manière de ralentir sa marche vers l'éternel et de l'induire en erreur. Les théories spéculatives qui, dans leur variété multicolore, remplissent les écoles indiennes et font retentir toutes les rues, ne sont aux yeux du Bouddhiste qu' » un sentier d'opinions, un fourré d'opinions, une djangle d'opinions, un jeu théâtral d'opinions, une crise d'opinions, une entrave d'opinions » ; cela est « plein de péchés, plein de douleur, plein d'agitation, plein de tourment[237] ». Ceux qui s'attachent à ces idées sont comme des aveugles-nés auxquels on ferait toucher un éléphant : l'un a touché la tête, un autre la trompe, un troisième la queue, et chacun d'affirmer : « L'éléphant a l'air de ceci », — « non, il a l'air de cela », — si bien que de la divergence d'opinions on en vient aux coups de poings[238]. comme le gibier tombe aux mains du chasseur qui tend ses filets, de même aussi tombent au pouvoir de Mâra le Malin non

---

[237] *Majjhima-Nikâya*, vol. I, p. 485.

[238] *Udâna*, VI, 4.

seulement ceux qui s'adonnent aux jouissances mondaines, mais ceux également qui se laissent captiver par les théories sur la nature finie ou infinie du monde, sur l'identité ou la non-identité du corps et de l'âme[239]. Il existe d'autres problèmes qui occupent la pensée du sage. Il sonde l'existence de l'homme, plongée dans la douleur, et, en même temps qu'il apprend à connaître cette douleur, il découvre le chemin qu'il faut suivre pour la supprimer :

« De même que la grande mer, ô disciples, n'est pénétrée que d'une seule saveur, la saveur du sel, de même aussi, ô disciples, cette doctrine et cet ordre ne sont pénétrés que d'une seule saveur, celle de la Délivrance[240].

DIALECTIQUE SCOLASTIQUE DU BOUDDHISME

Il ne peut donc y avoir de doute sur ce point : les problèmes dont aura à s'occuper la pensée bouddhique sont resserrés dans des limites aussi étroites que précises ; mais on ne songe pas pour cela le moins du monde à mettre en question la nécessité pour le candidat à la Délivrance, de faire un sérieux effort intellectuel et de maîtriser des séries de notions abstraites. La Délivrance n'est pas l'apanage des pauvres d'esprit, mais seulement de ceux qui savent. Il ne pouvait guère en être autrement : les âmes bouddhiques étaient restées trop fortement pénétrées de la vieille croyance indienne en la supériorité de celui qui sait, de celui qui voit sur le simple d'esprit et l'aveugle. Seul le penseur est capable de saisir les lois générales des phénomènes ; seul il peut à travers ce monde des phénomènes se frayer une voie jusqu'à l'éternelle paix. Et ainsi le Salutisme bouddhique est loin de s'en tenir à ces simples réflexions morales qui s'adressent uniquement aux sentiments

---

[239] *Majjhima-Nikâya*, I, p. 157 et sqq.

[240] **Cullavagga**, IX, 1, 4.

d'un cœur pur. Sans doute la doctrine pouvait être embrassée dans certaines de ses grandes lignes par quiconque dans la Communauté était doué d'une sensibilité assez vive ; mais d'avoir pénétré jusque dans le détail des développements, cela n'était nullement regardé comme un luxe inutile : or il se peut que même au sein d'un peuple aussi bien doué pour le maniement des abstractions que les Indiens, et parmi des personnes qui consacraient leur vie entière exclusivement à ces idées, bien peu relativement y soient parvenues. On s'en rendait déjà parfaitement compte dans les cercles de l'ancienne Communauté : « Pour l'humanité qui s'agite dans le tourbillon du monde, qui a son séjour dans le tourbillon du monde et y trouve son plaisir, ce sera une chose difficile à embrasser par la pensée que la loi de Causalité, l'enchaînement des causes et des effets » : ainsi se serait parlé à lui-même le Bouddha alors qu'il ne se disposait pas encore à prêcher sa doctrine. Et c'est ce qui fait que, lorsque nous jetons les yeux sur les textes sacrés des Bouddhistes, à côté de ces sentences morales si belles dans leur simplicité, comme en contient le *Dhammapada*, nous trouvons encore les développements les plus abstraits et les plus dogmatiques, de vastes systèmes de concepts entrelacés de mille manières, des classifications schématiques, de longues suites de catégories rapprochées par le lien de la causalité ou tel autre lien logique : « Si ceci est, cela est aussi ; si ceci naît, cela naît aussi ; si ceci n'est pas, cela n'est pas non plus ; si ceci périt, cela aussi périt[241] » : c'est ainsi que l'on avait coutume d'argumenter au temps qui vit naître les textes sacrés, et, comme nous l'avons déjà reconnu plus haut, selon toute vraisemblance la parole et la pensée du Bouddha lui-même se mouvaient dans les mêmes sillons : c'était le même caractère technique, souvent scolastique, des expressions, le même procédé quelque peu gauche de dialectique. On serait donc tenté de poser cette question : en se fiant ainsi à la dialectique, ne se rapprochait-on

---

[241] *Cûlasakuludâyi-Suttanta*, dans le *Majjhima-Nikâya*, vol. II, p. 32. Cf. *Mahâtanhâsaṃkhayasutta*, *Majjhima-Nikâya*, vol. I, p. 262-264.

pas en fait, et de bien près, de ce domaine interdit de la spéculation que l'on cherchait si anxieusement à éviter ? La science de la Délivrance, aux yeux de ceux mêmes qui y trouvaient la paix de leur âme, était pourtant — on ne saurait en douter — aussi distante de la « djangle des opinions, de la crise des opinions » que le ciel l'est de la terre.

A prendre les choses en gros, nous sommes autorisés à faire remonter jusqu'au Bouddha lui-même les plus essentielles d'entre les idées que nous présentent les textes sacrés[242] ; en plus d'un endroit il n'est peut-être pas trop osé de croire que les paroles mêmes, dont il revêtait sa prédication sur la Délivrance, nous ont été conservées telles qu'elles sont tombées de ses lèvres. Remarquons-le en effet : à travers la vaste collection de la vieille littérature bouddhique, certaines paroles frappantes, certaines formules, expression des convictions bouddhistes sur les problèmes les plus importants de la pensée religieuse, se retrouvent sans cesse répétées sous une forme fixée une fois pour toutes. Pourquoi ne verrions-nous pas en elles des paroles qui ont reçu leur empreinte du fondateur même du Bouddhisme et que, durant sa longue vie tout entière adonnée à la prédication, il a des centaines et des milliers de fois

---

[242] De distinctions entre les parties plus anciennes et les parties postérieures, on ne peut guère en faire jusqu'à présent dans la collection des instructions dogmatiques du Bouddha (le Sutta-Piṭaka), sinon dans un petit nombre de cas et avec une certitude modérée. Cela s'applique aussi bien à la plus ou moins grande antiquité des notions et des thèses dogmatiques qu'à celle des textes. Un des plus anciens, sinon même le plus ancien de ces textes, est dans tous les cas le *Sutta-Nipâta*, fréquemment cité dans les autres ouvrages, ou, du moins, certaines de ses parties principales (voir sur ce texte, l'article intitulé *Eine Sammlung altbuddhistischer Dichtungen*, dans mon livre *Aus dem alten Indien*, p. 23 et sqq.). Nous y trouvons déjà, sous forme de mentions expresses ou d'allusions, toutes les catégories et les thèses dogmatiques les plus importantes. En fait, si nous songeons à tout le travail intellectuel que le Brahmanisme et les sectes antérieures avaient transmis tout prêt au Bouddhisme, il n'y a rien d'invraisemblable à ce que ce dernier soit entré en scène dès le début avec un appareil dogmatique très étendu et déjà très précis dans ses formules. Il n'est pas impossible, mais il est assez peu vraisemblable que plus tard, avec le progrès des recherches, nous puissions arriver à réaliser plus complètement qu'à présent l'élimination des éléments postérieurs que contiennent les textes.

prononcées ?

DIFFICULTÉS DANS L'INTELLIGENCE DE LA PENSÉE BOUDDHIQUE

Quant aux pensées que contenaient ces paroles, qu'elles aient toujours et pour tout répondu à l'idée que la Communauté se faisait de leur profondeur et de leur incomparable importance, c'est ce que ne peut guère admettre un critique impartial. Le Bouddha n'a pas été un pionnier dans le domaine de la pensée : sa véritable grandeur est ailleurs. Assurément l'image qu'il se fait du monde porte dans l'ensemble un cachet très défini. Mais les traits les plus essentiels de cette image étaient un héritage du passé et les détails ne manquaient ni d'obscurités, ni de contradictions, ni d'incompréhensibilités qui sûrement n'existent pas que pour nous. Au temps du Bouddha on ignorait l'art de définir ; celui de la démonstration n'en était encore qu'à ses débuts. On ne s'appliquait que davantage à des énumérations et des classifications, à des transpositions et des combinaisons de toutes sortes, au milieu desquelles on entassait çà et là les termes techniques des dogmes, mais que n'entraînait jamais le vivant courant d'une progression dialectique. Ce n'est pas tout : nous rencontrons fréquemment le même terme employé dans des acceptions différentes : à peine moins souvent nous tombons sur des expressions empruntées à des spéculations plus anciennes et qui, introduites dans la suite des idées bouddhiques, se détachent de la façon la plus hétérogène sur le contexte. Mais la marque — d'aucuns diront la faiblesse — la plus caractéristique de cette pensée, c'est cette répugnance, dont nous avons déjà parlé, à pousser jusqu'aux principes derniers la considération des choses, c'est ce silence sous lequel on passe tout ce qui — pour rendre le sentiment et le langage de nos textes — ne conduit pas « à l'éloignement des choses de la terre, à l'extinction de tout désir, à la cessation du périssable, à la paix, à la science, à l'illumination, au Nirvâna ». La spéculation du Bouddhisme décrit, pour ainsi dire, un cercle ou des fragments d'un cercle dont il est interdit de rechercher le centre : car ce serait se laisser aller à poser des questions qui n'ont rien à voir avec la Délivrance et la béatitude. Involontairement, quand nous essayons de faire revivre en notre propre langue les idées du Bouddhisme, nous avons l'impression que la parole des textes sacrés n'était point vaine : ils ont raison quand ils déclarent que le Parfait en savait infiniment plus qu'il n'a jugé bon d'en dire à ses disciples. Les idées exprimées en supposent en effet d'autres qui les expliquent et les complètent : celles-ci, on les tait, — ce sont celles que l'on jugeait inutiles pour la paix, l'illumination, le Nirvâna, — mais il nous est à peu près impossible d'admettre qu'elles ne fussent pas présentes en fait à l'esprit du Bouddha et des disciples auxquels nous devons la rédaction des textes dogmatiques.

LES QUATRE VÉRITÉS SAINTES - LA PREMIÈRE DE CES VÉRITÉS ET LE PESSIMISME BOUDDHIQUE

Le point de départ pour notre exposition de la doctrine bouddhique nous est fourni, sans hésitation possible, par la tradition comme par la nature des choses. Au fond de la pensée bouddhique prise dans son ensemble, la thèse préétablie et à laquelle elle en revient toujours, c'est l'intuition de la douleur de toute existence sur cette terre[243]. Les quatre vérités sacrées des Bouddhistes traitent de la douleur, de l'origine de la douleur, de la suppression de la douleur, du chemin qui mène à la

---

[243] Si l'on traitait rigoureusement le Bouddhisme comme une doctrine philosophique, il faudrait dire, à la vérité, que la douleur du monde ne lui apparaît pas comme un principe dernier et préétabli, mais comme le résultat de facteurs encore plus profonds. On pourrait par suite être tenté, dans l'exposition de la doctrine, de commencer plutôt par ces derniers, par les bases métaphysiques du Bouddhisme. Il me paraît toutefois plus opportun de suivre la voie indiquée par les sources elles-mêmes et de mettre en tête, non les prémisses, mais le résultat, celui-ci étant pour la conscience religieuse, sinon pour les considérations théoriques, le premier et le plus important.

suppression de la douleur ; c'est toujours ce mot « douleur » qui donne le ton à la pensée bouddhique.

Dans ces quatre vérités il nous faut reconnaître l'expression première, authentique, de cette pensée. Nous pouvons les désigner comme le Credo bouddhique. La plupart des catégories et des points de doctrine, dont nous voyons qu'il est question dans les textes, n'y sont pas traités comme quelque chose de particulier à la croyance bouddhique, mais comme le bien naturel et commun de toutes les âmes religieuses[244] : au contraire, les quatre vérités saintes apparaissent toujours comme le privilège exclusif des seuls Bouddhistes[245], comme le noyau et le pivot du Dhamma (la Doctrine). Nombreux étaient les degrés de la connaissance que le Bouddha vivait franchis dans sa longue route vers la Bodhi : toujours néanmoins il lui manquait quelque chose pour atteindre la science qui délivre. Cette nuit-là, sous l'arbre sacré, à Uruvelâ, se lèvent enfin à ses yeux les quatre vérités : elles deviennent la clef de voûte de sa connaissance : il est désormais le Bouddha. Se met-il en route

---

[244] Par exemple la doctrine de la transmigration des âmes, des extases, l'idée du saint (arhat), etc.

[245] Pour ne citer qu'un témoignage entre beaucoup d'autres : si le soleil et la lune ne brillent pas, est-il dit dans le *Saṃyuttaka-Nikâya* (vol. V, p. 442 et sqq.), les ténèbres règnent sur le monde : on ne peut plus discerner ni jour ni nuit, ni mois ni saisons. De même aussi les ténèbres règnent sur le monde si un saint, un accompli Bouddha n'y fait pas son apparition ; alors les quatre vérités ne sont pas prêchées, enseignées, proclamées, révélées, etc. — Avec le nombre de ces quatre propositions concorde ce fait que les systèmes Sânkhya et Yoga distinguent quatre parties dans la doctrine de la Délivrance : ce dont on doit s'affranchir, l'affranchissement, la cause de ce dont on doit s'affranchir, le moyen de s'affranchir ; ces quatre divisions sont comparées aux quatre parties de la médecine : maladie, santé, cause de la maladie, guérison (*Sânkhya-Pravacana-Bhâshya*, à la fin de l'introduction ; Vyâsa sur le *Yogasûtra*, II, 15 ; cf. Kern, *Buddhismus*, I, p. 265, 469). De même un texte bouddhique (tardif ?) compare expressément les quatre vérités aux quatre parties de la doctrine médicale de la maladie, de l'origine de la maladie, de la guérison, des moyens d'en empêcher le retour ; voir L. de la Vallée Poussin, JRAS, 1903, p. 580. Pour ce qui est de cette division quadripartite, le Bouddhisme est-il l'emprunteur ? C'est ce qu'on ne peut établir ; qu'au demeurant la rédaction des quatre propositions lui appartienne en propre, cela semble hors de doute.

vers Bénarès pour prêcher aux cinq moines ce qu'il a découvert — « ouvrez, ô moines, vos oreilles : la Délivrance de la mort est trouvée ; je vous enseigne, je vous prêche la Doctrine », — c'est encore en ces mêmes quatre vérités saintes que consiste l'annonce de la voie nouvelle du salut. Et durant toute sa carrière de Bouddha, telle que nous la dépeignent les textes sacrés, alors qu'il prêche sans cesse, c'est toujours la prédication des quatre vérités qui revient comme « la plus haute annonciation des Bouddhas ». Elles enferment en elles tous les biens comme les foulées de l'éléphant, étant plus grandes, contiennent celles de toutes les autres bêtes[246]. La racine de toute douleur en ce monde, c'est, disent les Bouddhistes, l'ignorance ; mais si l'on insiste : « cette puissance fatale, l'ignorance de quoi est-elle donc ? », il n'y a pas deux réponses : c'est l'ignorance des quatre saintes vérités. Et c'est ainsi que nous trouvons d'innombrables fois dans les textes canoniques ces propositions répétées, discutées, exaltées en termes transcendants. Il est difficile de se défendre de l'impression qu'elles remontent pour le fond comme pour la forme jusqu'aux disciples immédiats du Bouddha — et pourquoi pas jusqu'au Bouddha lui-même ?

Nous reproduisons ici ces propositions, telles que nous les avons déjà rencontrées dans le Sermon de Bénarès, pour en faire la base de notre exposé de la doctrine bouddhique :

« Voici, ô moines, la vérité sainte sur la douleur : la naissance est douleur, la vieillesse est douleur, la maladie est douleur, la mort est douleur, l'union avec ce que l'on n'aime pas est douleur, la séparation d'avec ce que l'on aime est douleur, ne pas obtenir son désir est douleur, en résumé les cinq sortes

---

[246] *Majjh. Nik.*, vol. I, p. 184.

d'objets de l'attachement[247] sont douleur.

« Voici, ô moines, la vérité sainte sur l'origine de la douleur : c'est la soif (de l'existence) qui conduit de renaissance en renaissance, accompagnée du plaisir et de la convoitise, qui trouve çà et là son plaisir : la soif de plaisirs, la soif d'existence, la soif d'impermanence.

« Voici, ô moines, la vérité sainte sur la suppression de la douleur : l'extinction de cette soif par l'anéantissement complet du désir, en bannissant le désir, en y renonçant, en s'en délivrant, en ne lui laissant pas de place.

« Voici, ô moines, la vérité sainte sur le chemin qui mène à la suppression de la douleur : c'est le chemin sacré à huit branches, qui s'appelle : foi pure, volonté pure, langage pur, action pure, moyens d'existence purs, application pure, mémoire pure, méditation pure[248].

LE NÉANT ET LA DOULEUR

Les quatre vérités sont l'expression du Pessimisme bouddhique dans son originalité caractéristique. Tout d'abord elles font ressortir ce que ce Pessimisme n'est pas.

---

[247] L'attachement au corps, aux sensations, aux représentations, aux formations et à la conscience. — Köppen (I, 222, note 1) voit tout à fait gratuitement dans ces derniers mots une « addition métaphysique » au texte originel des quatre vérités. Le Bouddhisme a de tout temps possédé autant de terminologie métaphysique que ces paroles en contiennent.

[248] Köppen, I, 222, note 2 : « Ces huit divisions ou branches encore... n'appartiennent pas originairement au simple dogme. » On ne peut pas assez protester contre cette façon de mettre de côté tout ce qui contredit la chimère gratuite d'une simplicité originelle particulière au Bouddhisme primitif. Cette dogmatique ne peut compter jusqu'à huit sans se faire soupçonner « d'additions métaphysiques ».

Une opinion très répandue prétend trouver la source de la doctrine bouddhique dans la pensée que l'essence véritable de tout ce qui existe est le néant[249]. Le néant seul existe en droit. Arrive-t-il que le monde qui nous environne, ou semble nous environner ne soit pas absolument irréel, lui échoit-il une certaine existence qui, si creuse qu'elle soit, n'en reste pas moins indéniable, — c'est là un malheur, un tort, car le néant seul a raison d'être. Ce tort doit cesser ; nous devons le faire cesser. L'être, sorti du néant, qui existait par le néant, doit rentrer dans le néant, car il n'est foncièrement que néant.

C'est une étrange erreur que cette prétendue peinture du Bouddhisme. Laissons de côté les spéculations des siècles postérieurs ; soumettons à notre enquête tout ce que la tradition la plus ancienne nous donne comme la prédication du Bouddha, comme la croyance de sa Communauté errante et mendiante : nous n'y retrouvons, ni exprimée ni sous-entendue, aucune de ces idées sur le néant[250]. Les propositions des quatre vérités le montrent clairement : si ce monde a été pesé par les Bouddhistes et trouvé trop léger, ce n'est pas qu'ils n'y voient qu'illusion à la surface, au fond que vide et néant ; leur raison est tout autre : c'est qu'il recèle la douleur, c'est qu'il ne recèle que douleur.

FONDEMENT DIALECTIQUE DU PESSIMISME : LE DISCOURS SUR LE NON-MOI

Toute vie est douleur : tel est le thème inépuisable que tantôt

---

[249] Adolf Wuttke a ingénieusement tenté de faire sortir le Bouddhisme de ce principe fondamental : voy. *Geschichte des Heidenthums*, II, p. 520 et sqq., particulièrement p. 525, 535. Cf. aussi Köppen, I, p. 214 et sqq. ; E. v. Hartmann, *Das religiöse Bewusstsein der Menschheit im Stufengang seiner Entwicklung*, p. 318 et sqq.

[250] Les passages cités par Kern, *Manual of Indian Buddhism*, p. 50, n. 6 ne doivent pas s'entendre en ce sens.

sous la forme de discussion philosophique, tantôt, sous le poétique revêtement des sentences, les Écritures bouddhiques ne se lassent pas de faire résonner sans cesse à nos oreilles. Examinons d'abord l'expression dialectique de cette pensée : nous pouvons en prendre pour type un sermon que, selon la tradition, le Bouddha prononça à Bénarès devant ces cinq mêmes disciples, à qui les premiers il enseigna les quatre vérités saintes, tôt après cette première prédication[251] :

Et le Bienheureux (tel est le récit de la tradition) parla ainsi aux cinq moines :

« La corporéité, ô moines, n'est pas le Soi (le Moi). Si la corporéité était le Soi, ô moines, cette corporéité ne pourrait pas être sujette à la maladie et l'on devrait pouvoir dire touchant la corporéité : Ainsi soit mon corps ; ainsi ne soit pas mon corps. Mais, ô moines, comme la corporéité n'est pas le Soi, par suite la corporéité est sujette à la maladie et l'on ne peut pas dire touchant la corporéité : Ainsi soit mon corps ; ainsi ne soit pas mon corps.

« Les sensations, ô moines, ne sont pas le Soi... » (Et ce que l'on vient de dire au sujet du corps se répète maintenant à propos des sensations[252].

Puis revient la même analyse par rapport aux trois autres

---

[251] On a coutume d'appeler cette instruction le *Sutta des signes distinctifs du Non-soi* (du Non-moi). Notre texte se trouve dans le **Mahâvagga**, I, 6, 38 et sqq. Très voisin est le *Gûlasaccaka-sutta* (*Majjh.-Nik.*, 35).

[252] Dans le *Mahânidâna-sutta* (*Dîgha-Nik.*, vol. II, p. 67), sur la question de démontrer que les sensations ne sont pas le Moi, l'analyse prend un tour un peu différent. Celui qui voit le Moi dans une sensation de plaisir, par exemple, doit dire, quand elle est passée : Mon Moi s'en est allé. De même pour les sensations désagréables ou indifférentes : « Ainsi donc, déjà dans cette existence sensible, il considère aussi son Soi comme quelque chose d'impermanent, pénétré de plaisir et de chagrin, sujet à la naissance et à la disparition, celui qui dit : Les sensations sont le Soi. Par suite, ô Ânanda, il ne paraît pas juste de considérer les sensations comme le Soi. »

groupes (*khandha*) d'éléments, qui avec la forme matérielle du corps et les sensations constituent l'être physique et intellectuel de l'homme : les représentations, les formations[253], la connaissance. Ensuite le Bouddha poursuit) :

— Que pensez-vous donc, ô moines, que soit la corporéité : permanente ou impermanente ?

— Impermanente, Seigneur.

— Mais ce qui est impermanent, est-ce douleur ou joie ?

— Douleur, Seigneur.

— Or donc ce qui est impermanent, plein de douleur, sujet au changement, peut-on, quand on le considère, dire : Cela est mien, je suis cela, cela est mon Soi ?

— On ne le peut, Seigneur.

(Suit la même analyse par rapport aux sensations, aux représentations, aux formations et à la connaissance. Puis le discours continue) :

« Par suite, ô moines, pour ce qui est de la corporéité (et respectivement des sensations, représentations, etc.), tout ce qui en a jamais été, en sera et en est, que ce soit en nous ou dans le monde extérieur, que ce soit fort ou faible, bas ou haut, lointain ou proche, toute corporéité est non-mienne, je ne la suis pas, elle m'est pas mon Soi : c'est ce que doit voir en vérité quiconque possède la vraie science. Celui qui voit les choses ainsi, ô moines, étant un sage, un noble auditeur de la parole, se détourne de la corporéité, se détourne de la sensation et de la

---

[253] Voir plus bas, p. 270 (premier terme de la série de causalité).

représentation, de la formation et de la connaissance. Comme il s'en détourne, il s'affranchit du désir ; par la cessation du désir, il atteint la Délivrance ; dans le délivré s'éveille la connaissance de sa Délivrance : la renaissance est anéantie, la sainteté accomplie, le devoir rempli ; il n'y a plus de retour en ce monde, voilà ce qu'il sait. »

Les aspects fondamentaux et caractéristiques de la vieille pensée antérieure au Bouddhisme se retrouvent prédominants dans ces paroles du Bouddha. Nous avons montré comment le travail de cette pensée aboutit à un dualisme. Prenez les Upanishads : d'un côté, l'Être éternel, immuable, paré des attributs de la suprême félicité ; c'est le Brahman, et le Brahman n'est autre que le propre, le véritable Moi de l'homme (ou, comme ils disent, le Soi, l'Âtman) ; — de l'autre côté la manifestation du Brahman dans le monde de l'apparition et de la disparition, de la naissance, de la vieillesse et de la mort. Nous avons vu encore comment, peut-être déjà à une époque antérieure au Bouddha, ce dualisme s'était encore précisé : le monde extérieur cesse d'être la manifestation d'une substance divine suprême : il se présente comme subsistant par soi-même, et se développant suivant ses lois propres, morne empire d'une toujours plus morne douleur. C'est de ce dualisme que découlent les axiomes fondamentaux dont procède à son tour l'instruction du Bouddha sur le « Non-soi »[254] ; telle est par exemple cette thèse, qui pour les Bouddhistes n'avait pas besoin de preuves, que le salut ne peut être que là d'où sont exclues naissance et disparition, ou encore l'équivalence des deux idées d'instabilité et de douleur, ou enfin la conviction que le « Soi » de l'homme (pâli *attâ*=sanskrit *âtman*) — ce Soi que la vieille spéculation avait conçu comme identique avec l'essence éternelle du Brahman — ne saurait appartenir au monde du

---

[254] Sur la dialectique de cette instruction voir Walleser, *Prajñâparamitâ*, II.

devenir[255]. Tous les éléments de l'être humain sont soumis à un continuel changement ; la vie du corps comme celle de l'âme s'écoule et fuit, tandis que chaque événement s'enchaîne à l'autre et se pousse avec l'autre. L'homme est là, en détresse, au milieu de ce torrent dont il ne peut ni retenir ni diriger les vagues. Comment pourrait-on songer à la joie et à la paix là où rien ne dure, là où règne sans trêve l'irrésistible changement ? Mais si l'homme ne peut imposer sa volonté au cours instable des choses, il peut du moins s'en détourner. A tous les phénomènes, même aux phénomènes spirituels, au jeu entier des pensées et des volontés, des douleurs et des joies, il dit : « Je ne suis pas cela : cela n'est pas mien. » Ainsi cesse pour lui tout commerce avec les choses de la terre, ainsi il obtient Délivrance et liberté[256].

---

[255] « Ce qui est impermanent est douleur : ce qui est douleur est Non-soi ; ce qui est Non-soi, cela n'est pas mien, je ne suis pas cela, cela n'est pas mon Soi. » *Saṃyuttaka-Nikâya*, vol. IV, p. 1, où l'équivalence des catégories indiquées ici est minutieusement développée dans des répétitions de toute sorte. — Quant à la part qui revient, dans le jugement par lequel toute existence est déclarée douloureuse, à la raison de l'instabilité des choses de ce monde, son importance ressort de ces déclarations tirées du même texte, vol. IV, p. 216 : « Qu'il y a trois sensations, c'est ce que j'ai enseigné : la joie, la douleur, et celle qui n'est ni joie ni douleur... Et d'autre part, j'ai enseigné : Quoi qu'on sente, cela appartient à la douleur. Ainsi c'est seulement en considérant l'impermanence des formations (v. ci-dessous) que j'ai dit : Quoi qu'on sente, cela appartient à la douleur, — en considérant que les formations sont sujettes à l'anéantissement, à la disparition, que la joie s'y éteint, qu'elles sont sujettes à la cessation, à l'instabilité. »

[256] Un point mérite d'être relevé. Cette théorie que tout ce qui est phénomène et douleur se passe dans le domaine du Non-moi est d'une importance considérable et, pour parler net, décisive dans la théorie bouddhiste du monde : or le texte des quatre vérités n'y contient aucune allusion. A la vérité, elles n'y contredisent pas, mais elles ne contredisent pas davantage la simple notion qu'il y a un Moi qui souffre par la raison que ce Moi est rempli du désir de l'existence. Il est permis de penser que nous reconnaissons ici les traces d'une distinction à faire entre une exposition populaire et une autre plus ésotérique de la pensée religieuse. On voit du reste à quelle conséquence prochaine conduit cette dernière : au fond il ne peut pas être le moins du monde question de conquérir la Délivrance, mais seulement de reconnaître qu'elle existe déjà et a toujours existé ; car tous les faits de sensibilité, au même titre que toute douleur, ne concernent que le Non-moi. Cette conséquence, la philosophie

Il y a un point sur lequel ce discours laisse voir une lacune : c'est de propos délibéré, comme nous le verrons plus tard, qu'on a évité de la combler. Tout un côté du dualisme des Upanishads, les vues sur le monde des sens engagé dans la naissance, la disparition et la douleur, ont été adoptées sans réserves. Mais quelle attitude le Bouddha prend-il dans cette instruction à l'égard de l'autre face de ce dualisme, de l'idée de l'Éternel, de l'Âtman ? Il est dit que ce qui est sujet au changement et à la douleur ne saurait être le Moi. Toutes les manifestations extérieures de la vie qui se montrent dans le monde des phénomènes, depuis le corps jusqu'à la connaissance, ne sont pas le Moi. Le Moi est-il donc quelque chose de distinct de ce monde des apparences, quelque chose d'élevé au-dessus de lui, ou bien n'a-t-il aucune existence ? La Délivrance est-elle le retour du Moi, un instant engagé dans le périssable à lui-même et à sa liberté ? Ou bien n'est-il possible au milieu de la disparition des choses passagères de rien découvrir de stable et de réel ? Bornons-nous à remarquer pour le moment que l'instruction de Bénarès laisse la question ouverte. Quant à la réponse, autant que les Bouddhistes en ont donné une, nous n'aurons à nous en occuper qu'en connexion avec un autre ordre d'idées.

Revenons maintenant à la pensée bouddhique de l'instabilité et de la douleur de ce monde. Nous venons d'en voir dans cette instruction l'exposition philosophique et abstraite ; mais celle-ci n'exprime qu'un seul côté des choses ; c'est sous la forme la plus concrète, avec une expression convaincante et saisissante, comme une amère réalité, que se tient constamment devant les yeux des Bouddhistes l'image du monde et de l'humanité en proie à la douleur. Ce ne sont pas seulement des ombres, des nuages que la douleur et la mort projettent sur la vie : trépas et douleur sont indissolublement liés à toute existence. Plus il y a

---

Sânkhya la tire en fait (Garbe, *Die Sânkhya-Philosophie*, p. 389) ; elle est encore étrangère au Bouddhisme ancien.

pour quelqu'un d'agrément dans le monde, plus il y a pour lui de douleur. Derrière le pénible présent s'étend un incommensurable passé de souffrances, et de même se prolonge à perte de vue, à travers les lointains infinis que la croyance à la transmigration ouvre à l'imagination épouvantée, un avenir de désolation pour ceux qui n'ont pas réussi à atteindre la Délivrance, « à mettre un terme à la douleur ».

« La transmigration des êtres (*samsâra*), ô mes disciples (dit le Bouddha)[257], a son origine dans l'éternité. Impossible de découvrir aucun commencement à partir duquel les êtres engagés dans l'ignorance, enchaînés par la soif de l'existence, errent à l'aventure de migration en migration. Que pensez-vous, ô disciples, qui soit plus, l'eau qui est dans les quatre grands océans ou les larmes qui ont coulé et que vous avez versées, tandis qu'en ce long voyage vous erriez à l'aventure de migration en migration et que vous gémissiez et que vous pleuriez parce que vous aviez en partage ce que vous haïssiez et que vous n'aviez pas en partage ce que vous aimiez ?... La mort d'une mère, la mort d'un père, la mort d'un frère, la mort d'une sœur, la mort d'un fils, la mort d'une fille, la perte des parents, la perte des biens, tout cela, à travers de longs âges, vous l'avez éprouvé. Et pendant qu'à travers de longs âges vous subissiez ces épreuves, il est coulé, il a été versé par vous plus de larmes, — tandis qu'en ce long voyage vous erriez à l'aventure de migration en migration, et que vous gémissiez et que vous pleuriez parce que vous aviez en partage ce que vous haïssiez et que vous n'aviez pas en partage ce que vous aimiez, — plus de larmes qu'il n'y a d'eau dans les quatre grands océans. »

La mère se lamentant sur la mort de sa fille, s'en va criant le nom chéri « Jîvâ ! Jîvâ ! » On lui dit : « Quatre-vingt-quatre mille jeunes filles, qui toutes s'appelaient Jîvâ, ont été brûlées à cette place de crémation. Laquelle d'entre elles est-ce que tu

---

[257] *Samyuttaka-Nikâya*, vol. II, p. 179 et sqq.

pleures[258] ? »

Naissance, vieillesse et mort, telles sont les principales formes sous lesquelles se présente ici-bas la douleur :

« Si trois choses n'existaient pas dans le monde, ô disciples, le Parfait n'apparaîtrait pas dans le monde, lui, le Saint, le suprême Bouddha ; la Doctrine et la Règle qu'annonce le Parfait ne luiraient pas dans le monde. Quelles sont ces trois choses ? Naissance, et vieillesse, et mort[259].

L'instabilité règne avec l'inéluctable puissance d'une nécessité naturelle :

« Il y a cinq choses que ne peut arriver à faire aucun Samana ni aucun Brahmane, ni un dieu, ni Mâra, ni Brahma, ni aucun être dans le monde. Quelles sont ces cinq choses ? Que ce qui est sujet à la vieillesse ne vieillisse pas, que ce qui est sujet à la maladie ne soit pas malade, que ce qui est sujet à la mort ne meure pas, que ce qui est sujet à la ruine ne tombe pas en ruine, que ce qui est sujet à passer ne passe pas : voilà ce que ne peut faire aucun Samana ni aucun Brahmane, ni un dieu, ni Mâra, ni Brahma, ni aucun être dans le monde[260]. »

« De même qu'au matin la chute menace les fruits parvenus à maturité, — ainsi la mort constamment menace tout ce qui naît ici-bas[261]. »

Les actions de l'homme qui recherche le bonheur terrestre sont

---

[258] *Therîgâthâ*, 51.

[259] *Anguttara-Nikâya*, vol. V, p. 144.

[260] Extrait du discours par lequel le moine Nârada consolait le roi Munda, à Pât□aliputta, de la mort de la reine Bhaddâ (*Anguttara-Nikâya*, vol. III, p. 60.)

[261] **Sutta-Nipâta, 576.**

vouées d'avance à la stérilité, au néant. « Comme un chien à l'attache, à un pieu solide ou à une colonne attaché[262] », ainsi s'agite l'insensé qui ne s'est pas encore détaché du monde.

L'amour et le plaisir ressemblent à la tête d'un serpent sur laquelle le voyageur aurait posé le pied :

« Regardez ceux qui disent « mienne » à l'existence, — voyez leur misère : ainsi, lorsque la rivière a tari, — les poissons se trémoussent en détresse dans les basses eaux[263]. »

Douloureuse, décevante, minant tout, empoisonnant tout, changeant le plaisir espéré en douleur et en mort, ainsi va l'inexorable fatalité. Celui qui veut acquérir de la fortune, le marchand, le laboureur, le berger, le soldat, le fonctionnaire du roi, doit s'exposer aux tourments du froid et du chaud, à la piqûre des serpents, à la faim et à la soif[264]. N'obtient-il pas l'objet de ses efforts, il se plaint et gémit : C'était en vain que je me donnais du mal, j'ai perdu toute ma peine. Atteint-il son but, il lui faut veiller avec mille soucis et mille fatigues sur le bien qu'il a acquis de peur que les rois ne le dérobent ou les voleurs, que l'incendie ne le brûle, que l'inondation ne l'emporte, qu'il ne tombe aux mains de parents ennemis. C'est pour gagner biens et plaisirs que les rois entrent en guerre, que le père, la mère se querellent avec le fils, le frère avec le frère, que les gens de guerre font voler leurs flèches et étinceler leurs épées et qu'ils endurent la mort et de mortelles souffrances. C'est pour se procurer du plaisir que les hommes violent leur parole, qu'ils commettent le vol, le meurtre, l'adultère ; comme châtiments terrestres ils subissent de cruels tourments et, quand

---

[262] *Saṃyutta-Nikâya*, vol. III, p. 151 (Neumann, *Buddh. Anthologie*, p. 195).

[263] **Sutta-Nipâta, 777.**

[264] Je paraphrase ici en l'abrégeant une partie du *Mahâdukkhakkhandha-Suttanta* (*Majjhima-Nikâya*, vol. I, p. 85, et sqq.).

leur corps succombe à la mort, ils vont où vont ceux qui font le mal.

Bien peu nombreux sont les êtres, ne cessent de répéter nos textes, qui, une fois morts, renaissent dans une existence humaine ou divine ; infiniment nombreux sont ceux qui tombent dans les conditions inférieures, pleines de tourments, — celles des spectres, du monde animal, des enfers. Les gardiens des enfers enchaînent le pécheur avec des fers rouges ; ils le précipitent dans des lacs de sang brûlant ou le torturent sur des montagnes de charbons ardents ; il ne verra pas venir la fin de ces tortures avant d'avoir expié jusqu'à la dernière parcelle de sa faute. Et ces mêmes puissances d'instabilité et de douleur, auxquelles est soumise la vie humaine et de qui relèvent tous les enfers, étendent aussi leur empire sur le ciel. Sans doute les dieux peuvent s'assurer d'une existence incomparablement plus longue et plus fortunée que celle des humains : mais eux-mêmes ne sont pas immortels[265] :

« Les trente-trois dieux et les dieux de Yama, les dieux satisfaits, les dieux qui jouissent de leurs créations propres et les dieux souverains, liés par la chaîne du désir, retombent sous le pouvoir de Mâra. L'univers entier est dévoré par les flammes, l'univers entier est enveloppé de nuages de fumée, l'univers entier est en feu, l'univers entier tremble[266]. »

---

[265] Ainsi, pour les Bouddhistes, les anciens dieux ont cessé d'être immortels, et la conviction de l'instabilité de toute existence empêche de leur reconnaître une nature éternelle. On peut rappeler à ce propos que le même trait se représente à un stade d'évolution à peu près correspondant de la spéculation grecque. Empédocle aussi dénie aux dieux l'immortalité : ils jouissent d'une longue vie, mais ils ne sont pas éternels. C'est là un exemple particulièrement suggestif d'un cas typique : on voit une conception religieuse qui dans le cours des temps a perdu son importance originelle et jusqu'à sa vie propre, continuer à se survivre et à se maintenir durant des âges nouveaux et se laisser accommoder par eux aux idées et aux solutions à présent régnantes.

[266] Tiré du *Bhikkhunî-Samyutta* (*Samyutta-Nikâya*, vol. I, p. 133).

Mais c'est surtout la sagesse sentencieuse du Dhammapada qui reflète avec le plus de fidélité le sentiment des Bouddhistes n'apercevant dans toutes les choses de la terre que vanité et instabilité. Il y est dit[267] :

« Comment pouvez-vous être joyeux, comment pouvez-vous vous adonner au plaisir ? Éternellement les flammes brûlent. Les ténèbres vous environnent : ne voulez-vous pas chercher la lumière ? »

« L'homme moissonne des fleurs : au plaisir sont suspendues toutes ses pensées. Comme sur un village des torrents dans la nuit, la mort vient sur lui et l'emporte.

« L'homme moissonne des fleurs : au plaisir sont suspendues toutes ses pensées. L'homme aux désirs insatiables, l'Anéantisseur le tient en son pouvoir. »

« Ni dans le royaume des airs, ni dans le milieu de la mer, ni si tu pénètres dans les crevasses des montagnes, tu ne trouves sur la terre de place où le pouvoir de la mort ne t'atteigne pas.

« De la joie naît la douleur ; de la joie naît la crainte. Celui qui est affranchi de la joie, pour celui-là il n'y a pas de douleur ; d'où lui viendrait de la crainte ?

« De l'amour naît la douleur ; de l'amour naît la crainte. Celui qui est affranchi de l'amour, pour celui-là il n'y a pas de douleur : d'où lui viendrait de la crainte ?

« Celui qui abaisse les yeux sur le monde comme s'il voyait une bulle d'écume, comme s'il voyait un rêve, celui-là échappe aux yeux de la souveraine Mort.

---

[267] *Dhammapada*, stances **146, 47, 48, 128, 212, 213, 170, 414**.

« Celui qui a surmonté le chemin mauvais, impraticable du Samsâra, de l'égarement, celui qui, passé à l'autre bord, a atteint la rive, riche de contemplation, sans désir, sans défaillance, celui qui, affranchi de l'existence, a trouvé l'extinction, voilà celui que j'appelle un vrai Brahmane.

Tout cela n'est-il que dialectique ? Est-ce simplement l'équivalence des notions d'apparition, de disparition et de douleur qui fait ainsi apparaître le monde aux yeux des Bouddhistes comme un désert de tourments ?

Là où l'esprit d'un peuple ne sait pas s'assurer un fond solide dans la ferme et claire réalité de son œuvre historique, là où il s'abandonne sans contrepoids à la prépondérance excessive de la pensée, la spéculation, avec ses déductions logiques ou présumées telles, acquiert assurément une influence incalculable : c'est d'elle que dépendra en grande partie la décision que prendront aussi bien les individus que le peuple tout entier sur la question de savoir si cette vie vaut la peine d'être vécue. Mais chez l'Indien ce n'est pas seulement la spéculation qui fait trébucher la balance : elle s'associe chez lui à toutes les angoisses dont est saisi son cœur tremblant devant les misères sans limites de l'avenir, devant les tourments insondables de l'enfer ; elle s'associe en outre à l'impatience de ses vœux et de ses espérances, elle partage avec eux le même caractère d'impétuosité qui ne s'est pas mise à l'école de la réalité. Cette pensée qui, franchissant d'un coup d'aile tout le particulier, atteint d'emblée l'absolu, trouve son pendant dans un désir qui écarte et dédaigne tout bien qui n'est pas l'éternel, le souverain bien. Mais ce souverain bien, quel est-il ? De même que l'ardeur du soleil de l'Inde fait apparaître au corps fatigué le repos à la fraîcheur de l'ombre comme le bien suprême, de même, pour l'âme lassée, le repos, l'éternel repos est l'unique objet de ses désirs. De cette vie qui offre à la fraîche et rude vigueur d'un peuple actif et entreprenant mille tâches et mille récompenses, l'Indien n'effleure que la surface et s'en détourne, dégoûté. L'esclave est las de sa servitude, le despote se lasse encore plus vite et plus complètement de sa toute-puissance, de ses jouissances sans bornes. Les propositions bouddhiques sur la douleur de tout ce qui est éphémère sont l'expression décisive et tranchante qu'ont revêtue ces dispositions du peuple indien : vous en trouverez le commentaire non seulement dans le Sermon de Bénarès sur le Non-moi et les stances du *Dhammapada*, mais encore, marqué en traits indélébiles, dans toute la douloureuse histoire de ce peuple.

TON DU PESSIMISME BOUDDHIQUE

Dans quelques-unes stances que nous avons citées du *Dhammapada*, à la pensée de l'instabilité et de la vanité de ce monde se trouve associé l'éloge de celui qui a su briser les chaînes de cette prison. Ceci nous amène à compléter — et sur un point essentiel — notre description du Pessimisme bouddhique. On a souvent représenté le ton dominant de ce Pessimisme comme caractérisé par une profonde mélancolie : ce ne seraient que doléances sans fin sur la vanité de la vie. En cela on s'est foncièrement mépris. Un disciple du Bouddha voit bien dans ce monde un séjour de perpétuelle douleur : mais cette douleur n'éveille en lui qu'un sentiment de compassion pour ceux qui sont encore dans le monde ; il ne ressent pour lui-même ni tristesse ni pitié, car il se sait proche du but, glorieux entre tous, qui l'attend. Ce but est-il le néant ? Peut-être. Pour le moment nous ne pouvons encore répondre à cette question. Mais, quel qu'il puisse être, le Bouddhiste est loin de déplorer comme un malheur ou une iniquité l'ordre de choses qui a donné à la vie précisément ce but et ne lui a donné que celui-là. Il ne s'y soumet pas davantage avec une sombre résignation comme à une fatalité inévitable. Il tend au Nirvâna avec la même allégresse victorieuse que le Chrétien à son but, la vie éternelle.

Ces dispositions se reflètent clairement aussi dans les stances du *Dhammapada*[268] :

« Celui dont les sens sont en repos, comme des chevaux bien domptés par celui qui les mène, celui qui a dépouillé tout orgueil, qui est affranchi de toute impureté, celui qui est ainsi accompli, les dieux mêmes lui portent envie.

« En parfaite joie nous vivons, sans ennemis dans le monde de l'inimitié ; parmi des hommes pleins d'inimitié nous demeurons sans inimitié.

« En parfaite joie nous vivons, sains parmi les malades ; parmi les hommes malades nous demeurons sans maladie.

« En parfaite joie nous vivons, sans fatigue parmi ceux qui se fatiguent. Parmi les hommes qui se fatiguent nous demeurons sans fatigue.

« En parfaite joie nous vivons, nous à qui rien n'appartient. La gaîté est notre nourriture comme aux dieux rayonnants.

« Le moine qui demeure en un endroit solitaire, dont l'âme est pleine de paix, goûte une félicité surhumaine, contemplant face à face la vérité.

Ce n'est pas assez de dire que le but auquel tend le Bouddhiste pour échapper à la douleur de ce monde est le Nirvâna. Il nous faut également noter comme un fait prouvé et hors de doute l'allégresse intérieure, fort éloignée de toute résignation, avec laquelle il recherche ce but.

---

[268] Stances **94, 197 et sqq., 373**.

CHAPITRE II

LES VÉRITÉS SUR L'ORIGINE ET LA SUPPRESSION DE LA DOULEUR

LA FORMULE DU LIEN DE CAUSALITÉ

Pour apprendre à connaître la portée qui s'attachait dans l'esprit des Bouddhistes à la première des quatre Vérités, la proposition sur la douleur, il nous a suffi de voir à quelles critiques le Bouddha, dans sa prédication, avait soumis les événements de la vie journalière, les dispositions et les penchants dont s'accompagnent les actions humaines, et leurs suites. Les propositions sur l'origine et la suppression de la douleur nous transportent du cercle des considérations familières sur la vie dans le monde purement abstrait de la Dogmatique bouddhique : ici nous sentons à chaque pas le sol se dérober sous nos pieds.

« Voici, ô moines (tel est le texte de ces deux propositions), la vérité sainte sur l'origine de la douleur ; c'est la soif (de l'existence) qui conduit de renaissance en renaissance, accompagnée du plaisir et de la convoitise, qui trouve çà et là son plaisir : la soif de plaisirs, la soif d'existence, la soif d'impermanence.

« Voici, ô moines, la vérité sainte sur la suppression de la douleur : l'extinction de cette soif par l'anéantissement complet du désir, en bannissant le désir, en y renonçant, en s'en délivrant, en ne lui laissant pas de place.

L'*existence*, telle qu'elle nous environne en ce monde avec son flux et son reflux sans trêve, apparaissant et disparaissant, voilà notre malheur. Le fondement de cette existence est notre volonté, — ce fait que nous voulons vivre, que nous aimons à fondre notre être avec l'être d'autrui et à l'élargir. L'anéantissement de cette volonté supprime notre existence. Et c'est ainsi que ces deux propositions embrassent l'ensemble de toute destinée humaine.

Mais cet ensemble doit pouvoir se résoudre en ses éléments. La proposition que nous venons de citer parle de la soif de l'existence qui conduit de renaissance en renaissance. D'où vient cette soif ? Fondement de notre être, sur quel fondement repose-t-elle elle-même ? Par quelle loi, par quel mécanisme, par l'intermédiaire de quels moyens termes se rattache à elle le renouvellement de notre existence, la renaissance avec toutes ses douleurs ?

Déjà dans les plus anciennes traditions, où nous puisons ce que nous savons ici de la spéculation bouddhique, nous voyons que l'on s'était posé cette question. On sentait que la concision des vérités sacrées appelait évidemment un complément : et c'est ainsi qu'on leur adjoignit deux formules ou, pour mieux dire, une formule en deux parties, la formule du « Lien de causalité de l'origine » (*paticcasamuppâda*)[269].

---

[269] Senart a émis une conjecture séduisante d'après laquelle le Bouddhisme aurait créé cette formule en s'inspirant des procédés de pensée de la doctrine du Yoga (*Revue de l'hist. des religions*, 42, 359 ; l'auteur renvoie au *Yogasûtra* IV, 11). Parmi les nombreux ouvrages récents relatifs à la formule de causalité citons Walleser, *Die philosophische Grundlage des älteren Buddhismus* (1904) ; Oltramare, *La Formule bouddhique des douze causes* (1909 ; cf. mes observations là-dessus dans l'*Archiv für Religionswissenschaft*, 1910, p. 583 et sqq.) ; de La Vallée Poussin, *Théorie des douze causes* (1913). Voir aussi : Mme Rhys Davids, *Enc. Ref. Eth.* IX, p.672 et sqq. ; R. O. Francke, ZDMG, 69, p. 470 et sqq. ; Beckh, *Buddhismus*, II, p. 94 et sqq. ; Faddegon, *The Vaiçesika-system*, p. 80 et sqq.

À cette doctrine « profonde, de profond éclat[270] », la tradition donne dans la hiérarchie sacrée la première place après les quatre Vérités, tout proche d'elles. La connaissance des Vérités est ce qui fait du Bouddha un Bouddha : la formule du Lien de causalité s'est déjà présentée à lui avant l'obtention de la Bodhi, et c'est encore d'elle qu'il a l'esprit occupé tandis qu'il est assis au pied de l'arbre de la Science, « goûtant la félicité du Délivré[271] ». Et quand il a à combattre la crainte que sa prédication ne soit pas comprise sur la terre, c'est principalement à la doctrine du « Lien de causalité de l'origine » que se rapporte cette crainte : « Pour l'humanité qui s'agite ici-bas dans le tourbillon du monde et y trouve son plaisir, ce sera une chose difficile à saisir que la loi de causalité, l'enchaînement des causes et des effets[272] ».

À l'occasion, nos textes vont jusqu'à faire de la formule du Lien de causalité une partie intégrante des quatre Vérités elles-mêmes : ils la substituent à la place de la seconde et de la troisième Vérité[273].

Donnons de cette doctrine du « Lien de causalité de l'origine » la formule qui revient le plus fréquemment dans les textes et qui peut être considérée comme la plus ancienne[274] ; en voici la teneur avec sa double série de termes, l'une positive, l'autre négative, « en avant et en arrière » selon l'expression des textes :

---

[270] *Mahânidâna-sutta* (*Dîgha-Nikâya*, vol. II, p. 55) ; *Samy.-Nikâya*, vol. II, p. 92.

[271] **Mahâvagga**, I, 1 (v. plus haut, p. 135-6). Dans le *Samyutta-Nikâya* (vol. II, p. 10) le Bouddha dit que, comme pour les Bouddhas antérieurs, de même aussi pour lui-même, avant qu'il eût atteint la Bodhi, se leva la connaissance de cette science non encore entendue.

[272] V. plus haut, p. 140.

[273] Par exemple dans l'*Anguttara-Nikâya*, III, 61, 11 et 12.

[274] Conception différente chez Oltramare, *l. cit.*, p. 33 et sqq. ; Mme Rhys Davids, *Buddhism*, p. 93 et sqq. ; Franke, *Dîgha-Nikâya*, 314, note 3.

« De l'ignorance proviennent les formations (*sankhârâ*) ; des formations provient la connaissance (*viññâna*) ; de la connaissance proviennent nom et corps ; des nom et corps proviennent les six domaines[275] ; des six domaines provient le contact (entre les sens et leurs objets) ; du contact provient la sensation ; de la sensation provient la soif ; de la soif provient l'attachement (à l'existence, *upâdâna*) ; de l'attachement (à l'existence) provient l'existence (*bhava*) ; de l'existence provient la naissance ; de la naissance proviennent vieillesse et mort, souffrance et plainte, douleur, chagrin et désespoir. Telle est l'origine de tout l'empire de la douleur[276].

« Mais si l'ignorance est supprimée par le total anéantissement

---

[275] Les domaines des six sens et leurs objets. En plus des cinq sens les Indiens comptent l'intellect (*mano*) comme le sixième.

[276] Là où dans ce texte nous traduisons : « De x provient y », la teneur, exactement rendue, est celle-ci : « En dépendance de x (se produit) y » ; notre expression « Lien de causalité » remplace une traduction littérale « production en dépendance (de quelque autre chose) ». Warren (*Proceedings Amer. Or. Society*, 1893, p. XXVII et sqq.) a émis la théorie que cette « production en dépendance » ne doit être entendue comme une relation de causalité que dans une partie des propositions dont se compose la formule ; dans d'autres il faudrait l'entendre autrement, par exemple comme le rapport « of a particular instance to a general category » (tel serait le cas pour la proposition relative à la dépendance de la naissance à l'égard de l'existence). J'estime qu'à choisir d'ici de là entre plusieurs formes distinctes de « dépendance », nous introduirions dans la vieille théorie, qui implique évidemment similarité de relation de tous les termes entre eux, un élément étranger. Très expressément, en plus d'un endroit, les textes sacrés paraphrasent tout le long de la formule la question de la production en dépendance par les expressions : « ayant quel fondement, quelle origine, quelle naissance, quelle provenance ? » (*kiṃnidânam, kiṃsamudayam, kiṃjâtikaṃ, kiṃpabhavaṃ* ? *Saṃyutta-Nik*, vol. II, p. 37, 81 ; *Majjhima-Nikâya*, vol. I, p. 261). En un sens seulement l'idée de Warren peut être, à mon avis, acceptée : la relation de causalité était bel et bien affirmée entre une partie des termes, mais cette assertion ne reposait pas sur une idée claire et précise, de telle sorte qu'une autre manière de formuler la relation en question sans avoir recours à la catégorie de causalité aurait été mieux à sa place. On est autorisé à admettre que la grosse part de la série, chez laquelle la relation de causalité avait conservé sa pleine valeur, a fait subir son attraction au reste. — Sur la façon dont cette « production en dépendance » est conçue dans la scholastique postérieure, voyez Nettipakarana, p. 78 et sqq. ; S. Z. Aung, *Compendium of Philosophy*, p. 187 et sqq., et cf. p. 259 et sqq. ; L. de La Vallée Poussin, *Théorie des douze causes*, p. 44, 51 et sqq.

du désir, cela opère la suppression des formations ; par la suppression des formations, la connaissance est supprimée ; par la suppression de la connaissance sont supprimés nom et corps ; par la suppression des nom et corps sont supprimés les six domaines ; par la suppression des six domaines est supprimé le contact (entre les sens et leurs objets) ; par la suppression du contact est supprimée la sensation ; par la suppression de la sensation est supprimée la soif ; par la suppression de la soif est supprimé l'attachement (à l'existence) ; par la suppression de l'attachement (à l'existence) est supprimée l'existence ; par la suppression de l'existence est supprimée la naissance ; par la suppression de la naissance sont supprimés vieillesse et mort, souffrance et plainte, douleur, chagrin et désespoir. Telle est la suppression de tout l'empire de la douleur. »

On le voit, c'est une réponse pleine d'obscurités à la question hardiment posée de la racine dernière de la douleur en ce monde : essayons d'interpréter ce qu'entendait par là la vieille Communauté.

LA TROISIÈME PROPOSITION DE LA SÉRIE CAUSALE
CONNAISSANCE ET CORPORÉITÉ

Il semble à propos, dans l'examen de cette formule, de ne pas commencer par le commencement. Les premiers termes de la série — la cause première et la plus extérieure de l'existence terrestre, « l'Ignorance », et les « Formations » qui se développent de l'Ignorance — par leur nature même se prêtent beaucoup moins à une interprétation concrète que les catégories suivantes. Nous reviendrons plus tard sur la tentative faite dans les formules consacrées pour nommer la cause des causes ; en ce moment nous commençons au point où, dans la série des catégories, la « Connaissance » apparaît et où par suite nous mettons le pied sur le terrain d'une réalité plus facile à comprendre. Les textes sacrés eux-mêmes nous autorisent à procéder ainsi : il leur arrive plus d'une fois de laisser de côté les premiers termes de la série de causalité et de la faire commencer par la catégorie de la « Connaissance ». L' » Ignorance » et les « Formations » appartenaient évidemment à un ordre de choses dont maints théologiens bouddhistes évitaient de parler, quand ils pouvaient faire autrement.

« De la Connaissance, ainsi s'exprime la troisième proposition de la série, proviennent nom et corps. »

Dans un dialogue où le Bouddha explique à son disciple favori, Ânanda, la plus grande partie de la Formule de causalité[277] nous trouvons de cette proposition une interprétation très concrète et qui en marque bien sans doute le sens primitif :

« Si la connaissance, ô Ânanda, ne descendait pas dans le sein de la mère, est-ce que les nom et corps[278] se formeraient dans le

---

[277] Le *Mahânidâna-sutta* (*Dîgha-Nikâya*, II, p. 55 et sqq.). Des passages plus ou moins similaires d'autres textes sont cités dans la ZDMG. 52, p. 688. Il faut y ajouter *Nettipakarana*, 163.

[278] Cette double notion de « Nom et Corps » vient de la vieille spéculation brahmanique ; on la retrouve jusque dans le *Rig-Veda* (voir mes *Noten zum RV*. III, 38, 7 ; VII, 103, 6 ; X, 169, 2 ; plus haut p. 43, et encore mes ouvrages : *Weltanschauung der Brâhmanatexte*, p. 102 et sqq. ; *Lehre der Upanishaden*, p. 66 ; Sylvain Lévi, *La doctrine du sacrifice*, p. 29 et sqq. ; Deussen, *Sechzig Upanishads*, Index, s. v. *Name*) ; il est hors de doute qu'originairement le « Nom », en tant qu'il exprime ce qui est telle personne à l'exclusion de toutes les autres, était considéré comme un élément particulier, côte à côte avec le corps, et combiné en quelque sorte avec lui : cette façon de comprendre les choses se rapproche des conceptions du nom inhérentes à la civilisation primitive et dont Frazer nous a donné un exposé (*The Golden Bough*, I², p. 403 et sqq.) ; elle n'a pas encore complètement disparu des textes bouddhiques. Ainsi le *Mahânidâna-sutta* (*1. cit.* p. 62) ramène à l'existence du « monde des noms la possibilité d'atteindre le « monde des corps » par « le contact au moyen de la dénomination » ; il y est dit encore que « le domaine de la dénomination, le domaine de l'expression, le domaine de l'information » s'étend aussi loin « que les nom et corps avec la connaissance ». Là-dessus se présente une autre théorie, d'après laquelle on entendait par « nom » les fonctions immatérielles plus subtiles attachées au corps, par opposition avec le corps formé de terre, d'eau, de feu et d'air. V. par exemple le *Majjhima-Nikâya*, vol. I, p. 53. Cette dernière conception repose évidemment sur l'identification de l'expression « les nom et corps joints à la

sein de la mère ? — Non, Seigneur. — Et si la connaissance, ô Ânanda, après être descendue dans le sein de la mère, abandonnait de nouveau sa place, est-ce que les nom et corps naîtraient à cette vie ? — Non, Seigneur. — Et si la connaissance, ô Ânanda, dans le garçon ou la fille, pendant qu'ils sont encore petits, venait de nouveau à se perdre, est-ce que les nom et corps obtiendraient croissance, développement, progrès ? — Non, Seigneur. »

Ainsi donc la proposition : « De la connaissance proviennent nom et corps » nous ramène au moment de la conception[279].

---

connaissance » (v. plus bas, p. 258) avec le système des cinq Khandhas : « corps, sensations, représentations, formations, connaissance. » Des deux côtés on retrouvait nommés le « corps » et la connaissance » restait donc pour correspondre au « nom » le domaine des « sensations, représentations et formations ». — Pour ce qui est du corps, il est habituellement défini comme « les quatre éléments et le corps qui repose sur les quatre éléments ».

[279] Nous trouvons un avis tout différent dans l'étude de Walleser (*Die philosophische Grundlage des alten Buddhismus*, p. 49 et sqq.), laquelle, si ingénieuse qu'elle soit, ne me semble pas cependant convaincante. Voici sur quoi se fonde sa manière de voir. Le *Mahânidâna-sutta* omet dans la série causale la catégorie des « six domaines » ; il place aussitôt après « le nom et le corps » la catégorie du « contact ». Le corps, dit ce *Sutta* (cf. la note précédente), ne peut être atteint par « le contact de la dénomination » qu'au moyen du nom ; ce n'est qu'au moyen du corps que le nom peut être atteint par le « contact de la résistance » (en d'autres termes, me semble-t-il : on ne peut toucher d'une façon concrète l'être qui réside en quelque sorte dans le nom qu'en touchant la partie de matière tangible qui en est le corps). Là, le terme « nom et corps » ne s'applique pas évidemment à un individu isolé qui est sur le point de se produire, mais à l'existence nominative et corporelle en général (à « l'existence phénoménale dans son ensemble », selon l'expression de Walleser) ; en quoi le *Sutta* me semble dépasser les cadres dans lesquels, strictement parlant, l'exposé analytique aurait dû se confiner. C'est ce qui arrive assez souvent à la dialectique primitive et malhabile du Bouddhisme ancien : la pensée s'engage avec une extrême facilité dans la direction où l'entraîne tel ou tel point fortuit de l'exposé au lieu de suivre, avec la rigueur et la cohérence que nous pourrions exiger, les lignes générales du développement. Or, Walleser introduit la notion du « nom et du corps », en tant qu' « existence phénoménale dans son ensemble », dans la proposition de la série causale, qui fait dépendre le nom et le corps de la connaissance (« conscience » selon Walleser) : selon lui, cette proposition reconnaîtrait « le monde sensoriel comme quelque chose qui est immanent à la conscience, comme un produit de la conscience ». Ainsi on attribue au Bouddhisme ancien la doctrine : « le monde est ma représentation », dans le sens de Schopenhauer. Ceci nous emmène bien loin de ce

Qu'est-ce que cette faculté de connaître qui est considérée comme jetant les bases de l'existence d'un nouvel être ? De même que le corps humain est formé d'éléments matériels, de même aussi la connaissance est considérée comme consistant en un élément spirituel analogue :

« Il y a six éléments, ô disciples (dit le Bouddha)[280], l'élément de la terre, l'élément de l'eau, l'élément du feu, l'élément de l'air, l'élément de l'éther (d'espace), l'élément de la connaissance. »

La substance dont est faite la connaissance est très supérieure aux autres éléments ; elle habite pour ainsi dire son monde à elle :

« La connaissance (est-il dit)[281], l'immontrable, l'infinie, la tout illuminante : c'est ce où ni l'eau ni la terre, ni le feu ni l'air ne trouvent de place, ce en quoi grandeur et petitesse, faiblesse et force, beauté et laideur, en quoi nom et corps cessent du tout au tout.

C'est donc la connaissance qui, aussi longtemps que l'être est engagé dans la transmigration des âmes, forme, en une certaine manière[282], le chaînon qui relie les diverses existences ; c'est seulement quand le but de la Délivrance, le Nirvâna, est atteint, que chez le Parfait, à l'heure de la mort, la connaissance

---

que disent nos sources et fausse la nature même du milieu dans lequel évolue la vieille pensée bouddhique et auquel restent parfaitement étrangers les problèmes de la théorie de la connaissance, posés par la doctrine en question. (Cf. chez Walleser même, p. 61.)

[280] *Anguttara-Nikâya*, III, 61, 6. Le mot que je traduis par élément est *dhâtu*.

[281] *Kevaddha-sutta* (*Dîgha-Nik.*, vol. I, p. 223). K. E. Neumann (*Buddhist. Anthologie*, p. XVIII et sqq.) a mal compris ce passage. Ma traduction « la tout illuminante » n'est pas sûre ; voir Rhys Davids, **Dialogues of the Buddha, I, 283** ; O. Franke, *Dîgha-Nikâya*, p. 166 et sqq.

[282] Il est nécessaire de s'exprimer ici avec précaution. V. la note suivante.

s'évanouit, elle aussi, dans le néant. Mais si c'est un être non encore parvenu à cette perfection qui vient à mourir, ce qui chez lui est formé du plus relevé d'entre les éléments terrestres, de l'élément de la connaissance, devient le germe d'un être nouveau ; dans le sein maternel ce germe spirituel cherche et trouve la substance matérielle dont il façonne une nouvelle existence marquée au coin du nom et de la corporéité[283].

Mais de même que les nom et corps reposent sur la connaissance, celle-ci à son tour repose également sur eux. Les textes qui ne font pas remonter la série causale jusqu'à son dernier terme, l'ignorance, ont l'habitude de la faire tourner à son point de départ dans le cercle de ces deux catégories

---

[283] Pour le rôle attribué ici à la « connaissance », je renvoie à l'histoire de la mort de Godhika (ci-dessous, p. 304 ; je ne crois pas qu'on puisse accepter l'interprétation de Mme Rhys Davids, JRAS. 1903, p. 590, selon laquelle cette histoire ne devrait pas être prise tout à fait au sérieux, mais aurait plutôt une tournure presque humoristique) ; au *Saṃyutta-Nikâya*, vol. II, p. 66 et sqq. (XII, 39, 40) et au *Visuddhimagga* dans Warren, **Buddhism in translations, p. 238** et sqq (cf. Mme Rhys Davids, *Buddhism*, p. 144). En ce dernier passage il est décrit comment, à la mort de l'homme, la connaissance se retire en son dernier asile, le cœur, et ensuite, comme un homme se balance à une corde suspendue à un arbre au-dessus d'un fossé, elle se lance dans une existence nouvelle. A la vérité perce tout aussitôt ici le penchant de la théologie bouddhique à résoudre toute permanence et en particulier celle de l'âme en une perpétuelle instabilité. Aussi la « connaissance » qui fait le fond d'une existence nouvelle ne peut pas être directement la connaissance émigrée de l'ancienne existence : le moine Sâti, qui professe cette opinion est coupable d'hérésie (*Majjhima-Nikâya*, n° 38 ; cf. sur ce passage, L. de La Vallée Poussin, *Journ. As.*, 1902, II, p. 261 et sqq. ; Mme Rhys Davids, *Buddhism*, p. 75 et sqq.). Le *Visuddhimagga* (*loc. laud.*, cf. aussi p. 244), qui semblait soutenir la théorie du passage de la connaissance d'un être à l'autre, a vite fait de se reprendre : en réalité, dit-il, aucun des éléments de la vie n'émigre de l'ancienne existence dans la nouvelle, mais les éléments en question se créent bien plutôt à nouveau en raison des causes que renfermait l'ancienne existence. Le *Milinda-pañha* (p. 40) enseigne pareillement que l'être qui surgit au cours de la transmigration n'est ni le même que l'être précédent ni, d'ailleurs, un être différent (cf. ci-dessous, p. 297). Le même dialogue, pp. 46-48, conclut que « le nom et le corps » du nouvel être sont différents du nom et du corps de l'être antérieur, mais ce nouvel être n'en est pas moins issu de l'antérieur. Séparer l'un de l'autre serait comme si quelqu'un voulait épouser une femme qui, étant enfant, avait été mariée à un autre, — et cela sous prétexte que la jeune femme est différente de l'enfant qu'elle était auparavant.

mutuellement dépendantes l'une de l'autre. Nous avons déjà cité, dans le dialogue entre le Bouddha et Ânanda, le développement qui présente l'une des faces de ce rapport. Il est dit plus loin, dans la même conversation :

« Si, ô Ânanda, la connaissance ne trouvait pas les nom et corps comme point d'appui, est-ce que dans la suite naissance, vieillesse et mort, origine et développement de la douleur viendraient à se manifester ? — Il n'en serait rien, Seigneur. — Par suite, ô Ânanda, c'est là la cause, c'est là le fond, c'est là l'origine, c'est là la base de la connaissance : les nom et corps. »

Et c'est ainsi qu'en résumé le fondement sur lequel reposent toute dénomination et toute existence des êtres, leur naissance, leur mort et leur renaissance, se trouve désigné comme étant : « les nom et corps joints à la connaissance ».

Nous empruntons encore à d'autres textes les passages suivants, d'un tour caractéristique, et qui font bien saisir cette relation :

« Que faut-il qu'il y ait pour qu'il y ait nom et corps ? D'où viennent les nom et corps ? — Il faut qu'il y ait connaissance pour qu'il y ait nom et corps : c'est de la connaissance que viennent les nom et corps. — Que faut-il qu'il y ait pour qu'il y ait connaissance ? D'où vient la connaissance ? — Il faut qu'il y ait nom et corps pour qu'il y ait connaissance, c'est des nom et corps que vient la connaissance. Et alors, ô disciples, le Bodhisatta Vipassî[284] pensa ainsi : Réciproquement la connaissance dépend des nom et corps : la série ne va pas au-

---

[284] Vipassi est un des fabuleux Bouddhas du temps passé à qui, comme il était encore Bodhisatta (engagé sur le chemin de la Bodhi), sont attribuées ces considérations sur la série de causalité. Walleser (*Philos. Grundlage des älteren Buddhismus*, p. 58) veut voir en lui « un personnage historique qui ne fut pas très antérieur au Bouddha ». Je ne crois pas qu'on puisse se ranger à cet avis.

delà[285]. »

Et dans un autre endroit[286] on met dans la bouche de Sâriputta, le plus considérable des disciples du Bouddha, la comparaison suivante :

« De même, ami, que deux bottes de roseau inclinées l'une contre l'autre se tiennent debout, de même aussi la connaissance provient des nom et corps, les nom et corps de la connaissance. »

« En provenir », cela ne veut pas dire que la connaissance soit l'élément dont sont faits le nom et le corps : cela signifie plutôt que la connaissance est la cause formelle qui des éléments matériels fait sortir un être portant un nom et revêtu d'un corps.

LE KAMMA (LA RÉTRIBUTION MORALE)

Mais d'où vient qu'au nouvel être, au moment où il entre dans la vie, échoit précisément *ce* corps, entre tous les corps imaginables ?

« Ceci, ô disciples, n'est pas votre corps ni le corps des autres : il faut le considérer plutôt comme l'œuvre du passé, ayant pris forme, réalisée par la volonté, devenue palpable[287]. »

Nous sommes ainsi amenés à cette théorie du *Kamma*, à cette loi de la rétribution morale dont nous avons déjà plus haut

---

[285] *Mahâpadhânasutta* (*Dîgha-Nikâya*, II, 32).

[286] *Saṃyutta-Nik.*, vol. II, p. 114.

[287] *Saṃyutta-Nik.*, vol. II, p. 64 et sqq.

démêlé les origines dans la spéculation védique[288].

Ce que nous sommes est le fruit de ce que nous avons fait. Dans un texte de Brâhmana nous avons rencontré cette proposition : « Telles sont ses œuvres, telle est l'existence qui lui échoit[289]. » Et le Bouddhisme enseigne :

« Les œuvres sont le bien des êtres, les œuvres sont leur héritage, les œuvres sont le sein qui les porte. Les œuvres sont la race à laquelle ils sont apparentés, les œuvres sont leur recours[290] ».

Comme les arbres sont divers selon la diversité des semences, ainsi le caractère et la destinée des hommes sont divers selon la diversité des œuvres dont ils récoltent les fruits[291], et surtout selon la diversité des états d'âme dont découlent ces œuvres ; car c'est seulement quand une mauvaise action procède de la concupiscence, de la haine, de l'aveuglement qu'elle porte un fruit fatal à celui qui l'a commise, telle une semence qui tombe dans un bon terrain et reçoit la pluie ; dans d'autres circonstances l'action est comme une semence qu'on aurait brûlée au feu ou éparpillée au vent ou lancée dans un torrent[292].

La loi de causalité prend donc ici la forme d'une puissance morale régissant tout l'univers. Nul ne peut s'y soustraire :

« Ni dans le royaume de l'air (est-il dit, dans le *Dhammapada*)[293]

---

[288] Je ne puis considérer comme heureuse la tentative de Kern (*Manual of Indian Buddhism*, p. 50) pour écarter la théorie du *Kamma* du Bouddhisme primitif.

[289] V. plus haut, p. 51.

[290] *Majjhima-Nikâya*, III, p. 203 ; *Anguttara-Nikâya*, III, p. 186.

[291] *Milinda-pañha*, p. 65.

[292] *Ang.-Nik.*, vol. I, p. 134 et sqq.

[293] Stances 127, 71, 219 et sqq.

ni dans le milieu de la mer, ni si tu t'enfonces dans les creux de montagnes, nulle part tu ne trouves sur la terre un lieu où tu puisses échapper au fruit de tes mauvaises actions. » « Lentement, ainsi que le lait se caille, les œuvres mauvaises que l'homme a faites portent leur fruit : elles s'attachent aux pas de l'insensé, brûlant comme un feu caché sous les cendres[294]. » — « Celui qui après un long voyage revient de loin, sain et sauf, à la maison, reçoit l'accueil de ses parents, de ses amis et de ses camarades. De même, aussi, celui qui a fait le bien, quand il passe de ce monde dans l'autre, ses bonnes œuvres l'accueillent comme les parents l'ami qui est de retour.

A travers les cinq régions de la transmigration des âmes, l'existence divine et humaine, le royaume des spectres, le règne animal et les enfers, nous mène la puissance de nos œuvres. Les bons, la splendeur du ciel les attend. Le méchant, les gardiens des enfers le conduisent devant le trône du roi Yama ; celui-ci demande s'il n'a jamais vu, du temps qu'il vivait sur la terre, les cinq messagers des dieux, envoyés pour servir à l'homme d'avertissement, les cinq personnifications de la faiblesse et de la souffrance humaines, l'enfant, le vieillard, le malade, le criminel qui subit sa peine, le mort. Naturellement il les a vus :

« Et tu n'as pas, ô homme, comme tu avais atteint l'âge mûr et

---

[294] Celui même qui atteint la Délivrance n'échappe pas pour cela à la punition du mal qu'il n'a pas encore expié. Seulement, cette punition revêt pour le Délivré une forme qui n'a plus rien de terrible. L'histoire du voleur Angulimâla peut servir d'illustration. Cet homme avait sur la conscience d'innombrables vols et assassinats : le Bouddha le convertit et il atteint la sainteté. Comme il entre dans la ville de Sâvatthî pour recueillir des aumônes, il est reçu par le peuple à coups de pierres et autres projectiles. Couvert de sang, son bol à aumône brisé, ses vêtements déchirés, il s'approche du Bouddha. Celui-ci dit : « Ne vois-tu pas, ô Brahmane ? Le salaire des mauvaises actions pour lesquelles tu aurais été autrement tourmenté dans l'Enfer pendant bien des années et bien des milliers d'années, tu le reçois déjà dès cette vie. (*Angulimâla-suttanta, Majjh.-Nikâya*, n° 86. La façon dont le récit est rendu dans le *Manual* de Sp. Hardy, p. 260 et sqq., n'en fait pas pleinement ressortir l'intention théologique). — Cf. encore *Milinda-pañha*, p. 188 et sqq.

que tu te faisais vieux, tu n'as pas alors pensé en toi-même : « Moi aussi je suis sujet à la naissance, à la vieillesse, à la mort ; je ne suis pas soustrait à l'empire de la naissance, de la vieillesse, de la mort. Or donc je veux faire le bien en pensée, en paroles et en action ! » (Mais l'homme répond) : « Je ne pouvais pas, Seigneur ; dans ma légèreté je l'ai négligé, Seigneur. » (Alors le roi Yama lui dit) : « Ces mauvaises actions qui sont les tiennes, ce n'est pas ta mère qui les a faites, ni ton père, ni ton frère, ni ta sœur, ni tes amis et conseillers, ni tes parents et alliés par le sang, ni des ascètes, ni des Brahmanes, ni des dieux. C'est toi seul qui as fait ces mauvaises actions : seul tu dois en recueillir le fruit. »

Et les gardiens des enfers l'entraînent à la place des supplices[295].

Dans le dialogue du *Milindapañha*[296] il est également question de ce cercle sans fin d'existences toujours nouvelles que régit le Kamma, la loi du mérite et du démérite ; tantôt on le compare à une roue tournant sur elle-même, tantôt à la génération mutuelle de l'arbre par la graine, de la graine par le fruit de l'arbre, — de la poule par l'œuf, de l'œuf par la poule. L'œil et l'oreille, le corps et l'esprit entrent en contact avec le monde extérieur ; de là provient la sensation, le désir, l'action (*kamma*) ; le fruit de l'action est le nouvel œil et la nouvelle oreille, le nouveau corps et le nouvel esprit qui, dans l'existence suivante, échoiront en partage à l'être[297].

La notion du Kamma nous ramène ainsi au moment qui précède immédiatement celui qu'exprime la troisième

---

[295] *Devadûta-sutta, Majjhima-Nikâya*, n° 130, vol. III, p. 179 et sqq.

[296] P. 50 et sqq. — Ce dialogue auquel nous reviendrons par la suite pour l'examiner de plus près, est sensiblement plus jeune que les textes du canon.

[297] Cf. encore *Milinda-pañha*, p. 46 : « Avec ces nom et corps (v. page 255) il produit le Kamma, bon ou mauvais : par ce Kamma se produisent dans la conception de nouveaux nom et corps. »

proposition causale, à savoir la combinaison de la « connaissance » avec les « nom et corps ». Pour y correspondre, il semble que notre formule entende le Kamma et ses effets par la catégorie dont elle fait précéder les notions de « connaissance » et de « nom et corps », nous voulons dire celle des « formations ». Toutefois, avant de nous occuper de ces dernières, nous voulons d'abord parcourir jusqu'au bout et à la suite toute la série, à partir du point où nous sommes parvenus.

LES PROPOSITIONS QUATRE A ONZE DE LA SÉRIE CAUSALE

Grâce à la conjonction de la « connaissance » avec les « nom et corps », l'esprit a trouvé son corps, le corps son esprit : cet être physique et moral se crée à présent des organes pour entrer en relation avec le monde extérieur : « Des nom et corps, dit la quatrième proposition de la formule, proviennent les six domaines[298] » ; ce sont les « six domaines du sujet » : l'œil, l'oreille, le nez, la langue, le corps (connue organe des sensations de toucher), l'intellect, — et les six domaines correspondants du monde objectif : les corps, en tant qu'objet de la vue, et de même les sons, les odeurs, les saveurs, les choses tangibles, et enfin, comme objet de l'intellect, les pensées (ou notions, *dhammâ*)[299] ; ces dernières sont évidemment conçues comme ayant une existence objective et se tenant devant l'intelligence qui les embrasse de la même façon que les corps visibles devant l'œil.

Les organes du sujet entrent maintenant en rapport avec le monde objectif : « Des six domaines provient le contact. Du

---

[298] La version contenue dans le *Mahânidâna-sutta* (Dialogue entre le Bouddha et Ânanda) omet la catégorie des « six domaines » et saute directement des « nom et corps » à la catégorie suivante du contact. (V. plus bas.)

[299] Nous reviendrons sur le terme de *dhamma* à la p. 285.

contact provient la sensation. » Nous rencontrons une tentative pour préciser davantage la suite de ces opérations ; à la vérité, elle n'est pas très clairement exprimée, ni peut-être non plus clairement conçue : « De l'œil et des corps visibles, nous dit-on[300], provient une connaissance relative à l'œil (*cakkhuviññâna*)[301], la combinaison des trois, le contact. Du contact provient la sensation. » Les « trois » seraient l'organe du sens, l'objet et en troisième lieu la connaissance assistant en spectatrice à la rencontre de l'un et de l'autre[302]. Dans l'instruction du Bouddha citée plus haut, la série d'opérations dont il est question ici se trouve de même exprimée avec les mots suivants mis en relief : « Œil — ce qui est visible — connaissance dirigée vers l'œil — contact de l'œil (avec les objets) — la sensation qui provient du contact, de l'œil (avec les objets), que ce soit joie, que ce soit douleur, que ce ne soit ni douleur ni joie[303] » — laquelle sensation se développe du contact « comme du rapprochement et du frottement de deux morceaux de bois se produit la chaleur et s'engendre le feu[304]. » La même suite d'opérations qu'à propos de l'œil se reproduit naturellement dans le même ordre à propos des autres organes des sens.

---

[300] *Saṃyutta-Nikâya*, en plusieurs endroits.

[301] Nous citons encore ici les passages suivants du *Majjhima-Nikâya* (vol. I, p. 259) : « Selon son principe d'origine, ô moines, d'une manière correspondante est désignée la connaissance. Si la connaissance provient de l'œil et des corps visibles, elle est désignée comme la connaissance appartenant à l'œil (de même par rapport à l'oreille et à tous les autres sens). De même, ô moines, que le feu est désigné selon son principe d'origine, par lequel il brûle ; s'il brûle en provenant du bois, il est désigné comme un feu de bois, etc..., de même la connaissance, etc...

[302] Ou bien l'organe du sens, l'objet et, en troisième lieu, la collision de l'un et de l'autre ? Cf. Mme Rhys Davids, *Buddh. Psychology*, p. 5, note 2. Cf. aussi sur la question L. de La Vallée Poussin, *Théorie des douze causes*, p. 21 et sqq.

[303] Joie, douleur, et ce qui n'est ni douleur ni joie : division tripartite des sensations qui se retrouve constamment dans les textes.

[304] *Saṃyutta-Nik.*, vol. II, p. 97 ; *Majjh.-Nik.*, vol. III, p. 242.

La formule continue : « De la sensation provient la soif. » Nous atteignons ici la catégorie qu'avaient prise pour point de départ les vérités sur l'origine et la suppression de la douleur, « la soif qui conduit de renaissance en renaissance » : ce n'est pas la cause dernière, mais la cause la plus puissante de la douleur. Nous sommes parce que nous avons soif d'être ; nous souffrons, parce que nous avons soif de plaisir :

« Celui qu'elle dompte, la soif, la méprisable soif, fortement attachée à ce monde, de celui-là la douleur croît comme l'herbe croît. Celui qui la dompte, cette soif méprisable, à laquelle il est difficile d'échapper en ce monde, de celui-là la douleur se détache comme la goutte d'eau de la fleur du lotus. » — « De même que si la racine est intacte, un arbre même coupé repousse puissamment, de même, si l'excitation de la soif n'est pas morte, la douleur perce toujours et toujours à nouveau. » — « Sur tout présent l'emporte le présent de la vérité ; sur toute douceur l'emporte la douceur de la vérité ; sur toute joie l'emporte la joie dans la vérité ; destruction de la soif, elle triomphe de toute douleur[305]. »

La notion de la « soif » est habituellement décomposée en six parties par la doctrine scolastique, selon que l'un ou l'autre des six sens a provoqué la sensation qui engendre la soif ; elle se tient toujours en relations étroites avec la catégorie qui la suit immédiatement dans la Formule de causalité, celle de l'» attachement », c'est-à-dire de l'attachement au monde extérieur, à l'existence[306] : « De la soif, dit la formule, provient

---

[305] *Dhammapada*, st. 335 et sqq., st. 338, 354.

[306] La terminologie scolastique distingue particulièrement quatre sortes d'attachements : l'attachement par le fait du désir, l'attachement par le fait d'une opinion (fausse), l'attachement par le fait de bâtir sur la vertu et les observances monastiques (comme si cela seul suffisait pour atteindre la Délivrance), et l'attachement par le fait de croire en un Moi. Nous ne pourrons éclaircir que plus tard ce dernier point, à savoir l'attitude de la doctrine bouddhique par rapport à l'idée

l'attachement. » On s'attache aux cinq groupes d'éléments dont se compose l'existence corporelle et spirituelle[307] ; cet attachement aboutit aux conséquences funestes que notre formule associe avec lui[308]. L'expression d'» attachement » ou d'» embrassement » (*upâdâna*)[309] implique une comparaison bien caractéristique pour la conception qui se fait jour ici. La flamme qui, comme une entité à peine matérielle, s'élance librement à travers l'espace et vers le ciel, a cependant embrassé le combustible (*upâdâna*) et s'y attache : on ne peut la concevoir sans aliment. Même quand le vent la promène au loin, il existe toujours là un élément qu'elle embrasse et auquel elle s'attache, le vent. Or l'existence de chaque être est pareille à la flamme : comme la flamme, notre vie est jusqu'à un certain point un perpétuel phénomène de combustion. La Délivrance est l'extinction (*nirvâna*) de la flamme : mais la flamme ne s'éteint pas aussi longtemps qu'on lui procure un aliment qu'elle tient embrassé. Et de même que la flamme en s'attachant au vent vole jusqu'aux confins de la terre, de même aussi la flamme de notre existence n'est pas fixée au même endroit, mais dans la transmigration des âmes elle erre à travers les profondeurs de l'espace, du ciel aux enfers, des enfers aux cieux. Et puisque notre existence présente les mêmes phénomènes que la flamme, à quoi donc, au moment de ces migrations, s'attache-t-elle, comme la flamme au vent ?

« Et alors, je vous le dis, (l'existence de l'être) a la soif pour substratum, auquel elle s'attache : car la soif, ô Vaccha, est à ce

---

du Moi. — Je renvoie aussi, pour cette catégorie de l'attachement, aux conclusions de mon étude dans ZDMG, 52, p. 690 et sqq.

[307] Voir plus haut, p. 146, note 1.

[308] *Majjhima-Nikâya*, I, 511 et sqq., passage relevé par Oltramare, *La Formule bouddhique des douze causes*, p. 19.

[309] Sur l'*upâdâna* cf. mes observations GGA. 1917, p. 153.

moment son attachement (à l'être qui transmigre)[310]. »

Même le plus léger reste d'attachement fait manquer la Délivrance. Celui qui est détaché de toutes les choses passagères, qui a conquis la plus complète quiétude, si seulement il s'attache dans sa pensée à cette quiétude, s'il en jouit, est encore en servage. Le meilleur des attachements, parce qu'il est le plus léger, est l'attachement à cet état de profonde absorption en soi où conscience et inconscience sont également surmontées : la Délivrance complète a encore surmonté ce dernier attachement[311]. « Par la cessation de l'attachement son âme fut délivrée de tout principe de péché », telle est la tournure constante qu'emploient les textes pour nous dire qu'un disciple du Bouddha a obtenu en partage la sainteté, la Délivrance.

Jusqu'ici la liaison des causes et des effets dans cette chaîne de catégories paraît assez claire. On aura reçu l'impression que l'être vivant, dont la conception marquait le début de la série causale (« de la connaissance proviennent nom et corps »), est entré depuis longtemps, avec les propositions suivantes de la formule, en pleine vie réelle ; le voilà en contact avec le monde extérieur et s'attachant à ses biens. C'est ainsi que l'entend également le dialogue plusieurs fois cité entre le Bouddha et Ānanda ; à la proposition : « De la sensation provient la soif », il rattache tout un tableau de l'activité humaine s'efforçant vers le

---

[310] Extrait d'un dialogue entre le Bouddha et un moine d'une autre croyance, nommé Vaccha (*Saṃyutta-Nikāya*, vol. IV, p. 399 et sqq.). Nous pouvons reconnaître ici un exemple de ce que nous signalions plus haut, nous voulons dire des variations des textes sacrés dans l'ordre de succession des catégories qui paraissent dans la Formule de causalité. Nous avons montré que la proposition : « De la connaissance proviennent nom et corps » se rapporte au moment de la conception, c'est-à-dire de la transmigration des âmes. Et voici qu'à présent les catégories de la soif et de l'attachement qui font leur apparition bien plus tard dans la formule sont reportées en arrière à ce même moment.

[311] *Ānañjasappāya-suttanta* (*Majjh.-N.*, n° 106).

plaisir et le gain ; recherche, obtention, possession, conservation, envie, querelle, lutte, calomnie, mensonge, tous ces mots s'y rencontrent. Aussi n'est-on pas peu surpris de voir la Formule de causalité, qui dans sa construction théorique du monde semblait déjà arrivée à la peinture animée de la vie sociale et des luttes de l'égoïsme contre l'égoïsme, revenir soudain sur ses pas : cet être que nous voyions déjà déployer son activité dans le monde, voici à présent qu'elle le fait naître ! Les trois derniers membres de la formule disent en effet : « De l'attachement (à l'existence) provient l'existence (*bhava*) de l'existence provient la naissance ; de la naissance proviennent vieillesse et mort, souffrance et plainte, douleur, chagrin et désespoir. »

Qu'il y ait ici dans la suite des idées un trou impossible à combler ou encore que la formule dégénère en une simple jonglerie avec des mots, c'est ce qu'on ne peut aisément se résoudre à admettre. Il faut bien le remarquer, le groupe des dernières propositions de la formule fournit, au même titre que les précédentes, un sens également compréhensible et en harmonie avec l'ensemble des idées bouddhiques sur l'univers ; entre les unes et les autres ne se découvre, semble-t-il, aucun point dont on puisse soutenir qu'il constitue une véritable solution de continuité. Que la soif soit la source de la douleur et que celle-ci revête les trois aspects de la naissance, de la vieillesse et de la mort, c'est là, — les « quatre vérités » en font foi — une doctrine fondamentale du Bouddhisme : or la formule du lien de causalité, que dit-elle ici autre chose, sinon justement que la soif — en passant par l'intermédiaire de l' » attachement » et de la catégorie, à vrai dire quelque peu vague, de l' » existence[312] » —produit la douleur de la naissance,

---

[312] Peut-être pouvons-nous essayer d'exprimer à peu près comme il suit les idées à associer avec cette notion d'existence : la soif et l'attachement aux choses périssables qu'elle provoque ont ceci pour effet que la personne (autant qu'il est permis d'employer ce terme sans dépasser le cercle des idées bouddhistes) n'arrive jamais au terme du cours de l'existence, mais reste au contraire vouée à une existence

de la vieillesse et de la mort ? Un texte de prédication[313] décrit le processus suivant : L'enfant naît ; il est nourri par sa mère. Comme il grandit et que ses sens entrent en contact avec les objets extérieurs, en lui se développent des sensations de plaisir, de déplaisir ou d'indifférence. Ainsi surgit en lui la joie (*nandî*) et l'attachement à l'existence ; celui-ci produit l'existence, et celle-ci, à son tour, la naissance, la vieillesse et la mort. Il est clair quand on nous donne ici un être vivant et déjà en pleine activité comme soumis à la naissance, il ne peut être question que de la prochaine naissance à laquelle est voué cet être[314], par la raison qu'il s'est encore embarrassé dans les liens du plaisir et du devenir. C'est évidemment en ce sens qu'il faut également entendre la formule du lien de causalité. Elle commence par suivre le développement de l'existence dans le passé, antérieurement à la soif, et montre comment dans la conception existent déjà les éléments qui doivent forcément engendrer cette soif fatale ; puis elle suit dans l'avenir les douleurs qui résultent de cette soif, les douleurs d'une nouvelle naissance, d'un nouveau trépas. Dans cette double démarche elle touche par deux fois à la période de la nativité[315] : ce qui égare et cause une obscurité réelle, c'est qu'à chacune des deux fois elle se sert de termes différents pour exposer ainsi sous des

---

ultérieure, que celle-ci soit d'ailleurs de plus haute ou de moindre dignité. C'est ainsi qu'une telle personne reçoit en partage une nouvelle naissance. Le **Sutta-Nipâta (st. 742)** dit : « De l'attachement provient l'existence. Celui qui entre dans l'existence est sujet à la douleur. Celui qui est né, doit mourir. » — La terminologie scolastique distingue trois sortes d'existence : existence dans le monde du désir, existence dans le monde de la corporéité, existence dans le monde de l'absence de corporéité. V. aussi L. de La Vallée Poussin, *loc. laud.*, p. 29 sqq.

[313] *Mahâtaṇhâsaṃkhaya-sutta (Majjh.-Nik.*, n° 38).

[314] Cf. aussi *Saṃyutta-Nikâya*, vol. II, p. 101, où l'enchaînement des faits est décrit de la façon suivante : La « connaissance prend pied solidement et les nom et corps » s'y greffent : ainsi se passe la conception (cf. p. 254). Les *sankhâra* (v. ci-dessous, p. 276) croissent. De là s'ensuit un nouveau retour à l'existence pour recommencer à naître, vieillir et mourir.

[315] Dans le *Visuddhimagga* (Warren, **Buddhism in translations, p. 196**) cela est clairement reconnu. Voir aussi L. de La Vallée Poussin, p. 36 et sqq.

faces différentes le jeu de la causalité à travers ce processus toujours renouvelé de la renaissance[316].

Terminons cette discussion par quelques stances du *Dhammapada* qui transportent les dernières propositions de la Formule de causalité de la langue de l'abstraction dans celle du sentiment et de la poésie[317] :

« Regarde cette image peinte, ce corps de douleurs, si débile, en qui habitent tant d'aspirations, qui n'a ni force ni soutien.

---

[316] Je serais satisfait si cette discussion parvenait à prouver que les obscurités de la formule de causalité, « la tyrannie des cadres et des mots » sont bien moindres qu'il n'a été admis par moi dans la deuxième édition de cet ouvrage et encore par Senart dans son ingénieux essai *A propos de la théorie bouddhique des douze nidânas* (*Mélanges de Harlez*, p. 281 et sqq.). Moi non plus je ne crois pas qu'il faille y reconnaître « la forte structure d'une théorie autonome sortant toute armée d'une spéculation maîtresse d'elle-même ». Assurément le Bouddhisme travaille à chaque pas sur des expressions consacrées et qu'il a trouvées toutes faites. Mais il les combine de telle sorte qu'il faut bien reconnaître qu'elles recouvrent des pensées, encore que souvent obscures. Je me contente de reprendre un seul des points mis en vedette par Senart (p. 284 et sqq.) pour montrer par un exemple qu'on reproche parfois aux Bouddhistes des confusions beaucoup plus graves qu'il n'en commettent en réalité. La neuvième notion de la série de causalité est l'*upâdâna* (attachement) : « *Upâdâna*, plusieurs textes le démontrent, n'est qu'une réduction pour *upâdâna-skandhas...*, soit les cinq skandhas qui sont, comme on sait : *rûpa, vedanâ, samjña, samskâra* et *vijñâna*. » Or tous ces *khandha* sans exception, soit expressément, soit implicitement, apparaissent à leur tour dans la série : « La série des skandhas figure donc en réalité deux fois dans la formule. Le fait suffit pour en réduire à sa valeur la portée spéculative. » Nous sommes obligés de contester qu'*upâdâna* soit la même chose que les cinq *upâdânakkhandha*. Je renvoie d'une part à la remarque faite plus haut p. 265, n. 1, sur les quatre *upâdâna*, d'autre part à la déclaration expresse fréquemment répétée dans les textes canoniques (par ex. *Majjhima-Nikâya*, vol. I, p. 299 et sqq. ; *Samyutta-Nikâya*, vol. III, p. 100) que l'*upâdâna* et les cinq *upâdânakkhandha* ne sont pas identiques : l'*upâdâna* est le *chandarâga* (plaisir et désir) dans ses rapports avec ces cinq *khandha*. Ainsi, à mon avis, cette prétendue confusion dans la formule de causalité n'existe pas en fait. — Je ne veux pas passer sous silence l'essai d'explication que Wadden en a donné (Journ. R. As. Soc., 1894, p. 367 et sqq. ; *Buddhism in Tibet*, p. 105 et sqq.) et qui repose sur l'interprétation d'une fresque allégorique d'une origine relativement très postérieure : je n'ai rien à ajouter aux remarques de Senart (*loc. laud.*, p. 282 et sqq.) à son sujet.

[317] St. 147-149, 46.

« A la vieillesse tombe en partage cette forme, le nid des infirmités, si débile ; le corps corruptible périt, car la fin de la vie est la mort[318]. »

« Ces ossements blanchis qui sont jetés là comme des courges à l'automne, comment en les voyant peut-on être joyeux ? »

« Considérant ce corps comme une bulle d'écume, le sachant pareil à un mirage, brisant les flèches de fleurs du Tentateur, va droit où ne t'atteignent plus les regards du monarque de la mort. »

Mais la mort n'est pas le terme du long enchaînement de la douleur : après la mort vient la renaissance, des souffrances nouvelles, un nouveau trépas.

LA PREMIÈRE ET LA SECONDE PROPOSITION DE LA SÉRIE CAUSALE

De la fin de la Formule de causalité il nous faut revenir à son début et parler des deux premiers termes de la série :

« De l'ignorance (*avijjâ* = la non-connaissance), ainsi commence la formule, proviennent les formations (*sankhâra*). »

« Des formations provient la connaissance (*viññâna*). »

Ainsi c'est l'ignorance que l'on donne comme fondement dernier de la douleur ; nous devons dès lors nous demander : Qui donc est ici l'ignorant ? Qu'est-ce qu'ignore cette

---

[318] La conjecture de Childers (Sacred Books, X, 41) : *mararantaṃ hi jîvitam* est susceptible d'une véritable démonstration : cf. *Saṃyutta-Nikâya*, vol. I, p. 97 (et aussi Nettipakaraṇa, p. 94) ; Lalita-Vistara, p. 328. Cf. encore *Mahâbhârata*, XI, 48, éd. Calc. ; *Râmâyaṇa*, II, 105, 16, éd. Bombay ; *Sânkhya-Pravacana-Bhâshya*, V, 80.

ignorance ?

L'IGNORANCE

La place de la catégorie de l'ignorance en tête de la série causale invite à se laisser entraîner à des interprétations qui voient dans cette idée une sorte de pouvoir cosmogonique agissant à l'origine des choses[319] ; ou bien encore on pourrait être tenté d'y lire entre les lignes l'histoire d'une faute commise au delà des temps, d'un acte malheureux par lequel le non-être s'est condamné à l'être, c'est-à-dire à la douleur. C'est de cette façon que dans les écoles brahmaniques postérieures l'on parle de la Mâyâ, de cette puissance d'illusion qui fait apparaître à l'Être un et incréé comme existant réellement la trompeuse image du monde des créatures : « Lui, le Connaissant, s'abandonna à de confuses rêveries, et quand il tomba dans le sommeil préparé par la Mâyâ, il vit dans son assoupissement mille formes de songes : je suis, ceci est mon père, ceci est ma mère, ceci est mon champ, ceci est ma richesse. » On a comparé avec cette Mâyâ de la théosophie brahmanique l'ignorance du Bouddhisme ; on y apportait seulement cette restriction : tandis que la Mâyâ est le mirage illusoire de l'Être véritable et éternel, l'ignorance est de même le mirage de ce qui, pensait-on, remplace l'Être éternel chez les Bouddhistes, à savoir du Néant.

Des interprétations de cette sorte, qui voient dans la catégorie de l'ignorance une façon de désigner le Néant sous l'apparence illusoire de l'Être, sont en fait complètement d'accord avec les déclarations expresses des textes bouddhiques postérieurs. On rencontre déjà la conception indiquée ici dans l'œuvre capitale de la spéculation à la fois mystique et nihiliste qui domina parmi les théologiens bouddhistes pendant les premiers siècles de l'ère

---

[319] Beckh, *Buddhismus*, II, p. 105 attribue aussi à l'ignorance (et aux autres termes) de la formule du devenir une nature cosmique, suprapersonnelle. Je ne puis me ranger à son avis.

chrétienne. Dans le texte tenu pour sacré de « La perfection de la science » (*Prajñâpâramitâ*) nous lisons ce qui suit[320] :

Le Bouddha dit à Çâriputra : « Les choses, ô Çâriputra, n'existent pas de la façon que le pensent, dans leur attachement à elles, les hommes ordinaires et ignorants, qui n'ont pas reçu l'enseignement à ce sujet. » Çâriputra dit : « Comment donc existent-elles, Seigneur ? » Le Bouddha répondit : « Elles n'existent, ô Çâriputra, qu'en tant qu'elles n'existent pas en réalité. Et en tant qu'elles n'existent pas, on les nomme Avidyâ[321], c'est-à-dire le non-être ou le non-savoir. C'est à cela que s'attachent les hommes ordinaires et ignorants, qui n'ont pas reçu l'enseignement à ce sujet. Ils se représentent toutes choses comme existant, alors qu'en réalité aucune n'existe. »

Puis le Bouddha interroge le saint disciple Subhûti :

« Qu'en penses-tu maintenant, ô Subhûti, l'illusion est-elle une chose et la corporéité une autre ? L'illusion est-elle une chose et les sensations une autre ? Les représentations une autre ? les formations une autre ? la connaissance une autre ? »

Subhûti répond :

« Non, Seigneur, non : l'illusion n'est pas une chose et la corporéité une autre. La corporéité même est l'illusion et l'illusion même est la corporéité, les sensations, les représentations, les formations, la connaissance. »

Et le Bouddha dit :

---

[320] Le passage est cité par Burnouf, *Introd. à l'histoire du Bouddhisme indien*, p. 473 et sqq., 478.

[321] C'est le même terme qui se trouve au début de la Formule de causalité, *avidyâ* = pâli *avijjâ*.

« C'est dans la nature de l'illusion que se trouve ce qui fait les êtres ce qu'ils sont. C'est, ô Subhûti, comme si un habile magicien ou l'élève d'un magicien faisait apparaître à un carrefour où quatre grandes voies se rencontrent une grosse foule d'hommes et, après les avoir fait apparaître, les faisait disparaître de nouveau. »

Telles sont les spéculations contenues dans le traité sur « La perfection de la science » ; elles font de l'ignorance à la fois la raison dernière de l'apparition du monde et le caractère essentiel de son existence qui en réalité est néant ; non-savoir et non-être sont ici synonymes.

En jetant un regard sur ces phases postérieures du développement de la pensée bouddhique nous n'avions qu'un but : c'était de nous mettre en garde contre toute velléité de transporter ces idées au compte du Bouddhisme primitif ou de nous en inspirer dans l'interprétation des anciens textes et particulièrement de la Formule de causalité. Les savants, à qui les propositions de l'enchaînement des causes et des effets n'étaient accessibles qu'à travers ces théories d'un âge postérieur, se trouvaient par le fait à peu près dans la même situation où serait, par exemple, un historien du Christianisme à qui l'on donnerait à tâche de tirer des visions des Gnostiques un exposé cohérent de la doctrine de Jésus.

Le chemin que nous avons à suivre est tout indiqué : nous n'avons qu'à interroger la plus ancienne tradition de la Dogmatique bouddhique telle qu'elle est contenue dans les textes pâlis : qu'est-ce que cette ignorance, fondement dernier de toute douleur ?

Toutes les fois que cette question est soulevée dans les Écritures pâlies, que ce soit dans les instructions attribuées au Bouddha et aux plus renommés de ses disciples ou dans les compilations systématiques des générations postérieures de théologiens, la réponse est toujours la même. L'ignorance n'y est pas définie comme une puissance cosmique ni comme un mystique péché originel ; elle ne sort pas le moins du monde des bornes de la réalité terrestre et compréhensible. l'« ignorance » est l'ignorance des quatre saintes vérités. Sâriputta[322] dit :

« Ne pas connaître la douleur, ô ami, ne pas connaître l'origine de la douleur, ne pas connaître la suppression de la douleur, ne pas connaître le chemin qui mène à la suppression de la douleur : voilà, ô ami, ce que l'on appelle l'ignorance. » — « Ne voyant pas les quatre saintes vérités telles qu'elles sont, j'ai parcouru le long chemin qui va d'une naissance à une autre. A présent je les ai vues : le cours de l'être est arrêté. La racine de la douleur est détruite : il n'y a plus désormais de renaissance[323]. »

Ainsi même quand la vieille Dogmatique bouddhique poursuit les origines de l'être souffrant, dans son voyage à travers ce monde de douleurs, jusqu'au delà du moment où la « connaissance » revêt « nom et corps », c'est-à-dire au delà du moment de la conception, même alors la pensée ne se perd pas dans les mystères d'une préexistence mystique : l'existence empirique prend racine dans une autre existence également saisissable empiriquement et subit l'action de causes qui ont leur siège dans cette autre existence. Que l'ignorance soit le fondement dernier de l'existence présente, cela veut dire : à une époque antérieure il y avait un être qui tenait alors votre place,

---

[322] *Sammâdiṭṭhi-suttanta* (*Majjh. Nik.*, vol. I, p. 54). On rencontre beaucoup de passages analogues. Ce n'est naturellement qu'une variante de cette manière de s'exprimer qui se rencontre dans le *Saṃyutta-Nik.*, vol. III, p. 162 (cf. 171, 172 et sqq.) : l'ignorance y est interprétée comme la non-connaissance de la corporéité, de l'origine de la corporéité, de la suppression de la corporéité, du chemin qui mène à la suppression de la corporéité (et ainsi de suite, en appliquant la même formule aux quatre autres éléments de l'être ; cf. p. 146, note 1).

[323] *Mahâvagga*, VI, 29. Le « cours » de l'être est la *taṇhâ*, (soif). Cf. Hardy, *Netti-pakaraṇa*, p. VII ; *Mahâvastu*, vol. II, p. 307, 12.

un être qui a vécu d'une vie non moins réelle et tangible que ne l'est la vôtre aujourd'hui, soit sur la terre, soit dans l'un des cieux ou des enfers : or cet être n'a pas possédé une certaine connaissance définie, susceptible d'être formulée mot pour mot ; et par suite, engagé dans les liens de la transmigration des âmes, il a donné fatalement naissance à votre existence présente. Nous avons vu (page 54) quelle réponse faisait la spéculation des Upanishads à la question de savoir quelle puissance retient l'esprit enchaîné au périssable, quel ennemi il nous faut vaincre pour obtenir le salut : c'est encore et toujours l'ignorance. Pour le penseur védique l'ignorance consistait à méconnaître l'identité foncière du Moi particulier et du Moi infini, source et substance de toute individualité : ces idées et toutes les hypothèses métaphysiques qui les rendaient possibles, le Bouddhisme les avait écartées ; mais le mot s'est montré ici plus durable que la pensée : après comme avant, la racine dernière de toute douleur continua à s'appeler l' » ignorance », seulement le contenu de cette notion avait changé[324]. Il était naturel qu'on l'expliquât à présent comme le manque de cette connaissance dont la possession semblait aux Bouddhistes le but suprême de toute pensée, la connaissance de la douleur et de son extinction. S'il est vrai que l'on attendait de cette connaissance la fin de la douleur, c'est-à-dire de l'existence, comment n'aurait-on pas fait du contraire de cette connaissance, de l'illusion qui cache à l'homme l'essence et la

---

[324] Ainsi dans les systèmes postérieurs de la philosophie indienne, la notion d' »Avidyâ » continue — sous cette désignation ou une autre analogue, — à être encore la racine de toute douleur ; mais elle accommode chaque fois son contenu à l'ensemble du système. Dans la philosophie Sânkhya ou Yoga, par exemple, l'ignorance se présente sous la désignation de « Non-distinction » (*aviveka*), c'est-à-dire comme l'indistinction de l'âme et de la matière et, par suite, comme la cause de leur union d'où naît la douleur. Cette indistinction s'appelle précisément aussi *avidyâ* (ainsi dans le *Yogasûtra*, II, 24). Ici, comme dans le Bouddhisme — Jacobi l'a déjà signalé (ZDMG, 52, p. 7) — l'*avidyâ*, conçue comme la source de toute douleur, est le manque d'une connaissance bien déterminée. — Sur l'ignorance dans le système du Vedânta cf. Deussen, *Vedânta*, 2e éd., p. 326 et sqq. et les passages de Çankara réunis p. 60, n. 35. Pour le système du Nyâya voyez *Nyâyasûtra*, I, 1, 2.

valeur vraies de l'univers, la racine dernière de toute existence ? Être, c'est souffrir, mais c'est l'ignorance qui nous déçoit au sujet de cette douleur : c'est elle qui nous fait apparaître en son lieu et place l'image mensongère du bonheur et du plaisir.

Une autre remarque encore : d'après le plan général de la Formule de causalité nous pourrions nous attendreà recevoir ici quelques éclaircissements sur le fond dernier de l'existence terrestre ; or il se trouve qu'en fait cette existence se trouve déjà supposée : l'ignorance, qui est censée appeler les êtres à l'existence, est elle-même un état d'esprit d'êtres vivants. Il y a ici un point obscur dans la pensée bouddhique : proviendrait-il de la reprise sans modification aucune du vieux mot consacré d'« ignorance » dans les systèmes nouveaux ? Il me semble que la faute en est plutôt à nous-mêmes : pourquoi nous attendre à trouver nommé expressément ici un fondement dernier de l'existence ? Ne faisait-on pas remonter l'existence des êtres ignorants à l'ignorance d'êtres antérieurs et ainsi toujours plus loin, à perte de vue ? On trouvait là de quoi contenter son esprit : ce cycle s'accomplissant de toute éternité apparaissait comme un fait qui n'a pas de fondement ou dont le fondement n'a rien à voir avec la raison humaine. Nous lisons dans un des textes canoniques ce qui suit :

« Une limite antérieure de l'ignorance, ô moines, ne se peut découvrir, de telle sorte qu'auparavant l'ignorance n'aurait pas existé et ensuite se serait produite. Si les choses ne se passent pas ainsi à présent, ô moines, néanmoins on découvre que l'ignorance a été produite par une cause[325]. »

Puis, au moment où l'on s'attend à apprendre le nom de cette cause, on nous nomme, non pas à la vérité comme cause, mais comme « nourriture » (*âhâra*) de l'ignorance, des vices de toutes sortes qui s'engendrent les uns les autres et enfin tous ensemble

---

[325] *Anguttara-Nikâya*, vol. V, p. 113.

amènent l'ignorance à maturité. Un ouvrage postérieur, le *Milindapañha*[326] — nous aurons bientôt à nous en occuper plus en détail, — dit en termes tout à fait analogues qu'une « extrémité antérieure du chemin » ne se peut découvrir ; de même que l'alternance répétée de la graine et de la plante, de la poule et de l'œuf, de même le cycle des existences s'étend à perte de vue[327].

« Que précédemment l'ignorance n'ait pas existé du tout, en aucune manière, une telle limite antérieure ne se peut découvrir[328]. »

LES SANKHÂRAS

Voyons maintenant quel est le produit immédiat de l'ignorance ; dans sa première proposition la Formule de causalité s'exprime ainsi : « De l'ignorance proviennent les formations (*sankhâras*)[329]. » L'impossibilité de trouver pour la

---

[326] P. 50, 51.

[327] Cf. ci-dessus, p. 262. Cependant le *Milinda-pañha* dit d'autre part, dans le même développement (p. 50) : « Du chemin passé et futur et présent la racine est l'ignorance : de l'ignorance proviennent les formations... » et ainsi de suite, selon la formule ordinaire, jusqu'à la production de la vieillesse, de la mort et de toute douleur. Ce qui fait justement d'une de ces catégories qui s'appellent l'une l'autre en un cercle sans fin la « racine » de toutes les autres, voilà ce que l'on ne nous dit pas.

[328] C'est ainsi qu'il faut comprendre ce passage dont Rhys Davids, (*Sacred Books*, XXXV, p. 81) et Walleser (*Philos. Grundlage des älteren Bouddhismus*, p. 127) ont donné une interprétation erronée. — Dans le système Sânkhya nous rencontrons tout à fait de même une chaîne sans fin que l'on compare à l'alternance de la graine et de la plante. L'indistinction de l'âme et de la matière imprime sur l'organe interne son cachet (*vâsanâ*) : ce cachet provoque justement la même indistinction dans l'existence suivante (v. ci-dessous, p. 282, note 1).

[329] Les dernières recherches approfondies sur les *sankhâra* se trouvent dans Franke, *Dîgha-Nikâya*, p. 307 sqq. Il aboutit à entendre par *sankhâra* la production des représentations dans l'esprit de l'ignorant, c'est-à-dire les choses mêmes qu'il se représente (et qui n'existent qu'à titre de représentations) : je ne puis pour ma part

terminologie bouddhique des équivalents dans nos langues européennes — impossibilité que les obscurités de cette terminologie exagèrent encore — se fait ici vivement sentir. Le mot *sankhâra* est dérivé d'un verbe qui signifie : apprêter, préparer, former[330]. *Sankhâra* est aussi bien le fait de préparer que la chose que l'on prépare : les deux notions coïncident dans les idées des Bouddhistes plus encore que dans les nôtres ; pour eux — nous aurons à revenir plus en détail sur ce point — la chose que l'on fait n'a d'existence qu'en tant qu'elle est en train de se faire ; l'être, à vrai dire, n'est pas, il devient, s'engendrant pour se dissoudre. Or, en ce monde, où tout apparaît pour disparaître, on ne peut concevoir aucun phénomène auquel ne trouve à s'appliquer l'idée de la forme ou de la formation : et c'est ainsi que nous rencontrerons plus loin le mot *sankhâra* employé comme une des expressions les plus générales pour désigner l'ensemble des choses, c'est-à-dire tout ce qui se produit et se détruit. Dans notre formule qui a trait, non à l'univers, mais à la vie personnelle et qui suit sa production et sa disparition à travers une série de degrés où celui des *sankhâras* ne compte que pour un, la notion de *sankhâra* doit évidemment prendre, par correspondance, un sens plus restreint : il faut entendre ici une certaine « formation » qui s'accomplit dans l'ordre de l'existence personnelle, tant physique que morale. En fait *sankhâra*[331] signifie assez souvent quelque chose comme des dispositions ou des tendances du mécanisme corporel ou mental, lesquelles se trouvent produire un résultat. Quand le Bouddha, dans sa vieillesse, prit la résolution de laisser le terme de sa vie approcher, « il s'affranchit en toute conscience du

---

adopter ces conclusions. — Je renvoie également à S. Z. Aung, *Compendium of Philosophy*, p. 273 sqq., et à mes remarques dans G. G. A. 1917, p. 154 et sqq.

[330] Cela se dit par exemple d'un mets que l'on apprête, d'une flèche que l'on prépare, d'un guerrier qui s'équipe pour le combat, des offrandes et des ustensiles que l'on dispose et consacre en vue du sacrifice, particulièrement de ces consécrations sacramentelles qui sont prescrites pour l'enfant et, d'une façon générale, pour l'homme à diverses étapes de sa vie.

[331] Ou *abhisankhâra*, c'est-à-dire « le *sankhâra* qui vise telle ou telle chose ».

sankhâra de la vie ». Quand il voulait accomplir tel ou tel miracle « il formait un *sankhâra* visant le miracle », de façon à atteindre le résultat cherché. Quelqu'un qui avait l'intention de se rendre respectueusement au-devant du Bouddha entendit sur son compte des paroles calomnieuses ; et alors « s'évanouit en lui le *sankhâra* qui visait l'acte d'aller voir le Bienheureux[332] ». Par suite, quand ces propositions font sortir de l'ignorance les *sankhâras* et des *sankhâras* la connaissance, cela reviendrait à peu près à dire que l'ignorance, s'attachant à un être donné, engendre en lui des tendances qui déterminent à leur tour, lors d'une nouvelle naissance de l'être en question, le développement d'une forme correspondante de l'organe de la connaissance, — voire même des « nom et corps » et des autres termes de la série.

On ne peut nier que la tradition des textes canoniques ne soit pas précisément des plus favorables à la conception que nous venons d'exposer. Le commentaire explicatif des propositions qui nous occupent, tel qu'il se rencontre de beaucoup le plus fréquemment dans ces textes, nous donne un tout autre sens. C'est ainsi qu'en d'innombrables passages, à la question de savoir ce que sont les *sankhâras* — et tout particulièrement ceux de notre formule de causalité — on répond qu'il y a trois *sankhâras*, celui du corps, celui de la parole, celui de l'esprit. Le corporel est formé de l'inhalation et l'exhalation, car « ce sont là des fonctions (*dhammâ*) corporelles, en relation avec le corps ». Celui de la parole est fait de considération et de réflexion, car « c'est après avoir considéré et réfléchi que l'on se met à parler ». L'intellectuel consiste dans la représentation et la sensation, car « ce sont là fonctions spirituelles, en relation avec

---

[332] *Dîgha-Nikâya*, vol. II, p. 106 ; *Mahâvagga*, t, 7, 8 ; vi, 31, 2. Signalons aussi dans ce même ordre d'idées (p. ex. *Majjhima-Nik.*, vol. III, p. 244 ; *Saṃyutta-Nik.*, vol. II, p. 82 ; III, p. 60, et cf. II, 39 et sqq. ; *Anguttara-Nik.*, *Catukka*, § 171 ; *Vibhanga*, p. 7, etc. ; *Milinda-pañha*, p. 61) l'identification fréquente du *sankhâra* avec *cetanâ*, *saṃcetanâ*, c'est-à-dire volonté (on peut comparer *Vinaya-Pitaka*, vol. III, p. 73 et 112 ; *Dhammapada-Aṭṭh.* Fausb. p. 177 ; S. Z. Aung, *op. cit.*, p. 235 et sqq).

l'esprit[333] ». Si muni de cette explication des *sankhâras* on aborde la formule de causalité, on ne pourra que difficilement en pénétrer le sens et l'on se trouvera bien plutôt aux prises avec une confusion inextricable. Dans ces *sankhâras* du corps, de la parole et de l'esprit, quel est le trait commun et qui fait d'eux tous des *sankhâras*, c'est ce que l'on se garde bien de nous dire ; et nous ne saisissons pas davantage pourquoi, de toutes les « fonctions corporelles, en relation avec le corps », c'est justement l'inhalation et l'exhalation, de toutes les spirituelles c'est la représentation et la sensation qui sont venues à l'esprit avant toutes les autres. L'apparition à cette place de ces deux dernières notions est d'autant plus déconcertante pour nous qu'elles figurent toutes deux à côté des *sankhâras* dans le système des cinq groupes d'éléments dont se compose l'existence physique et morale, et que la seconde d'entre elles, celle de la sensation, apparaît bien plus bas, dans notre série de causalité même, au nombre des produits qui se développent du sein de l'ignorance et des *sankhâras*.

Il est toutefois une remarque que nous ne devons pas manquer de faire : à côté de l'explication des *sankhâras* que nous venons de citer et qui prédomine en fait, ainsi que nous l'avons dit, dans les textes canoniques, on rencontre encore en quelques endroits des façons de parler qui tendent à une interprétation tout autre et bien mieux d'accord avec celle qui a déjà fait ci-dessus l'objet de nos remarques. On pourrait la formuler à peu près ainsi : les *sankhâras* sont des dispositions de la volonté et de l'activité qui décident des destinées de la renaissance —

---

[333] *Majjhima-Nik.*, vol. I, p. 301 ; *Samyutta-Nik.*, vol. IV, p. 293. V. encore *Samyutta-Nik.*, vol. II, p. 4, 43, 44, 58 ; *Majjh.-Nik.*, vol. I, p. 54, etc. — Dans le *Samyutta-Nik.* (vol. IV, p. 217), il est question de la cessation successive des *sankhâras* dans les contemplations ; on y trouve nommées à la file la parole, la considération et réflexion, la joie, l'inspiration et expiration, la représentation des formes et diverses autres représentations, et enfin les représentations et sensations en général. Le groupement si étrange des *sankhâras* en trois classes serait-il sorti de ces théories relatives aux contemplations ? Pour des listes plus détaillées des *sankhâras*, telles que les donnait la théologie postérieure, v. *Dhammasamgaṇi*, p. 62 et *passim*.

dispositions qui existent dans le corps de tel ou tel être tout comme la chaleur et le froid, la faim et la soif, les excréments et l'urine[334]. Nous lisons[335] :

« Si un être soumis à l'ignorance forme en soi une formation visant la pureté, sa connaissance obtient une existence pure. S'il forme en soi une formation visant l'impureté, de même sa connaissance obtient une existence impure. S'il forme en soi une formation visant l'indifférence, de même son existence obtient une formation indifférente. Mais si un moine s'est affranchi de l'ignorance et a obtenu la science, alors il forme en lui, en vertu de son affranchissement de l'ignorance et de son obtention de la science, une formation qui ne vise ni la pureté, ni l'impureté, ni l'indifférence... pour lui la nécessité de renaître est abolie, la sainteté est atteinte, le devoir rempli ; il ne reviendra plus en ce monde : voilà ce qu'il connaît. »

Les hommes, enseigne un autre discours[336], qui ne reconnaissent pas les quatre vérités saintes, se plaisent aux *sankhâras* qui mènent à la naissance, à la vieillesse, à la mort et à toutes les souffrances. Ainsi ils produisent ces *sankhâras* (« forment ces formations » : *saṃkhâre abhisaṃkharonti*) et se précipitent de ce fait dans l'abîme de la naissance, de la vieillesse, de la mort, de la souffrance. Mais ceux qui reconnaissent les vérités saintes, ceux-là ne produisent pas ces *sankhâras*, ils sont libérés de la naissance et de la mort : « ils sont affranchis de la souffrance ; telles sont mes paroles[337] ».

---

[334] *Anguttara-Nikâya*, vol. V, p. 88.

[335] *Saṃyutta-Nikâya*, vol. II, p. 82.

[336] *Saṃyutta-Nikâya*, vol. V, p. 449 et sqq. Cf. aussi *Majjh.-Nik.*, vol. I, p. 389 et sqq.

[337] Cf. encore les passages suivants :

« Si quelqu'un veut (*ceteti* : se rappeler la remarque faite plus haut, p. 277, note 2, sur l'équivalence de *sankhâra* et *saṃcetanâ*), s'il projette, s'il regrette

Quand on parle dans le premier de ces deux passages du *sankhâra* qui vise la « pureté » et l' » impureté », ces termes ne désignent ici que le mérite moral qui est récompensé dans l'autre monde et le démérite qui trouve dans l'autre monde sa punition. Ainsi la catégorie des « formations » nous ramène ici à cette doctrine de la rémunération morale du *Kamma*, qui trace à l'âme qui transmigre sa route à travers les mondes de l'existence terrestre comme à travers les cieux et les enfers[338]. Notre existence actuelle sort du *Kamma* d'une existence antérieure, et c'est le pouvoir de ce *Kamma*, agissant dans le cercle ténébreux de l'ignorance, qui est dénommé un pouvoir de « former ». « Ceci, ô disciples, dit une fois le Bouddha, n'est pas votre corps ni le corps des autres ; il faut bien plutôt reconnaître ici les anciennes œuvres (*kammaṃ*) qui ont pris corps en une formation (*abhisaṃkhataṃ*)[339]. » Au même ensemble d'idées appartient évidemment aussi le sermon qui se rencontre dans un des recueils canoniques « sur la renaissance selon les *sankhâras*[340] ». Il y est dit :

« Il arrive, ô disciples, qu'un moine doué de foi, doué de

(?), c'est là une incitation à la persistance de la connaissance (v. p. 254-5)... Quand cette connaissance subsiste et s'accroît, dans l'avenir a lieu un retour à une nouvelle existence. Quand dans l'avenir a lieu un retour à une nouvelle existence, dans l'avenir se produisent vieillesse et mort, souffrance et plainte, douleur, chagrin et désespoir. Telle est l'origine de tout l'empire de la douleur » (*Saṃyutta-Nikâya*, vol. II, p. 65).
Suit une reprise de ces propositions dans laquelle, aussitôt après le « il veut », suivent à la file d'abord la connaissance, puis les autres termes de la formule de causalité, de telle sorte que l'équivalence du « il veut » avec la catégorie des *sankhâras* est visiblement confirmée.
— Cf. encore avec les passages relevés ici, les développements d'un ouvrage postérieur et systématique, le *Visuddhimagga* (Warren, *Buddhism in translations*, p. **177, 181**) ainsi que le **Milinda-pañha, p. 61.**

[338] Il est significatif que le *Nettipakaraṇa* (p. 94 et sqq.) explique « possédant un *kamma* pur par « possédant des *sankhâras* purs ».

[339] *Saṃyutta-Nikâya*, vol. II, p. 64 et sqq. ; cf. ci-dessus p. 259.

[340] *Sankhâruppatti-Suttanta* (*Majjhima-Nikâya*, n° 120). Cf. *Anguttara-Nik., Catukka*, § 172.

droiture, doué de connaissance de la doctrine, de renoncement, de sagesse, pense ainsi en lui-même : « Eh bien, puissé-je dans la mort, quand mon corps se brise, avoir en partage la renaissance dans une puissante maison princière. » Ces pensées, il les pense ; à ces pensées il s'arrête ; ces pensées, il les nourrit. Ces *sankhâras* et ces dispositions intérieures (*vihârâ*), qu'il a ainsi nourris et encouragés, l'amènent à renaître dans une telle existence. Tel est, ô disciples,. l'accès, telle est la voie qui mène à la renaissance dans une telle existence. »

Le même développement revient successivement à propos de différentes classes d'hommes et de dieux. Le moine croyant et honnête, qui pendant sa vie a dirigé ses pensées et ses vœux vers ces formes de l'existence, y renaît après sa mort. L'on en arrive ainsi par degrés jusqu'à la plus haute classe de dieux qu'un reste d'impureté terrestre, qui va s'évanouissant, sépare seul encore du Nirvâna, « les dieux de la sphère où il n'y a plus ni représentations ni absence de représentations ». Et enfin, en dernier lieu, le *sûtra* parle du moine

« qui pense ainsi en lui-même : « Eh bien, puissé-je, par la destruction de l'attachement (à l'existence), connaître dès cette vie, en action et en pensée, la Délivrance libre d'attachement, et la voir face à face et trouver en elle mon séjour. » Celui-là, par la destruction de l'attachement, connaîtra dès cette vie, en action et en pensée, la Délivrance libre d'attachement, et la verra face à face et trouvera en elle son séjour. Ce moine, ô disciples, ne renaîtra jamais plus. »

La clarté que gagne, à être ainsi comprise, la doctrine des « formations » nous autorise, croyons-nous, à conclure que c'est bien ici — et non dans les explications des textes sacrés sur les trois sortes de *sankhâras* mentionnés plus haut — que nous avons mis le doigt sur le sens originel de notre formule[341]. Les *sankhâras* auxquels cette formule attribue une influence si décisive sur les renaissances de l'homme ne sont autre chose que les tendances qui déterminent la future existence de l'être et qui procèdent de sa manière de penser, de sa volonté et de son activité antérieures. Cette puissance de « formation », — dans la mesure où elle ne reste pas confinée dans les régions inférieures de l'existence — tantôt se contente d'aspirer aux sphères des terrestres grandeurs, tantôt, dans un élan plus pur, s'élève dans le monde des dieux jusqu'aux hauteurs les plus sublimes, et emporte en fait jusqu'à ces altitudes son être renaissant. Mais jusque dans les régions les plus hautes la douleur étend son empire et la puissance de « formation », si elle peut pénétrer dans ces hautes régions, continue à être égarée par l'ignorance de la douleur de toute existence. Aussi le véritable sage ne recherche-t-il ni humaine, ni divine félicité : il façonne sa forme intérieure à la cessation de toute « formation ». Au contraire pour l'ignorant, de même que le combustible ne permet pas à la

---

[341] Remarquez encore à l'appui de cette opinion que nous sommes ainsi conduits à une doctrine et à des façons de parler très voisines qui se présentent dans le système de Sânkhya et aussi du Yôga. On y enseigne que de l'ignorance (c'est-à-dire de la non-distinction de l'âme et de la matière) proviennent les « formations », les « dispositions » (*saṃskâra, vâsanâ* : les deux mots chez les Sânkhyas sont synonymes) de l'ignorance : entendez que la vieille ignorance marque son empreinte sur l'organe interne, et que le « *saṃskâra* de l'ignorance », survivant même aux dissolutions périodiques du monde, à chaque fois provoque de son côté une nouvelle ignorance en une nouvelle existence, et ainsi de suite jusqu'à la Délivrance finale ou à l'infini. Cf. *Sânkhya-pravacana-bhâṣya*, I, 57 ; III, 68, 83 ; V, 19 ; VI, 68 ; Garbe, *Die Sânkhya-Philosophie*, 2ᵉ éd., pp. 331 et sqq., 383 ; Jacobi, *Nachr. der Gött. Ges. der Wiss.*, 1896, p. 48 et sqq. ; Senart, *Mélanges de Harlez*, p. 289 et sqq. — Abstraction faite du rôle du *saṃskâra* de l'ignorance, le système Sânkhya (comme le Yoga) enseigne que les *saṃskâras* et, en général, les dispositions nées des actions commises, sont la semence dont sort la douleur (commentaire d'Aniruddha et de Mahâdeva sur *Sânkhyasûtra*, V, 117) ; lorsque la connaissance est atteinte et l'ignorance détruite, cette semence ne peut plus produire de nouveaux germes ; elle est brûlée (*Sânkhyatattvakaumudî*, ad *Kârikâ* 67 ; cf. *Sânkhya-pravacana-bhâṣya*, ad I, 1 ; p. 6, ligne 30 et sqq. de l'éd. Garbe ; Markus, *Yogaphilosophie*, p. 54 ; Garbe, *Sânkhyaphilosophie*, 2ᵉ éd., p. 243). — Sur la question des rapports du Bouddhisme avec le système Sânkhya, voir ci-dessus, p. 63 et sqq.

flamme de s'éteindre, sa « formation » intérieure, uniquement tournée vers des buts finis, à l'heure de la mort le rattache d'elle-même à la vie. L'esprit revêt de nouveau un nom et un corps, et dans une existence nouvelle, recommence le cycle éternel de la naissance et de la vieillesse, de la douleur et de la mort.

ÊTRE ET DEVENIR, SUBSTANCE ET FORMATION

Un à un nous avons essayé d'interpréter les termes de la Série de causalité : il nous reste maintenant à l'examiner dans son ensemble. Quelle idée se faisait-on de la structure de l' » Être » s'il est permis de se servir de cette expression ? Quelle réponse donnait-on à la question de savoir comment il se fait que quelque chose existe ? Que nous apprennent là-dessus et la Formule et les passages connexes que l'on rencontre ailleurs dans les textes ? Mais avant tout il nous faut poser ici une restriction : il ne s'agit en ce moment que de ce qui constitue l'être de ce monde sensible et périssable où nous vivons. Y a-t-il pour les Bouddhistes par delà cette forme de l'être un autre royaume de vie existant selon ses lois propres, par delà l'ordre des choses temporelles y a-t-il un ordre éternel ? C'est là une question que nous ne pouvons aborder encore.

Un point de départ approprié à nos recherches nous est fourni par une instruction du Bouddha : il y décrit par quelles réflexions un moine, au milieu de ses efforts vers la Délivrance, est amené à bannir de son cœur joie et chagrin[342]. Voici ce passage :

« Dans ce moine, ô disciples, qui prend garde ainsi à lui-même et maîtrise sa conscience, qui sans se laisser détourner persévère dans ses ardents efforts et dans son travail sur lui-même, se

---

[342] *Saṃyutta-Nikâya*, vol. IV, p. 211.

produit une sensation de plaisir[343]. Alors il connaît ce qui suit : « En moi s'est produite cette sensation de plaisir ; elle a été produite par une cause, non sans cause. Où repose cette cause ? Elle repose dans ce mien corps. Or ce mien corps est impermanent, né (littéralement : formé), produit par des causes. Une sensation de plaisir dont la cause repose dans le corps impermanent, né, produit par des causes, comment serait-elle permanente ? Et il s'adonne, aussi bien pour ce qui regarde le corps que pour ce qui regarde la sensation de plaisir, à la contemplation de l'impermanence, de la fragilité, de l'évanouissement, du détachement, de la cessation, du renoncement. Tandis qu'il s'adonne, aussi bien pour ce qui regarde le corps que pour ce qui regarde la sensation de plaisir, à la contemplation de l'impermanence, etc., il se débarrasse de tout penchant avide tourné vers le corps et la sensation de plaisir. »

Si l'on ne se laisse pas rebuter par le style minutieux et fatigant de ces prédications, on reconnaîtra ici une conception de la plus haute importance pour le système du Bouddhisme, nous voulons dire l'assimilation de ce qui est impermanent, périssable, avec ce qui s'est produit sous l'action de la causalité. La causalité, ou, pour mieux rendre le mot indien (*paṭiccasamuppāda*), l'origine (d'une chose) en dépendance (d'une autre chose) établit une relation entre deux termes dont l'un, ni par suite l'autre, n'est à aucun moment semblable à lui-même. Il n'y a pas d'existence soumise à la loi de causalité qui ne se résolve, à l'analyse, en un processus, en un devenir. C'est, dans cette oscillation perpétuelle, gouvernée par la loi naturelle de la causalité, entre l'être et le non-être que consiste toute la réalité des choses de ce monde. Nous lisons[344] :

---

[343] Suit une analyse exactement semblable sur les sensations pénibles et les sensations qui ne sont ni agréables ni pénibles.

[344] *Saṃyutta-Nikāya*, vol. II, p. 17 ; cf. III, p. 134 et sqq.

« A une dualité, ô Kaccâna, ce monde a coutume de s'en tenir, au « Cela est » et au « Cela n'est pas ». Mais ô Kaccâna, celui qui aperçoit en vérité et en sagesse comment les choses se produisent dans le monde, pour celui-là il n'y a pas de « Cela n'est pas » en ce monde. Celui, ô Kaccâna, qui aperçoit en vérité et en sagesse comment les choses périssent dans le monde, pour celui-là il n'y a pas de « Cela est » en ce monde... La douleur seule se produit là où quelque chose se produit, la douleur disparaît là où quelque chose disparaît. « Tout est », c'est là l'un des extrêmes, ô Kaccâna. « Rien n'est », c'est là l'autre extrême. Se tenant éloigné de ces deux extrêmes, ô Kaccâna, le Parfait enseigne au milieu la vérité : « De l'ignorance proviennent les formations... »

Suit le texte de la formule de causalité. Le monde est le processus du monde, et l'expression de ce processus, dans la mesure où il concerne la destinée de l'homme engagé dans la douleur et aspirant à la Délivrance, c'est la formule de causalité. La conviction qu'une loi absolue, exprimée dans cette formule, gouverne le devenir du monde, mérite d'être mise en relief comme un des éléments les plus essentiels du système philosophique du Bouddhisme.

DHAMMA, SANKHÂRA

De choses et de susbtances, — au sens que nous attachons d'ordinaire à ces mots, celui d'existence reposant sur elle-même, — d'après tout ce que nous venons de dire, il ne peut pour le Bouddhisme en être un moment question. Pour désigner de la façon la plus générale ces objets dont le rapport réciproque s'exprime dans la formule de causalité, — on peut presque dire : dont l'être consiste précisément dans ce fait de se trouver réciproquement en rapport — la langue du Bouddhisme possède deux termes : *dhamma* et *sankhâra* ; ils peuvent approximativement se traduire par « ordonnance » et « formation ». A ces deux désignations, essentiellement synonymes, s'attache la même conception : ce qui fait la réalité du monde, ce n'est pas tant d'être une chose ordonnée, formée, qu'une chose qui s'ordonne, se forme ; chaque ordonnance, d'ailleurs, doit fatalement faire place à d'autres ordonnances, chaque formation à d'autres formations. L'évolution physique aussi bien qu'intellectuelle, toutes les sensations, toutes les représentations, toutes les conditions, tout ce qui est, — entendez : tout ce qui se passe, — tout cela est un *dhamma*, un *sankhâra*. Comme l'ancienne spéculation avait concentré tout l'être dans l'Âtman, le grand Moi immuable, on posait à présent comme un principe fondamental cette doctrine : Tous les *dhammas* sont Non-moi[345] (*anattâ*, sanscr. *an-âtman*) ; ils sont tous périssables[346]. A maintes reprises revient dans les textes sacrés la stance que prononça le dieu Indra au moment où le Bouddha entrait dans le Nirvâna :

« Impermanents en vérité sont les *sankhâras*, soumis à l'apparition et à la disparition ; comme ils ont pris naissance, ainsi ils prennent fin : leur anéantissement est béatitude[347]. »

---

[345] Remarquez qu'il n'est pas dit : « Il n'y a pas de Moi », mais seulement : « Les *dhammas*, — c'est-à-dire tout ce qui constitue le contenu de ce monde — ne sont pas le Moi. »

[346] Les stances 277 à 279 du *Dhammapada* sont remarquables comme étant l'expression la plus générale de ces théories. On y trouve également une preuve caractéristique de la synonymie de *dhamma* et de *sankhâra* (voir à ce sujet ZDMG, 52, p. 687, note 2). Dans les deux premières de ces trois stances construites sur le même modèle, il est question des *sankhâras* ; dans la 3e stance, où des raisons métriques demandaient une syllabe de moins, on dit *dhamma* à la place de *sankhâra*.

« Tous les *sankhâras* sont instables : s'il voit cela dans sa sagesse, il se détourne de la douleur : tel est le chemin de la pureté. »

« Tous les *sankhâras* sont pleins de douleur ; s'il voit cela dans sa sagesse, il se détourne de la douleur : tel est le chemin de la pureté. »

« Tous les *dhammas* sont Non-moi ; s'il voit cela dans sa sagesse, il se détourne de la douleur : tel est le chemin de la pureté. »

[347] Cf. encore *Anguttara-Nikâya*, III, 47 : « L'apparition se montre ; la disparition se montre ; pendant l'existence, la modification se montre : tels sont les trois indices de

On a cru pouvoir exprimer le contraste entre les conceptions brahmanique et bouddhique de l'existence des choses, en disant que dans l'idée du devenir la première n'embrassait que l'être, la seconde que le non-être. Nous préférons éviter cette tournure, qui donnerait à penser que pour le Bouddhisme le non-être est la véritable substance des choses, et nous arrêter à celle-ci : Dans tout devenir la spéculation des Brahmanes, c'est-à-dire des Upanishads, saisit l'être ; dans tout être apparent celle des Bouddhistes saisit le devenir.

Où chercher la source à laquelle l'arbitre de ce devenir, la puissance de causalité puise son pouvoir et son droit ? C'est là une question que ne se pose pas le Bouddhisme. Ce monde de l'apparition et de la disparition, il ne le fait pas plus créer par un dieu qu'il ne le fait se développer de son propre sein sous l'action féconde d'un principe naturel. L'image grandiose conçue par la philosophie Sânkhya qui représente la nature comme un être géant, éternel, absolument aveugle, agent de toute action, est étrangère à la pensée bouddhiste. Celle-ci accepte comme un fait le mouvement du devenir soumis à un ordre imprescriptible. Si l'on voulait, non sans s'écarter des habitudes de pensée du Bouddhisme, exprimer ce qui dans ce monde du fini représente l'absolu, on ne pourrait donner ce nom qu'à la loi universelle et souveraine de la causalité. Là où rien n'est, où tout passe, le principe premier et dernier ne peut plus être conçu comme substance, mais comme loi.

Depuis quand agit cette loi ? Jusqu'où étend-elle son empire ? De début dans le temps, de borne dans l'espace, nous ne pouvons lui en découvrir. N'y a-t-il donc en fait aucune limitation semblable ? « Cela, le Sublime ne l'a pas révélé. »

---

formation du formé (*sankhata*). Aucune apparition ne se montre ; aucune disparition ne se montre ; aucune modification de l'existant ne se montre : tels sont les trois indices de non-formation du non-formé. » Ce que c'est que le « non-formé », nous l'examinerons plus tard (p. 319 et sqq.).

« Ô disciples, ne pensez pas de pensées comme le monde en pense : « Le monde est éternel » ou « Le monde n'est pas éternel » ; « Le monde est fini » ou « Le monde est infini »... Si vous pensez, ô disciples, puissiez-vous penser ainsi : « Ceci est la douleur » ; puissiez-vous penser : « Ceci est l'origine de la douleur » puissiez-vous penser : « Ceci est la cessation de la douleur » puissiez-vous penser : « Ceci est le chemin qui mène à la cessation de la douleur[348]. »

L'ÂME

C'est seulement à ce point de notre développement que peut devenir pour nous complètement intelligible un dogme bouddhique dont il a été beaucoup parlé : la négation de l'âme.

Le Bouddhisme nie l'existence de l'âme ; encore faut-il bien l'entendre et ne pas imprimer le moins du monde à cette idée un cachet matérialiste : on pourrait dire avec autant de raison que le Bouddhisme nie l'existence du corps. Le corps, comme l'âme, n'existe pas en tant que substance fermée, ayant en soi sa raison d'être ; ce ne sont que des collections de phénomènes diversement entrelacés qui apparaissent et disparaissent. Sensations, représentations, tous les faits qui constituent la vie intérieure s'écoulent les uns dans les autres comme un torrent ; au centre de cette changeante multiplicité se tient la « Connaissance » (*viññâna*) ; si l'on compare le corps à une ville, elle peut être considérée comme le seigneur de cette ville[349].

---

[348] *Saṃyutta-Nikâya*, vol. V, p. 448.

[349] *Saṃyutta-Nikâya*, vol. IV, p. 195 ; *Milinda-pañha*, p. 62. Qu'on compare aussi le passage suivant, plusieurs fois répété dans les textes sacrés (par ex. dans le *Sâmaññaphala-sutta*) : « Ceci est mon corps, matériel, formé des quatre éléments, procréé par mon père et ma mère... et cela est ma connaissance, qui y est fortement attachée, qui y est liée. Comme une pierre précieuse, belle et chère, octaédrique, bien travaillée, claire et pure, ornée de toute perfection, à laquelle est attaché un cordon, bleu ou jaune, un cordon rouge, ou blanc, ou jaunâtre... », etc. — Les faits relatifs à la

C'est elle qui surveille et gouverne les allées et venues des idées et des sensations, mais elle-même n'en est pas essentiellement distincte ; elle n'est encore qu'un *sankhâra* ou une collection de *sankhâras* et, comme tous les autres *sankhâras*, elle est inconstante et sans substance. Il nous faut ici nous dépouiller complètement de nos habitudes de pensée. Nous avons coutume de n'attribuer à notre vie intérieure de valeur intelligible qu'autant que nous pouvons rapporter son contenu changeant, chaque sentiment particulier, chaque acte distinct de volition à un « loi » unique et toujours semblable à lui-même ; or, cette façon de penser est foncièrement opposée à celle du Bouddhisme. Ici, comme partout, il écarte ce point d'appui que nous voulons donner à l'incessant va-et-vient des phénomènes, cette idée d'une substance par qui ou en qui ils se passent. Des sensations de la vue, de l'ouïe, des faits de conscience, avant tout de la douleur, voilà ce qu'il y a : mais d'entité qui voie, entende et souffre, la doctrine bouddhique n'en connaît pas.

Qu'il nous soit permis de sortir des limites des textes sacrés et d'introduire ici les explications très claires que nous trouvons sur cet ordre de problèmes dans un dialogue postérieur, que nous avons déjà eu l'occasion de citer et qui est si remarquable à tant de points de vue, les *Questions de Milinda*[350]. Pendant les siècles qui suivirent l'expédition d'Alexandre dans les Indes, cet événement si important pour l'histoire de ce pays, — en ces temps dont nous voyons encore aujourd'hui les vestiges sur les monnaies grecques frappées dans l'Inde, — il ne se peut pas que, dans le bassin de l'Indus, il n'y ait eu plus d'une rencontre entre des Grecs habiles à manier la parole et des moines et dialecticiens indiens ; la littérature bouddhique nous a justement

---

connaissance sont en rapport constant avec les autres fonctions de la vie corporelle et spirituelle ; c'est ce qu'expose le *Saṃyutta-Nikâya*, vol. III, p. 53.

[350] Voir, sur cette œuvre, R. Garbe, *Der Milindapañha, ein kulturhistorischer Roman aus Altindien*, dans les *Beiträgen zur indischen Kulturgeschichte* du même auteur (1903), p. 95 et sqq.

conservé le souvenir d'une de ces rencontres — et, peut-être aussi des personnages éminents qui y ont effectivement pris part — dans le dialogue qui porte le nom de *Milinda*, roi des Yavanas, c'est-à-dire du prince ionien ou grec Ménandre (probablement vers 100 av. J.-C.)[351].

(Le roi Milinda[352] dit au grand saint Nâgasena) : « Comment te connaît-on, ô révérend, quel est ton nom, Maître ? » (Le saint répond) : « Je m'appelle Nâgasena, ô grand roi ; mais Nâgasena, grand roi, n'est qu'un nom, une dénomination, une désignation, une expression, un pur mot ; il ne se trouve pas ici de sujet (*puggalo*). »

Et le roi *Milinda* dit : « Eh bien, puissent les cinq cents Yavanas (Grecs) et les quatre vingt mille moines l'entendre : Nâgasena, que voici, dit : « Il ne se trouve pas ici de sujet. » Peut-on approuver cela ? »

Et le roi Milinda continua ainsi en s'adressant au révérend Nâgasena : « Si, ô révérend Nâgasena, il ne se trouve pas de sujet, qui est-ce donc alors qui vous procure ce dont vous avez besoin, vêtements et nourriture, lieux d'habitation et médicaments pour les malades ? Qui est-ce qui jouit de toutes ces choses ? Qui vit dans la vertu ? Qui travaille à se façonner soi-même ? Qui atteint le sentier et le fruit de la sainteté ? Qui atteint le Nirvâna ? Qui tue ? Qui vole ? Qui vit dans les plaisirs ? Qui ment ? Qui boit ? Qui commet les cinq péchés mortels ? Ainsi il n'y a plus alors ni bien ni mal ; il n'y a plus

---

[351] Les conseillers du roi s'appellent Devamantiya et Anantakâya (*Mil. P.*, p. 29), — Demetrios et Antiochos ? (En partie autrement chez Garbe, *loc. cit.*, p. 114).

[352] *Milinda-pañha*, p. 25 et sqq. Je prends la liberté d'omettre dans ma traduction quelques répétitions sans importance. Qu'on compare encore *Milinda-pañha*, p. 54 et sqq., 86. Tous ces passages appartiennent à la partie essentielle et fondamentale de l'ouvrage, laquelle doit être rigoureusement distinguée des amplifications postérieures.

d'artisan, plus de premier auteur d'actions bonnes et mauvaises ; nobles et méchantes actions n'apportent aucune récompense et ne portent aucun fruit. Si quelqu'un te tuait, révérend Nâgasena, celui-là même ne commettrait pas de meurtre.

Sont-ce les cheveux, ô Maître, qui sont Nâgasena ?

— Non, grand roi.

— Sont-ce les ongles ou les dents, la peau ou la chair ou les os, qui sont Nâgasena ?

— Non, grand roi.

— Sont-ce, Maître, les nom et corps qui sont Nâgasena ?

— Non, grand roi.

— Sont-ce les sensations qui sont Nâgasena ?

— Non, grand roi.

— Sont-ce les représentations, les formations, la connaissance, qui sont Nâgasena ?

— Non, grand roi.

— Ou bien, Maître, l'assemblage des nom et corps, des sensations, des représentations, des formations et de la connaissance, est-ce là Nâgasena ?

— Non, grand roi.

— Ou bien, Maître, en dehors des nom et corps et des sensations, des représentations, des formations et de la connaissance, y a-t-il un Nâgasena ?

— Non, grand roi.

— Ainsi donc, Maître, de quelque côté que j'interroge, nulle part je ne trouve de Nâgasena. Un mot vide, Maître, voilà Nâgasena. Qu'est-ce donc que Nâgasena ? Tu parles faussement, Maître, et tu mens ; il n'y a pas de Nâgasena. »

Et le révérend Nâgasena parla au roi *Milinda* en ces termes : « Tu es, ô grand roi, accoutumé à tout le bien-être d'une vie princière, au plus grand bien-être. Si donc, grand roi, vers l'heure de midi, tu t'en vas à pied sur le sol échauffé, le sable brûlant, et que tu marches sur des pierres aiguës et le gravier et le sable, les pieds te font mal ; ton corps est fatigué ; ton esprit est troublé ; il s'élève une conscience associée avec du déplaisir de la condition corporelle. Es-tu venu à pied ou en char ?

— Je ne vais pas à pied, Maître, je suis venu en char.

— Si tu es venu en char, grand roi, explique-moi donc le char : est-ce le timon, grand roi, qui est le char ? »

(Et maintenant le saint retourne contre le roi l'argumentation dont celui-ci se servait tout à l'heure. Le char, ce n'est ni le timon, ni les roues, ni le coffre, ni le joug. Ce n'est pas davantage l'assemblage de toutes ces parties ni quelque autre chose en dehors d'elles). « Ainsi donc, grand roi, de quelque côté que j'interroge, nulle part je ne trouve le char. Un mot vide, ô roi, voilà le char. Qu'est-ce donc que le char ? Tu parles faussement, ô roi, et tu mens : il n'y a pas de char. Tu es, ô grand roi, le souverain de l'Inde entière. De qui donc as-tu peur, que tu dis ce qui n'est pas la vérité ? Eh bien, puissent les cinq cents Yavanas et les quatre-vingt mille moines l'entendre : le roi Milinda, que voici, a dit : « Je suis venu en char. » Et je lui dis : « Si tu es venu en char, grand roi, alors explique-moi le char. » Mais lui ne peut pas désigner le char. Peut-on approuver cela ? »

Comme il parlait ainsi, les cinq cents Yavanas approuvèrent par leurs cris le révérend Nâgasena et dirent au roi Milinda : « A présent, grand roi, parle, si tu peux. »

Mais le roi Milinda dit au révérend Nâgasena : « Je ne dis pas ce qui n'est pas la vérité, révérend Nâgasena. Par rapport au timon et à l'essieu, aux roues, au coffre et à la barre, on emploie le nom, la dénomination, la désignation, l'expression, le mot de « char ».

En vérité, grand roi, tu connais bien le char. De même aussi, ô roi, par rapport à mes cheveux, ma peau et mes os, aux nom et corps, sensations, représentations, formations, et connaissance, on emploie le nom, la dénomination, la désignation, l'expression, le mot de « Nâgasena » ; mais de sujet, dans le sens strict du mot, il ne s'en trouve pas ici. Voici comment, ô grand roi, la nonne Vajirâ s'est exprimée devant le Bienheureux (Bouddha) :

« De même que là où les parties du char se trouvent rassemblées, on emploie le mot « char », de même aussi, là où se trouvent les cinq groupes[353], là est la personne ; telle est l'opinion commune.

A merveille, révérend Nâgasena ! Prodigieux, révérend Nâgasena. Bien des questions de toutes sortes me venaient à l'esprit et tu les as résolues. Si le Bouddha vivait, il s'écrierait d'approbation. Bien, bien, Nâgasena : des questions de toutes sortes me venaient à l'esprit et tu les as résolues. »

Nous avons cité ce passage des Questions de *Milinda* parce qu'il

---

[353] Les cinq groupes d'éléments qui constituent l'existence d'un être donné : nom et corps, sensations, représentations, formations, connaissance.

combat, avec plus de détails que ne le font les textes canoniques, la conception d'une âme substantielle. En fait, les vieux textes se tiennent absolument sur le même terrain, et le dialogue ne manque pas de le constater en les citant expressément. Le *Milinda-Pañha* a été évidemment écrit dans le Nord-Ouest de la péninsule indienne[354], les textes sacrés nous sont connus sous la forme où ils sont conservés dans les couvents de Ceylan : nous n'en retrouvons pas moins dans ces textes les paroles de la nonne Vajirâ, que cite ici notre dialogue[355]. Le développement où elles se présentent ne permet pas de douter un seul instant que cette conversation entre le saint Nâgasena et le roi grec ne reflète fidèlement la vieille doctrine canonique. Mâra le Tentateur, qui essaye de faire tomber les hommes dans l'erreur et l'hérésie, apparaît à une religieuse et lui dit :

« Par qui la personnalité (*satta*) est-elle créée ? Qui est le créateur de la personne ? La personne qui naît là, où est-elle ? Où est la personne qui s'en va ? »

Elle répond :

« Que veux-tu dire, ô Mâra, qu'il y a une personne ? Fausse est ta doctrine. Ceci n'est qu'un amas de formations changeantes (*sankhâra*) : il ne se trouve pas ici de personne. De même que là où les parties du char se trouvent rassemblées, on emploie le mot « char », de même aussi, là où sont les cinq groupes, là est la per-sonne ; telle est l'opinion commune. Tout ce qui naît n'est que douleur, douleur ce qui est et ce qui s'en va ; il ne se produit rien autre chose que de la douleur, il ne se dissipe rien autre chose que de la douleur. »

---

[354] Je veux dire le fond essentiel de l'ouvrage ; cf. p. 289, note 3.

[355] Dans le *Bhikkhunî-Saṃyutta*, *Saṃyutta-Nikâya*, vol. I. p. 135. Cf. Windisch, *Mâra und Buddha*, p. 147 et sqq.

Le Malin voit qu'il est reconnu et s'éloigne, plein de dépit. En un autre endroit des textes sacrés, il est dit :

« Ce serait encore mieux, ô disciples, si un enfant du siècle, qui n'a pas reçu la doctrine, prenait pour le Soi ce corps formé des quatre éléments plutôt que s'il prenait l'esprit. Et pourquoi cela ? C'est que, ô disciples, le corps formé des quatre éléments paraît subsister un an ou deux ans... ou il paraît subsister cent ans ou plus. Mais ce qui, ô disciples, est appelé l'esprit ou la pensée ou la connaissance, cela se produit et disparaît dans un perpétuel changement de jour et de nuit. De même, ô disciples, qu'un singe, prenant ses ébats dans une forêt ou un bois, saisit une branche, puis la laisse échapper et en saisit une autre, ainsi, ô disciples, ce qui est nommé l'esprit et la pensée ou la connaissance se produit et disparaît dans un perpétuel changement de jour et de nuit[356]. »

« Qui touche ? qui sent ? » se demande un moine, en quête du sujet du toucher, de la sensation :

« Le Bienheureux a dit : « Cette question n'est pas recevable. Je ne dis pas : Il touche. Si je disais : Il touche, alors la question serait recevable : Qui touche, ô Maître ? Mais comme je ne le dis pas, à moi qui ne parle pas ainsi il n'est pas admissible que la question soit posée : D'où vient, ô Maître, le toucher ? »

(Suit la réponse :) « Des six domaines provient le toucher. Du toucher provient la sensation, etc.[357].

---

[356] *Saṃyutta-Nikâya*, vol. II, p. 94 et sqq.

[357] *Ibid.*, p. 13. De même, *ibid.*, p. 62, où sont écartées les questions suivantes : « A qui appartiennent ces formations ? Pour qui arrivent vieillesse et mort ? Pour qui arrive la naissance ? » Le Bienheureux enseigne seulement : « De l'ignorance proviennent les formations », etc. — On ne sera pas surpris de trouver dans les textes certaines expressions, qui, à strictement parler, devraient être évitées. Ainsi le *sutta* du portefaix (*Saṃyutta-Nikâya*, III, 25), maintes fois discuté en ces derniers

L'Être ferme comme un roc, toujours semblable à lui-même des Upanishads, la pensée s'en est détournée ; elle saisit ici les conséquences de son action : si c'est la fuite sans repos ni trêve des choses qui crée la douleur, dès lors on ne peut plus dire : « Je souffre » ni « Tu souffres » ; il ne reste plus qu'une chose de certaine, c'est que la douleur existe ou, pour mieux dire, qu'elle se passe, se produisant et se dissipant. Le torrent des *sankhâras*, apparaissant pour s'évanouir encore, n'admet pas de « Moi » ni de « Toi », mais seulement une apparence de Moi » et de « Toi » que, dans son égarement, la vulgaire décore du nom de personnalité[358].

---

temps (voir, par ex., Walleser, *Philosophische Grundlagen des älteren Buddhismus*, pp. 77 et sqq.), désigne par « fardeau » les « cinq objets de l'attachement (*upâdâna-kkhanda* ; cf. ci-dessus, p. 269) et par « portefaix » le « sujet » (*puggalo*), « l'honorable un tel de telle ou telle famille ».

[358] Comment accorder cette doctrine qui nie l'existence d'un sujet dans l'être physique et intellectuel de l'homme avec la croyance à la sanction morale de nos actions ? Il y a là une difficulté que l'on a bien sentie (ce problème est étudié dans l'article fort instructif de L. de la Vallée Poussin : *La Négation de l'âme et la doctrine de l'acte, Journ. Asiat.* 1902, II, p. 237 et sqq., ainsi que dans le *Bouddhisme* du même auteur, p. 53 et sqq.) : « Si les nom et corps ne sont pas le Moi, si les sensations, les représentations, les formations, la connaissance ne sont pas le Moi, quel est donc le Moi qui doit être affecté par les œuvres que fait ainsi le Non-moi ? » Ainsi questionne un moine (et de même le roi Milinda, v. p. 290). Le Bouddha blâme sa question : Avec ses pensées qui sont sous la domination du désir, pense-t-il pouvoir surpasser la doctrine du Maître ? (*Saṃyutta-Nikâya*, vol. III, p. 103 ; cf. *Majjhima-Nik.*, vol. III, p. 19).

Une autre fois le Bouddha récuse aussi bien l'expression : « Celui qui fait l'action, celui-là ressent (récompense et châtiment) » que l'expression : « Un autre fait (l'action), un autre ressent (récompense et châtiment) » : au milieu entre ces deux extrêmes se tient la vraie doctrine : « De l'ignorance naissent les formations », etc. (*Saṃyutta-Nikâya*, vol II, p. 75 et sqq. ; cf. aussi la tentative du *Milinda-pañha*, p. 46 et sqq., mentionnée *supra* p. 257, n. 2, pour résoudre ce problème). Le processus du devenir, dans son flux continuel, rattache le passé au présent et à l'avenir. Si les « éléments de l'existence » présente impliquent une faute, ce processus amènera par la suite le châtiment des éléments qui se seront développés des éléments antérieurs ; c'est là une conception de la doctrine de la sanction, dans laquelle celle-ci est en bonne voie de s'effacer sensiblement. Cependant, la croyance populaire que nous recevons la récompense ou la punition de nos actions, continuellement exprimée dans le Bouddhisme ancien, ne se laisse pas troubler, en fait, par des questions métaphysiques sur l'identité du Sujet. Lorsque dans notre vie présente telle ou telle

L'imagination, se mettant au service de la recherche philosophique, cherche aux idées sans forme des symboles dans les divers aspects de la nature. S'agit-il de rendre sensible le concept d'un être qui a pour essence le mouvement, de tout temps elle a eu recours avec une prédilection marquée à deux images, celles de l'eau qu'emporte le courant et de la flamme qui se consume elle-même. Ces deux comparaisons se font jour dans les obscures paroles du grand contemporain du Bouddha, celui de tous les penseurs grecs dont la conception de l'Être est la plus voisine de la sienne, nous voulons dire Héraclite ; sans cesse il y revient : « Tout s'écoule » ; l'univers est « un feu toujours vivant ». La langue figurée du Bouddhisme a pris aussi ces deux images du courant et de la flamme comme symboles du mouvement sans trêve qui est au fond de toute existence. Mais il est un point sur lequel la métaphore bouddhique diffère de celle d'Héraclite : le Bouddhisme relègue à l'arrière-plan tout intérêt métaphysique qui n'a pas sa racine dans un intérêt moral ; ce qu'il voit dans les aspects de l'eau et de la flamme, ce n'est pas seulement le mouvement, c'est avant tout la puissance destructrice de ce mouvement, si grosse de fatalités pour la vie humaine. Il y a quatre grands flots qui font irruption dans le monde des hommes pour tout y ruiner : le flot du désir, le flot de la naissance, le flot de l'erreur, le flot de l'ignorance.

« La mer, la mer : ainsi parle, ô disciples, un enfant du siècle qui n'a pas reçu la doctrine. Mais ce n'est pas cela, ô disciples, qui dans la règle du Saint est appelé la mer : cela n'est qu'une grande masse d'eau, un grand flux d'eau. L'œil de l'homme, ô disciples, voilà la mer : les choses visibles sont la furie de cette mer. Celui qui a surmonté les vagues furieuses des choses visibles, de celui-là, ô disciples, il est dit : C'est un Brahmane,

---

chose nous arrive, ce fait est la conséquence de telle ou telle action que nous avons faite dans une existence passée : c'est là une croyance simple, à la portée de tout le monde et qui, sans souci des difficultés théoriques, ne perd pas de vue l'idée que celui qui commet une mauvaise action et celui qui en porte la peine ne sont qu'une seule et même personne (cf. le passage du *Devadûta-sutta*, cité plus haut, p. 261).

qui en son for intérieur a traversé la mer de l'œil avec ses vagues, avec ses tourbillons, avec ses profondeurs, avec ses monstres ; il a atteint la rive ; il se tient sur la terre ferme » (Suit le même développement pour la mer de l'ouïe et des autres sens). Ainsi parla le Bienheureux ; quand le Parfait eut ainsi parlé, le Maître continua par ces mots :

« Si tu as traversé cette mer avec ses abîmes, — pleine de vagues, pleine de profondeurs, pleine de monstres, — alors la sagesse et la sainteté sont ton partage, — tu as atteint la terre, tu as atteint le but de l'univers[359]. »

Mais aucune image ne convenait mieux au Bouddhisme pour exprimer la nature de l'être que celle de la flamme : demeurant en apparence constamment semblable à elle-même, elle ne fait cependant que s'engendrer et s'anéantir ; en même temps elle incarne la puissance torturante et, dévorante de la chaleur, l'ennemie de la fraîcheur bénie, l'ennemie du bonheur et de la paix.

« De même que là où il y a de la chaleur, on trouve aussi de la fraîcheur, de même, là où il y a le triple feu, — le feu du désir, de la haine et de l'aveuglement, — on doit aussi rechercher l'extinction du feu (le Nirvâna)[360]. » — « Tout, ô disciples, est en flammes. Et quel est ce tout, ô disciples, qui est en flammes ? L'œil est en flammes, etc. Par quel feu cela est-il enflammé ? Par le feu du désir, par le feu de la haine, par le feu de l'aveuglement cela est enflammé ; par la naissance, vieillesse et mort, peines et plaintes, chagrin, douleur et désespoir cela est enflammé : telles sont mes paroles[361]. » — « Le monde entier est en flammes, le monde entier est enveloppé de nuages de

---

[359] *Saṃyutta-Nikâya*, vol. IV, p. 157.

[360] *Buddhavamsa*, II, 12.

[361] **Mahâvagga, I, 21**. V. plus haut, p. 181.

fumée, le monde entier est dévoré par le feu ; le monde entier tremble[362]. »

Mais, dans l'ordre d'idées que nous étudions ici, cette comparaison du feu est susceptible d'une autre application particulièrement importante : nous pouvons, en effet, y recourir pour figurer la nature métaphysique de l'être comme un continuel processus. Ce sont les textes postérieurs qui ont les premiers mis cette comparaison dans tout son jour : mais elle se trouve déjà dans les saintes Écritures, bien qu'on y sente combien la pensée a encore à lutter avec l'expression. Les êtres sont semblables à une flamme : leur existence, leur renaissance, c'est une flamme qui s'attache, qui s'alimente au combustible que fournit le monde de l'instabilité. Comme la flamme, adhérant au vent, portée par le vent, va mettre le feu au loin, ainsi l'existence des êtres, pareille à une flamme, s'élance, au moment de renaître, à de lointaines distances : ici l'être dépouille son ancien corps, là-bas il en revêt un nouveau. C'est la soif qui, s'attachant à l'existence, emporte l'âme ou, plutôt, le processus qui, en se déroulant, apparaît comme étant l'âme, — d'une vie à une autre, comme la flamme est emportée par le vent[363].

Dans le dialogue déjà cité des *Questions de Milinda*, le saint Nâgasena enseigne : Ce n'est pas le même être, et ce ne sont pas davantage des êtres différents qui se relayent tour à tour dans la série des existences[364]. « Donne une comparaison », dit le roi *Milinda*.

« De même que si un homme, ô grand roi, allumait une lumière,

---

[362] *Saṃyutta-Nikâya*, vol. I, p. 133.

[363] Voyez le dialogue entre le Bouddha et le moine Vaccha, cité plus haut, p. 266.

[364] Nous avons déjà mentionné ce passage du *Milinda-pañha* dans un autre ordre d'idées ; v. plus haut, p. 257, note 2.

ne brûlerait-elle pas toute la nuit ? » — « Oui, Seigneur, elle brûlerait toute la nuit. » — « Or donc, ô grand roi, la flamme pendant la première veille de la nuit est-elle identique à la flamme pendant la moyenne veille de la nuit ? » — « Non, Seigneur. » — « Et la flamme pendant la moyenne veille de la nuit est-elle identique avec la flamme pendant la dernière veille de la nuit ? » — « Non, Seigneur. » — « Quoi donc, ô grand roi, la lumière pendant la première veille de la nuit est-elle une autre, pendant la moyenne veille une autre, pendant la dernière veille une autre ? » — « Non, Seigneur, elle a brûlé toute la nuit en s'attachant au même aliment. » — « De même aussi, ô grand roi, se ferme la chaîne des éléments de l'être (*dhamma*) : l'un naît, l'autre s'en va. Sans commencement, sans fin, le cercle se ferme ; c'est pour cela que ce n'est ni le même être ni un autre être, celui qui atteint à la dernière phase de sa connaissance[365]. »

L'Être, pouvons-nous dire, est le processus, gouverné par la loi de causalité, du Devenir qui à chaque instant se détruit et de nouveau se crée. Ce que nous appelons un être animé n'est qu'un canton particulier dans cet empire du Devenir, une flamme dans cette mer de flammes. Comme en consumant des aliments toujours nouveaux le feu se conserve, ainsi, au milieu de l'afflux et de la disparition d'éléments toujours neufs provenant du monde sensible, se conserve la continuité de la perception, de la sensation, de l'action, de la douleur ; et le regard égaré, déçu par l'apparence d'une immuabilité constante, croit y apercevoir un être, un sujet.

Y aura-t-il quelque chose de surprenant à ce que l'exposé de ce système de pensée, si net et si bien déterminé qu'il soit, nous amène à poser une question ?

---

[365] C'est-à-dire à la phase où l'élément de connaissance du mourant se transforme en l'élément de connaissance correspondant d'un autre être (cf. p. 257). Le sens n'est pas parfaitement sûr. Voir L. de la Vallée Poussin, *Journ. As.* 1902, II, p. 285. — Comparez à tout ce passage celui du *Saṃyutta-Nikâya* (vol. II, p. 86), cité plus bas (p. 300). On peut renvoyer aussi à *Majjhima-Nikâya*, vol. III, p. 273.

Nul doute que le Bouddhisme ne détruise comme un fantôme décevant l'image d'une âme réellement existante, telle qu'elle apparaît dans le monde des phénomènes. Néanmoins, à prendre dans leur ensemble les conceptions que nous considérons ici, serait-il absolument inadmissible qu'on eût perçu, dans une lueur incertaine, par delà toute connaissance orientée vers le monde d'ici-bas, qu'elle fût affirmative ou négative, la possibilité d'un mystérieux au-delà, inexprimable dans les termes de la pensée ordinaire ? Même en admettant l'impossibilité de concevoir une âme ici-bas, serait-il impossible que le « non » terrestre, avec sa vision bornée, eût paru une réponse insuffisante à la question de savoir si un « moi » mystique (le terme « moi » dépassant d'ailleurs la nuance) ne participe pas, d'une façon que les mots sont impuissants à définir, à l'ordre transcendant de l'Être ?

Nous aurons à revenir plus loin sur les possibilités que nous suggérons ici.

LE SAINT — LE MOI — LE NIRVÂNA

Assis sous l'arbre de la Science, le Bouddha se dit à lui-même :

« Ce sera pour l'humanité une chose difficile à saisir que la loi de causalité, l'enchaînement des causes et des effets. Et ce sera encore une chose tout à fait difficile à saisir que l'entrée dans le repos de toutes les formations, le détachement des choses de la terre, l'extinction de la convoitise, la cessation du désir, la fin, le Nirvâna. »

Ces paroles partagent le cercle décrit par la pensée bouddhique en ses deux moitiés naturelles. D'un côté, le monde terrestre, gouverné par la loi de la causalité ; de l'autre..., est-ce l'éternité ? Est-ce le néant ? — Le doute est permis. Tout ce que nous en savons pour le moment, c'est que c'est le royaume sur lequel la loi de la causalité ne règne pas.

Notre exposé suit cette division clairement indiquée à l'avance.

Du sein des flammes de la naissance, de la disparition, de la douleur, « celui qui sait » se sauve au séjour de l' » extinction » (Nirvâna)[366], dans le calme de la paix éternelle. Le train des idées, des sensations, des pensées, qui chez l'homme ordinaire éveillent la présomption d'y trouver son Moi, son œil pénétrant n'y voit qu'un jeu indifférent, obéissant aux lois de la nature, de fantômes qui lui sont étrangers :

« Cela n'est pas mien ; je ne suis pas cela ; cela n'est pas mon Moi. » — « Comme la ville brûlait, il ne brûlait rien qui fût sien[367]. »

Il triomphe de l'ignorance et s'affranchit du même coup des fruits douloureux qu'y attache la fatalité naturelle de la loi de causalité. Il connaît les quatre vérités saintes, et

« tandis qu'il a cette connaissance et cette vision, son âme est affranchie de l'attachement au désir, de l'attachement au devenir, de l'attachement à l'erreur, de l'attachement à l'ignorance. Dans le Délivré s'éveille la connaissance de sa

---

[366] Le Nirvâna est en fait conçu comme un lieu — c'est-à-dire naturellement à l'image d'un lieu — où le Délivré habite. Dans la tournure qui revient toujours : *anupâdisesâya nibbânadhâtuyâ parinibbâyi*, les deux premiers mots sont des locatifs et non, comme semble l'admettre Childers (*Dictionary of the Pâli Language*, au mot *parinibbâyati*), des instrumentaux : « Il va, dans le principe sans-reste du Nirvâna, au Nirvâna. » (Cf. la note de Mme Rhys Davids sur l'*asaṃkhâtadhâtu* dans Buddhist Psychology, p. 166 ; voir aussi *ibid.*, p. 367 et sqq.) La preuve en est donnée par le *Milinda-pañha*, p. 96 ; le *Divyâvadâna*, p. 314. Cf. aussi, pour la conception du Nirvâna comme un lieu, encore le *Milinda-pañha*, p. 319 : on peut citer également la correspondance exprimée dans le même texte (p. 268, 320), entre le Nirvâna et l'espace (*âkâsa*) incréé, impérissable, infini. Il est à peine besoin de faire remarquer expressément que des conceptions de ce genre laissent entière la question que nous allons avoir bientôt à débattre : lors de l'entrée du Saint dans le Nirvâna, s'agit-il d'une félicité suprême ou du néant ?

[367] *Jâtaka*, vol. V, p. 252 et sqq.

Délivrance ; la renaissance est anéantie, la sainteté atteinte, le devoir rempli, il n'y a plus de retour en ce monde : voilà ce qu'il connaît. » — « C'est comme si, ô disciples, engendrée par l'huile et la mèche, la flamme d'une lampe à huile brûlait et que personne de temps à autre ne versait de l'huile et n'entretenait la mèche : alors, ô disciples, le vieux combustible s'épuisant et n'en étant pas ajouté de nouveau, la lampe s'éteindrait faute de nourriture. De même aussi, ô disciples, chez celui qui persévère dans la connaissance de la périssabilité de toutes les chaînes de l'existence, la soif (de l'existence) est supprimée ; par la suppression de la soif, l'attachement (à l'existence) est supprimé, etc. Telle est la suppression de tout l'empire de la douleur[368].

Cette suppression, nous la trouvons désignée sous le nom de « la fin du monde », — entendez le monde dont seul la fin intéresse le croyant. Le Bouddha dit[369] :

« Je ne connais pas de fin de la douleur, si l'on n'a pas atteint la fin du monde. Mais je vous le dis, dans ce corps animé, qui n'est grand que d'une toise, le monde habite et l'origine du monde et la suppression du monde et le chemin vers la suppression du monde.

Celui qui a parcouru cette voie, atteint à la félicité suprême. Peu importe que cette conception soit contraire à la suite régulière des causes et effets, — n'est-elle pas humaine et naturelle ? Il existe une *félicité* de l'Illumination, une *félicité* de la Délivrance[370], — félicité dont les racines n'appartiennent pas au domaine du périssable et qui, de ce fait, est séparée de tout bonheur

---

[368] *Saṃyutta-Nikâya*, vol. II, p. 86. Pour « s'éteindre » on emploie le verbe d'où vient *nirvâna*.

[369] *Saṃyutta-Nikâya*, vol. I, p. 62.

[370] *Sambodhasukhaṃ, vimuttisukhaṃ*. Le mot (*sukhaṃ*) que nous traduisons ici par « félicité », sert également à désigner la joie au sens éphémère.

terrestre par des espaces aussi vastes que des mondes. « Le Nirvâna est félicité, le Nirvâna est félicité », s'écrie Sâriputta, le principal disciple du Bouddha. Et lorsqu'on lui demande : « Peut-il y avoir félicité là où il n'y a pas de sensations ? » il répond : « La félicité, ami, c'est justement qu'il n'y a là aucune sensation[371]. »

LE NIRVÂNA EN CE MONDE

Il est évident qu'il s'agit ici d'une félicité dont le parfait, le vainqueur jouit déjà ici-bas. Son existence extérieure peut bien être encore engagée dans ce monde de douleurs : il sait que ce n'est pas *lui* que touche le va-et-vient des *sankhâras*. Dans d'innombrables passages, la sagesse rythmée des Bouddhistes attribue au saint qui vit encore sur la terre la possession du Nirvâna :

« Celui qui s'est échappé des sentiers trompeurs, non frayés, difficiles du Samsâra, celui qui a passé à l'autre bord et a atteint la rive, abîmé en lui-même, sans défaillances, sans doutes, celui qui, délivré des choses de la terre, a atteint le Nirvâna, celui-là je l'appelle un vrai Brahmane[372]. »

Ce n'est pas là une façon de parler par anticipation, mais l'expression absolument exacte de l'opinion canonique : ce qu'on appelle Nirvâna, ce n'est pas seulement cet au-delà qui

---

[371] *Anguttara-Nikâya*, vol. V, p. 414 et sqq. Cf. aussi id., vol. III, pp. 342, 442, etc.

[372] *Dhammapada*, 414. Les textes en prose contiennent en très grand nombre de semblables expressions. Ainsi un ascète brahmanique adresse à Sâriputta cette question : « Nirvâna, Nirvâna, disent-ils, ami Sâriputta. Qu'est-ce donc, ami, que le Nirvâna ? — L'anéantissement du désir, l'anéantissement de la haine, l'anéantissement de l'égarement : voilà, ô ami, ce qu'on appelle le Nirvâna. » Suit, tout à fait sur le même modèle, la question : « Sainteté, sainteté (*arahatta*), disent-ils »,... etc. La réponse est mot pour mot semblable à la précédente (*Samy.-Nik.*, vol. IV, p. 251 et sqq.) Cf. encore *Anguttara-Nik.*, *Tika-Nipâta*, 55 (Neumann, *Buddh. Anthologie*, p. 125).

attend le saint, le Délivré, c'est déjà cette perfection dont il jouit dès cette vie. Ce qui doit s'éteindre est éteint, à savoir le feu du désir, de la haine, de l'égarement. Craintes et espérances sont si loin, qu'elles n'existent plus ; la volonté, l'attachement à l'illusion du Moi sont vaincus : ainsi l'homme laisse de côté les chimériques souhaits de l'enfance. Qu'importe alors que cette existence passagère, dont la racine est anéantie, prolonge pour quelques instants ou pour un siècle son indifférente apparence de vie ? Le saint veut-il dès à présent mettre fin à cette existence, il le peut ; mais la plupart attendent patiemment le terme fixé par la nature ; c'est à eux que s'appliquent ces paroles, placées dans la bouche de Sâriputta :

« Je ne soupire pas après la mort, je ne soupire pas après la vie : j'attends jusqu'à ce que l'heure vienne, comme un serviteur qui attend sa récompense. Je ne soupire pas après la mort, je ne soupire pas après la vie : j'attends que l'heure vienne, conscient et d'un esprit vigilant[373]. »

Si donc l'on veut marquer le point précis à partir duquel, pour les Bouddhistes, le but est atteint, l'on n'a pas à considérer l'entrée du Parfait mourant dans le royaume de l'éternité, — que ce soit d'ailleurs l'éternité de l'Être ou l'éternité du néant ; — il suffit d'examiner l'instant de sa vie terrestre où il a obtenu l'état sans péché ni douleur : c'est là le véritable Nirvâna. Il se peut qu'en fait la croyance bouddhique fasse l'existence du saint se perdre dans le néant, — s'il en est ainsi, nous aurons à nous le demander tout à l'heure ; — il n'en est pas moins vrai que ce n'est nullement l'entrée dans le néant pour l'amour du néant qui est l'objet des aspirations du Bouddhiste. Pour lui le but unique, nous ne devons pas craindre de le répéter encore, était la Délivrance du sein de ce monde douloureux de la naissance et de la disparition. Que cette Délivrance menât droit au néant — à supposer qu'il en fût jamais question — ce n'était là qu'une

---

[373] *Milinda-pañha*, p. 40 ; cf. *Therag.*, 1002 sqq.

façon d'exprimer la conséquence, d'ailleurs indifférente, de certaines considérations métaphysiques qui s'opposaient à l'hypothèse d'une existence éternellement et immuablement bienheureuse. La vie religieuse, le ton qui régnait dans la Communauté bouddhique primitive n'ont aucunement subi l'influence de l'idée du néant[374] :

« De même que la grande mer, ô disciples, n'est pénétrée que d'une seule saveur, la saveur du sel, de même aussi, ô disciples, cette doctrine et cet ordre ne sont pénétrés que d'une seule saveur, la saveur de la *Délivrance*[375]. »

Ce n'est pas à nos spéculations de chercher à découvrir ce qui fait l'essence d'une croyance ; nous devons laisser aux personnes qui professent chaque croyance le soin de la définir, et c'est à l'enquête historique de montrer quelle définition elles en ont donnée. Quand on caractérise le Bouddhisme comme étant « la religion du Néant » et qu'on tâche de le faire sortir tout entier de cette désignation comme de son germe même, on réussit simplement à se méprendre du tout au tout sur ce qui était aux yeux du Bouddha et de ses premiers disciples la chose capitale.

LA MORT DU SAINT

Le saint est-il arrivé au terme de sa vie terrestre, ce qu'un ancien

---

[374] Contre l'idée que les âmes pieuses auraient été ainsi possédées du désir de fuir l'être pour entrer dans le néant, nous pouvons encore invoquer le témoignage peu suspect de la doctrine du Sânkhya. D'après celui-ci « l'expérience enseigne que les aspirations de ceux qui désirent la Délivrance ne sont jamais dirigées vers l'anéantissement » (Garbe, *Die Sânkhya-Philosophie*, 2ᵉ éd., p. 385).

[375] La pensée est encore la même quand on dit : « Le Nirvâna, voilà où va s'abîmer la vie sainte. Le Nirvâna est son but. Le Nirvâna est son terme » (*Majjh.-Nik.*, vol. I, p. 304). Car l'on ne s'efforce vers le Nirvâna que parce qu'il est et en tant qu'il est la Délivrance.

texte[376] dit du Bouddha est également vrai de lui :

« Le corps du Parfait, ô disciples, subsiste, sans communication avec la puissance qui aboutit au devenir. Aussi longtemps que subsiste son corps, aussi longtemps le verront les dieux et les hommes ; son corps est-il brisé, sa vie partie, les dieux et les hommes ne le verront plus. »

Chez les êtres engagés dans la transmigration des âmes, la connaissance (*viññâna*), s'échappant du mourant, sert de germe à une nouvelle existence ; mais chez le saint la connaissance s'éteint tout entière à l'heure de la mort. Au moment où l'un de ses disciples vient d'entrer dans le Nirvâna, le Bouddha dit :

« Brisé est le corps, éteinte est l'imagination ; les sensations sont toutes évanouies. Les formations ont trouvé relâche ; la connaissance est rentrée dans son repos[377]. »

Lorsque le révérend Godhika s'est donné la mort en s'ouvrant une veine, les disciples aperçoivent un sombre nuage de fumée rôdant en tout sens autour de son cadavre. Le Bouddha leur explique ce que signifie cette fumée :

« C'est Mâra, le Malin, ô disciples ; il cherche la connaissance de Godhika le noble : « Où la connaissance de Godhika le noble a-t-elle trouvé son séjour ? » Mais la connaissance de Godhika le noble ne demeure nulle part ; il est entré dans le Nirvâna[378]. »

---

[376] **Brahmajâla-sutta** (*Dîgha-Nikâya*, vol. I, p. 46).

[377] *Udâna*, VIII, 9.

[378] *Saṃyutta-Nikâya*, vol. I, p. 120 et sqq. (traduit par Windisch *Buddha und Mâra*, p. 113 et sqq.). L'histoire est également racontée dans le commentaire du *Dhammapada*, p. 255 (Fausböll), de même qu'à propos du vénérable Vakkali dans le *Saṃyutta-Nik.*, vol. III, p. 123 et sqq. Cf. encore *Anguttara-Nikâya*, III, 89, 2 ; **Sutta-Nipâta, v. 1111**.

LE NIRVÂNA EST-IL LE NÉANT ?

Cette fin de l'existence terrestre signifie-t-elle la fin totale de l'existence ? Est-ce dans le néant qu'entre le Parfait à l'heure de la mort ?

Pas à pas nous nous sommes rapprochés de cette question.

On a cru trouver la réponse toute prête dans le mot même de Nirvâna, c'est-à-dire « extinction », par lequel le Bouddhisme, se servant, de toute évidence, d'une expression largement répandue de son temps, désignait le but suprême. « Comme l'extinction d'une lampe », disait-on, « ainsi se produit la délivrance de l'âme. » L'interprétation, semble-t-il, la plus naturelle, c'est que « l'extinction » est une extinction de l'existence dans le néant. Mais cette façon expéditive de trancher la question souleva bientôt des doutes légitimes. Il était également permis de parler d' » extinction » — et il est incontestable que les Indiens ont ainsi employé ce mot — dans des cas où, loin de s'anéantir, l'être s'affranchissait des ardeurs brûlantes de la douleur et découvrait le chemin qui mène à la calme et sereine fraîcheur de la béatitude[379]. C'est surtout Max

---

Il est également question de la connaissance qui « ne demeure nulle part dans *Saṃyutta-Nikâya*, vol. III, p. 53-54.

[379] Dans le langage de ce temps le mot *Nirvâna* désignait universellement la félicité suprême en dehors de toute idée d'anéantissement : c'est ce qui ressort clairement de ce passage où il est question de la théorie qui considère les jouissances terrestres comme le souverain bien :

> « Il y a, ô disciples, bien des Samanas et des Brahmanes, qui enseignent ainsi et croient ainsi : Si le Moi se meut, doué et pourvu des jouissances de tous les cinq sens, alors ce Moi, séjournant dans le monde sensible, a atteint le suprême Nirvâna » (***Brahmajâla-sutta**, **Dîgha-Nik.**, vol. I, p. 36 [css : ~ p. 50 sur sacred-texts]).

— Comparez encore la façon dont les Jaïnas parlent du Nirvâna (*Uttarâdhyayana*, d'après la traduction de Jacobi, *Sacred Books*, XIV, p. 128, cf. aussi 212) : « Ce qui est appelé Nirvâna ou libération de la peine, ou perfection... c'est la place sûre, heureuse et paisible qu'atteignent les grands sages... Ces sages qui l'atteignent sont libérés des

Müller qui a soutenu avec une éloquence chaleureuse l'idée que le Nirvâna était le plus haut achèvement de l'existence et non sa suppression[380]. Sa thèse est celle-ci : Sans doute les métaphysiciens bouddhistes postérieurs ont vu dans le néant le but suprême de toute aspiration, mais la doctrine originelle du Bouddha et de sa première Communauté était autre ; pour eux le Nirvâna signifiait l'entrée de l'âme dans un repos bienheureux, infiniment au-dessus des joies de ce monde périssable aussi bien que de ses douleurs. Une religion, demandait Max Müller, qui aboutirait en définitive au néant, ne cesserait-elle pas d'être une religion ? Ce ne serait plus ce que toute religion doit et veut être, un pont jeté entre le fini et l'infini : ce serait une planche trompeuse, qui soudain se brise, et, au moment même où l'homme croit avoir atteint l'éternité, le précipite dans les abîmes du néant.

Nous ne suivrons pas le grand savant dans sa tentative pour établir une ligne de démarcation entre ce que comporte ou ne comporte pas le développement des religions. Dans la quiétude étouffante, peuplée de rêves, de l'Inde, les idées naissent et grandissent autrement que dans l'air de l'Occident. Peut-être est-il possible là-bas de comprendre ce qui ne se comprendrait pas ici : à supposer que nous rencontrions un point marquant pour nous les bornes de l'intelligible, il nous faudrait encore accepter l'incompréhensible en tant que tel et attendre l'avenir qui pourra nous amener plus près de la solution de l'énigme.

Les recherches de Max Müller ne pouvaient naturellement être

---

chagrins, ils ont mis un terme au cours de l'existence. » Pour finir, je renvoie aux passages du Mahâbhârata relevés par Dahlmann, *Nirvâna*, p. 35, et Senart, *Album Kern*, 101. Ils appartiennent, selon toute probabilité, à une époque bien plus tardive que l'ancienne littérature bouddhique. Cependant il est fort vraisemblable que le terme technique nirvâna ait été couramment adopté par les spéculations brahmaniques (je n'oserais pas dire avec Senart, *op. cit.*, 104, vichnouïtes) à une date aussi ancienne, sinon plus, que par les Bouddhistes ou les Jaïnas.

[380] Introduction aux *Buddhaghosha's Parables* de Rogers (p. XXXIX et sqq.).

alors fondées que sur une partie des textes intéressants à ce point de vue particulier ; mais elles ne manquèrent pas d'attirer, dans le pays qui a le mieux conservé jusqu'à nos jours l'organisation et la connaissance du Bouddhisme, nous voulons dire Ceylan, l'attention des savants indigènes. Des Singhalais admirablement versés dans la littérature bouddhique, tels que feu James d'Alwis, joignirent ainsi leurs efforts à ceux de savants européens entre lesquels nous devons mentionner avant tous les autres Childers, Rhys Davids et Trenckner ; grâce à eux, les matériaux littéraires pour l'élucidation du dogme du Nirvâna ont été amenés au jour et en grand nombre et judicieusement mis en œuvre. J'ai tâché de compléter encore les recueils dont nous sommes redevables à ces érudits et soumis à une révision tous les témoignages du canon pâli, contenus tant dans les instructions du Bouddha que dans les écrits relatifs à la discipline monastique : de cette façon, je l'espère, aucune déclaration un peu importante des anciens théologiens et des poètes religieux sur la question du Nirvâna ne nous aura échappé. Le résultat de ces recherches est d'ailleurs assez singulier : des deux alternatives qui formaient, semble-t-il, un véritable dilemme, à savoir que dans l'ancienne Communauté le Nirvâna devait être conçu soit comme le néant, soit comme la béatitude suprême, il s'est trouvé que ni l'une ni l'autre n'avait tout à fait raison.

Essayons d'expliquer la position de la question, telle qu'elle a dû se présenter, d'après ses prémisses mêmes, à la théologie bouddhique ; nous verrons ensuite quelle réponse elle a reçue.

Supposons une doctrine qui découvre, derrière l'existence passagère, un avenir d'éternelle perfection : à une telle doctrine il est impossible de ne faire commencer ce royaume de l'éternel que là où finit le monde périssable ; elle ne peut le susciter, pour ainsi dire, d'un coup de baguette du sein du néant. Il faut que déjà dans le royaume des choses passagères se trouve, caché peut-être, mais réel et présent, un élément inaccessible au va-et-vient de ce monde, et qui porte en lui-même la garantie d'une éternité. Sans doute, là où les exigences de la dialectique sont traversées par des motifs d'un autre ordre, la pensée peut hésiter à ratifier cette conséquence ; mais il est important, avant de relever les déviations possibles dans la suite logique des idées, de bien nous la mettre sous les yeux, telle qu'elle s'est présentée ou a dû se présenter à la pensée bouddhique.

Or, dans la Dogmatique du Bouddhisme, le monde fini n'apparaît que comme reposant sur lui-même. Ce que nous voyons, ce que nous entendons, nos sens comme les objets qui les frappent, tout est entraîné dans le cycle de l'apparition et de la disparition ; tout n'est qu'un *dhamma*, un *sankhâra* et tout *dhamma*, tout *sankhâra* est périssable. D'où vient ce cycle ? Nous savons seulement qu'il existe depuis un passé insondable. Le conditionné est accepté comme un fait ; nulle part la pensée ne trouve rien qui l'incite à remonter de lui à un inconditionné, ou, pour parler la langue des Upanishads, au Brahman. Comment pourrait-il en être autrement ? Là où le contraste entre le passager et l'éternel a été poussé jusqu'au degré atteint ici par la pensée indienne, il n'est plus possible d'imaginer entre les deux termes aucune relation. A supposer que l'éternel eût une part, si minime qu'elle fût, à ce qui se passe dans ce monde périssable, une ombre d'inconstance ne s'en réfléchirait-elle pas aussitôt sur lui ? On ne peut donc, de ce fait, songer à admettre un élément éternel pour nous aider à comprendre le monde d'ici-bas. Le variable, le conditionné ne se laisse concevoir que comme conditionné par un autre conditionné non moins variable. A ne considérer que la suite logique des idées, on ne peut, dans une telle conception du monde, arriver à comprendre comment là où une série de conditions vient de s'écouler et de s'abolir, il resterait autre chose que du vide.

Mais le Bouddhisme admet-il en fait cette conclusion ?

Il nous faut intercaler ici quelques remarques sur les principaux termes techniques dont les textes se servent à propos de ces questions.

Assez souvent il est question de l'élément éternel, substantiel de la personnalité, élément dont il s'agit justement de reconnaître ou de nier l'existence : on l'appelle *satta*, ce que nous pouvons à peu près traduire par « personne ». La nonne Vajirâ dit à Mâra : « Ceci n'est qu'un amas de formations changeantes (*sankhâra*) : il ne se trouve pas ici de personne » ; ce n'est pas là une négation directe de la personnalité mais bien de la croyance à l'existence possible d'une personne en ce monde envahi et dominé par les *sankhâras*.

Il est un mot qui joue un rôle encore plus saillant que celui de *satta* dans la façon de s'exprimer des textes canoniques qui s'occupent des problèmes en question : c'est celui sur lequel, comme nous l'avons vu précédemment, la spéculation brahmanique avait mis sa marque, et dont elle avait fait l'expression la plus propre à désigner ce qu'il y a d'éternel dans l'essence de l'âme : l'*Âtman*, « le Soi », « le Moi », en pâli *Attâ*.

A côté de ces expressions, nous avons encore à en placer une troisième, à savoir celle de *Tathâgata*, « l'Accompli », le « Parfait ». C'est sous ce nom que le Bouddha a coutume de se désigner lui-même à partir du moment où il a atteint la dignité de Bouddha. Quand on s'interroge sur l'essence et la survivance du Tathâgata, la question est tout à fait parallèle à celle de l'essence et de la survivance du Moi ; s'il y a un Moi, il n'y a pas l'ombre d'un doute que la sainte, la parfaite personnalité du Tathâgata est le Moi qui mérite ce nom dans son sens le plus élevé, qui possède le plus de titres à une vie éternelle.

ENTREVUE DU BOUDDHA AVEC VACCHAGOTTA

Voyons à présent comment les textes s'expriment sur le compte du Moi, du Parfait.

En ce temps là le moine errant[381] Vacchagotta se rendit à l'endroit où séjournait le Bienheureux. Parvenu près de lui, il échangea des salutations avec le Bienheureux. Ayant échangé avec lui d'amicales paroles de bienvenue, il s'assit à son côté. Assis à son côté, le moine errant Vacchagotta parla ainsi au Bienheureux :

Qu'en est-il de cela, ô révéré Gotama : le Moi (*attâ*) existe-t-il ?

Comme il parlait ainsi le Bienheureux garda le silence.

Comment donc, ô révéré Gotama ? Le Moi n'existe-t-il pas ?

Et de nouveau le Bienheureux garda le silence. Alors le moine errant Vacchagotta se leva de son siège et s'en alla.

Mais le révérend Ânanda, lorsque le moine errant Vacchagotta se fut éloigné, dit aussitôt au Bienheureux : « Pourquoi, Seigneur, le Bienheureux n'a-t-il pas répondu à la question posée par le moine errant Vacchagotta ?

— Si, ô Ânanda, alors que le moine errant Vacchagotta me demandait : « Le Moi existe-t-il ? », je lui avais répondu : « Le Moi existe », cela aurait confirmé, ô Ânanda, la doctrine des Samanas et des Brahmanes qui croient à l'impérissabilité[382] ». Si, ô Ânanda, alors que le moine errant Vacchagotta me demandait : « Le Moi n'existe-t-il pas ? » j'avais répondu : « Le Moi n'existe pas », cela aurait confirmé, ô Ânanda, la doctrine

---

[381] Un moine d'une secte non bouddhique. Le dialogue traduit ici se trouve dans le *Saṃyutta-Nikâya*, vol. IV, p. 400.

[382] « Quelques Samanas et Brahmanes, qui croient à l'impérissabilité, enseignent... que le Moi et le monde ne périssent pas. » (**Brahmajâla-sutta** ; *Dîgha-Nikâya*, I, p. 13).

des Samanas et des Brahmanes qui croient à l'anéantissement[383]. Si, ô Ânanda, quand le moine errant Vacchagotta me demandait : « Le Moi existe-t-il ? » j'avais répondu : « Le Moi existe », cela m'aurait-il beaucoup servi à faire naître en lui la connaissance que « Toutes les entités (*dhamma*) sont Non-moi ? »

— Il n'en eût pas été ainsi, Seigneur. »

Si d'autre part, ô Ânanda, quand le moine errant Vacchagotta me demandait : « Le Moi n'existe-t-il pas ? », je lui avais répondu : « Le Moi n'existe pas », cela n'aurait-il pas eu pour seul résultat de précipiter le moine errant Vacchagotta d'un égarement dans un autre égarement plus grand encore : « Mon Moi n'existait-il pas auparavant ? Et maintenant voilà qu'il n'existe plus ! »

On a l'impression que l'auteur de ce dialogue est bien près au fond de conclure par la négation du Moi. On pourrait presque dire que s'il n'a pas sciemment voulu exprimer cette conclusion, en fait il ne l'a pas moins exprimée. Si le Bouddha évite de nier l'existence du Moi, c'est uniquement pour ne pas heurter l'esprit borné de son auditeur. La façon même dont il écarte la question de ce moine donne à entendre quelle est la réponse : c'est celle où tendaient tout droit les prémisses de la doctrine bouddhique : le Moi n'est pas.

On pourrait objecter, évidemment, que si le Bouddha s'abstient d'affirmer l'existence du Moi, c'est qu'en ceci encore il prend en considération l'état d'esprit de son auditeur. Qu'on écoute donc

---

[383] « Quelques Samanas et Brahmanes, qui croient à l'anéantissement, enseignent... que la personne (satta) est, et qu'elle subit anéantissement, destruction et suppression » (*ibid.*). — Le sens est que le Moi, même non purifié de ses péchés, ne subit aucune transmigration des âmes, mais s'anéantit dans la mort (*ibid.*, p. 34).

le langage plus décisif qu'il tient dans un autre *sutta*[384] :

« Si donc, ô disciples, un Moi (*attâ*) et quelque chose appartenant au Moi (*attaniya*) n'est pas à concevoir en vérité et en certitude, n'est-ce pas alors, ô disciples, la croyance qui vient dire : « Ceci est le monde, ceci le Moi ; voilà ce que je deviendrai à la mort, ferme, constant, éternel, immuable ; ainsi je serai là-bas dans l'éternité... » — n'est-ce pas là une pure et vaine folie ? » — « Comment, Seigneur, ne serait-ce pas une pure et vaine folie ? »

Or quiconque déclarait le Moi inconnaissable, ne pouvait être loin de croire que le Nirvâna est l'anéantissement.

En fait le Bouddhisme ne s'est jamais déclaré en faveur de cette dernière conviction. La doctrine officielle de l'Église se fixa plutôt sur ce point, — peut-être en conformité avec l'état de choses effectif ; à la question de savoir si le Moi existe, si le Parfait vit ou ne vit pas après la mort, elle avait cette réponse prête : Le bienheureux Bouddha n'a rien enseigné à ce sujet[385]. Le véritable disciple ne se laisse pas émouvoir par cette question ; il ne s'en soucie pas[386].

RÉCUSATION DE LA QUESTION DE LA FIN DERNIÈRE.
ENTRETIEN DU BOUDDHA AVEC MÂLUNKYÂPUTTA

---

[384] L'*Alagaddûpama-sutta*, *Majjh.-Nik.*, n° 22 (vol. I, p. 138). « Ne pas être à concevoir » se dit *anupalabbhamâne*. Ce sutta a avec le dialogue dont nous venons de parler de nombreux points de contact.

[385] Le premier qui ait donné une interprétation correcte d'un texte important dans cet ordre d'idées et qui ait signalé cette façon d'écarter la question de la survivance au delà de cette vie, est, autant que je sache, V. Trenckner (*Milindap.*, p. 424). Je suis heureux de voir ma théorie, formée indépendamment de la sienne, confirmée par l'opinion de l'excellent savant danois.

[386] *Anguttara-Nikâya*, vol. IV, p. 67-70.

Parmi les textes où cette question se trouve explicitement récusée, citons en l'abrégeant le dialogue suivant[387] :

(Le révérend Mâlunkyâputta vient trouver le Maître et lui exprime son étonnement de ce que la prédication du Maître laisse sans réponse une série de questions, justement des plus importantes et des plus profondes. Le monde est-il éternel ou est-il borné dans le temps ? Le monde est-il infini ou a-t-il une fin ? Le parfait Bouddha (Tathâgata) continue-t-il à vivre au delà de la mort ? Que tout cela doive demeurer sans réponse, dit ce moine, cela ne me plaît pas et ne me semble pas juste ; c'est pourquoi je suis venu trouver le Maître pour l'interroger au sujet de ces doutes. Que le Bouddha veuille bien répondre, s'il le peut) : « Mais si quelqu'un ne sait pas, ne connaît pas quelque chose, alors un homme sincère dit : Je ne sais pas cela, je ne connais pas cela. »

Nous le voyons, la question du Nirvâna est portée par ce moine, aussi directement qu'il est possible, devant le Bouddha. Et que répond celui-ci ? Il dit à sa manière socratique et non sans une légère touche d'ironie :

« Que t'ai-je donc dit avant ce moment, Mâlunkyâputta ? T'ai-je dit : Viens, Mâlunkyâputta, et sois mon disciple ; je veux t'enseigner si le monde est ou n'est pas éternel, s'il est limité ou infini, si la force vitale est identique au corps ou en est distincte, si le Parfait survit ou ne survit pas après la mort, ou si le Parfait après la mort survit et ne survit pas en même temps, ou s'il ne survit ni ne survit pas ?...

— Tu ne m'as pas dit cela, Seigneur. »

(Ou bien, continue le Bouddha, m'as-tu dit : Je veux devenir

---

[387] *Cûla-Mâlunkya-ovâda* (*Majjhima-Nikâya*, vol. I, p. 426). Cf. Warren, **Buddhism in translations, p. 117.**

ton disciple ; révèle-moi si le monde est ou n'est pas éternel... etc.

Cette fois encore Mâlunkyâputta est forcé d'avouer qu'il n'en est rien.)

Un homme, ainsi poursuit à présent le Bouddha, a été frappé d'une flèche empoisonnée ; sur-le-champ ses amis et ses parents ont appelé un habile médecin. Qu'arriverait-il si le malade se mettait à dire : « Je ne veux pas laisser panser ma blessure jusqu'à ce que je sache quel est l'homme qui m'a frappé, si c'est un noble ou un Brahmane, si c'est un Vaiçya ou un Çûdra ? » — ou s'il disait : « Je ne veux pas laisser panser ma blessure, jusqu'à ce que je sache comment s'appelle l'homme qui m'a frappé et de quelle famille il est, s'il est grand ou petit ou de moyenne taille, et quel aspect a l'arme dont il m'a frappé » — comment cela finirait-il ? L'homme mourrait de sa blessure.

(Pour quelle raison le Bouddha n'a-t-il pas enseigné à ses disciples si le monde est fini ou infini, si le saint continue ou non à vivre au delà de la mort ? Parce que la connaissance de ces choses ne fait faire aucun progrès dans la voie de la sainteté, parce que cela ne sert pas à la paix et à l'illumination. Ce qui sert à la paix et à l'illumination, voilà ce que le Bouddha a enseigné aux siens : la vérité sur la douleur, la vérité sur l'origine de la douleur, sur la suppression de la douleur, sur le chemin qui mène à la suppression de la douleur[388].) « C'est pourquoi, Mâlunkyâputta, ce qui n'a pas été révélé par moi, que cela demeure irrévélé, et ce qui a été révélé, que cela soit révélé. »

Cette solution si claire de la question revient assez souvent dans les textes sacrés ; il nous faut l'accepter telle qu'elle nous est

---

[388] La rédaction de ce passage, que nous résumons, est identique à celle que nous avons citée plus haut, p. 229 et sqq.

donnée ; elle n'a pas besoin d'interprétation et ne supporte pas de travestissement. La doctrine orthodoxe de l'ancienne Communauté demandait expressément à ses fidèles de renoncer à rien savoir de l'existence ou de la non-existence du parfait Délivré.

Afin de mieux comprendre cette attitude, il faut songer à l'aversion très nette du Bouddhisme pour toutes les théories qui vont au delà du seul fait et du seul but qui comptent, à savoir la douleur de l'existence et l'affranchissement de cette douleur, — théories qui, pour flatter la curiosité métaphysique, entraînent l'esprit en quête des principes suprêmes de toute existence vers « la djangle des opinions ». A sonder le devenir du monde, identique à la douleur de l'existence, on n'apprenait pas à connaître l'Être de l'au-delà, qui est au-dessus de la naissance, du devenir et de la douleur, pas plus qu'on ne se sentait obligé de nier cet Être. Ce n'étaient, de part et d'autre, que des opinions faites pour égarer la pensée et la détourner du but de la Délivrance. Ce n'est pas un hasard, peut-être, que les textes se contentent de cette tournure : « Le Moi n'est pas concevable[389] », et s'abstiennent de le nier expressément et sans réserves.

On peut se demander en outre si d'autres motifs encore n'ont pas contribué à faire éviter une négation nettement formulée, dans laquelle un esprit résolu eût pu reconnaître la conséquence extrême de sa propre pensée. N'était-ce pas plus que suffisant de devoir se détacher de toutes les espérances, de tous les vœux les plus chers, si l'on voulait suivre le fils des Sakyas ? Pourquoi placer devant les esprits faibles la lame tranchante de cette connaissance : le prix de victoire qui échoit au Délivré est le Néant ? On ne pouvait remplacer la vérité par un mensonge,

---

[389] Que l'on compare avec l'*Alagaddûpama-sutta* cité plus haut (p. 310) les paroles de la nonne Vajirâ (*supra*, p. 292), le *Milinda-pañha* (p. 289 sqq.) ; l'entretien avec Yamaka (*infra*, p. 318), ainsi que *Kathâvatthu*, I, 1.

mais il était permis de jeter un voile bienfaisant sur cette vérité dont la vue risquait de perdre un esprit dépourvu de fermeté. La seule chose qui compte pour l'aspiration à la Délivrance est la certitude que celle-ci ne peut être atteinte qu'à partir du moment où cessent la joie et la douleur de ce monde ; or, cette certitude subsiste dans toute sa rigueur. Pour celui qui a su se détacher de tout ce qui est fini, la Délivrance sera-t-elle plus parfaite si on lui impose l'idée qu'au delà du fini il n'y a que le Néant ?

Il nous faut relever ici une autre considération encore : une doctrine de la négation, nettement formulée, devait, de toute évidence, se heurter au sein de la Communauté à de puissants courants de pensée qui tendaient directement à répondre par l'affirmation aux questions de l'au-delà et de l'éternité. Que le dogme officiel se soit refusé à répondre à ces questions, cela ne suffit pas à nous faire contester l'existence même des tendances contraires. Qui pourrait prétendre avoir pénétré jusqu'au fond des croyances et des espérances d'un cœur pieux, sous prétexte qu'il connaît la doctrine prescrite par l'Église et docilement acceptée par le fidèle ? Si solide que fût l'éducation morale qui conférait aux disciples du Bouddha une égalité d'âme indifférente à toutes choses et s'attachant uniquement à la foi dans la Délivrance, pouvait-on vraiment extirper de leur cœur le besoin d'un « oui » ou d'un « non » en réponse à une question que la conscience religieuse ne peut cesser, quoiqu'elle fasse, de poser ?

A la vérité, ce « oui » ou ce « non » ne pouvait être dogmatiquement formulé : c'eût été là une désobéissance hérétique à la parole du Bouddha. Mais il pouvait se laisser deviner au ton général, à un jeu léger de lumière et d'ombre plus aisé à sentir qu'à exprimer : là même où de la meilleure foi du monde on avait l'intention de s'en tenir fidèlement au dogme, il pouvait se trahir dans une expression inconsidérée, un mot qui en dit trop ou trop peu. Tout à l'heure, dans la conversation entre le Bouddha et Ânanda, nous avons cru découvrir l'indice qu'il y avait parmi les disciples des gens qui n'étaient pas loin de nier le Moi et, de ce fait, l'éternité future. D'autre part, ceux en qui vivait encore l'écho de l'ancienne croyance dans l'Être absolu, supraterrestre, les cœurs qui reculaient d'effroi devant le néant, qui ne pouvaient renoncer à l'espoir d'une félicité éternelle, ne devaient-ils pas pencher vers la solution contraire ? Et puisque le Bouddha se taisait ou que l'autorité de l'Église décidait qu'on se tairait, ne devaient-ils pas conclure de ce silence qu'il ne leur était pas interdit de croire et d'espérer ?

Réponse déguisée a cette question. Entretien de Khemâ et de Pasenadi

Parmi les nombreuses professions de foi rassemblées dans la grande collection des Écritures sacrées, on peut découvrir, à ce qu'il nous semble, la trace de dispositions d'esprit analogues à celles que nous essayons de décrire ici. Mieux que cela, ces traces nous paraissent assez nombreuses et assez déterminées pour nous donner le droit de supposer que les idées positives dont elles témoignent ont prévalu dans les milieux de l'ancienne Communauté[390].

Le roi Pasénadi, de Kosala, nous est-il raconté[391], un jour qu'il était en voyage entre ses deux villes capitales, se rencontra avec la nonne Khemâ, une disciple du Bouddha renommée pour sa sagesse. Le roi lui présenta ses respects et se mit à l'interroger

---

[390] Sur la pénétration dans le domaine de la pensée bouddhique de la notion d'un Être éternel ou transcendant, voir ma *Lehre der Upanishaden*, p. 303 et sqq. ; Beckh, *Buddhismus*, II, p. 118 et sqq. ; Heiler, *Die buddhistische Versenkung*, p. 40 ; Oltramare, *Un problème de l'ontologie bouddhique* (Muséon 1915, 3, série, t. I) ; Hardy-Schmidt, *Der Buddhismus* (éd. 1919), p. 99 et sqq.

[391] *Samyutta-Nikâya*, vol. IV, p. 374 et sqq. Comparez avec ce dialoguel'*Aggivacchagotta-sutta, Majjh.-Nik.*, n° 72 (traduit par Warren, **Buddhism in translations, p. 123 et sqq.**).

sur la sainte doctrine :

— Révérende (demande le roi), le Parfait (*Tathâgata*) existe-t-il au delà de la mort ?

— Le Bienheureux, ô grand roi, n'a pas révélé que le Parfait existât au delà de la mort.

— Ainsi le Parfait n'existe pas au delà de la mort, ô révérende ?

— Cela non plus, grand roi, le Bienheureux ne l'a pas révélé, que le Parfait n'existât pas au delà de la mort.

— Ainsi, ô révérende, le Parfait existe au delà de la mort et en même temps n'existe pas ? — Ainsi, ô révérende, le Parfait n'existe ni n'existe pas au delà de la mort ?

La réponse est toujours la même : le Bienheureux ne l'a pas révélé. Avec cette subtilité un peu gauche particulière à la pensée à ce stade de son développement, le roi ne se contente pas d'épuiser les deux alternatives immédiates de l'existence et de la non-existence : il s'évertue à fermer toutes les jointures, toutes les fentes par où le fait en question pourrait échapper aux mailles du filet logique. Il perd sa peine : le Bienheureux n'a rien révélé de cela.

(Le roi est étonné) :

Quelle est la cause, ô révérende, quelle est la raison pour laquelle le Bienheureux n'a pas révélé cela ?

— Permets-moi ici, grand roi (répond la nonne), de te faire à toi-même une question, et réponds-moi ce qui t'en semble. Qu'en penses-tu, grand roi, as-tu vraiment un calculateur ou un maître des monnaies ou un trésorier qui puisse compter le sable du Gange, qui puisse dire : Il y a tant de grains de sable, ou tant de centaines ou de milliers ou de centaines de mille de grains de sable ?

Je n'en ai point, ô révérende.

— Ou as-tu un calculateur, un maître des monnaies ou un trésorier qui puisse mesurer l'eau contenue dans le grand Océan, qui puisse dire : Il y a là-dedans tant de mesures d'eau, ou tant de centaines ou de milliers ou de centaines de mille de mesures d'eau ?

— Je n'en ai pas, ô révérende.

— Et pourquoi pas ? Le grand Océan est profond, immesurable, insondable. Il en serait de même, ô roi, si l'on voulait concevoir l'être du Parfait d'après les attributs des nom et corps[392]. Chez le Parfait ces attributs des nom et corps seraient abolis, leur racine serait anéantie, comme un palmier ils seraient déracinés et mis de côté, de telle sorte qu'ils ne pourraient plus se développer de nouveau dans l'avenir. Le Parfait, ô grand roi, est affranchi de voir son être mesurable avec les mesures du monde corporel ; il est profond, immesurable, insondable comme le grand Océan. Que le Parfait existe au delà de la mort, cela n'est pas exact ; que le Parfait n'existe pas au delà de la mort, cela non plus n'est pas exact ; que le Parfait à la fois existe et n'existe pas au delà de la mort, cela non plus n'est pas exact ; que le Parfait n'existe ni n'existe pas au delà de la mort, cela non plus n'est pas exact. »

Et Pasenadi, le roi de Kosala, accueillit avec satisfaction et approbation les paroles de Khemâ la nonne, se leva de son siège, s'inclina avec respect devant Khemâ, fit le tour de sa

---

[392] Dans la suite ce qui est dit ici à propos des nom et corps sera répété à propos des quatre autres groupes d'éléments dont se compose l'existence terrestre (sensations, représentations, formations, connaissance).

personne et s'en alla[393].

Nous ne pouvons guère nous tromper en croyant remarquer que, dans ce dialogue, la pensée dévie sensiblement de la ligne rigoureuse dont ne s'écarte pas l'entretien précédemment cité entre le Bouddha et Mâlunkyâputta. A la vérité, pas plus ici que là, la question de l'éternelle survivance du Parfait ne reçoit de réponse : mais pourquoi ne peut-elle pas en recevoir ? C'est que l'existence du Parfait est, comme la mer, insondable à force d'être profonde : la pensée des terrestres humains n'a pas à sa disposition de définitions capables d'épuiser une telle profondeur[394]. Des attributs tels que l'être ou le non-être sont bons assez pour le fini, le conditionné ; vouloir les appliquer au pur inconditionné, c'est ressembler à un homme qui tenterait de compter les grains de sable du Gange ou les gouttes d'eau de la mer.

Tel est le motif qu'on allègue pour récuser la question de l'immortalité du Parfait : mais donner un pareil motif, n'est-ce pas par cela même répondre, et répondre par un oui[395] ? Impossible de parler d'être, au sens ordinaire du mot ; encore

---

[393] Le texte raconte ensuite comment le roi dans une occasion postérieure adressa au Bouddha les mêmes questions et reçut de lui mot pour mot la même réponse que celle que lui fait ici la nonne Khemâ.

[394] Cette manière de penser offre des points de contact avec la conception moderne de certains problèmes qui demeurent insolubles à raison de la nature de nos facultés de connaissance. Il importe cependant d'observer comment la pensée bouddhique, par le cachet particulier qu'elle porte, fait sentir la distance qui sépare le milieu historique dont elle procède de notre monde moderne. L'impossibilité où nous sommes d'atteindre certaines connaissances n'est pas démontrée ici par une étude de notre intellect ; c'est au moyen de paraboles, — parabole du sable du Gange ou celle de l'eau de l'océan — que l'on recommande aux fidèles de la reconnaître. D'ailleurs, ces connaissances ne sont pas, au fond, inaccessibles en elles-mêmes : le Bouddha les possède, mais il n'a pas jugé salutaire de les révéler (cf. p. 229).

[395] L. de la Vallée Poussin (*Journ. As.* 1902, II, p. 246) déduit du dialogue que nous venons de citer un « non » plutôt qu'un « oui ». Son argumentation pour laquelle il utilise la métaphysique du Bouddhisme postérieur ne nous semble pas satisfaisante. L'ancienne croyance bouddhiste doit être considérée et comprise en elle-même.

moins peut-on parler de non-être ; peut-être même pas de ce qu'on pourrait appeler un Moi, une Personnalité, s'enchevêtrant dans les filets de spéculations stériles ; il ne s'agit pas moins d'une suprême réalité que l'esprit ne peut concevoir, que le langage ne peut exprimer, qu'aucune série logique n'indique comme sa conclusion et son but nécessaires, et que, cependant, les âmes altérées d'éternité voient briller au loin, dans une splendeur enveloppée de mystère.

ENTRETIEN DE SÂRIPUTTA ET DE YAMAKA

Ajoutons encore un autre fragment[396] qui adopte par rapport à la question, la même position que celui qui précède.

En ce temps-là il y avait un moine nommé Yamaka qui avait embrassé l'opinion hérétique suivante : « J'entends la doctrine prêchée par le Bienheureux en ce sens qu'un moine, qui est libre de péchés, quand son corps se brise, tombe en partage à l'anéantissement, qu'il disparaît, qu'il n'existe pas au delà de la mort. »

Quiconque donne le néant absolu comme le terme auquel la croyance bouddhique fait aboutir le Parfait, peut apprendre par ce passage que le moine Yamaka soutint précisément la même opinion et se rendit par là coupable d'hérésie[397].

---

[396] *Saṃyutta-Nikâya*, vol. III, p. 109 et, sqq. ; cf. Warren, **Buddhism in translations, p. 138**.

[397] Ici encore nous ne pouvons nous ranger de l'avis de L. de la Vallée Poussin (*loc. cit.*, p. 248 ; voir aussi *Bouddhisme*, p. 172) qui interprète de la façon suivante l'idée dont s'inspire le passage en question : « Anathème celui qui affirme la destruction du Tathâgata ; pour périr il faut avoir existé » (de même Franke, *Dîgha-Nikâya*, 296). Le dialogue qui suit, ainsi qu'une série d'autres passages, présenteraient, pour parler avec modération, un jeu de cache-cache auquel nous avons tout lieu de ne pas croire. — La subtile argumentation de La Vallée Poussin, postérieure aux ouvrages cités ci-dessus (*Enc. Rel. Eth.* IX, p. 377 et sqq.), ne me paraît pas probante.

Le révérend Sâriputta entreprend de le désabuser :

— Qu'en penses-tu, ami Yamaka, le Parfait (*Tathâgata*) est-il identique aux nom et corps (c'est-à-dire le corps du Bouddha représente-t-il son vrai Moi) ? Est-ce là ta façon de voir ?

Il n'en est rien, mon ami.

— Le Parfait est-il identique aux sensations ? aux représentations ? aux formations ? à la connaissance ? Est-ce là ta façon de voir ?

— Il n'en est rien, mon ami.

— Qu'en penses-tu, ami Yamaka, le Parfait est-il contenu dans les nom et corps (...les sensations, etc.) ? Est-ce là ta façon de voir ?

— Il n'en est rien, mon ami.

— Le Parfait est-il distinct des nom et corps ? Est-ce là ta façon de voir ?

— Il n'en est rien, mon ami.

— Qu'en penses-tu, ami Yamaka, les nom et corps, les sensations, les représentations, les formations et la connaissance sont-elles (prises ensemble) le Parfait ? Est-ce là ta façon de voir ?

Il n'en est rien, mon ami.

— Qu'en penses-tu, ami Yamaka, le Parfait est-il distinct des nom et corps, des sensations, représentations, formations et connaissance ? Est-ce là ta façon de voir ?

— Il n'en est rien, mon ami.

— Ainsi donc, ami Yamaka, dès ce monde même, le Parfait ne peut être compris en vérité et en essence par toi. Quel droit as-tu dès lors de dire : « J'entends la doctrine prêchée par le Bienheureux en ce sens qu'un moine, qui a surmonté l'attachement (à l'existence), quand son corps se brise, tombe en partage à l'anéantissement, qu'il disparaît, qu'il n'existe plus au delà de la mort ?

— C'était là tout à l'heure, ami Sâriputta, l'opinion hérétique que j'entretenais dans mon ignorance. Mais à présent que j'ai entendu le révérend Sâriputta exposer la doctrine, l'opinion hérétique est écartée de moi et j'ai discerné la doctrine.

Ainsi toutes les tentatives pour définir logiquement le « Moi » du Parfait sont écartées. L'idée n'est certainement pas que telle autre tentative serait plus heureuse, mais qu'elle est tenue cachée par Sâriputta ; de l'insuccès de toutes ces tentatives, il ne faudrait pas davantage conclure que le Parfait n'existe pas du tout. L'esprit, veut dire Sâriputta, est arrivé ici au bord d'un mystère insondable. Inutile de chercher à le découvrir ; le moine qui aspire au salut de son âme a autre chose à faire.

Si l'on renonçait décidément et clairement à une éternité future on parlerait d'une autre façon : c'est le cœur qui s'abrite derrière le voile du mystère : à la raison qui hésite à admettre une vie éternelle comme concevable, il tâche d'arracher l'espérance en une vie qui dépasse toute conception[398].

---

[398] Il faut encore mentionner ici l'*Udâna* VIII, 10. Le Bouddha parle d'un saint disciple qui est entré dans le Nirvâna. De même qu'il est impossible de reconnaître le chemin du feu éteint, de même « il est impossible de retracer le chemin des totalement Délivrés qui sont affranchis des entraves et ont traversé le flot des jouissances, qui ont atteint la félicité (*sukham*) immuable ». Si nous ne possédions que cette seule déclaration, nous en aurions conclu à une croyance dans la félicité

Les idées exprimées dans le texte que nous venons de citer se retrouvent, toutes pareilles, dans les stances du dialogue suivant[399] :

(Le Bouddha dit) :

— De même que la flamme atteinte par le souffle du vent — va vers l'apaisement, échappe au regard, — ainsi le sage, dépouillant ses nom et corps, — entre dans l'apaisement échappant à tous les regards.

(Upasîva, avide de savoir, demande) :

— Celui qui atteint l'apaisement est-il ravi à l'existence ? — Possède-t-il l'existence éternelle, est-il délivré des douleurs ? — Ceci, ô sage, veuille me le révéler — car, en vérité, cet ordre tu le connais.

(Le Maître répond) :

— Celui qui atteint l'apaisement, nulle mesure ne le peut mesurer, — pour parler de lui, il n'y a point de paroles. — Ce que l'esprit pourrait concevoir s'évanouit. — Ainsi tout chemin est interdit au langage.

Nous avons le droit de nous demander : ces paroles encore ne traduisent-elles pas un attachement persévérant à une interprétation qui est au-dessus de toute raison ?

éternelle du Délivré. En la rapprochant de tous les autres textes, nous sommes plutôt tentés de l'interpréter dans ce sens qu'on ne doit pas, au fond, renoncer à laisser dans le vague l'idée de la bienheureuse délivrance de la douleur, qui flotte au milieu ou au-dessus de l'affirmation et de la négation ; toutefois ce passage trahit une tendance de l'esprit et du sentiment qui penchent plutôt vers l'affirmation.

[399] **Sutta-Nipâta, 1073 et sqq**. Cf. mon ouvrage *Aus dem alten Indien*, p. 62.

Il va de soi que les définitions applicables à une telle existence sont exclusivement négatives :

« Il est, ô disciples, un séjour, où il n'y a ni terre ni eau, ni lumière ni air, ni infini de l'espace ni infini de la raison, ni absence totale de toute chose, ni la suppression simultanée de la représentation et de la non-représentation, ni ce monde-ci, ni celui-là, à la fois soleil et lune. Je ne l'appelle, ô disciples, ni venir, ni s'en aller, ni rester, ni mort ni naissance. Sans origine, sans progrès, sans arrêt ; c'est la fin de la douleur[400]. » — « Il y a, ô disciples, un non-né, non-produit, non-créé, non-formé. S'il n'y avait pas, ô disciples, un non-né, non-produit, non-créé, non-formé, il n'y aurait pas d'issue pour le né, le produit, le créé, le formé[401]. »

En apparence ces mots sonnent à l'oreille comme si nous entendions les philosophes des Upanishads parler du Brahman, l'Être qui n'a ni commencement ni fin, qui n'est ni grand ni petit, qui se nomme « Non, non », puisqu'aucun mot ne peut épuiser sa nature. Et de fait, nous sommes justement ici parvenus à l'endroit où apparaît, autant que faire se peut dans l'ensemble de la spéculation bouddhique, la vieille idée du Brahman. Nul doute que l'idée du Nirvâna ne soit sortie de celle du Brahman[402]. Toutefois de profondes différences les

---

[400] *Udâna*, VIII, 1. Comparez dans la littérature des Jaïnas des passages comme l'*Âyâraṃga-sutta*, I, 5, 6 (*Sacred Books*, XXII, 52).

[401] *Udâna*, VIII, 3 ; *Itivuttaka*, 43.

[402] Cf. Dahlmann, *Nirvâna*, p. 23, 114 et sqq. Là où surtout se montre clairement la corrélation du Brahman et du Nirvâna, c'est quand il est question de l'*anupâdisesâ* (originairement *anupâdhiçesâ*) *nibbânadhâtu*. (Cf. dans la 1ᵉ édition de cet ouvrage, p. 438 sqq. la notice sur « l'élément du nirvâna exempt de déterminations ») ; c'est tout à fait de même que dans la doctrine du Védânta le Brahman, grâce aux *upâdhi* (déterminations), apparaît sous la forme du monde sensible, des âmes individuelles, mais demeure en sa propre et véritable essence dégagé des *upâdhi* (Deussen, *System des Vedânta*, 2ᵉ éd., p. 327). Prise au pied de la lettre, cette expression d'*anupâdisesâ nibbânadhâtu* assignerait au Nirvâna un rôle analogue à celui d'une substance universelle se déployant dans le monde par le moyen des *upâdhi*, mais qui au fond en

séparent. Aux yeux du penseur brahmanique, le Brahman, l'incréé, l'éternel est une réalité si sûre que la réalité du monde créé pâlit à côté ; c'est de l'incréé seul que les choses créées tiennent l'existence et la vie. Quand le Bouddhiste parle du Nirvâna, ces mots : « Il y a un incréé » signifient seulement que l'être créé peut s'affranchir de la souffrance où l'a plongé la création[403] : il y a un chemin pour passer du monde des créatures dans l'infini insondable. Ce chemin conduit-il à une nouvelle existence ? conduit-il au néant ? La croyance bouddhique se tient, comme sur le tranchant du rasoir, en suspens entre les deux hypothèses. Les aspirations du cœur altéré d'éternité ne restent pas sans quelque aliment, et cependant la raison n'a rien à quoi elle puisse fermement se prendre. La pensée de l'infini, de l'éternité ne pouvait s'évanouir en des lointains plus profonds devant la croyance : à peine, là-bas, une lueur prête à se perdre dans le néant et qui menace d'échapper aux regards.

---

reste exempte. Nous ne pouvons toutefois attribuer en réalité au Bouddhisme une telle conception du Nirvâna ; évidemment nous avons affaire à une expression toute faite et empruntée de toutes pièces à la spéculation pré-bouddhique. Cf. Dahlmann, p. 11-16 ; ma *Lehre der Upanishaden und Anfänge des Buddhismus*, p. 312 sqq., 318. — Un écho de l'affirmation, antérieure au Bouddhisme, de l'éternité transcendante, apparaît aussi, à ce qui nous semble, dans le discours (cité plus haut, p. 205) sur les flammes du monde des sens et, surtout, dans le discours sur le Non-moi (p. 239 et sqq.). Celui qui dit à tout ce qui est périssable : « Ceci n'est pas le Moi », ne peut évidemment être lui-même le Périssable. Comment, d'ailleurs, s'il était contenu tout entier dans sa nature périssable, pourrait-il arriver à se détourner de soi-même ? Cf. à ce sujet ma *Lehre der Upanishaden*, p. 305 sqq. ; Schrader, *Journal of the Pâli Text Society*, 1904-05, p. 157 sqq.

[403] Dans le **Dhammapada (st. 383)**, il est dit : « Si tu as découvert la destruction des *sankhâras*, tu connais l'Incréé. » Max Müller (*loc. laud.*, Introduction, p. XLIV) fait à ce propos cette remarque : « Ceci montre sûrement que même pour le Bouddha quelque chose existait qui n'est pas créé et qui, par suite, est impérissable et éternel. » Il me semble que nous pouvons encore trouver ici un autre sens qui s'accorde avec la manière de penser du Bouddhisme et la manière de s'exprimer des textes bouddhiques : Que ton seul but soit de découvrir la cessation des choses passagères. Si tu connais cela, tu possèdes la connaissance suprême. Laisse les autres s'efforcer d'atteindre l'Incréé par de faux sentiers qui ne les conduiront jamais au delà des bornes du monde des créatures. Que pour toi l'obtention de l'Incréé consiste en ce fait que tu atteins la cessation des choses créées.

Nous terminons par quelques maximes tirées des collections de stances de la vieille littérature bouddhique. Elles n'ajoutent rien de nouveau à ce que nous venons de dire, mais elles montrent plus sensiblement que tous les développements abstraits quels accents s'élevaient au sein de cette antique Communauté de moines, lorsqu'on faisait vibrer la corde du Nirvâna, lorsque la pensée entrevoyait l'idée qui flotte dans de hautes régions énigmatiques, au delà de l'être et du non-être.

« Lorsque les vagues, les redoutables vagues s'élèvent, où ceux qui sont enveloppés par les eaux, accablés par la vieillesse et la mort, trouvent-ils une île ? Voilà ce que je t'enseigne, à Kappa.

« Là où il n'y a rien, où il n'y a aucun attachement, l'île, l'unique : c'est elle que j'appelle le Nirvâna, la fin de la vieillesse et de la mort.

« Plongés dans la méditation, les inébranlables qui luttent vaillamment sans relâche atteignent le Nirvâna, eux, les sages, le gain qui surpasse tous les autres gains.

« La faim est la plus pénible des maladies, les *sankhâras* sont la plus pénible des douleurs ; reconnaissant cela, en vérité, l'on atteint le Nirvâna, la béatitude suprême.

« Les sages qui ne font de mal à aucun être, qui tiennent perpétuellement leur corps en bride, marchent au séjour éternel : quiconque y est parvenu ne sait plus ce que c'est que la douleur. »

« Celui qui est pénétré de bonté, le moine attaché à la doctrine du Bouddha, qu'il se tourne vers le royaume de la paix, où l'impermanence trouve son repos, vers la béatitude[404]. »

---

[404] ***Sutta-Nipâta***, 1093-1094 ; *Dhammapada*, 23, 203, 225, 368.

Chapitre III

La vérité sur le chemin de la suppression de la douleur

Devoirs envers le prochain

Tout en suivant la marche que nous indiquait à l'avance la règle de foi des quatre Vérités, nous avons exposé, à propos de la seconde et de la troisième de ces propositions, ce que l'on peut désigner comme la Métaphysique du Bouddhisme : d'abord le tableau du monde lié par la chaîne de la causalité, de la vie douloureuse d'ici-bas, puis celui de l'au delà, où naissance et disparition ont pris fin, où la flamme de la douleur s'est éteinte. La quatrième des saintes vérités nous enseigne à connaître le chemin qui fait passer de ce monde de la douleur au royaume de la Délivrance ; on peut appeler l'ensemble des pensées auxquelles elle fait allusion l'Éthique du Bouddhisme[405].

---

[405] Si l'on partage l'exposé du Bouddhisme entre les deux catégories sur lesquelles repose déjà la division des textes sacrés, celle du *Dhamma* et du *Vinaya*, c'est-à-dire de la « Doctrine » et de la « Discipline », il faut, dans la conception des Bouddhistes, ranger la Morale sous le chef de la « Doctrine » ; en effet les saintes vérités, qui sont regardées comme l'expression abrégée de la Doctrine, embrassent la Morale dans la dernière de leurs quatre propositions ; de plus c'est en général dans « la corbeille de la Doctrine », c'est-à-dire dans la collection des textes sacrés relatifs au Dhamma, que les questions du domaine de la Morale ont presque sans exception trouvé place. La « Discipline » doit être entendue par opposition à la « Doctrine » dans un sens non moral, mais légal : c'est la Règle qui préside à la vie en communauté de l'Ordre monastique.

« Voici, ô moines (telle est cette proposition), la vérité sainte sur le chemin qui mène à la suppression de la douleur : c'est ce chemin sacré à huit branches, qui s'appelle : foi pure, volonté pure, parole pure, action pure, moyens d'existence purs, application pure, mémoire pure, méditation pure[406].

Les notions alignées ici prennent sens et couleur dans les nombreuses instructions où le Bouddha décrit la voie du salut, de la Délivrance. L'appareil scolastique, dont ne peut jamais se débarrasser complètement la pensée indienne, n'est pas épargné. Tout a son expression fixée une fois pour toutes et qui revient toujours. Vertus et vices ont un nombre déterminé ; il y a un quadruple effort en avant, il a cinq facultés et cinq organes de la vie morale. Les cinq obstacles et les sept éléments de l'illumination sont également connus des hérétiques et des infidèles : mais les disciples du Bouddha sont seuls à savoir comment ces cinq se multiplient en dix et ces sept en quatorze[407].

Pour comprendre l'idée que les Bouddhistes se faisaient de la morale il y a mieux que toute cette scolastique ; il y a les belles stances des recueils poétiques et encore les fables et les paraboles ; il y a avant tout la figure idéale du Bouddha, tel que l'a dépeint la pieuse imagination de ses disciples. Ce n'est pas seulement dans sa dernière existence terrestre, mais dans des centaines de vies passées, qu'il s'est sans trêve efforcé de réaliser toutes les perfections qui le rapprochaient de la dignité suprême de Bouddha ; d'innombrables actes d'invincible fermeté, de renoncement et de sacrifice ont fait de lui le modèle proposé à l'imitation de ses croyants. Les traits qui servent à composer cet idéal moral trahissent naturellement à chaque pas le caractère monastique de la morale bouddhique. La véritable

---

[406] D'anciennes définitions de ces huit notions se trouvent dans le *Dîgha-Nikâya*, vol. II, p. 311 sqq. Nous ne croyons pas avoir à les reproduire ici.

[407] *Saṃyutta-Nikâya*, vol. V, p. 109.

vie sainte est la vie du moine ; la vie mondaine est un état imparfait, nécessairement incapable de satisfaire le cœur : c'est la première étape des âmes faibles. Mais le précepte capital à observer pour le moine n'est pas : Tu vivras en ce monde et tu en feras un monde qui vaille la peine de vivre ; — c'est : Tu te détacheras de ce monde.

LES TROIS CATÉGORIES DE LA DROITURE, DE LA MÉDITATION ET DE LA SAGESSE

Il est à peine besoin de dire qu'on essaierait en vain de découvrir dans ces énumérations de concepts moraux, ces stances, ces récits, une Morale en règle. Néanmoins quelques passages des textes sacrés donnent à croire que la pensée s'était marqué un chemin à travers le domaine, aussi vaste que varié, des actions morales, qu'elle avait réparti sous des chefs déterminés tout ce qui contribue à la béatitude et à la Délivrance. Trois catégories surtout reviennent si constamment que l'on dirait les titres de trois chapitres de l'Éthique : la Droiture, la Méditation, la Sagesse[408]. Dans le récit des dernières paroles du Bouddha, voici en quels termes on lui fait, à plus d'une reprise, résumer devant les disciples la doctrine de la voie du salut :

« C'est la droiture. C'est la méditation. C'est la sagesse. Pénétrée par la droiture, la méditation est féconde et prospère ; pénétrée par la méditation, la sagesse est féconde et prospère ; pénétrée par la sagesse, l'âme est totalement affranchie de tout attachement, de l'attachement au désir, de l'attachement au devenir, de l'attachement à l'erreur, de l'attachement à

---

[408] Les termes pâlis sont : *sîla*, *samâdhi* (ou *citta*) et *paññâ*. On s'attendrait tout naturellement à ce que, pour traiter ce sujet, les textes sacrés fissent appel avant tout à l'octuple classification du « chemin sacré à huit branches » : mais il n'en est rien. La répartition des huit branches entre les trois catégories en question est traitée dans le *Majjhima-Nikâya*, I, 501.

l'ignorance.

Ces trois étapes de la vie morale[409] sont comparées aux étapes d'un voyage ; le terme du voyage est la Délivrance. A la base est la droiture de la conduite ; mais à son tour cette droiture extérieure ne trouve son achèvement que dans la sagesse pieuse :

« Comme on lave la main avec la main, le pied avec le pied, ainsi la droiture est purifiée par la sagesse et la sagesse est purifiée par la droiture. Là où il y a droiture, là il y a sagesse ; là où il y a sagesse, là il y a droiture. Et la sagesse de l'homme droit, la droiture de l'homme sage sont de toute droiture et de toute sagesse celles qui ont en ce monde le plus de prix[410]. »

Quant au fondement sur lequel reposent le principe et l'efficacité des commandements de la morale, il va de soi que les Bouddhistes ne peuvent pas plus y voir la volonté d'un maître et législateur suprême du monde qu'un impératif catégorique d'aucune sorte. L'avantage décidé qu'ont les actions morales sur les immorales provient bien plutôt des fruits qu'elles rapportent à leurs auteurs et qu'une fatalité naturelle attache aux unes comme aux autres : ici la récompense, là le châtiment.

« Celui qui parle ou agit avec un esprit impur, celui-là la douleur le suit comme la roue suit le pied de la bête attelée. — Celui qui parle ou agit avec un esprit pur, celui-là la joie le suit, comme

---

[409] La troisième étape est décomposée en un certain nombre de subdivisions ; voir *Rathavinîta-sutta* (*Majjhima-Nikâya*, n° 24). — Mentionnons encore « la gradation de l'exercice, la gradation de l'action, la gradation du progrès » de la Doctrine et de la Discipline, décrites dans le *Gaṇakamoggallâna-sutta* (*Majjh. Nik.*, n° 107). Ces suites de degrés commencent par les manifestations élémentaires de la Droiture et de la conduite correcte pour s'élever, en passant par les exercices de vigilance, jusqu'à la Méditation et la Délivrance.

[410] *Soṇadaṇḍa-sutta* (**Dîgha-Nikâya, vol. I, p. 124**).

son ombre, qui jamais ne le quitte[411]. » — « Un paysan qui verrait un champ fertile et n'y sèmerait pas de graines ne saurait s'attendre à une moisson. De même aussi, moi qui désire la récompense des bonnes œuvres, si je voyais un magnifique champ d'action et que je ne fisse pas de bien, je ne saurais m'attendre à la récompense des œuvres[412]. »

Ainsi la moralité n'a de prix qu'en tant qu'elle est un moyen en vue d'une fin — à un degré inférieur, le moyen d'arriver à ce but peu relevé qui est le bonheur dans cette vie et dans les existences futures ; à un degré supérieur, le moyen d'arriver au but suprême et absolu de la Délivrance.

DÉFENSES ET PRÉCEPTES

Tenons-nous en d'abord à la prescription dont les Bouddhistes font la condition première et la première étape de toute haute perfection morale, au précepte de la « Droiture » ; nous en trouvons le contenu exprimé dans une série de propositions uniformément négatives. Un homme droit est celui qui, en actions et en paroles, se tient à l'écart de toute impureté. Parmi les diverses séries de défenses dans lesquelles les textes sacrés décomposent cette prescription, un groupe, dit « des cinq règles », a pris une place spéciale et prépondérante : leur stricte observation constitue la « quintuple droiture ». Les voici en substance :

1. Ne pas tuer d'être vivant[413].

---

[411] *Dhammapada*, 1, 2.

[412] *Cariyâ-Pitaka*, 1, 2.

[413] On sait jusqu'à quel extrême le Bouddhisme et en général la pensée indienne ordonnent de pousser le respect pour la vie même du plus petit animal. Ce respect est au fond d'innombrables prescriptions relatives à la vie journalière des moines. L'eau qui contient la moindre vie animale de quelque sorte qu'elle soit, un moine ne doit pas la boire et pas davantage la répandre sur l'herbe ou l'argile (*Pâcitiya*, 20, 62).

2. Ne pas prendre ce qui ne vous appartient pas.
3. Ne pas toucher à la femme d'un autre.
4. Ne pas dire ce qui n'est pas la vérité.
5. Ne pas boire de liqueur enivrante[414].

Pour les moines le précepte d'absolue chasteté remplace la troisième de ces propositions : il s'y ajoute encore pour eux une longue série d'autres défenses qui leur font un devoir de s'abstenir des aises et des joies mondaines, de toute préoccupation terrestre et de tout laisser-aller. Dans les explications détaillées que nous trouvons jointes à chaque défense particulière[415] les limites de la pure négative sont assez souvent dépassées. Il ne pouvait en être autrement ; que les principes fondamentaux de l'Éthique bouddhique permissent ou non de considérer la moralité comme une manifestation positive de l'activité, l'ardeur du sentiment moral n'en a cure : pour lui, le « Tu ne dois pas » devait facilement se changer peu à peu en un « Tu dois ». C'est ainsi que nous trouvons la première de ces défenses, celle qui est relative au meurtre, exprimée d'une façon qui ne reste pas bien loin en arrière de la version chrétienne de ce précepte « qui fut dit à ceux de l'ancien temps : Tu ne tueras pas. » — « Comment un moine a-t-il en partage la droiture ? » demande le Bouddha et lui-même se met en devoir de donner réponse à cette question ; voici en quels termes :

Lorsque les moines cherchent à se procurer des couvertures de soie, les tisserands en soie murmurent et disent : « C'est là notre infortune, c'est là notre mauvais destin que pour subvenir à notre vie, pour nos femmes et nos enfants, nous devions tuer tant de petites bêtes. » Et c'est sur cette considération que le Bouddha interdit aux moines l'usage des couvertures de soie (*Vinaya-Pitaka*, vol. III, p. 224).

[414] Les quatre premières défenses se retrouvent exactement semblables chez les Brahmanes et les Jaïnas. Elles semblent d'origine brahmanique (cf. Jacobi, *Sacred Books*, XXII, p. XXII et sqq.).

[415] Cf. la section étendue du *Sâmaññaphala-sutta* (le Sermon sur le fruit de l'ascétisme ; *Dîgha-Nikâya*, n° 2) qui est consacrée tout entière à ces questions.

« Un moine cesse de tuer des êtres vivants ; il s'abstient du meurtre des êtres vivants. Il dépose le bâton, il dépose les armes. Il est compatissant et miséricordieux ; amicalement il recherche le bien de tout être vivant. C'est là une part de sa droiture. »

Prenons encore l'interdiction de calomnier ; voici comment, dans la même instruction, le Bouddha arrive à donner à cette défense un tour positif :

« Il cesse toute parole calomnieuse ; il s'abstient de toute parole calomnieuse. Ce qu'il a entendu ici, il ne le répète pas là pour brouiller celui-ci avec celui-là ; ce qu'il a entendu là, il ne le répète pas ici pour brouiller celui-là avec celui-ci. Il réconcilie ceux qui sont désunis, il resserre les liens de ceux qui sont unis. La concorde fait sa joie ; la concorde fait son occupation ; la concorde fait ses délices ; les paroles qui enfantent la concorde, il les dit. C'est là aussi une part de sa droiture. »

Avec tout cela il n'en est pas moins vrai que les défenses prédominent de beaucoup ; la portée des préceptes ne va que rarement au delà de ce qu'entraîne naturellement avec elle la secrète influence exercée par la seule présence des gens de bien, sans même qu'ils aient besoin d'agir. C'est à la femme surtout qu'appartient le don de répandre silencieusement autour d'elle une semblable influence : nous sommes ainsi autorisés à attribuer à l'idéal moral créé par le Bouddhisme un certain caractère de féminité.

CHARITÉ ET COMPASSION

Dans le but de rapprocher le Bouddhisme du Christianisme, on a donné comme le cœur de la pure morale bouddhique une charité compatissante à l'égard de tous les êtres. Il y a du vrai dans cette opinion ; mais l'intime différence des deux morales n'en reste pas moins sensible[416]. La langue du Bouddhisme n'a pas de mot pour rendre la poésie de la charité chrétienne, si bien exaltée par saint Paul, cette charité qui est plus grande que la foi et que l'espérance et sans qui, que l'on parlât la langue des hommes ou des anges, on ne serait qu'un airain retentissant ou un grelot sonore : et les réalités aussi, en qui cette poésie a pris corps au sein du monde chrétien, n'ont pas d'analogues dans l'histoire du Bouddhisme. On peut dire que la charité, telle qu'elle se montre dans la morale bouddhique, suspendue entre l'affirmative et la négative, se rapproche de la charité chrétienne, sans toutefois l'atteindre, à peu près de la même façon que la félicité du Nirvâna, au fond si différente de l'idée chrétienne de la béatitude, y incline pourtant, comme nous l'avons vu, jusqu'à un certain point. Le Bouddhisme n'ordonne pas tant d'aimer son ennemi que de ne pas le haïr ; il éveille et entretient des dispositions bienveillantes et miséricordieuses à l'égard du monde entier. Il est enjoint au fidèle :

« Comme la mère protège son fils unique même au prix de sa propre vie, — ainsi qu'il nourrisse en lui, à l'égard de tous les êtres un sentiment sans limites[417]. »

Il est significatif que de la comparaison avec la mère et l'enfant on ne tire pas la prescription d'agir comme la mère, mais seulement de nourrir à l'égard de tous les êtres « un sentiment sans limites ». Mais ce sentiment a pour but, avant tout, la félicité que cette gymnastique spirituelle promet de procurer à celui qui sent ainsi. On n'oublie jamais qu'attacher son cœur à d'autres êtres c'est tomber sous le joug des joies et par suite des douleurs de ce monde passager. La prescription de la stance que nous venons de citer est parfaitement compatible avec ce

---

[416] Voir l'exposé dans mon ouvrage : *Aus dem alten Indien* (1910), p. 1 et sqq. — Cf. encore Beckh, *Buddhismus*, II, p. 132, n. 1.

[417] **Sutta-Nipâta, 149**.

que nous enseigne un autre passage :

« Toutes les souffrances et les plaintes, toutes les douleurs de ce monde sous toutes les formes viennent de ce qui est cher à quelqu'un : là où il n'y a rien de cher, elles non plus ne se produisent pas. C'est pourquoi ils sont riches en joie et libres de chagrin, ceux qui n'ont rien de cher en ce monde. C'est pourquoi, puisse celui qui aspire à l'état où il n'y a plus ni chagrin ni impureté, faire que rien ne lui soit cher en ce monde[418]. »

Nous lisons dans le Dhammapada[419] :

« Celui qui reste maître de la colère qui s'élève en lui comme d'un char qui roule, celui-là je l'appelle un vrai conducteur de char ; un autre n'est qu'un teneur de rênes. — Par l'absence de colère qu'on triomphe de la colère, que l'on triomphe du mal par le bien ; qu'on triomphe de l'avare par des présents ; que par la vérité on triomphe du menteur. — Celui que des méchants injurient doit dire : « Ils sont bons, ils sont très bons, puisqu'ils ne me frappent point. » S'ils le frappent, il dit : « Ils sont bons, puisqu'ils ne me jettent pas des mottes de terre. » S'ils le tuent avec des armes aiguisées, il dit : « Il y a des disciples du Bienheureux pour qui le corps et la vie tiennent en réserve tourment, peine et dégoût et qui recherchent une mort violente. Une telle mort, je l'ai trouvée sans l'avoir cherchée[420]. » — « Il m'a injurié, il m'a frappé, il m'a opprimé, il m'a volé », ils nourrissent de telles pensées, ceux chez qui l'inimitié ne s'est pas apaisée. — « Il m'a injurié, il m'a frappé, il m'a opprimé, il m'a volé », ils ne nourrissent pas de telles pensées, ceux chez qui l'inimitié s'est apaisée. Car ce n'est pas par l'inimitié que

---

[418] *Udâna*, VIII, 8.

[419] Stances **222, 223**.

[420] *Samyutta-Nikâya*, vol. IV, p. 61 et sqq. (en paraphrase abrégée).

s'apaise ici-bas l'inimitié ; c'est par l'absence d'inimitié qu'elle s'apaise ; c'est là la règle de toute éternité[421]. »

HISTOIRE DE LONGUE-DOULEUR ET DE LONGUE-VIE

A cette dernière stance se rattache un conte qui se trouve déjà dans les livres canoniques[422] et qui mérite d'attirer l'attention ; il permet de voir sous quelle forme l'idée chrétienne que la crainte n'existe pas dans la charité, mais que la parfaite charité bannit la crainte, se représente — si du moins elle s'y représente vraiment — dans la morale raisonneuse du Bouddhisme.

(Un jour que dans la Communauté une dispute s'est élevée entre les disciples, le Bouddha raconte aux mécontents l'histoire suivante :

Il y avait une fois le roi Longue-douleur, que son puissant voisin Brahmadatta avait chassé de son royaume et dépouillé de tous ses biens. Déguisé en moine mendiant, le vaincu s'enfuit avec sa femme de sa ville natale et s'en alla chercher un refuge à Bénarès, la capitale même de son ennemi, où il se cacha. Là la reine mit au monde un fils qu'elle appela Longue-vie, et celui-ci devint un garçon intelligent et habile dans tous les arts. Un jour Longue-douleur fut reconnu par un de ses anciens courtisans et sa retraite découverte au roi Brahmadatta : le roi ordonna de les conduire garrottés, lui et son épouse, à travers toutes les rues de la ville, puis de les emmener hors des murs pour les mettre en quatre morceaux. Longue-vie vit comment on conduisait son père et sa mère chargés de liens à travers la ville. Et il alla à son père qui lui dit) :

---

[421] *Dhammapada*, 3 sqq.

[422] *Mahâvagga*, X, 2.

— Mon fils Longue-vie, ne regarde ni trop loin ni trop près. Car ce n'est pas par l'inimitié que s'apaise l'inimitié, mon fils Longue-vie ; c'est par l'absence d'inimitié, mon fils Longue-Vie, que s'apaise l'inimitié.

(Là-dessus le roi Longue-douleur et sa femme subirent leur supplice. Mais Longue-vie fit boire les gardiens que l'on avait placés auprès des cadavres, et, quand ils furent endormis, il brûla les deux morts et tourna trois fois, les mains jointes, autour du bûcher. Puis il s'en alla dans la forêt et là pleura et gémit jusqu'à rassasier son cœur : ensuite il essuya ses larmes, s'en alla à la ville et prit du service dans les écuries d'éléphants du roi. Par sa belle voix il gagna la faveur de Brahmadatta qui en fit son ami intime. Un jour il accornpagnait le roi à la chasse. Ils étaient seuls tous deux ; Longue-vie s'était arrangé pour que la suite prît une autre route. Le roi se sentit fatigué, appuya sa tête sur le sein de Longue-vie et presque aussitôt s'endormit). Alors le jeune Longue-vie pensa : « Ce roi Brahmadatta de Bénarès nous a fait beaucoup de mal. Il nous a pris armée et bagages et pays et trésors et réserves ; il a mis à mort mon père et ma mère. A présent le temps est venu pour moi de satisfaire mon inimitié. » Et il tira son épée du fourreau. Mais à ce moment cette pensée vint au jeune Longue-vie : « Mon père, comme on le conduisait à la mort, m'a dit : « Mon fils Longue-vie, ne regarde ni trop loin ni trop près. Car ce n'est pas par l'inimitié que l'inimitié s'apaise, mon fils Longue-vie ; c'est par l'absence d'inimitié, mon fils Longue-vie, que s'apaise l'inimitié. » Ce ne serait pas bien de transgresser les paroles de mon père. » Et il remit son épée dans le fourreau.

(Trois fois le désir de la vengeance lui vient, trois fois le souvenir des dernières paroles de son père triomphe en lui de la haine. Cependant le roi sort en sursaut de son sommeil ; un cauchemar l'a réveillé ; il a rêvé de Longue-vie, qu'armé d'une épée celui-ci attentait à ses jours). Alors le jeune Longue-vie saisit de la main gauche la tête du roi Brahmadatta de Bénarès, tira de la droite son épée et dit à Brahmadatta, le roi de

Bénarès :

Je suis le jeune Longue-vie, ô roi, le fils du roi Longue-douleur de Kosala. Tu nous as fait beaucoup de mal ; tu nous as pris armée et bagages et pays et trésors et réserves, tu as mis à mort mon père et ma mère. A présent le temps est venu pour moi de satisfaire mon inimitié.

Alors le roi Brahmadatta de Bénarès tomba aux pieds du jeune Longue-vie et dit au jeune Longue-vie :

— Fais-moi grâce de la vie, mon fils Longue-vie ; fais-moi grâce de la vie, mon fils Longue-vie !

— Comment pourrais-je te faire grâce de la vie, ô roi ? C'est à toi, ô roi, de me faire grâce de la vie.

— Alors fais-moi grâce de la vie, mon fils Longue-vie et en retour je veux aussi te faire grâce de la vie.

Et alors le roi Brahmadatta de Bénarès et le jeune Longue-vie se firent mutuellement grâce de la vie, se donnèrent les mains et jurèrent de ne se faire l'un à l'autre aucun mal... Et le roi Brahmadatta de Bénarès dit au jeune Longue-vie :

— Mon fils Longue-vie, ce que ton père t'a dit avant sa mort : « Ne regarde ni trop loin ni trop près. Car ce n'est pas par l'inimitié que l'inimitié s'apaise, c'est par l'absence d'inimitié que s'apaise l'inimitié », qu'est-ce que ton père a voulu dire par là ?

— Ce que mon père, ô roi, m'a dit avant sa mort : « Ne regarde pas trop loin », signifie : « Ne laisse pas durer longtemps l'inimitié » ; voilà ce que mon père a voulu dire quand il disait avant sa mort : « Ne regarde pas trop loin. » Et ce que mon père ; ô roi, m'a dit avant sa mort : « Ni trop près », signifie : « Ne te brouille pas inconsidérément avec tes amis » ; voilà ce que mon père a voulu dire quand il disait avant sa mort : « Ni trop près. » Et ce que mon père, ô roi, m'a dit avant sa mort : « Car ce n'est pas par l'inimitié que l'inimitié s'apaise ; c'est par l'absence d'inimitié que s'apaise l'inimitié », cela signifie : « Tu as, ô roi, mis à mort mon père et ma mère. Si à présent je voulais, ô roi, te prendre ta vie, alors ceux qui te sont attachés, ô roi, me prendraient ma vie, et ceux qui me sont attachés prendraient leur vie à ceux-là ; et ainsi notre inimitié ne s'apaiserait pas par l'inimitié. Mais maintenant, ô roi, tu m'as fait grâce de la vie, et je t'ai, ô roi, fait grâce de la vie ; ainsi par l'absence d'inimitié s'est apaisée notre inimitié. » Voilà ce que mon père a voulu dire quand il disait avant sa mort : « Car ce n'est pas par l'inimitié que l'inimitié s'apaise ; c'est par l'absence d'inimitié que s'apaise l'inimitié.

Et le roi Brahmadatta de Bénarès pensa : « Admirable ! Étonnant ! Quel habile garçon est ce Longue-Vie, qui peut expliquer avec tant de détail ce que son père a dit si brièvement ! » Et il lui rendit tout ce qui avait appartenu à son père, armée et bagages et pays et trésors et réserves, et lui donna sa fille en mariage.

Ainsi le Bouddhisme prêche le pardon des injures ; mais une idée, sur laquelle on ne peut fermer les yeux, se trahit accidentellement au fond de cette morale : c'est que dans les affaires de ce monde pardon et réconciliation sont de meilleure politique que la vengeance. Cette thèse que l'inimitié ne s'apaise pas par l'inimitié se vérifie copieusement dans le cas de Longue-vie, cet habile garçon qui pousse la mansuétude jusqu'à faire paix et amitié avec le barbare meurtrier de ses parents ; au lieu de perdre la vie, il y gagne un royaume et la main d'une fille de roi.

HISTOIRE DE KUNÂLA

Le précepte du pardon et de l'amour des ennemis trouve une expression plus profonde et plus belle dans la touchante histoire du prince Kunâla[423], le fils du grand roi Açoka (vers 250 av. J.-C.).

(Kunâla — ce nom lui avait été donné à cause de ses yeux merveilleusement beaux, aussi beaux que ceux de l'oiseau *kunâla* — vivait éloigné du tumulte de la cour, adonné à la méditation de l'impermanence des choses. Une des reines s'enflamme d'amour pour le beau jeune homme : il la repousse ; la dédaignée brûle de se venger. Quelque temps après, Kunâla est envoyé dans une province éloignée ; la reine dérobe par ruse le sceau d'ivoire du roi et envoie un ordre scellé d'arracher les yeux au prince. Quand l'ordre arrive, personne ne peut prendre sur soi de porter la main sur des yeux si beaux. Le prince lui-même exhorte les gens à remplir l'ordre. Enfin il se trouve un homme, d'un aspect, repoussant, qui se charge de l'exécution. Quand au milieu des gémissements de la foule en pleurs le premier œil a été arraché, Kunâla le prend dans sa main et dit) :

— Pourquoi ne vois-tu plus les formations, toi qui les voyais encore tout à l'heure, vile boule de chair ? De quelles illusions ils se bercent, quels reproches ils encourent, les insensés qui s'attachent à toi et disent : « C'est moi. »

(Et lorsque son second œil lui a été arraché) :

— L'œil de chair, si difficile à obtenir, m'a été enlevé, mais j'ai acquis l'œil parfait, irréprochable de la sagesse. Le roi me renie pour son fils, mais je suis devenu le fils du roi sublime, du roi de la vérité. J'ai perdu le royaume auquel souffrance et douleur s'attachent : j'ai gagné le royaume de la vérité qui anéantit souffrance et douleur.

---

[423] *Divyâvadâna*, p. 405 et sqq. Cf. F. Hardy, *König Asoka*, p. 64 et sqq. Le récit est, autant qu'on sache, inconnu à la littérature bouddhique du Sud, mais non à la littérature jaïniste.

(On l'informe que c'est de la reine qu'émane l'ordre fatal ; il répond) :

— Puisse-t-elle longtemps jouir du bonheur, de la vie et du pouvoir, elle qui a envoyé cet ordre auquel je dois une si haute félicité.

(Il s'en va en mendiant avec son épouse, et, quand il arrive à la ville de son père, il se met à chanter devant le palais en s'accompagnant d'un luth. Le roi reconnaît la voix de Kunâla ; il le fait appeler, mais quand il voit devant lui cet aveugle, il ne reconnaît plus son fils. A la fin la vérité se fait jour. Le roi, dans l'excès de son chagrin et de sa colère, veut faire torturer et mettre à mort la reine coupable. Mais Kunâla dit) :

— Si elle a agi bassement, toi agis noblement : ne mets pas à mort une femme. Il n'y a pas de récompense plus haute que pour la bienveillance ; la longanimité, ô roi, a été louée par le Parfait.

(Et il se prosterne devant le roi) :

— O roi, je ne sens pas de souffrance et, en dépit du cruel traitement que j'ai subi, je ne sens pas le feu de la colère. Mon cœur n'a que des sentiments de bienveillance pour ma mère, qui a ordonné de m'arracher les yeux. Aussi sûr que ces paroles sont la vérité, puissent mes yeux redevenir comme ils étaient.

Et ses yeux lui revinrent aussi beaux qu'auparavant.

Nulle part la poésie bouddhique n'a mieux glorifié le pardon des injures. Et cependant, même ici, on sent cette je ne sais quelle froideur qui flotte autour de toutes les créations de la morale bouddhique. Le sage se tient à une hauteur où les hommes ne peuvent l'atteindre. Il ne s'irrite pas du tort que peut lui causer la passion criminelle d'un autre, mais, à vrai dire, il n'en souffre même pas. Son corps, sur lequel seul ont prise ses ennemis, n'est pas lui-même. Insensible aux actions des autres hommes, il laisse sa bienveillance s'épandre sur les méchants comme sur les bons :

« Ceux qui me font de la peine et ceux qui me préparent de la joie, envers tous je suis pareil ; je ne connais ni inclination ni haine. Dans la joie et la douleur je demeure impassible, dans l'honneur et dans l'absence d'honneur ; partout je reste pareil. C'est là la perfection de mon égalité d'âme[424].

Un des penchants de prédilection des Bouddhistes était de s'adonner suivant un plan et une méthode fixes, en des moments déterminés, à certains états d'âme, à certaines méditations, non sans avoir pris grand soin d'adopter préalablement la posture correspondante. Entre autres règles spéciales caractérisant bien cette particularité quelque peu bizarre de la pratique bouddhique, nous trouvons par exemple l'art et la façon de laisser régner en soi la disposition de la bienveillance à l'égard de tous les êtres qui sont dans le monde, en suivant l'ordre des quatre points cardinaux. Le Bouddha dit :

— Après le repas, de retour de la quête, je m'en vais à la forêt. J'amoncelle les herbes et les feuilles qui se trouvent là, et sur ce tas je m'assieds, les deux jambes croisées, le corps droit, et m'environnant le visage d'une pensée vigilante (comme d'une auréole). Ainsi je demeure tandis que je laisse la force de la bienveillance, dont est pleine ma pensée, s'étendre sur un des quartiers du monde ; et de même sur le second, le troisième, le quatrième, en haut, en bas, en travers ; en tous sens, en toute plénitude, sur l'univers tout entier, je laisse la force de la bienveillance, dont est pleine ma pensée, vaste, grande, inépuisable, qui ne connaît pas la haine, qui ne poursuit aucune

---

[424] *Cariyâ-Pitaka*, III, 15.

nuisance, se répandre autour de moi[425].

Celui qui porte en soi une telle bienveillance universelle possède là en quelque sorte un pouvoir magique ; les hommes et les animaux sur lesquels il fait tomber un rayon de cette force en deviennent merveilleusement adoucis et attirés. Devadatta, le Judas Ischarioth d'entre les disciples, lâche un jour sur le Bouddha, en une ruelle étroite, un éléphant sauvage :

Mais le Bienheureux dirigea sur l'éléphant Nâlâgiri la force de sa bienveillance. Alors l'éléphant Nâlâgiri, atteint par le Bienheureux avec la force de sa bienveillance, abaissa sa trompe, alla vers le Bienheureux et vint s'arrêter devant lui[426].

Une autre fois Ânanda prie le Bienheureux de faire que Roja, un grand personnage de la maison des Mallas, qui était hostile à la doctrine, se convertisse et croie :

« Ce n'est pas une chose difficile pour le Parfait, ô Ânanda, de faire que Roja le Malla soit conquis à cette croyance et à cet ordre. » Alors le Bienheureux dirigea sur Roja le Malla la force de sa bienveillance, se leva de son siège et entra dans la maison. Et Roja le Malla, atteint par le Bienheureux avec la force de sa bienveillance, s'en allait, comme une vache qui cherche son petit veau, d'une maison à l'autre, d'une cellule à l'autre et il demandait aux moines : « Où donc, ô révérends, se trouve à présent le Bienheureux, le saint, le suprême Bouddha ? Je désire

---

[425] Suivent de nombreuses répétitions de ce même passage où, au lieu de la force de la bienveillance nous lisons : la force de la compassion, la force de la joie, la force de l'égalité d'âme (*Anguttara-Nikâya*, III, 63, 6 ; vol. I, p. 183. Cf. vol. III, p. 225, où les mêmes pratiques religieuses sont attribuées aussi aux ascètes brahmaniques ; Hardy, *Eastern Monachism*, p. 243 et sqq. ; Childers, *Dictionary*, p. 624).

[426] *Cullavagga*, VII, 3, 12. L'application de la force de la bienveillance aux différentes races de serpents comme garantie contre leur morsure y est également prescrite, V, 6.

le voir, le Bienheureux, le saint, le suprême Bouddha[427]. »

Dans cet ordre d'idées peut encore trouver place un de ces courts tableaux, comme l'imagination des fidèles aimait à en orner l'histoire des vies antérieures du Bouddha. Nous possédons un recueil, devenu canonique, de ces petits récits ; ils sont rangés d'après les perfections ou les vertus cardinales dont faisait preuve celui qui devait être un jour le Bouddha[428]. La charmante description de la vie qu'il a menée comme jeune ascète nommé Sârna (sanskrit Çyâma) est consacrée à la vertu de la Bienveillance. Le narrateur est le Bouddha lui-même[429] :

« Pendant que je vivais sur le penchant d'une montagne, j'attirais à moi lions et tigres par la force de ma bienveillance. Entouré de lions et de tigres, de panthères, d'ours et de buffles, d'antilopes, de gazelles, de cerfs et de sangliers, ainsi je demeurais dans la forêt. Aucun être ne s'effarouchait de moi, et moi je n'avais de crainte d'aucun être. La force de la bienveillance est mon appui : ainsi je demeure sur le penchant de la montagne. »

Il semblait intéressant de suivre l'idée de la bienveillance, du pardon, de la douceur même à l'égard des ennemis, à travers les formes multiples sous lesquelles elle se présente à nous, tantôt sous l'ajustement de réflexions un peu froides, tantôt sous la parure d'une pure et naïve poésie, tantôt enfin voilée sous un système de pratiques étranges et fantastiques. Ce n'était pas un enthousiasme d'amour capable d'embrasser le monde, c'était le calme sentiment d'une amicale concorde qui donnait son cachet

---

[427] *Mahâvagga*, VI, 36, 4.

[428] L'énumération habituelle de ces perfections (qui d'ailleurs ne sont pas toutes représentées dans ce texte, le *Cariyâ-Pitaka*, par des histoires correspondantes) embrasse dix vertus : Bienfaisance, Droiture, Contentement, Sagesse, Force, Patience, Sincérité, Fermeté, Bienveillance, Égalité d'âme.

[429] *Cariyâ-Pitaka*, III, 13.

à la vie commune des disciples du Bouddha ; et quand à cette paix et à cette douceur bénie les croyances bouddhiques font participer jusqu'aux animaux, cela doit nous faire souvenir des gracieuses histoires dont la légende chrétienne a entouré la figure d'un saint François d'Assise, par exemple, l'ami de toutes les bêtes et de toute la nature inanimée.

LA BIENFAISANCE. HISTOIRE DE VESSANTARA

Parmi les autres vertus cardinales que l'on a coutume de nommer à côté de la Droiture et de la Bienveillance, celle de la Bienfaisance a pris aux yeux des poètes et de leurs auditeurs une place prépondérante. Mais, à la façon dont il faut entendre ici ce précepte, ce n'est nullement au pauvre qu'on doit faire du bien, mais au religieux, au moine, au sage[430]. C'est ce dernier qui est « le champ des bonnes œuvres sur lequel on doit répandre la semence de ses bienfaits. Les dons que par pure bonté d'âme et compassion pour l'humanité il donne à l'homme l'occasion de faire, rapportent au donateur dans l'autre monde le plus riche des fruits ; or c'est justement ce fruit que vise de préférence toute bonne action[431]. Pour l'acquérir, il n'est point, de sacrifice qui coûte et c'est ainsi que le tableau de la bienfaisance idéale verse complètement ici dans celui du suprême sacrifice. L'être

---

[430] L'évêque Copleston a publié sur ce point des remarques très intéressantes (*Buddhism primitive and present*, p. 174).

[431] Un des traits les moins heureux de la vieille littérature bouddhique est ce fait qu'elle contient toute une collection de récits (le *Vimânavatthu*) qui reprennent sans se lasser ce thème que la bienfaisance est le plus avantageux des placements : ils exécutent là-dessus, toujours d'après un seul et même modèle de la dernière lourdeur, une série de variations qui ne sont rien moins que variées. Une divinité apparaît dans son palais céleste, s'abandonnant à toutes les jouissances du paradis. Quelqu'unlui demande — d'ordinaire c'est Moggallâna qui semble s'être fait une spécialité de ces sortes de conversations — de quelle bonne action, accomplie en une existence passée, toute cette splendeur céleste est la récompense. Sur quoi l'on nous cite le plus souvent quelque don fait à un saint homme ou à la Communauté et qui a valu à son auteur cette récompense. — La collection des Apadâna présente également des histoires d'un tour analogue.

qui se propose d'atteindre la perfection doit être prêt à tout donner, sans réserve aucune, même ce qu'il a de plus cher. Nos idées sur les limites restrictives du droit de donner n'ont rien à faire ici ; aucun égard au bien réel que peut faire le don à celui qui le reçoit : une disposition sans bornes à donner, poussée jusqu'au suicide, voilà ce que les légendes nous présentent comme un devoir[432]. Les mortifications, telles qu'elles étaient dès lors en usage parmi les ascètes de l'Inde, avaient beau avoir été rejetées par le Bouddha comme « tristes, indignes et vaines », dans la poésie morale du Bouddhisme des thèmes extrêmement voisins ne s'en assuraient pas moins une place. Les poèmes brahmaniques font mille récits des effrayantes austérités par lesquelles les sages de l'ancien temps conquéraient une puissance redoutable aux dieux mêmes : il n'y a qu'un pas de ces récits aux contes bouddhiques ; ici c'est une ivresse sans bornes de générosité que viennent couronner sans mesure de célestes récompenses, et où, à vrai dire, le véritable esprit de bienfaisance s'efface complètement derrière celui du sacrifice volontaire.

Voici par exemple l'histoire du prince Vessantara, c'est-à-dire encore du futur Bouddha dans l'avant-dernière de ses existences terrestres[433].

(Méconnu par le peuple, le fils du roi fut chassé injustement du royaume. Ses derniers trésors, le char même sur lequel il était porté, et les chevaux, il les donna à des gens qui les lui

---

[432] Sur la question de savoir comment, abstraction faite de la morale poétique des légendes, la bienfaisance était pratiquée dans la vie réelle de l'ancienne Communauté, nous renvoyons d'une part aux remarques faites à ce sujet dans la première partie (p. 181, 187 et sqq.), de l'autre à la partie relative à la vie en communauté. On ne peut s'empêcher de penser que la morale bouddhique aurait traité la question de la bienfaisance d'une manière plus sensée et plus mesurée, s'il ne s'était pas agi là d'une vertu qu'à cause de leur pauvreté même les moines ne pouvaient guère se trouver jamais en mesure de pratiquer.

[433] *Jâtaka* 547 ; *Cariyâ-Pitaka*, I, 9. Cf. Hardy, *Manual*, 118 et sqq., etc.

demandaient, et il poursuivit sa route à pied, avec sa femme et ses enfants, par la chaleur brûlante.) Quand dans la forêt les enfants virent des arbres avec des fruits, ils se mirent à pleurer, désirant les fruits. Et voyant les enfants qui pleuraient, les hauts, les grands arbres se penchaient d'eux-mêmes et s'abaissaient jusqu'à la portée des enfants. (A la fin ils arrivèrent à la montagne Vanka ; ils vécurent là, au sein de la forêt, dans une hutte de feuilles, comme des anachorètes) :

— Moi et la princesse Maddî et les deux enfants Jâli et Kanhâjinâ, nous habitions là dans l'ermitage, chacun dissipant la douleur des autres. Je restais dans l'ermitage occupé à garder les enfants ; Maddî ramassait des fruits dans la forêt et nous apportait à tous trois notre nourriture. Comme je demeurais ainsi dans la forêt, sur la montagne, survint un mendiant qui me demanda mes enfants, mes deux enfants, Jâli et Kanhâjinâ. Lorsque je vis venir le mendiant, je souris, je pris mes deux enfants et je les donnai au Brahmane. Lorsque j'eus fait don de mes enfants à Jûjaka le Brahmane, la terre trembla, elle que pare la guirlande de forêts du Meru. Et il arriva encore que le dieu Sakka descendit du ciel sous la figure d'un Brahmane ; il me demanda Maddî, la princesse, la vertueuse, la fidèle. Et je pris Maddî par la main, je versai de l'eau sur les mains[434] et, d'un cœur joyeux, je fis don de Maddî. Lorsque je lui eus donné Maddî, les dieux se réjouirent dans le ciel, et la terre trembla de nouveau, elle que pare la guirlande de forêts du Meru. Jâli et Kanhâjinâ, ma fille, et Maddî la princesse, l'épouse fidèle, je les donnai et je n'en tins aucun compte pourvu que je pusse obtenir la dignité de Bouddha.

Voici encore un de ces récits tirés des existences passées du

---

[434] Pour donner plus de solennité à l'abandon qu'il fait de Maddî, il se sert d'une libation d'eau comme s'il accomplissait une consécration.

Bouddha, « l'histoire du sage lièvre »[435].

« Et dans une autre vie encore j'étais un jeune lièvre et je vivais en une forêt sur une montagne ; je me nourrissais d'herbes et de plantes, de feuilles et de fruits, et je ne faisais de mal à aucun être. Un singe, un chacal, une jeune loutre et moi, nous habitions les uns avec les autres, et l'on nous voyait ensemble du matin au soir. Moi, je les instruisais de leurs devoirs et je leur enseignais ce qui est bien et ce qui est mal : Détournez-vous du mal, tendez au bien. A un jour de fête, voyant que la lune était pleine, je leur dis :

— C'est aujourd'hui jour de fête, tenez prêtes des aumônes que vous puissiez donner à des personnes dignes. Distribuez des aumônes selon le mérite, et observez le jour de fête par un jeûne.

Ils me répondirent :

— Qu'il en soit ainsi,

et, selon leurs forces et leurs moyens, ils préparèrent des aumônes et cherchèrent qui serait digne de les recevoir. Pour moi, je m'assis, et je me mis à chercher dans mon esprit quelle aumône je pourrais bien faire : « Si je trouve une personne digne, quelle pourrait être mon aumône ? Je n'ai pas de sésame ni de fèves, pas de riz ni de beurre. Je ne vis que d'herbe : de l'herbe cela ne peut pas se donner. Si je trouve une personne digne et qu'elle me demande de lui fournir de la nourriture, je me donnerai moi-même à elle ; il ne faut pas qu'elle s'en retourne d'ici les mains vides. » Et Sakka (le roi des dieux) connut ma pensée ; et sous la figure d'un Brahmane il s'approcha de mon gîte pour m'éprouver et voir ce que je lui

---

[435] C'est le Bouddha lui-même qui raconte l'histoire. *Cariyâ-Pitaka*, I, 10. Cf. *Jâtaka* 316.

donnerais. Quand je l'aperçus, je dis joyeusement cette parole :

— C'est bien, tu fais bien de venir à moi pour chercher de la nourriture. Un noble don, un don comme il n'en a jamais été donné encore, voilà ce que je veux te donner aujourd'hui. Tu pratiques les devoirs de la droiture : il n'est pas dans ton caractère de faire du mal à un être vivant. Mais va, ramasse du bois et allume un feu : je veux me rôtir moi-même : une fois rôti, tu pourras me manger. »

Il dit :

— Qu'il en soit ainsi,

et, joyeux, il rassembla du bois et en entassa un grand monceau. Au milieu il plaça des charbons et bientôt un feu flamba ; alors il secoua la poussière qui couvrait ses membres puissants et s'assit devant le feu. Quand le grand tas de bois commença à vomir flammes et vapeurs, je m'élançai en l'air et me précipitai au milieu du feu. Comme une eau fraîche chez celui qui s'y plonge calme le tourment de la chaleur, comme elle le réjouit et le ranime, ainsi ce feu flamboyant, où je me précipitai, calma tous mes tourments, pareil à une eau rafraîchissante. Peau et cuir, chair et nerfs, os, cœur et ligaments, tout mon corps avec tous ses membres, je l'ai donné au Brahmane.

La dernière existence du Bouddha, les jours de sainteté enfin conquise, de voyages, de prédications, ne sont pas ornés dans les récits de la Communauté de pareils miracles de dévouement. Les bonnes œuvres sont affaire à celui qui aspire à la perfection. Le Parfait, lui, « a surpassé le bien et le mal, l'attachement à l'un comme à l'autre[436] ».

---

[436] *Dhammapada*, st. 412. Le Bouddhisme se tient ici tout à fait sur le même terrain que la philosophie brahmanique qui l'a précédé. V. plus haut, p. 52-3.

Devoirs envers soi-même

Le principal intérêt de l'activité morale ne se trouve pas, aux yeux des Bouddhistes, dans ces devoirs extérieurs que l'homme doit à l'homme ou plus exactement tout être à l'être qui l'avoisine ; il réside avant tout pour eux au cœur même de la vie personnelle, dans le travail incessant de la discipline intérieure :

« Pas à pas, pièce à pièce, heure par heure, celui qui est sage doit épurer son Moi de toute impureté, comme un orfèvre épure l'argent[437]. »

« Ce n'est pas au sommeil qu'il me faut livrer la nuit couronnée d'étoiles. — C'est le temps du travail vigilant, la nuit, pour qui voit la vérité[438]. »

Le Moi, dont la réalité est restée pour la Métaphysique une énigme indécise, la spéculation morale en fait à présent une puissance décisive, auprès de qui tout ce qui est extérieur pâlit, comme étranger. Trouver le Moi, voilà le plus digne objet de toute recherche ; avoir le Moi pour ami, voilà la plus vraie et la plus haute des amitiés :

« Par ton Moi aiguillonne ton Moi ; par ton Moi cherche ton Moi ; ainsi gardant bien ton Moi et avec vigilance, tu vivras, ô moine, en félicité. Car le Moi est le rempart du Moi ; le Moi est le recours du Moi ; aussi tiens ton Moi en bride comme le marchand fait d'un noble coursier. » — « Avant toute chose, qu'on affermisse son propre Moi dans le bien ; qu'on n'instruise les autres qu'ensuite ; ainsi le sage restera exempt de

---

[437] *Dhammapada*, **st. 239**.

[438] *Theragâthâ*, 193.

tout mal[439]. »

Nous avons déjà fait allusion plus haut à ces trois chefs principaux, formant à certains égards une gradation, sous lesquels l'Éthique bouddhique a distribué les différentes classes d'actions morales, la Droiture, la Méditation, la Sagesse. Les devoirs de vigilance intérieure, d'éducation et de purification du Moi se voient assigner dans ce système scolastique une place intermédiaire entre la première et la seconde classe. La Droiture extérieure fait le fond ; sans elle on ne pourrait s'acquitter de ces devoirs d'une moralité plus intime et plus profonde ; ceux-ci, à leur tour, ne sont qu'une préparation aux phases dernières et parfaites des aspirations religieuses, la Méditation et la Sagesse. La langue de l'École possède des termes consacrés sous lesquels elle embrasse l'ensemble des devoirs en question et les range, de la façon indiquée plus haut, dans cette division tripartite ; ce sont : la Maîtrise des sens, la Vigilance et l'Attention, à quoi vient s'ajouter encore l'idée du Contentement (de l'absence de besoin)[440]. L'œil et tous les sens doivent être tenus en bride : il est à craindre que, s'attardant aux choses extérieures, ils n'y trouvent du plaisir et ne transmettent à l'esprit des perceptions capables de compromettre sa paix et sa pureté. D'autre part tous nos mouvements doivent être accompagnés d'une conscience toujours en éveil ; il nous faut les surveiller d'un œil clair et froid sans jamais nous laisser aller à l'emprise immédiate du moment[441]. Que nous marchions ou

---

[439] *Dhammapada*, **st. 379 et sqq., 158**.

[440] En pâli : *indriyasaṃvara, satisampâjañña, santutthi*. L'explication détaillée de ces idées se trouve dans le *Sâmaññaphala-sutta*, et revient également fort souvent dans les textes sacrés.

[441] A ce précepte se rattachent plusieurs de ces exercices semi-spirituels, semi-corporels, que le Bouddhisme a développés avec tant de prédilection et qui, selon toute vraisemblance, ont pris une place très importante dans la vie journalière des moines. Nous n'en mentionnons ici qu'un seul, « la vigilance sur l'aspiration et l'expiration » : « Un moine, ô disciples, qui séjourne dans la forêt, ou qui séjourne au pied d'un arbre, ou qui séjourne en une chambre vide, s'assied, les deux jambes

que nous nous tenions immobiles, que nous nous asseyions ou que nous nous couchions, que nous parlions ou que nous gardions le silence, toujours nous devons penser à ce que nous faisons et prendre garde, en le faisant, d'observer toutes les bienséances. Enfin nous ne devons avoir besoin que de ce que nous portons sur nous, comme l'oiseau dans l'air n'a pas de trésors et n'emporte avec lui que ses ailes qui le conduisent où il veut aller.

Dans les relations avec les personnes de condition mondaine on ne saurait déployer trop de circonspection :

« Comme quelqu'un qui ne porte pas de chaussures marche sur un sol épineux, plein de précaution et de vigilance, qu'ainsi le sage chemine à travers le bourg[442]. » — « Comme l'abeille n'endommage des fleurs ni la couleur ni le parfum, mais en boit le suc et s'envole, qu'ainsi le sage chemine à travers le bourg[443]. »

A-t-on terminé sa quête dans le village, on doit faire son examen de conscience pour voir si l'on est resté à l'abri de tout danger intérieur : le Bouddha dit à Sâriputta[444] :

---

croisées, le corps droit, le visage environné d'une pensée vigilante. Il aspire avec conscience et il expire avec conscience. Quand il aspire une longue haleine, il sait : « J'aspire une longue haleine. » Quand il expire une longue haleine, il sait : « J'expire une longue haleine. » Quand il aspire une courte haleine, il sait : « J'aspire une courte haleine, »... etc. Le Bouddha appelle cet exercice excellent et plein de joie ; il chasse le mal qui s'élève dans l'homme (*Vinaya-Pitaka*, vol. III, p. 70 et sqq.). Quand on demande aux disciples comment le Bouddha a coutume de passer la saison des pluies, ils doivent répondre : « Enfoncé dans la vigilance sur l'aspiration et l'expiration, ainsi, amis, le Bienheureux avait coutume de demeurer pendant la saison des pluies » (*Saṃyutta-Nikâya*, vol. V, p. 326).

[442] *Theragâthâ*, 946.

[443] *Dhammapada*, **st. 49**.

[444] *Piṇḍapâtaparisuddhi-sutta* (*Majjhima-Nikâya*, 151).

« Un moine, ô Sâriputta, doit penser ainsi en lui-même : « Dans ma route vers le bourg, quand j'allais pour recueillir des aumônes, et aux lieux où j'ai recueilli des aumônes, et dans mon retour du bourg, ai-je, à l'occasion des formations que l'œil perçoit[445], éprouvé du plaisir, ou du désir, ou de la haine, ou de l'égarement, ou de la colère en mon esprit ? » Quand le moine, ô Sâriputta, en s'examinant ainsi, reconnaît : « Dans ma route vers le bourg, etc., j'ai, à l'occasion des formations que l'œil perçoit, éprouvé du plaisir, etc..., » alors, ô Sâriputta, ce moine doit s'efforcer de se débarrasser de ces mauvaises, de ces funestes dispositions. Mais si le moine, ô Sâriputta, qui s'examine ainsi, reconnaît : « Je n'ai pas éprouvé de plaisir, etc. », alors, ô Sâriputta, ce moine doit se féliciter et être joyeux : « Heureux l'homme qui a dès longtemps accoutumé son esprit au bien ! » — « De même qu'une femme ou un homme (dit un autre sutta)[446], qui est jeune et a du goût pour la parure, contemple son visage dans un pur et clair miroir ou sur une nappe d'eau limpide, et, s'il y découvre une impureté ou une tache, s'efforce de faire disparaître cette impureté ou cette tache. mais s'il n'y voit pas d'impureté ni de tache, il est joyeux : « C'est bien comme cela ! comme cela je suis propre ! » — de même aussi le moine qui voit qu'il n'est pas encore exempt de toutes ces mauvaises, ces funestes dispositions, doit s'efforcer de devenir exempt de toutes ces mauvaises, ces funestes dispositions. Mais s'il voit qu'il est exempt de ces mauvaises, ces funestes dispositions, alors ce moine doit se féliciter et être joyeux, nuit et jour s'exerçant au bien. »

Infatigablement et sous des formes toujours nouvelles nous trouvons répétée la même exhortation : ne prenez pas l'apparence de la vertu pour la réalité ; ne demeurez pas attachés à l'extérieur, c'est du dedans seul que peut venir le

---

[445] La même question se répète plus loin à propos « des sons, que l'oreille perçoit » et ainsi de suite à propos des autres sens et de leurs objets.

[446] *Anumâna-sutta* (*Majjhima-Nikâya*, 152).

salut. Sans doute il est bon de préserver l'œil et l'oreille du mal ; mais le pur fait de ne voir ni de n'entendre ne compte pas : sinon les aveugles et les sourds seraient les plus parfaits[447]. L'intention qui nous fait parler ou agir, voilà ce qui décide de la valeur de nos paroles ou de notre acte ; la parole seule n'est rien, là où les actes manquent.

« Tout ce qu'on est est fruit de l'esprit, a pour essence l'esprit, est fait de l'esprit. Si quelqu'un parle ou agit avec un esprit mauvais, alors la douleur le suit comme la roue suit le pied de la bête attelée. Tout ce qu'on est est fruit de l'esprit, a pour essence l'esprit, est fait de l'esprit. Si quelqu'un parle ou agit avec un esprit pur, la joie le suit comme son ombre, qui jamais ne le quitte. » — « Quiconque dit beaucoup de paroles sages, mais n'agit pas en conséquence, est semblable, l'insensé, à un berger qui compte les vaches des autres : il n'a aucune part à la dignité des moines. Quiconque ne dit que peu de paroles sages mais se conduit selon la loi de la vérité, qui s'abstient d'amour et de haine et d'aveuglement, qui possède la science, et dont l'esprit a trouvé la Délivrance, qui n'a d'attachement à rien ni dans le ciel ni sur la terre, celui-là a part à la dignité des moines[448]. »

Mâra, le Malin[449]

Le labeur de l'esprit qui s'efforce vers la pureté, vers le repos et la Délivrance, prend en même temps aux yeux des Bouddhistes l'aspect d'une lutte contre une puissance ennemie. Cette puissance de mal et de douleur, qui se refuse à laisser l'homme

---

[447] *Indriyabhâvanâ-sutta* (*Majjhima-Nikâya*, 152).

[448] *Dhammapada*, **st. 1-2, 19-20**.

[449] Qu'on compare à ce qui va suivre le travail de Windisch, *Mâra und Buddha* (*Abh. der Sächs. Ges. der Wiss.*, phil.-hist. Cl., fasc. XV, 1895 ; j'en ai parlé dans mon ouvrage : *Aus Indien und Iran*, p. 101 et sqq.).

échapper de ses liens, d'où vient-elle ? La pensée bouddhique se défend d'aborder ce problème. Elle soulève bien la question de « l'origine de la douleur[450] » ; mais ses visées ne vont qu'à rechercher comment la douleur se produit en nous, par quelle porte fait irruption en notre être ce flux de douloureuse impermanence sous lequel le monde est submergé. Si l'on voulait savoir comment il se fait que la douleur en général existe, le Bouddhisme ajouterait cette question au nombre des questions téméraires au sujet desquelles le Bienheureux n'a rien révélé, inutiles qu'elles sont au salut. Rechercher les origines du mal et de la douleur, autant vaudrait s'enquérir des origines mêmes du monde : l'essence la plus intime du monde ne consiste-t-elle pas précisément en ce qu'il est soumis au mal, en ce qu'il est un séjour de perpétuelles souffrances ?

Ce n'est donc pas l'introducteur de la douleur dans le monde, mais le souverain seigneur de toute douleur et de tout mal, le grand instigateur des pensées, des paroles et des actions mauvaises, que la foi bouddhique voit dans Mâra, le Malin[451] : son image est l'exacte contrepartie de celle du Bouddha, la plus haute incarnation du salut. De même que le Bouddha apporte à l'humanité la délivrance de la mort et que sa première prédication, commence par ces paroles : « Ouvrez, ô moines, vos oreilles : la délivrance de la mort est trouvée » — de même aussi son grand ennemi ne peut être, sous le revêtement d'une forme démoniaque, que la puissance même de la mort, ou, ce qui revient au même, la puissance du désir de cette existence qui enchaîne l'homme en ce monde, apanage de la mort. Mâra signifie Mort[452]. Dans les plus hautes sphères soumises à l'empire du désir, ce prince de la mort règne, avec ses armées,

---

[450] Qu'on se souvienne de la seconde des quatre vérités saintes et de la Formule de causalité.

[451] *Mâro pâpimâ*, littéralement Mâra le Mal (personnifié).

[452] Cf. ci-dessus, p. 101 et sqq., 61 note 1.

comme un puissant dieu ; c'est de là qu'à l'occasion il descend ici-bas sur la terre pour combattre la puissance du Bouddha et de ses saints.

Pour la foi naïve, Mâra est un être personnel, une individualité aussi réelle, aussi nettement limitée dans le temps et dans l'espace que le Bouddha, que tous les hommes, que tous les dieux. Mais la réflexion philosophique conçoit autrement l'ennemi de la paix et du bonheur ; elle le voit dans la puissance impersonnelle de cette loi universelle qui gouverne le monde des phénomènes et en régit l'apparition et la disparition ; de là résulte naturellement une tendance sinon à repousser à l'arrière-plan la figure de Mâra, du moins à en interpréter l'existence personnelle d'une façon plus large et plus générale. Sans que Mâra cesse précisément d'être conçu comme une personne, les limites de son être s'élargissent au point d'embrasser tout le champ de l'univers soumis à la douleur. Là où il y a un œil et des formations, là où il y a une oreille et des sons, là où il y a un esprit et des pensées, là est Mâra, là la douleur, là le monde[453]. Râdha dit au Bouddha[454] :

« Mâra, Mâra, ainsi l'on va disant, ô Maître. En quoi consiste, ô Maître, l'existence de Mâra ? » — « Là où il y a nom et corps[455], ô Râdha, là est Mâra (la mort) ou celui qui tue ou celui qui meurt. C'est pourquoi, ô Râdha, envisage les nom et corps sous ce jour qu'ils sont Mâra, ou qu'ils sont celui qui tue, ou celui qui meurt, ou une maladie, ou une tumeur, ou un trait qui blesse, ou une impureté, ou un principe impur. Qui l'envisage ainsi, l'envisage comme il faut.

---

[453] *Saṃyutta-Nikâya*, vol. IV, p. 38 et sqq.

[454] *Ibid.*, vol. III, p. 189.

[455] Et de même ensuite : là où il y a sensation — là où il y a représentation — là où il y a formation — là où il y a connaissance.

Mâra n'est pas éternel ; nulle part dans l'empire de la naissance et de la disparition rien d'éternel ne demeure. Mais aussi longtemps que les mondes roulent dans leur cycle et que les êtres meurent pour renaître, on voit apparaître des Mâras toujours nouveaux avec des armées toujours nouvelles de divinités, leurs sujettes ; et ainsi il est permis de dire que l'existence de Mâra est éternelle, au seul sens où les Bouddhistes puissent concevoir l'éternité.

Cette sorte d'horreur tragique qui environne d'ordinaire dans notre esprit l'image démoniaque du mortel ennemi du bien, nous ne la retrouvons pas dans les sermons et les légendes qui nous parlent de Mâra. Les couleurs et les larges traits dont se compose la grande et sombre figure d'un Lucifer ne sont pas à la portée de ces poètes de couvent. Leur imagination s'est inspirée plutôt des croyances populaires à ces démons et ces lutins, qui, invisibles ou sous des travestissements de toutes sortes, tendent aux gens leurs embûches. On sent assez quel contraste présente cette conception de Mâra avec celle dont nous parlions il y a un instant et qui en fait une abstraction embrassant tout l'univers. Ainsi se formèrent quantité de petites histoires, où le puéril se mêle d'ordinaire au bouffon, sur les tentatives de Mâra contre le Bouddha et ses fidèles ; tantôt, sous la forme d'un vieux Brahmane tortu et asthmatique, tantôt sous celle d'un laboureur, d'un éléphant ou d'un roi des serpents, sous d'autres encore, il apparaît pour tâcher d'ébranler leur sainteté par des tentations, leur foi et leur savoir par des mensonges[456].

Un saint homme revient-il de sa quête les mains vides, sans avoir reçu aucun don, c'est là l'œuvre de Mâra ; des gens du

---

[456] Nous avons déjà touché plus haut à quelques-uns de ces récits, p. 137, 292. Le *Saṃyutta-Nikâya* en donne un recueil complet dans la partie intitulée *Mârasaṃyuttaṃ*, et aussi dans le *Bhikkunîsaṃyuttaṃ* (traduction Windisch, *Mâra und Buddha*, p. 87 et sqq., 132 et sqq.).

village tournent-ils en dérision de pieux moines avec des gestes moqueurs, c'est que Mâra est entré en eux. Sa façon de molester le vénérable Moggallâna est originale : il pénètre dans son corps et s'établit dans ses entrailles, de telle sorte que le saint sent son corps aussi lourd que s'il était rempli de fèves. Au moment décisif de la mort du Bouddha, Ânanda pouvait prier le Maître de prolonger son existence terrestre jusqu'à la fin de cet âge du monde ; il ne l'a pas fait : c'est que Mâra avait égaré son esprit. Nous lisons encore[457] :

En ce temps-là, le Bienheureux demeurait dans le pays de Kosala, sur l'Himâlaya, en un ermitage. Comme le Bienheureux demeurait là, retiré dans la solitude, cette pensée s'éleva dans son esprit : « En vérité, il est possible de régner comme roi avec équité, sans tuer ni laisser tuer, sans opprimer ni laisser opprimer, sans souffrir ni causer de souffrance. » Et Mâra le Malin connut dans son esprit la pensée qui s'était élevée dans l'esprit du Bienheureux, et il vint vers le Bienheureux et lui dit : « Puisse, ô Seigneur, le Bienheureux régner comme roi, puisse le Parfait régner comme roi avec équité, sans tuer ni laisser tuer, sans opprimer ni laisser opprimer, sans souffrir ni causer de souffrance. » (Le Bouddha répond) : « Que vois-tu en moi, ô Malin, que tu me parles ainsi ? » Et Mâra : « Le Bienheureux, ô Seigneur, a fait sienne la quadruple puissance miraculeuse... ; si le Bienheureux, ô Seigneur, le voulait, il pourrait décider que l'Himâlaya, le roi des montagnes, devînt d'or, et il deviendrait d'or. » (Le Bouddha l'éconduit : A quoi cela avancerait-il le sage de posséder même une montagne d'argent ou d'or ?) « Celui qui connaît la douleur et son origine, comment cet homme peut-il se tourner vers le désir ? Celui qui sait que l'existence terrestre est une chaîne en ce monde, puisse cet homme mettre en pratique ce qui l'en affranchit. » Alors Mâra le Malin vit : « Le Bienheureux me connaît, le Parfait me connaît », et abattu et découragé il s'en alla de ce lieu...

---

[457] *Saṃyutta-Nikâya*, vol. I, p. 116. Cf. Windisch, p. 107.

C'est la conclusion constante et obligée de ces récits : le Bouddha pénètre les intentions du Malin et réduit à néant ses tentations.

Pour repousser ces entreprises de Mâra, les religieux doivent leur opposer une vigilance sans relâche ; le Bouddha conte à ce propos la fable de la Tortue et du Chacal[458] :

(Il y avait une fois une tortue qui s'en allait à la tombée du jour sur le bord de la rivière pour chercher sa nourriture. Et un chacal aussi vint, sur le soir, à la rivière, en quête d'une proie. Quand la tortue aperçut le chacal, elle cacha tous ses membres dans son écaille, et tranquille et sans crainte s'enfonça sous l'eau. Le chacal accourut et il attendit qu'elle fit sortir un de ses membres de son écaille. Mais la tortue ne bougea pas ; force fut au chacal d'abandonner sa proie et de s'en aller). « Ainsi, ô disciples, Mâra vous épie constamment et toujours, et il pense : « Par la porte de leur œil je veux obtenir accès en eux, — ou par la porte de leur oreille, de leur nez, de leur langue, de leur corps, de leur esprit, je veux obtenir accès en eux. » C'est pourquoi, ô disciples, gardez bien les portes de vos sens... ; alors Mâra le Malin y renoncera et vous laissera, s'il ne trouve aucun accès en vous, comme le chacal dut laisser la tortue. »

LES DERNIERS DEGRÉS DE LA VOIE DU SALUT. LES MÉDITATIONS — LES SAINTS ET LES BOUDDHAS

Ainsi l'inimitié de Mâra fait cause commune avec l'inimitié des lois naturelles, avec le douloureux enchaînement des causes et des effets. Dans le désert des *sankhâras*, du devenir sans trêve ni substance, au sein d'éternelles et ténébreuses fluctuations apparaissent debout les combattants solitaires qui luttent pour s'ouvrir un passage hors de ce labyrinthe de la douleur.

---

[458] *Samyutta-Nikâya*, vol. IV, p. 178.

Le combat n'est ni aisé ni court. Depuis le moment où s'éveille pour la première fois dans une âme le pressentiment du combat qu'il lui faut livrer jusqu'à la victoire finale, il s'écoule d'innombrables cycles d'univers. Mondes terrestres et célestes, les mondes infernaux eux-mêmes avec leurs tortures naissent et passent, comme de toute éternité ils ont pris naissance et ont passé. Les dieux et les hommes, toutes les créatures animées vont et viennent, meurent pour renaître encore, et au milieu de cette fuite éternelle des choses s'efforcent vers leur but, tantôt gagnant du terrain et tantôt en perdant, les êtres qui aspirent à la Délivrance. Le chemin s'étend à perte de vue, mais enfin il a un terme. Après des courses sans nombre à travers les mondes et les âges, le but se présente enfin aux yeux du voyageur. Et au sentiment de sa victoire se mêle l'orgueil de ne la devoir qu'à ses propres forces. Le Bouddhiste n'a aucun dieu à remercier, de même que dans le combat il n'en a appelé aucun à son aide. Depuis longtemps l'empire de l'existence n'appartient plus aux vieilles divinités, mais au grand mécanisme cosmique, dont le sage apprend à pénétrer le jeu fatal pour s'y préparer en connaissance de cause une place où il fasse bon être. Il ne s'incline plus devant les dieux, les dieux s'inclinent devant lui. Le seul secours qui puisse lui être départi pendant la lutte lui vient de ses pareils, de ses prédécesseurs dans la même voie, des Bouddhas et de ceux de leurs disciples qui ont obtenu l'illumination ; ils ont combattu comme il combat à présent et, s'ils ne peuvent lui octroyer la victoire, ils peuvent du moins lui en montrer le chemin.

Le Bouddhisme considère comme une sûre préparation à cette victoire les pratiques de méditation, d'absortion intérieure, et en cela il demeure tout à fait fidèle à un trait général et antérieur de la vie religieuse de l'Inde[459]. Dans ces méditations, le religieux

---

[459] C'est ainsi que le Bouddhisme se rapproche expressément ici du système du Yoga, aussi bien dans la technique des exercices religieux que dans les spéculations théoriques qui s'y rapportent. Cf. plus haut, p. 79. — H. Beckh, dans son *Buddhismus* (1916), a relevé d'une façon décisive et souvent parfaitement topique les traits du

détourne sa pensée du monde extérieur avec son abondance de formes diverses et inconstantes, pour goûter à l'avance dans le calme de son Moi, loin de la douleur comme du plaisir, « la cessation du périssable ». La Méditation est pour le Bouddhisme ce qu'est la prière pour d'autres religions, une dévotion véritable.

On ne peut douter que des efforts soutenus et méthodiquement poursuivis en vue de provoquer de semblables états d'abstraction n'aient tenu une grande place dans la vie des moines. La prose comme la poésie des textes sacrés en rend partout témoignage. Un habile barbier s'entend à préparer de la mousse qui soit tout entière imprégnée d'une graisse onctueuse ; ainsi fait le moine du sentiment de bonheur que procure dans la méditation le rejet de toute impureté : il le répand dans tout son corps de telle sorte qu'aucune partie n'en demeure ineffleurée. On blâme les moines qui par leurs manières bruyantes réveillent les frères absorbés en eux-mêmes ; un maître de maison soigneux, en assignant aux frères leurs lieux de repos, ne manque pas de loger ensemble ceux qui ont le don de la méditation, de façon qu'ils ne soient pas troublés par les autres[460]. Les vers de ces poètes monastiques respirent, eux aussi, la joie qu'on goûte au fond de la forêt, dans une solitude que vient embellir encore la grâce des saintes méditations :

« Quand devant moi, quand derrière moi mon regard n'aperçoit plus personne, certes il est doux de demeurer seul en la forêt. — Allons ! je veux m'en aller dans la solitude, dans la forêt que

---

Bouddhisme qui l'apparentent au Yoga ; il me semble, cependant, que sur certains points son argumentation dépasse le but. Voir ma *Lehre der Upanishaden*, p. 319 et sqq. ; cf. aussi Heiler, *Die buddhistische Versenkung*, p. 47 et sqq., excellent ouvrage auquel nous renvoyons pour tout ce qui concerne d'une manière générale la pratique des méditations bouddhiques.

[460] *Mahâassapura-sutta, Majjh.-Nik.*, vol. I, p. 276 ; **Mahâvagga, V, 6** ; **Cullavagga, IV, 4, 4**.

loue le Bouddha : c'est là qu'il fait bon être pour le moine solitaire qui aspire à la perfection, — Dans la forêt, séjour des ardents éléphants, dans la forêt, qui procure une joie pure au pieux méditant. — Dans la forêt Sîta, la fleurie, dans une fraîche grotte de la montagne, je veux baigner mon corps et je veux marcher seul, — Seul, sans compagnon, en la forêt vaste et charmante... quand aurai-je atteint mon but ? quand serai-je libre de péchés ? » — « Quand au ciel les nuages d'orage battent le tambour, quand les torrents de pluie emplissent les chemins de l'air, et que le moine dans un creux de montagne s'abandonne à la méditation : non, il ne peut y avoir de joie plus haute. — Sur le bord des rivières parées de fleurs et que couronne la guirlande diaprée des forêts, il est assis, joyeux, plongé dans la méditation : il ne peut y avoir de joie plus haute[461]. »

La tradition nous donne de ces états d'absorption et de ces visions des ascètes bouddhiques, tant hommes que femmes, des descriptions détaillées ; la scolastique y mêle, il est vrai, nombre de catégories psychologiques vagues ou imaginaires et ces accessoires compromettent gravement la vérité objective du tableau ; encore paraît-il possible de tracer, au moins dans ses traits essentiels, un tableau assez clair de ces phénomènes.

Il s'agissait évidemment, pour une part, de simples aratiques de concentration intensive, mais sans caractère pathologique, de l'intelligence et de la sensibilité. Nous avons déjà parlé plus haut de l'absorption dans une disposition amicale à l'égard de tous les êtres : fixement assis dans la forêt, on la laissait régner en soi et on lui attribuait une magique influence apaisante sur toute inimitié, qu'elle vînt d'un homme ou d'une bête. Une autre méditation était celle de « l'impureté » : pour pénétrer avec sa pensée l'instabilité et l'impureté de toute existence corporelle, on se rendait à un cimetière et là, très longuement, on

---

[461] *Theragâthâ*, st. 537 et sqq., 522 et sqq.

concentrait son attention sur les cadavres et les squelettes à leurs divers états de pourriture et de destruction, tout en se disant en soi-même : « En vérité, mon corps aussi a cette nature et cette fin : il n'en est pas exempt[462]. »

A côté de contemplations de ce genre, il y avait évidemment place pour de multiples états en partie pathologiques et même, selon toute apparence, pour une pratique développée de l'autohypnotisme. On n'y avait que trop de prédispositions. Ces hommes et ces femmes avaient été arrachés par la puissance d'une idée religieuse aux conditions ordinaires de la vie de famille ; aux conséquences physiques d'une vie vagabonde et mendiante s'ajoutait une surexcitation intellectuelle épuisante pour le système nerveux : tout tendait à provoquer chez eux des phénomènes morbides de ce genre. On nous parle d'hallucinations de la vue aussi bien que de l'ouïe, de « figures célestes » et de « célestes sons[463] ». Au temps où le Bouddha aspirait à l'illumination, il vit, nous raconte-t-on, « un trait de lumière et une apparition de figures » ou encore un trait de lumière à part et puis seulement des figures[464]. Les apparitions de divinités ou du Tentateur à propos desquelles les légendes ne tarissent pas, font supposer, elles aussi, l'existence de véritables hallucinations[465].

---

[462] *Dîgha-Nikâya*, vol. II, p. 295 et sqq. ; cf. *Theragâthâ*, 393 et sqq. ; Sp. Hardy, *Eastern Monachism*, p. 247 et sqq.

[463] Par exemple : *Mahâlisuttanta* (**Dîgha-N., vol. I, p. 152 et sqq.**).

[464] *Upakilesiya-sutta* (*Majjhima-N.*, n° 126. — Comparez ce que dit de ces apparitions lumineuses W. James, *The Varieties of Religious Experience* (10ᵉ éd.), pp. 219, 251 et sqq.

[465] Le Bouddha et ses disciples ont-ils vu des apparitions de ce genre ? Windisch (*Mâra und Buddha*, p. 213) les explique par des façons poétiques de s'exprimer qui, plus tard, auraient été prises au pied de la lettre et transformées en légendes ; pour ma part, je croirais plutôt que de telles visions sont bien arrivées en fait. Quantité de faits aussi sûrs que possible et que spécifie la littérature de la psychiatrie (v. par ex. Pitres, *Hystérie et Hypnotisme*, II, p. 35 et sqq.) ou encore l'histoire des saints du christianisme, tendent à le prouver. Il n'est pas excessif de dire que dans le récit des

Toutefois des visions de cette sorte jouaient dans la vie religieuse des disciples du Bouddha un rôle bien moins important que les « quatre degrés de la méditation » (*jhâna*) si souvent décrits dans les textes. Nous devons y reconnaître des états d'extase tels qu'il s'en est également présenté assez souvent dans la vie religieuse des Occidentaux, mais auxquels l'organisme des Indiens est infiniment mieux préparé : c'est une sorte d'absence longue et continue, durant laquelle le corps s'engourdit jusqu'à la rigidité, la sensibilité aux impressions extérieures est supprimée ou réduite à un minimum, tandis que l'esprit se plonge en un ravissement supra-terrestre. Dans une chambre silencieuse, plus souvent encore dans la forêt, on s'asseyait « les jambes croisées, le corps droit, s'environnant le visage d'une pensée vigilante ». On persévérait alors dans une immobilité longuement soutenue et successivement l'on se débarrassait des éléments troublants « du plaisir et des mauvais penchants », de « la délibération et de la réflexion », de « l'émotion joyeuse » : à la fin la respiration même était suspendue, c'est-à-dire, en fait, manifestement réduite jusqu'à n'être plus perceptible. Ainsi l'esprit devenait « concentré,

---

visions de plus d'un saint chrétien on croirait entendre la traduction de suites bouddhiques. Sainte Catherine entend la voix de l'Ennemi, du Mauvais : « Pourquoi te tourmenter inutilement ? Tu ne peux continuer ainsi sans te faire mourir toi-même. Mieux vaut renoncer à cette folie avant que tu sois tout àfait à bas. A présent le temps est venu de jouir du monde. Mais devant la constance de la jeune pénitente les démons s'évanouissent ; la croix brille sur des rayons de lumière (Hase, *Gesammelte Werke*, V, 1, p. 163 et sqq.). C'est ainsi qu'au Bouddha, quand plongé dans les méditations il aspire à la possession de la connaissance qui délivre, parle l'Ennemi, le Mauvais : « Tu es maigre, tu as mauvaise figure ; ta mort est proche... Pour le vivant mieux vaut la vie ; si tu vis puisses-tu bien faire. » (**Padhâna-sutta** dans le *Sutta-Nipâta*). Le tentateur dit encore aux disciples du Bouddha : « Vous avez renoncé au monde bien jeunes... Jouissez de ce qui plaît aux hommes. Ne renoncez pas au présent pour courir après l'avenir (*Saṃyutta-Nikâya*, vol. I p. 117). La conclusion stéréotypée de toutes ces histoires est que le Malin est reconnu et disparaît (p. 350). L'analogie de pareils incidents dans la vie des saints bouddhistes et chrétiens saute aux yeux. Le rôle important qui, dans les apparitions de ce genre, revient aux nonnes bouddhiques, partout ailleurs si effacées, de même que la mise en scène assez fréquente de tentations d'un caraetère érotique, correspond encore de tout point aux parallèles chrétiens, et aux observations bien connues de la psychopathologie.

purifié, réformé, libre d'impuretés, libre de péchés, malléable et propre à être travaillé, ferme et sans irrésolutions ». Débarrassé de toute considération troublante du Moi, on avait conscience de s'être élevé du fond douloureux de l'existence à des hauteurs plus claires et libres. C'est dans cet état que s'éveillait le sentiment d'une clairvoyante intuition du système du monde. Aux mystiques chrétiens, dans les moments d'extase, se dévoilait le mystère de la création ; de même ici l'on s'imaginait embrasser du regard tout le passé de sa propre existence à travers les innombrables périodes de la transmigration des âmes ; on s'imaginait découvrir à travers l'univers les êtres en voyage, et le secret de leur mort et celui de leurs renaissances ; on s'imaginait pénétrer la pensée d'autrui. Il n'était pas jusqu'à la possession de pouvoirs magiques (comme la faculté de disparaître aux regards ou encore le don d'ubiquité) qu'on attribuât à ces états d'abstraction.

A ces quatre *jhâna*, nous trouvons encore rattachés d'autres exercices spirituels : d'ordinaire on nous les donne comme les phases préparatoires de ces extases et un moyen de les atteindre : on ne peut guère se défendre de l'impression qu'il s'agissait de procédés d'auto-hypnotisme[466]. On construisait, en un endroit solitaire, à l'abri de tout dérangement, une plateforme circulaire d'argile bien aplanie, plus volontiers d'une couleur rouge clair. A son défaut on pouvait encore employer une flaque d'eau, un cercle de feu — peut-être un brasier

---

[466] Le nom de ces exercices, *kasina*, signifie « la totalité », c'est-à-dire, comme l'explique Childers, l'absorption totale de l'esprit en une seule vision ou représentation. La description la plus détaillée des contemplations dites *kasina* se trouve dans le Visuddhimagga (Warren, *loc. laud.*, p. 293 et sqq., et Sp. Hardy, *Eastern Monachism*, p. 522 et sqq.) ; mais les *kasina* sont déjà mentionnés dans les textes canoniques (voir Franke, *Dîgha-Nikâya*, 210, note 4). — Comparez le rôle que joue l'hypnotisme dans le système du Yoga (Garbe, *Grundriss der indo-arischen Philologie*, III, 4, p. 45 ; Walter, *Hathayogapradîpikâ*, p. XXIX). Le *Mahâbhârata* (XIII, v. 2296 et sqq., éd. de Calcutta) décrit avec précision comment un disciple hypnotise la femme de son maître ; ce passage a été relevé par Hopkins, *Journ. of the Amer. Orient. Soc.*, XXII, p. 359 et sqq. ; cf. ma *Lehre der Upanishaden*, p. 266.

regardé à travers une ouverture ronde — ou quelque autre objet analogue. Des individus exceptionnellement doués n'avaient pas besoin de ces préparatifs : par exemple, au lieu d'un rond d'argile, un champ ordinaire leur suffisait. On s'asseyait donc devant l'objet en question et on le considérait tantôt avec les yeux ouverts, tantôt avec les yeux fermés, jusqu'à ce qu'on vît tout aussi clairement l'image devant soi, que les yeux fussent ouverts ou fermés. Quand le méditant s'était ainsi rendu maître du « reflet intérieur », il quittait la place, allait à sa cellule et là continuait sa contemplation. Au lieu du reflet originel qui reproduisait fidèlement l'objet avec toutes ses imperfections de hasard, entrait alors en scène la « copie du reflet », comparable à l'impression produite par une nacre polie ou un miroir, le disque de la lune sortant des nuages ou des oiseaux blancs fendant la sombre nuit, et cependant sans couleur ni forme. En cet état — il passait pour n'être accessible qu'au petit nombre, — l'esprit se sentait débarrassé de toutes les entraves et capable de s'élever jusqu'au degré supérieur de la méditation.

Notons encore pour finir une forme de contemplation d'un autre genre : elle sort de l'abstraction graduelle et méthodique de l'esprit qui se dégage peu à peu du sein de la pluralité du monde des phénomènes, pour se transformer en une vision fixe et supra-sensible d'abstractions toujours plus complètement débarrassées de tout contenu concret[467] :

« De même que cette maison de Migâramâtâ est vide d'éléphants et de bétail, d'étalons et de juments, vide d'argent et d'or, vide de troupes d'hommes et de femmes, et qu'elle n'est pas vide seulement sous un rapport, à savoir qu'elle n'est pas vide de moines, — de même aussi, ô Ânanda, le moine fait abstraction de la notion « homme » et pense seulement à la notion « forêt »..., puis il voit que dans ses notions le vide est

---

[467] *Cûlasuññalâ-sutta* (*Majjhima-Nikâya*, 121).

entré par rapport à la notion « bourg » et que le vide est entré par rapport à la notion « homme » ; le non-vide ne se trouve plus que par rapport à la notion « forêt ».

Sur cette notion de « forêt » s'exerce à son tour l'abstraction et l'on arrive à la notion de « terre », en laissant de côté toute la variété de la surface terrestre ; de là l'esprit s'élève, d'une façon analogue, plus haut encore, à la notion de « l'infini de l'espace », de « l'infini de la raison », « de la non-existence de quoi que ce soit, etc. » et ainsi pas à pas il s'approche de la Délivrance[468]. Au haut de l'échelle on place d'ordinaire l'état de la « suppression de l'intelligence et de la sensibilité », qui nous est décrit comme un état d'engourdissement analogue à la mort — évidemment de nature cataleptique. Un moine s'est élevé jusqu'à cet état au pied d'un arbre où il était assis ; des bergers et des paysans l'aperçoivent ; ils disent : « Merveilleux ! Admirable ! Ce moine est mort assis ; nous voulons le brûler. » Ils le couvrent de paille, de bois et de bouse et y mettent le feu. Mais lui, le matin suivant, sort sain et sauf de sa méditation[469].

La sagesse, c'est-à-dire la connaissance de la doctrine et la pratique de ces méditations se prêtent mutuellement appui et secours :

« Il n'y a pas méditation, là où il n'y a pas sagesse ; il n'y a pas sagesse, là où il n'y a pas méditation. Celui en qui habitent méditation et sagesse, celui-là en vérité est proche du

---

[468] Cela ne rappelle-t-il pas de manière frappante la contemplation bouddhique de la « non-existence de rien » quand on entend la psychiatrie moderne (Schüle, *Geisteskrankheiten*, p. 100) décrire « le sentiment calme et universel du néant » ? « Rien n'est et il n'y a rien et il n'y aura rien », telles sont les paroles d'un malade atteint de cette affection. — Sur la « non-existence de rien » cf. mes observations, GGA, 1917, p. 166 et sqq.

[469] *Majjhima-Nikâya*, vol. I, p. 333.

Nirvâna[470]. »

A côté de la doctrine des « Méditations » s'était développée une seconde théorie qui avait également pour objet les dernières étapes du chemin de la Délivrance : nous voulons parler de la hiérarchie des quatre classes dans lesquelles on rangeait les croyants, déjà proches du but, selon la plus ou moins grande perfection de leur sainteté[471]. Beaucoup de textes, — qui, sur ce point, représentent peut-être une conception plus ancienne, — ne font aucune mention de ces quatre classes ; ils se contentent de distinguer deux moments successifs dans les âmesde ceux qui écoutent et acceptent l'enseignement du Bouddha. Tout d'abord s'éveille en eux la notion de l'instabilité de l'être : « En eux se lève, — selon les expressions qui reviennent constamment dans les textes, — la vision pure et sans tache de la vérité : tout ce qui est sujet à la naissance, tout cela est également sujet à la destruction. » Ils discernent comment l'impermanence,avec les douleurs qu'elle entraîne après soi, fait le fond nécessaire et essentiel de toute existence. Celui qui a une fois atteint cette connaissance et qui, en qualité de moine, persévère avec ardeur dans ses efforts, celui-là peut espérerfranchir enfin le dernier pas et arriver à cet état où « par la cessation de l'attachement (aux choses terrestres) l'âme devient libre de tout péché » ; c'est là le but dernier, des aspirations religieuses, la Délivrance et la sainteté[472].

La théorie des quatre classes de croyants est surchargé de tout

---

[470] ***Dhammapada*, st. 372**.

[471] Senart (*Bouddhisme et Yoga* ; Revue de l'hist. des religions, 42, p. 355) établit un parallèle entre cette doctrine et les quatre étapes des Yogins (Bhoja, sur *Yogasûtra* III, 51) ; nous ne nous hasarderions pas à accepter ce rapprochement.

[472] Le récit des premières prédications et conversions du Bouddha (**Mahâvagga, livre I**) donne d'abondantes preuves de cette gradation à deux degrés.

un échafaudage scolastique ; nous ne l'exposerons pas ici[473]. Le fait d'appartenir à l'une ou à l'autre de ces classes ne donnait d'ailleurs aucun droit à une situation plus ou moins importante au sein de la Communauté ; la distance qui séparait chaque fidèle de la sainteté finale, si proche qu'il se crût du but, restait pour lui une affaire toute personnelle et qui ne regardait que sa

---

[473] Qu'il nous suffise de citer ici les quelques traits caractéristiques de ces classes, tels qu'on les rencontre assez souvent notés dans les textes sacrés (v. par exemple *Mahâparinibbâna-sutta*, - *Dîgha-Nikâya*, vol. II, p. 92).

Le dernier rang appartient aux « Sotâpanna », c'est-à-dire à ceux qui ont atteint la voie (de la sainteté). Il est dit d'eux : « Par l'anéantissement des trois liens ils ont atteint la voie ; ils ne sont pas sujets à renaître dans les mondes inférieurs (les enfers, le monde des bêtes et celui des fantômes) ; ils sont sûrs (de la Délivrance) : ils obtiendront la connaissance suprême. »

La classe immédiatement supérieure est celle des « Sakadâgâmi » (« ceux qui ne reviennent qu'une fois ») : « Par l'anéantissement des trois liens, par l'atténuation du désir, de la haine et de l'égarement ils sont devenus « ne revenant qu'une fois » ; après être encore une fois revenus en ce monde, ils atteindront la fin de la douleur. »

Puis viennent les « Anâgami » (ceux qui ne reviennent plus ») : « Par l'anéantissement des cinq premiers liens, ils sont devenus des êtres qui naissent d'eux-mêmes (c'est-à-dire qui viennent à la vie sans être engendrés ni enfantés : c'est le cas dans les mondes des dieux les plus élevés) ; ils atteignent là (dans le monde des dieux) le Nirvâna ; ils ne sont pas sujets à revenir de ce monde-là ». Il semble qu'en établissant cette classe, on ait surtout cédé à des considérations particulières en faveur des laïques qui avaient le mieux mérité de la Communauté : leur condition mondaine empêchait de leur attribuer la sainteté parfaite et l'on ne pouvait pourtant leur refuser une situation très approchante.

Enfin la plus haute des quatre classes est celle des Arahâ » (Arhat), c'est-à-dire les Saints. Bien entendu, l'image de la sublime et pure spiritualité des Arhats n'est pas exempte de certains traits grotesques, vestiges persistants des modes primitifs de la pensée : le niveau intellectuel de l'époque le voulait ainsi (cf. ci-dessus, p. 301 et sqq. ; Huizinga, *Over Studie en waardeering van het Buddhisme*, 1903, p. 20 et sqq., relève comme de juste l'importance de ce fait). L'Arhat (et, en général, tout croyant capable d'aspirer à cet état) peut, comme son proche parent, le Yogin (ci-dessus, p. 78), jouer au magicien, accomplir des actions qui, pour notre raison, frisent singulièrement le burlesque.

— Childers pense (*Dictionary*, p. 268, cf. 444) que l'on ne pouvait atteindre les plus élevés de ces quatre degrés sans avoir successivement franchi les degrés inférieurs : cette opinion est inexacte, du moins pour ce qui est de la plus ancienne période de la Dogmatique bouddhique, la seule sur laquelle nous nous hasardions à porter un jugement.

conscience : la Communauté en elle-même n'en avait cure[474]. Le degré le plus élevé, celui de la Délivrance parfaite, n'était regardé comme accessible qu'aux seuls moines[475].

« De même que le paon, oiseau à la gorge bleue, ne peut égaler l'envol puissant du cygne, — ainsi un laïque n'est jamais l'égal du moine mendiant, du sage qui pratique la Méditation dans le calme de la forêt[476]. »

Pour l'amour de leur salut ces hommes avaient renoncé à toutes les choses de la terre : comment auraient-ils admis que l'intime affranchissement du sein du monde et de ses douleurs fût compatible avec la continuation des relations extérieures de la vie mondaine ? Exception était faite cependant en faveur de pieux disciples laïques, sinon pour ce qui est de leur vie, du moins à l'heure de leur mort : un laïque croyant et sage, qui tourne ses dernières pensées, ses dernières aspirations vers la cessation de l'existence terrestre, voit son souhait accompli :

Je te le dis, ô Mahânâma, entre un disciple laïque dont l'âme a atteint ce degré de la Délivrance et un moine dont l'âme est affranchie de toute impureté, il n'y a pas de différence, pour ce

---

[474] En un seul endroit, à notre connaissance, le droit canonique des Bouddhistes rattache au fait qu'un moine appartient à l'une ou l'autre des quatre classes, une conséquence juridique : celui qui avait tué un « saint » ne pouvait être ordonné moine (**Mahâvagga, I, 66**). Encore n'est-il pas impossible que le mot de « saint » soit ici un reste d'une très ancienne manière de parler et ne soit pas employé dans son sens technique ; originairement l'injonction a pu proscrire d'une façon générale l'admission dans l'Ordre d'un meurtrier de moine.

[475] A strictement parler, c'est ce que veut déjà dire le mot *arhat* (saint), c'est-à-dire : « un qui a droit » — suppléez « aux dons et à la vénération des fidèles. — Une exception insignifiante à la règle en question est mentionnée ci-dessous, p. 360 note 2.

[476] **Sutta-Nipâta, 221**.

qui regarde la condition de leur Délivrance[477].

La nature du Délivré, du Saint n'est pas exempte d'un certain caractère de froideur, on pourrait même dire, d'égoïsme : en cela elle est conforme aux tendances fondamentales de l'Éthique du Bouddhisme ancien. Certes, on trouve dès cette époque des traces de sentiments plus chaleureux. Mais bien des siècles devront encore s'écouler avant les jours du Mahâyâna[478] où la voix de l'amour prêt au sacrifice s'élèvera dans toute sa force et que le croyant tiendra ce langage :

« Il me faut porter le fardeau de tous les êtres... Il me faut donner mon Moi en gage et racheter l'univers entier des migrations à travers les déserts des enfers, du monde des bêtes, du monde des morts... »

Fort au-dessus de ces quatre classes se tiennent les Parfaits « qui

---

[477] *Saṃyutta-Nikâya*, vol. V, p. 410. Une doctrine probablement postérieure et qui, à notre connaissance, ne se présente pas encore dans les textes sacrés, attribue à ces propositions un sens détourné (aussi, dans le *Milinda-pañha*, le roi, au milieu de la discussion, ne ramène-t-il pas cette doctrine à une parole du Bouddha, mais se borne-t-il à dire : « Vous autres (moines), vous enseignez..., etc.). D'après elle, un laïque pourrait obtenir la sainteté, niais non en soutenir le poids, pas plus qu'un brin d'herbe le fardeau d'une lourde pierre. Il lui faut, par suite, le jour même où il a obtenu en partage la sainteté, soit se faire ordonner moine, soit, au cas où les conditions extérieures requises pour une telle ordination ne seraient pas susceptibles d'être remplies, entrer dans le Nirvâna (*Milinda-pañha*, p. 265). Le premier cas est, en effet, celui de Yasa qui atteint la sainteté à l'état de laïque (**Mahâvagga, I, 7**). Je ne saurais dire au juste ce que sont devenus deux autres personnages, Uttiya et Setu, que le *Kathâvattu* (IV, 1) mentionne à côté de Yasa. Dans un ordre d'idées analogue se formait encore une autre théorie également étrangère, autant que nous pouvons savoir, aux textes sacrés (exception faite de quelques passages d'un ouvrage qui, sans l'ombre d'un doute, est relativement moderne, l'*Apadâna*, cf. p. 117, n. 1 ; *Nachr. der Gött. Ges. der Wissensch.*, 1912, p. 207, n. 3) et d'un grossier formalisme : les croyants bien doués auraient coutume d'atteindre la Délivrance « dans la boutique du barbier », c'est-à-dire pendant l'opération de la tonsure, moment qui marque le passage de la condition mondaine à la vie religieuse.

[478] La forme principale du Bouddhisme postérieur, qui apparaît aux environs de l'an 100 après Christ.

ont obtenu pour soi seul la qualité de Bouddha » (*Paccekabuddha*) ; « la connaissance qui délivre », ils ne l'ont pas acquise à l'école d'un des saints Bouddhas universels : ils ne la doivent qu'à leur propre initiative ; mais leur perfection ne va pas jusqu'à leur permettre de la prêcher à l'univers. Les textes sacrés n'abordent que rarement cette notion des Paccekabouddhas ou Bouddhas individuels ; elle ne peut avoir joué dans les idées de l'ancienne Communauté qu'un rôle très secondaire. On pensait, à ce qu'il semble, que les Paccekabouddhas vivaient principalement en ces temps où il n'y avait aucun Bouddha universel ni aucune Communauté par eux fondée ; ce que cette notion aurait impliqué en première ligne, c'est que même alors l'accès de la Délivrance n'est pas fermé aux aspirations des persévérants et des forts. Plus tard on avança cette opinion que l'apparition des Paccekabouddhas était strictement limitée aux époques que nous avons dites ; mais cette théorie n'est pas d'accord, à ce qu'il semble, avec la Dogmatique des textes sacrés pâlis : « Dans tout l'univers, dit le Bouddha[479], il n'y a personne, moi excepté, qui soit semblable aux Paccekabouddhas » ; on admettait donc, selon toute apparence, l'existence de saints de cet ordre à l'époque même du Bouddha.

Enfin au-dessus des quatre classes des croyants, des saints et des Paccekabouddhas, se dressent, incarnant en eux-mêmes l'essence suprême de toute perfection, « les bienheureux, les saints, les universels Bouddhas ».

On pourrait être surpris de voir que notre exposé ne s'occupe qu'ici pour la première fois du dogme des Bouddhas, et encore n'en parlons-nous guère que comme d'un appendice à d'autres développements plus importants : La doctrine relative à la

---

[479] *Apadâna.* De même, lorsqu'on nous dit que deux Bouddhas universels ne se présentent jamais en même temps dans le même système du monde (*Anguttara-Nik.*, vol. I, p. 27), cela implique, semble-t-il, qu'on ne voyait aucune impossibilité à l'existence simultanée d'un Bouddha universel et de Paccekabouddhas.

personne du Bouddha n'est-elle donc qu'un accessoire ? Ne doit-elle pas être un fondement de la croyance bouddhique, au même titre que nous reconnaissons dans la doctrine touchant la personnalité du Christ l'un des fondements, sinon même le fondement de la foi chrétienne ?

Nulle part peut-être le parallélisme de ces deux mouvements ne semble se rompre d'une façon plus décidée : Cela peut sonner comme un paradoxe, mais le fait est indubitablement exact : la doctrine bouddhique, dans tous ses traits essentiels, pourrait exister telle qu'elle existe en réalité et la notion du Bouddha lui rester totalement étrangère. A la vérité, le souvenir ineffaçable de la vie terrestre du Bouddha, la foi dans la parole du Bouddha comme dans la parole de la vérité, la soumission à la loi du Bouddha comme à la loi de la sainteté, tous ces facteurs ont eu, cela va sans dire, la plus grande influence sur la tournure qu'ont prise au sein de la Communauté bouddhique la vie et le sentiment religieux. Mais quand il s'agit de formuler théoriquement le grand problème unique autour duquel tourne la Dogmatique du Bouddhisme, le problème de la Douleur et de la Délivrance, le dogme du Bouddha reste à l'arrière-plan. Dans le *Credo* des quatre vérités saintes, on ne trouve pas le mot « Bouddha ».

Comment expliquer la singulière position qu'a prise la notion de Bouddha par rapport aux idées maîtresses du système bouddhique ? Nous trouvons, croyons-nous, la clef de l'énigme dans l'histoire des temps antérieurs au Bouddhisme.

Prenons une doctrine qui, comme celle de Jésus, grandit en ayant à sa base une forte croyance en Dieu ; quelle idée se fera la Communauté de celui qui comme Maître, comme précepteur, comme modèle à imiter, prend à tous les points de vue dans la vie de ses disciples une importance si considérable ? Tout naturellement elle fera descendre sur sa personne un reflet, et mieux encore qu'un reflet de la splendeur et la plénitude du Dieu très puissant et très bon. C'est la grâce de Dieu qui peut accorder à l'homme la vie éternelle : le Maître devient ainsi le Médiateur ; c'est par son intermédiaire que la grâce divine se répand sur l'humanité. Son essence s'élève en dignité métaphysique jusqu'à s'identifier avec l'essence de Dieu ; ses actions et sa passion terrestres apparaissent comme celles d'un Dieu sauveur.

Les conditions que suppose une telle évolution n'existaient pas dans le cas du Bouddha et par suite rien de pareil ne s'est produit autour de sa personne. La croyance aux anciens dieux avait disparu devant le panthéisme de la doctrine de l'Âtman ; et l'Âtman, dans son éternel repos d'être unique et universel, n'était pas un dieu qui pût, par compassion pour la race humaine, intervenir efficacement en sa faveur. Il n'était pas d'ailleurs jusqu'à cette croyance en l'Âtman qui n'eût pâli, qui ne se fût effacée : l'empire de ce monde soupirant vers la Délivrance n'appartenait plus à un dieu : il était passé à la loi naturelle de l'enchaînement nécessaire des causes et des effets. De personnage agissant dans le combat contre la Douleur et la Mort, il ne restait plus que l'homme ; c'est à lui qu'il incombait, grâce à une connaissance avisée des lois de la nature, de prendre à leur égard une position telle qu'il se mit du même coup hors de leur douloureuse atteinte.

Les facteurs qui devaient avoir sur la conception dogmatique de la personne du Bouddha une influence décisive, nous sont donnés par là même. Il ne pouvait pas être un Sauveur d'origine divine, car ce n'était pas d'un dieu que l'on attendait le salut. C'est la « connaissance » qui délivre, c'est *ma* connaissance qui *me* délivre : il devait donc être le grand « Connaissant », et le propagateur de la Connaissance dans le monde entier. Aucune supériorité métaphysique ne devait le placer de par sa naissance au-dessus des autres êtres[480] ; seulement plus grand, plus

---

[480] Ce fait qu'avant de naître pour sa dernière vie terrestre le Bouddha habitait comme dieu le ciel Tusita et qu'il est descendu de là sur la terre, n'implique pas le

puissant dans ses efforts, il lui était réservé de découvrir le chemin sur lequel les autres n'ont plus qu'à suivre ses traces[481]. On peut dire, en un certain sens, que tout disciple qui va droit à la sainteté est un Bouddha aussi bien que le Maître[482]. Cette opinion sur l'identité foncière du Bouddha et de tous les Délivrés ressort très nettement de ce passage :

« Tout de même, ô Brahmane, lorsqu'une poule a pondu des œufs, huit ou dix ou douze, et que la poule s'est couchée sur eux et les a tenus au chaud et les a couvés suffisamment : lors donc qu'un des poussins, le premier, avec la pointe de sa griffe ou son bec brise la coquille et sort heureusement de l'œuf, comment nommera-t-on ce poussin, l'aîné ou le plus jeune ? — On le nommera l'aîné, vénérable Gotama, car il est le plus âgé d'entre eux. — De même aussi, ô Brahmane, entre les êtres qui vivent dans l'ignorance et sont comme enfermés et emprisonnés dans un œuf, je l'ai brisée, la coquille de l'ignorance, et seul dans le monde j'ai obtenu la bienheureuse, l'universelle dignité de Bouddha. Ainsi je suis, ô Brahmane,

---

moins du monde qu'on revendique pour lui une nature surhumaine, par exemple à la fois divine et humaine. Tel, qui pendant une existence donnée est un dieu, peut renaître dans l'existence suivante comme bête ou comme habitant d'un des enfers. Si dans son avant-dernière existence le Bouddha était un dieu Tusita, il a été de même, dans des vies antérieures, lion, paon, lièvre, etc. ; mais dans sa dernière apparition sur la terre il était un homme et rien de plus ; c'est en s'élevant à la dignité du Bouddha qu'il atteint sa situation exceptionnelle. — Kern (*Manuel of Indian Buddhism*, p. 64). a mal compris l'intention du passage sur lequel il s'appuie (*Anguttara-Nikâya, Catukka*, p. 38).

[481] « Lui, le Très Haut, est le préparateur du chemin non-préparé, le créateur du chemin non-créé... Mais ceux qui lui succéderont sur ce chemin, ce sont les disciples qui sont là à présent, qui le suivent. (*Majjhima-Nikâya*, vol. III, p. 15).

[482] A la vérité, la terminologie ordinaire ne désigne pas proprement comme étant des Bouddhas les saints disciples du Maître ; mais elle montre plus d'une fois qu'on regardait en fait une telle façon de parler comme parfaitement admissible. Ainsi le Sotâpanna (v. p. 358, n. 3) est défini comme quelqu'un « qui atteindra la suprême connaissance (sambodhi) ». Dans les textes poétiques en particulier, il est souvent difficile de savoir si le mot Bouddha est pris dans son sens étroit ou se rapporte à tous les saints ; v. **Dhammapada, st. 398** (cf. st. 419).

l'aîné, le plus noble d'entre les êtres[483].

Ce n'est pas le Bouddha qui délivre les êtres, mais il leur enseigne à se délivrer comme il s'est délivré lui-même. Ils acceptent sa prédication de la vérité, non parce qu'elle vient de lui, mais parce qu'éveillée par sa parole, une connaissance personnelle de ce dont il leur parle se lève à la lumière de leur esprit[484].

Ceci ne doit pas toutefois s'entendre comme si la figure du Bouddha était restée aux yeux de sa Communauté enfermée dans les limites de la réalité humaine et terrestre, comme si la théologie avait dédaigné d'entourer la tête du Bouddha d'une auréole illuminant tout l'univers. Le pays du Bouddha n'était pas celui de Socrate, il n'était pas l'Athènes de Thucydide et d'Aristophane, où il n'y avait pas de place pour l'apparition sur la terre de Sammâsambouddhas ou d'Hommes-dieux. Les yeux de l'Indien étaient accoutumés à voir à chaque pas dans la trame des événements purement terrestres ici la spéculation s'occupait de la personne du Bouddha, plus souvent elle y revenait, et plus s'effaçait en elle le caractère humain, terrestre, réel, derrière l'imaginaire, le typique, l'universel. En cet âge où les théories sur la douleur de ce monde et la Délivrance occupaient pour la première fois la pensée encore jeune, on

---

[483] *Suttavibhanga, Pârâjika*, I, I, 4.

[484] C'est ainsi qu'il est dit dans une instruction du Bouddha, après un exposé préalable de la Formule de causalité : « Si maintenant vous connaissez ainsi et voyez ainsi, ô disciples, irez-vous dire : « Nous honorons le Maître et par respect pour le Maître nous parlons ainsi ? — Nous ne le ferons pas, Seigneur. Ce que vous dites, ô disciples, n'est-ce pas seulement ce que vous avez vous-mêmes reconnu, vous-mêmes vu, vous-mêmes saisi ? —C'est cela même, Seigneur. (*Majjh.-Nikâya*, vol. I, p. 265). Il va de soi que les auteurs bouddhiques ne sont pas de force à tirer les conséquences effectives de ce principe d'indépendance spirituelle de chaque individu. Ils versent sans cesse dans la foi en la parole infaillible du Bienheureux. Mais le fait même que cet idéal d'indépendance ait été formulé est d'une importance capitale. Voyez à ce sujet les observations fort instructives de L. de La Vallée Poussin, *Bouddhisme* (1909), p. 130 et sqq.

pouvait ne voir dans un Yâjñavalkya et dans un Çândilya que des sages ; aux yeux des Bouddhistes, les contours flottants de semblables figures devaient se fixer dans le type dogmatique, apparaissant à des intervalles marqués par l'ordre éternel du monde, des bienheureux, des saints, des universels Bouddhas.

Il devait forcément arriver que la spéculation théologique multipliât la figure historique du seul Bouddha réel en un nombre illimité de Bouddhas passés et futurs. Telle croyance mesurait le passé du monde par milliers d'années, son avenir par ans, peut-être même par jours ; il pouvait dès lors lui suffire de voir en ce court espace s'élever un unique Sauveur, dont tout le passé prophétisait la venue, dont le retour devait promptement mettre un terme à l'avenir. Aux yeux des Indiens aucun horizon ne bornait la vie de l'univers : derrière, elle s'étendait à perte de vue, — à perte de vue, devant. On se plaisait à traduire par des grandeurs et des chiffres gigantesques lesentiment écrasant de la petitesse humaine ; c'est à travers d'énormes périodes que l'on faisait se dérouler le cours éternel des choses, apparaissant, disparaissant, pour reparaître de nouveau. Comment aurait-on pu regarder ce qui semblait le centre de son propre temps, de son propre monde, comme le centre unique de tous les mondes et de tous les temps ?

Cependant à travers le va-et-vient des âges du monde, à travers toute cette sombre existence se poursuit un continuel effort vers la lumière du salut : en des temps déterminés, des êtres déterminés[485] doivent donc être appelés par les mérites

---

[485] Les Bouddhas sont loin d'être également répartis entre les différents âges du monde. Déjà dans un des *suttas* palis (*Mahâpadâna-sutta* ; *Dîgha-Nikâya*, II, 2) se trouve cette donnée que les derniers Bouddhas sont apparus aux temps suivants : un dans le 91ᵉ âge du monde en remontant à partir du nôtre, deux dans le 31ᵉ ; notre âge actuel est un « âge béni » (*bhaddakappa*) ; il possède cinq Bouddhas, dont Gotama est le quatrième ; l'apparition de Metteyya est encore à venir. — Il est à peine besoin de remarquer que tous ces Bouddhas, à la seule exception de Gotama Bouddha, sont des figures purement imaginaires. Il semble qu'il n'en soit pas de même dans la doctrine parallèle des Jaïnas (v. p. 75, n. 2). — D'accord avec Windisch (*Buddha's*

accumulés d'innombrables existences à obtenir la vue de cette lumière ; ils doivent devenir des Bouddhas, et remplir, selon un ordre fixé de toute éternité, la carrière d'un Bouddha. Tous naissent dans la moitié est de l'Inde centrale[486] ; leur conception et leur naissance s'accompagne toujours de signes miraculeux ; tous sortent d'une famille de Brahmanes ou de Kshatriyas ; c'est assis au pied d'un arbre que tous obtiennent la connaissance qui procure le salut. Leur vie a une durée différente selon la période du monde où ils apparaissent, et de même la doctrine qu'ils prêchent sur la terre se conserve tantôt plus, tantôt moins longtemps, mais toujours, pour chacun d'eux, pendant un temps bien déterminé : « Cinq cents ans, ô Ânanda, subsistera la doctrine de la vérité », dit le Bouddha à son disciple bien-aimé[487]. Puis la croyance disparaît de la terre jusqu'à ce qu'un autre Bouddha apparaisse et de nouveau « fasse tourner la roue de la Loi ».

Si la série des Bouddhas se répartit à travers les étendues incommensurables du temps, il est logique de penser que les étendues non moins incommensurables de l'espace possèdent également leurs Bouddhas. A la vérité, les textes anciens ne semblent effleurer qu'en passant l'idée de Bouddhas appartenant à de lointains systèmes de mondes, mais cette conception n'en est pas moins tout à fait dans le goût indien : on imagine volontiers que dans ces mondes séparés de nous par des infinis se répète la même lutte, qui se livre sur cette terre, en vue de la Délivrance : « Il ne peut pas arriver, ô disciples, dit le

---

Geburt, p. 98) nous nous refusons à voir dans les apparitions périodiques des Bouddhas sur la terre une réplique des avatars de Vishnu.

[486] Il en est déjà ainsi dès la tradition canonique du pâli (***Cullavagga*, XII, 2, 3**). Le passage est instructif : il montre comment le Bouddhisme ancien, loin d'avoir cette largeur de vue cosmopolite qu'on a coutume de considérer comme inhérente à la nature du Bouddhisme, regardait son étroite patrie comme la seule terre élue entre toutes.

[487] ***Cullavagga*, X, 1, 6**. Plus tard, quand cette prophétie fut contredite par les événements, on avança naturellement des chiffres plus élevés ; cf. Köppen, I, 327.

Bouddha, il n'est pas possible que dans un même système de mondes, deux saints et universels Bouddhas apparaissent dans le même temps, ni plus tôt, ni plus tard[488]. » Ne pouvons-nous pas voir dans ces paroles comme une indication que dans d'autres systèmes de mondes, indépendants du nôtre, se remportent des victoires de la lumière sur les ténèbres tout à fait analogues à celle qu'ici-bas le Bouddha a remportée, assis sous l'arbre d'Uruvelâ[489] ?

Qu'on nous dispense d'entrer dans le détail des attributs scolastiques que la théologie confère aux bienheureux, aux saints, aux universels Bouddhas ; laissons de côté, si on le veut bien, les dix facultés de Bouddha, les trente-deux signes extérieurs et ainsi du reste ; essayons plutôt de tracer le tableau d'ensemble qu'évoquait à l'imagination des fidèles l'union de toutes ces perfections, le tableau de la suprême puissance, du suprême savoir, de la suprême paix, de la suprême compassion, — de cette froide compassion propre au Bouddhisme ancien, — bref, le tableau qu'entrevoyaient ceux qui pouvaient dire en parlant d'eux-mêmes :

« Mon esprit le voit comme si mes yeux le voyaient, de nuit, de jour, constamment, sans se lasser. — Lui offrant ma vénération j'attends venir le matin. De lui, je le sens, je ne puis me séparer[490]. »

Donnons la parole aux textes eux-mêmes :

« Le tout-puissant, l'omniscient (dit le Bouddha), je le suis, sans

---

[488] *Anguttara-Nikâya*, v. plus haut, p. 362, note 1.

[489] Parmi les textes postérieurs, le *Mahâvastu* (vol. I, p. 123 et sqq.) envisage en détail l'idée de l'existence contemporaine d'innombrables Bouddhas dans les différents systèmes de mondes.

[490] **Sutta-Nipâta, 1142.**

une tache. J'ai tout quitté : je suis sans désir, un Délivré. La connaissance que je possède, je ne la dois qu'à moi-même : qui appellerais-je mon maître ? Je n'ai pas de précepteur ; personne n'est à comparer à moi. Dans le monde, y compris les dieux, il n'y a personne qui soit semblable à moi. Je suis le Saint du monde ; je suis le Maître suprême. Seul, je suis le parfait Bouddha ; les flammes en moi sont éteintes ; j'ai atteint le Nirvâna[491]. — « Le Bienheureux (l'appelle Kaccâna)[492], Celui qui apporte la joie, Celui qui répand la joie, dont les sens sont calmes, dont l'âme est calme, le suprême vainqueur de soi-même, riche en paix, le héros qui s'est vaincu lui-même et veille sur lui-même, qui tient ses sens en bride. » — « Il apparaît dans le monde pour le salut de beaucoup, pour la joie de beaucoup, par compassion pour le monde, pour la prospérité, pour le salut, pour la joie des dieux et des hommes[493]. »

Tels sont apparus les Bouddhas des âges passés, tels apparaîtront les Bouddhas des temps à venir.

Leur succession prendra-t-elle fin un jour ? Un jour viendra-t-il où la victoire sera complète, où tous les êtres, « passés sur l'autre rive », auront atteint la Délivrance ?

Les croyants des premiers temps ne tournaient que rarement leurs pensées vers ces questions relatives à l'avenir. Cependant ils ne les laissent pas complètement de côté. Dans le récit de la mort du Bouddha nous lisons cette stance que prononça le dieu Brahma au moment où le saint entrait dans le Nirvâna :

« Dans les mondes tous les êtres dépouilleront un jour l'existence corporelle, tout de même qu'aujourd'hui le Bouddha,

---

[491] *Mahâvagga*, I, 6, 8.

[492] V. plus haut, p. 163.

[493] *Anguttara-Nik.*, vol. I, p. 22 et *passim*.

le prince de la Victoire, le suprême maître du monde, le Puissant, le Parfait est entré dans le Nirvâna. »

Ainsi donc les êtres atteindront tous le Nirvâna[494].

Qu'adviendra-t-il alors ? Après que les êtres animés et susceptibles de souffrir auront disparu du règne de l'Être, les *sankhâras* continueront-ils à s'écouler, les mondes à apparaître et à disparaître et ainsi pour l'éternité ? Ou bien avec l'extinction de toute conscience où puisse se refléter le devenir, le monde des *sankhâras* s'écroulera-t-il sur lui-même ? Ce Nirvâna, dans les profondeurs duquel s'abîmera l'empire du Sensible, sera-t-il l'Un et le Tout ? — Nous en demandons trop :

« Le Bienheureux n'a pas révélé cela. Parce que cela ne sert pas au salut, que cela ne sert pas à la vie pieuse, au détachement des choses terrestres, à l'anéantissement du désir, à la cessation du périssable, au repos, à la connaissance, au Nirvâna, pour cette raison le Bienheureux n'en a rien révélé. »

---

[494] A une époque plus récente le *Mahâvastu* se prononce dans un sens différent (I, p. 126). En vérité on n'y dit pas expressément qu'une partie des êtres restera à tout jamais non délivrée ; mais il est spécifié qu'il y aura toujours des êtres pour écouter la doctrine du Bouddha. Le *Milinda-pañha*, par contre, déclare sans ambages (p. 69) que tous n'atteindront pas le Nirvâna. — Parmi les textes du canon pâli on pourrait aussi songer à ce propos à l'*Anguttara-Nikâya*, vol. V, p. 194 et sqq. : Le gardien de la porte d'une forteresse ne sait pas combien de personnes entrent et sortent par la porte, mais il sait que personne ne peut entrer ou sortir autrement que par la porte ; de même « le Parfait ne se soucie pas de savoir si le monde entier ou la moitié ou le tiers a atteint ou est en train d'atteindre ou atteindra la Délivrance par ce chemin (qu'il a enseigné) ; mais il sait qu'il n'existe pas d'autre chemin vers la Délivrance. » Ce passage doit-il s'appliquer au nombre des êtres qui atteindront la Délivrance dans l'éternité des siècles ou seulement à ceux qui l'atteignent en tant que disciples d'un seul Bouddha déterminé ? C'est la première interprétation qui nous semble juste. Que tous les êtres ne puissent atteindre la Délivrance en suivant le Bouddha actuel, — ce fait semble évidemment si bien établi que la question ne se pose même pas.

Troisième partie

La communauté des disciples du Bouddha

LA DISCIPLINE ET LES TRAITÉS DE DISCIPLINE

Nous avons exposé la croyance qui servait de lien à la troupe des disciples du Bouddha ; occupons-nous maintenant de décrire la Règle extérieure que la morale et la discipline religieuses imposaient à la vie de cette confrérie de moines[495]. Il semble que, dès le début, leur vie fût organisée selon des lois. Il y avait un acte légal à accomplir pour recevoir le néophyte comme membre de la Communauté. La discipline monastique traçait pas à pas la route que chacun avait à suivre. S'érigeant en cour disciplinaire, la Communauté elle-même veillait, suivant une procédure régulière, à l'observation des règles ecclésiastiques.

Ainsi donc, de très bonne heure la vie en communauté paraît soumise à des statuts. Il n'y a pas là de quoi nous surprendre. C'est la contre-partie de l'apparition non moins précoce d'une Dogmatique achevée et arrêtée dans ses formules ; les mêmes traits caractéristiques de l'âge qui vit grandir le Bouddhisme, les mêmes facteurs historiques qui préparèrent son avènement, rendent également intelligibles l'un et l'autre de ces phénomènes. Les ordres monastiques hétérodoxes, prédécesseurs ou contemporains de celui du Bouddha, et aussi bien la source commune de toutes ces sectes, le Brahmanisme, avaient créé tant dans la spéculation dogmatique que dans la discipline et la morale de la vie religieuse une série de formes

---

[495] Comparez à la littérature du Vinaya qu'on analysera ici les textes parallèles des Jaïnas, en particulier le *Kappa-sutta* publié par Schubring, (1905), le *Vavahâra-sutta* et le *Nisîha-sutta* (1918).

toutes prêtes : le Bouddhisme n'eut qu'à se les approprier[496].

Si vite qu'elle semble s'être accomplie, la formation des ordonnances ecclésiastiques n'a pas cependant été, on le croira sans peine, l'œuvre d'un instant. Dans les textes qui contiennent les règles pour la vie en communauté, on relève des indices évidents qui permettent de distinguer entre les phases anciennes et nouvelles de ce développement. Voici, dans l'ordre, ce que nous pouvons découvrir : tout d'abord s'est formée une collection de préceptes que l'on récitait régulièrement, au temps de la pleine ou de la nouvelle lune, dans les « assemblées de confession » de la Communauté ; des expressions techniques, toujours les mêmes, indiquaient à propos de chacune de ces règles le degré de culpabilité qu'encourait le moine en y manquant. Il est très possible que cet ancien recueil de défenses, conservé sous le titre de *Pâtimokkha*[497], et qui sert de fondement à l'ensemble de la discipline canonique des Bouddhistes, remonte jusqu'au propre temps du Bouddha, jusqu'aux séances solennelles de confession qu'il tenait avec ses disciples[498]. Après lui se montre dans les textes sacrés une assise

---

[496] Jacobi (*Sacred Books*) (XII, p. XXIV et sqq.) a réuni une série de particularités qui font voir en quelle dépendance étroite étaient les règles monastiques du Jaïnisme, aussi bien que les règles correspondantes du Bouddhisme, à l'égard des modèles qu'avait laissés l'ascétisme brahmanique : c'est ainsi, par exemple, que les moines n'amassaient pas de provisions, qu'ils séjournaient au même endroit pendant la saison des pluies, qu'ils observaient une grande réserve quand il s'agissait d'entrer dans le village, etc.

[497] Pour plus de détails, v. ci-dessous le chapitre relatif au Culte.

[498] On trouve, non pas à la vérité dans le *Pâtimokkha*, mais dans une autre portion des Ordonnances monastiques portant, elle aussi, les caractères d'une haute antiquité, un indice qui tendrait à faire penser que l'origine des règles en question remonte au temps où le Bouddha était encore de ce monde. Dans la désignation des personnes qui ne peuvent recevoir les ordres nous rencontrons « celui qui a versé du sang ». Or l'on ne peut avoir la pensée de repousser quiconque a infligé à un autre une blessure sanglante : on n'exclut pas en effet tous les meurtriers sans distinction, mais seulement le meurtrier d'un père, d'une mère ou d'un saint. On ne peut donc guère douter de l'exactitude de l'interprétation traditionnelle qui entend ici : « Celui qui a blessé le Bouddha de telle sorte que son sang a coulé. » Que cette disposition

plus récente : nous y voyons comment dans la suite des temps on sentit le besoin de compléter par des ordonnances nouvelles les décisions contenues dans le *Pâtimokkha*. Mais l'on n'osa rien changer de son propre chef aux vieilles formules consacrées. On laissa donc sans y toucher le *Pâtimokkha* et l'on entreprit de donner dans des commentaires sur ce recueil et dans d'autres ouvrages distincts un exposé revu et augmenté de la Règle canonique. On n'éprouva, il faut le dire, aucune hésitation, alors même qu'une transgression n'était pas expressément désignée comme telle dans le *Pâtimokkha*, à la frapper, elle aussi, d'un châtiment : mais on ne se permit pas de le faire dans les mêmes termes que ceux constamment employés par le *Pâtimokkha* ; on employa des mots nouveaux, on introduisit de nouvelles formes de procédure disciplinaire pour punir les manquements aux ordonnances nouvellement portées[499]. C'est ainsi que nos recherches discernent dans le développement du droit canon, plus sûrement et plus nettement encore que dans celui de la Dogmatique, une série de périodes successives.

Mais s'il est certain qu'en fait l'Ordre des disciples du Bouddha — ou, du moins, des membres spécialement qualifiés pour cette tâche — ont fait œuvre de législateurs, la Communauté n'en a pas moins nettement décliné, en théorie, toute compétence en matière de juridiction. Le droit de donner des lois à la Communauté n'appartient, dans les idées bouddhistes, qu'au seul Bouddha. Préceptes et défenses tirent leur autorité de ce fait que, dans l'opinion établie des fidèles, ils ont été énoncés par le Bouddha. Avec la mort du Maître, toute possibilité, mais aussi tout besoin de créer des lois nouvelles a disparu. La Communauté n'a qu'à appliquer et à expliquer les

---

remonte à un temps où elle avait encore un sens, c'est ce qu'on peut tenir sinon pour certain, du moins pour plus vraisemblable. — Pour l'explication du passage en question (Mahâvagga, I, 67), cf. **Cullavagga, VII, 3, 9** ; *Dhammapada*, Comm., p. 279, éd. Fausböll ; *Anguttara-Nikâya*, vol. III, p. 146.

[499] Cf. l'Introduction à mon édition du *Vinaya-Pitaka*, vol. I, p. XVII et sqq.

préceptes du Bouddha ; il en est d'eux comme de la doctrine qu'il a révélée : la Communauté a charge de la conserver, elle n'a ni qualité, ni compétence pour l'améliorer ou l'étendre : « La Communauté n'établit pas ce qui n'a pas été établi (par le Bouddha), et elle n'abolit pas ce qu'il a établi ; elle accepte les règles comme il les a établies et persévère en elles » — telle est la décision que la légende traditionnelle prête à un concile tenu tôt, après la mort du Bouddha[500]. Il suit de là que toutes les dispositions contenues dans les textes sacrés, celles même qui appartiennent évidemment à des périodes postérieures, sont présentées comme édictées par le Bouddha en personne. L'inconséquence à laquelle on se trouve ici entraîné par le désir même de rester conséquent, est un fait bien caractéristique : ces mêmes règles, que l'on venait de fabriquer, ces règles que l'on se faisait scrupule de revêtir de la forme, consacrée par le temps, des ordonnances du *Pâtimokkha*, on n'hésitait pas un instant à les donner pour des préceptes du bienheureux, du saint Bouddha. La conscience liturgique était plus forte que la conscience historique — si tant est que la parfaite indifférence avec laquelle l'Inde a toujours envisagé (ou plutôt omis d'envisager) les questions d'authenticité en matière de littérature ou d'histoire, nous autorise à parler ici de conscience historique.

On se rappelle toutes les singularités qui nous rendent si peu accessibles certains chapitres de la Dogmatique bouddhique ; dans les vieux traités de discipline elles tiennent encore une large part. C'est, ici comme là, la même subtilité raffinée, la même capacité infatigable de se complaire, pour l'amour de l'art, en de longues énumérations de notions abstraites. Point de règles tirées de la vie pour s'appliquer à la vie ; ce ne sont qu'élucubrations d'école, nullement pratiques, au fond pas

---

[500] ***Cullavagga*, XI, 1, 9**. Cf. *Suttavibhanga, Nissaggiya*, XV, I, 2. Le récit du concile de Vesâlî (***Cullavagga*, XII**) fait voir aussi clairement comment, selon l'opinion courante, la Communauté se bornait exclusivement à donner une interprétation authentique à la discipline instituée par le Bouddha.

même claires. La forme sous laquelle elles se présentent d'habitude est des plus simples. Toujours le même plan : En ce temps-là, comme le bienheureux Bouddha séjournait en tel ou tel endroit, telle ou telle irrégularité vint à se produire. Les gens aux oreilles de qui elle était arrivée étaient irrités, murmuraient et grondaient :

— Comment les moines qui, suivent le fils des Sakyas peuvent-ils s'oublier ainsi, tout comme de voluptueux mondains ? » ou : « tout comme des hérétiques infidèles ? »

selon le cas dont il s'agit. Cependant les frères entendent les propos du peuple ; eux aussi sont irrités, murmurent et grondent :

— Comment le révérend tel ou tel peut-il s'oublier ainsi ?

Ils rapportent la chose au Bouddha ; celui-ci convoque l'assemblée des disciples, leur adresse quelques admonestations et édicte ensuite le précepte :

— J'ordonne, ô disciples, que telle ou telle chose soit ou ne soit pas faite. Celui qui la fait encourt telle ou telle pénitence.

Rien de plus stéréotypé que cette histoire, qui revient des milliers de fois, si ce ne sont peut-être les figures des pécheurs qu'on y voit paraître et dont les actions servent à chaque fois de prétexte à l'intervention du Bouddha. C'est un frère déterminé qui est, d'ordinaire, le coupable, quand il s'agit d'une exploitation indiscrète de la bienfaisance des personnes pieuses. S'il est question de fautes d'un caractère voluptueux, l'auteur, en règle générale, est le révérend Udâyî. Mais la plus longue liste de péchés appartient sans conteste aux Chabbaggiyas. Ce sont six moines associés dans la pratique de tous les méfaits : quelque prescription que le Bouddha énonce, les Chabbagiyas trouvent toujours moyen de tourner le précepte, ou même, en le suivant, de mettre à exécution quelque malice. Le Bouddha ordonne-t-il de se servir, pour se curer les dents, des rameaux de certaines plantes, aussitôt les Chabbaggiyas prennent des branches longues et massives, et s'en servent pour battre les novices. Un coupable doit-il comparaître devant l'assemblée pour être réprimandé, les Chabbaggiyas élèvent des réclamations et font ainsi manquer la procédure disciplinaire. Une fois que les religieuses ont été arrosées d'eau sale par les moines, les Chabbaggiyas sont les auteurs de ce mauvais tour : et ainsi, dans tous les textes relatifs aux règles monastiques, et ils sont nombreux, les Chabbaggiyas figurent comme les grands scélérats ; à chaque instant ils font dans l'ordre du mal de nouvelles découvertes, à chaque fois relancés par la législation religieuse qu'élabore le Bouddha. Il se peut que dans ces récits entre en jeu plus d'un souvenir réel des méfaits de telle ou telle brebis galeuse du troupeau. Mais à tout prendre — est-il besoin de le faire remarquer — on ne saurait tirer de ces « cas de discipline » une vue juste sur la vie courante de la Communauté ; l'idée ainsi obtenue ne serait correcte que dans la mesure où, par exemple, l'on pourrait prendre Stichus, le fameux esclave du Digeste, comme un spécimen de l'esclave romain.

Les règles de la Communauté se trouvent ainsi passées en revue, au hasard des innombrables points de discipline examinés çà et là, à travers les textes canoniques : essayons maintenant de les réunir en un tableau d'ensemble.

LA COMMUNAUTÉ ET LES DIOCÈSES
ENTRÉE ET SORTIE

Le cercle des disciples qui se pressaient autour du Bouddha (comme sans doute aussi les autres confréries de moines alors si nombreuses dans l'Inde) était constitué à l'origine d'après la vieille règle brahmanique qui régissait les relations entre maître et disciples spirituels. L'identité des mots qui servent, ici comme là, à l'expression solennelle de ces relations, permet de conclure à l'analogie même de ces dernières. Le jeune homme qui veut, pour apprendre le Véda, se mettre sous la direction d'un Brahmane, se présente à lui et lui dit :

— Pour le Brahmacarya (l'état de disciple religieux) je suis venu. Je veux être Brahmacârin (disciple religieux).

Et le Maître « lui passe le cordon brahmanique, lui met le bâton à la main et lui explique le Brahmacarya, en lui disant :

— Tu es un Brahmacârin ; bois de l'eau ; accomplis le service ; ne dors pas le jour ; docile à ton maître, étudie le Véda[501].

C'est tout à fait de la même manière que, dans la tradition bouddhique, le futur Bouddha, au temps où il est encore à la recherche de la science du salut, vient trouver le directeur spirituel Uddaka et lui dit :

— Je désire, ami, selon ta doctrine et ta règle, vivre dans le Brahmacarya.

Uddaka y consent, et les relations ainsi fondées sont désignées précisément par les mêmes expressions qui reviennent constamment dans le langage brahmanique : ce sont des relations d' » Âcârya » (maître), à « Antevâsin » (disciple)[502]. De même encore quand plus tard le Bouddha, devenu maître à son tour, adopte ses premiers disciples, la tradition lui fait dire :

— Approche-toi, ô moine ; la doctrine est bien prêchée : vis

---

[501] *Açvalâyana*-G., I, 22 ; cf. *Pâraskara*, II, 2,3 ; *Cat. Br.*, XI, 5, 4, etc.

[502] De même encore quand les Bouddhistes disent : « *Uruvelakassapo mahâsamaṇe* (c'est-à-dire *bhagavati*) *brahmacariyaṃ carati* », cela revient an même que lorsqu'il est dit dans la *Chândogya-Upanishad* : *Maghavân Prajâpatau brahmacariyaṃ uvâsa* ; quand Indra se résout à entrer ainsi près de Prajâpati comme disciple, il est dit de lui : « *abhi-pravavrâja* » (Cf. ci-dessous, p. 388.)

dans le Brahmacarya pour mettre un terme à toute douleur.

Ainsi la Communauté des Bouddhistes, aussi longtemps que dure la vie du Maître, nous présente un maître et des disciples associés suivant le mode brahmanique[503]. Le Bouddha mourut : ses disciples, répandus dès cette époque sur une grande partie de l'Inde, continuèrent à former une Communauté de moines sans chef visible et qui ne voyait son chef invisible que dans la Doctrine et la Règle prêchées par le Bouddha :

— Soyez-vous à vous-mêmes votre flambeau et votre recours », dit le Maître, au moment d'entrer dans la mort ; « n'ayez pas d'autre recours. Que la vérité soit votre flambeau et votre recours ; n'ayez pas d'autre recours.

Ainsi se fixa ce qu'on a appelé la Trinité du Bouddhisme, la triade des puissances sacrées en qui le nouveau moine ou frère laïque déclare solennellement « mettre son recours », le Bouddha, la Doctrine, la Communauté. Nous hasardons ici, non sans quelque hésitation, une hypothèse que rien dans la tradition ne confirme ni ne peut confirmer : à notre avis, la formule de cette triade ne remonte pas jusqu'au temps où le Bouddha était encore de ce monde, mais il y a un rapport étroit entre son apparition et les changements que la mort du Maître introduisit justement au sein de la Communauté. Tant que vécut le Bouddha, ne devait-il pas paraître seul, lui et la doctrine qu'il avait prêchée, le recours de ses croyants ? Pouvait-on appeler les disciples son recours tant que le Maître était en vie ? Sa mort changea tout. Dès lors la Communauté devenait

---

[503] Étant donnés le grand nombre et la dispersion des membres de la Communauté, il est permis de supposer, il est même vraisemblable que, dès le temps du Bouddha, les communautés de disciples avaient une existence généralement indépendante de la personne du Maître. C'est ainsi que l'entend la tradition bouddhique. Il va sans dire que, sur ce point, nous ne pouvons entrer dans une connaissance plus intime des faits.

l'unique représentant de l'idée auparavant incarnée dans le Bouddha, l'unique dépositaire de la vérité qui délivre ; dès lors, quiconque voulait avoir part à cette vérité et à cette Délivrance devait mettre également son recours dans la Communauté.

On a la formule d'une sorte de profession de foi en cette triade sacrée : elle comprend trois articles, auxquels vient s'ajouter, en quatrième lieu, la déclaration qu'on est résolu à suivre les préceptes de la vie sainte. En voici la teneur :

« Au Bouddha je veux me tenir, avec une foi claire : lui, le Bienheureux, est le saint, le suprême Bouddha, le connaissant, le savant, le béni, celui qui connaît les mondes, le suprême, celui qui dompte et guide ceux qui ne sont pas domptés, le précepteur des dieux et des hommes, le bienheureux Bouddha.

« A la Doctrine je veux me tenir, avec une foi claire : bien prêchée a été la Doctrine par le Bienheureux. Elle s'est manifestée en toute évidence ; elle n'a pas besoin de temps ; elle se dit : « Viens et vois » ; elle mène au salut ; dans leur for intérieur elle est reconnue par les sages.

« A la Communauté je veux me tenir, avec une foi claire : selon la bonne conduite vit la Communauté du Bienheureux ; selon la droite conduite vit la Communauté du Bienheureux ; selon la vraie conduite vit la Communauté du Bienheureux ; selon la juste conduite vit la Communauté du Bienheureux, les quatre paires, les huit classes des croyants[504] ; telle est la Communauté du Bienheureux, digne de sacrifices, digne d'offrandes, digne d'aumônes, digne que l'on élève les mains devant elle en signe de respect, la plus haute place du monde où l'on puisse faire le bien.

« Selon les préceptes de la droiture, je veux me conduire, les

---

[504] Les différents degrés de la sainteté.

préceptes qu'aiment les saints, qui sont intacts, inviolés, sans mélange, sans fard, libres, loués des sages et sans artifices, qui mènent à la Méditation[505]. »

Ainsi la Communauté est l'unité idéale des moines orthodoxes répandus sur toute la surface de la terre ; elle est revêtue dans les idées des Bouddhistes d'une sainteté comparable à la sainteté du Bouddha et de sa Doctrine : mais dans la réalité, la Communauté, prise en cette acception universelle, n'a pas d'existence positive. En fait, il y a non pas une Communauté, mais des communautés, des confréries de moines séjournant dans le même diocèse. Il était loisible aux personnes pieuses de faire hommage à la « Communauté des quatre régions du monde, présents et absents », de leurs largesses et de leurs fondations : après quoi chaque moine présent ou les moines présents du diocèse étaient, semble-t-il, considérés comme les représentants autorisés de la « Communauté des quatre coins du monde », pour l'acceptation des dons et la gestion des biens ainsi acquis. Mais d'office régulier et chargé en permanence de l'administration de ses affaires, l'ensemble de la Communauté n'en possédait pas ; impossible de prendre aucune résolution en son nom ou d'accomplir aucun acte : toute forme légale faisait défaut sur ce point.

On voit de suite quelles difficultés devaient naître et naquirent en effet de cet état de choses. Le cercle de disciples qui s'était groupé autour du Bouddha avait grandi avec rapidité jusqu'à devenir une grande puissance religieuse. A travers l'Inde entière, bientôt même jusque par delà les limites de l'Inde, dans les forêts, à travers les bourgs, allaient, prêchant et mendiant, les moines bouddhistes. Que devait dès lors faire la

---

[505] D'après le *Saṃyutta-Nikâya*, vol. V, p. 343, 345 et *passim* ; cf. *Mahâparin.-s., Dîyha-Nik.*, II, p. 93 et sqq. Celui qui s'acquitte des vœux exprimés dans cette profession de foi a atteint sur la voie de la sainteté le degré de Sotâpanna (v. plus haut, p. 358, note 3).

« Communauté des quatre régions du monde, absents et présents », pour s'occuper activement de la gestion des intérêts communs ? Il n'y avait qu'un moyen de s'acquitter de ce devoir : c'était de créer un grand pouvoir central, une direction religieuse, en qui la volonté de la Communauté tout entière serait venue se concentrer[506]. Nous voyons, au contraire, que dans les anciennes ordonnances ecclésiastiques on n'a pas fait la moindre tentative pour instituer une semblable organisation[507]. Le centre de gravité de toute l'activité gouvernementale de l'Église (si tant est qu'on puisse en parler) ne sort pas du petit cercle des frères habitant le même district. Or dans la vie nomade de ces moines mendiants, au milieu de leurs allées et

---

[506] Après la mort du Bouddha aucun de ses disciples n'avait été considéré comme appelé à prendre pour ainsi dire sa succession : c'est là un fait dont il a déjà été question plus haut (v. p. 177, note 3). Nous insérons encore ici un autre témoignage :

« En ce temps-là, le révérend Ânanda séjournait à Râjagaha..., peu de temps après que le Bienheureux était entré dans le Nirvâna. Vers ce temps le roi de Magadha, Ajâtasattu, le fils de Vedehî, faisait fortifier Râjagaha par crainte du roi Pajjota. » Le ministre qui dirige les travaux, Vassakâra, demande à Ânanda :
— Y a-t-il, respectable Ânanda, un moine particulier établi par le vénérable Gotama, dont il ait dit : « Celui-ci sera après ma mort votre recours » — et près de qui vous puissiez maintenant trouver protection ?
— Non, répond Ânanda ; le ministre continue à l'interroger :
— La Communauté a-t-elle nommé un moine particulier, un nombre d'Anciens l'a-t-il établi et décrété : « C'est lui qui après la mort du Bienheureux sera notre refuge ? »
Ânanda répond encore non.
— Si un recours vous manque, respectable Ânanda, comment la concorde se maintient-elle parmi vous ?
— Nous ne manquons pas de recours, ô Brahmane nous avons un recours, la Doctrine.
(*Gopakamoggallâna-suttanta* dans le *Majjhima-Nikâya*, n° 108 ; cf. aussi ci-dessus, p. 379).

[507] L'histoire officielle de l'Église qui a cours à Ceylan (*Dîpav.*, chap. V ;. cf. *Parivâra*, p. 2 et sqq.) parle de Vinaya-pâmokkhas (chefs de la discipline) ; jusqu'à quel point entend-elle leur situation comme ressemblant à celle d'un primat, c'est ce que nous ne prétendons pas déterminer. Mais cette notion même des Vinayapâmokkhas, totalement étrangère au vieux droit canonique, montre que nous avons affaire ici à une fiction historique peu heureuse.

venues continuelles, auxquelles les trois mois de la saison des pluies apportaient seuls quelque relâche, rien naturellement de plus flottant que la composition de ces communautés en miniature ; chaque jour amène de nouveaux changements : aujourd'hui ce sont tels moines qui se trouvent ensemble, demain c'en sont d'autres ; aujourd'hui c'est celui-ci, demain c'est celui-là qui exerce une influence décisive parmi les frères. De continuité et de logique dans la direction des affaires communes, il ne pouvait par suite en être question — et pourtant comment n'y aurait-il pas eu, dans la vie de cette grande Église, nombre d'affaires réclamant une direction suivie ? Le synode d'un district particulier avait-il pris une décision quelconque, soit, sur un point de controverse, soit à l'occasion d'un litige survenu entre religieux, il était toujours permis à n'importe quel autre synode de décider le contraire ; et il n'y avait pas d'autorité supérieure, pas plus pour rétablir la paix dans une communauté en proie à des divisions intestines que pour concilier les prétentions rivales de différentes communautés[508]. Il se peut que dans les premiers temps qui suivirent la mort du Bouddha, l'autorité personnelle des disciples qui avaient approché le Maître de plus près ait fait compensation et ait prévenu l'explosion de tout schisme sérieux. Mais un état de choses qui repose sur l'autorité de certaines personnes et non sur le solide assemblage d'institutions légales porte en lui-même le germe de sa dissolution. Les textes sacrés, qui furent fixés vers la fin du premier siècle après la mort du Bouddha, nous montrent clairement quelle anarchie et quelle confusion régnait dès cette époque au sein de la Communauté ; on voit se refléter dans les textes le profond sentiment de douleur que devaient amener et qu'amenaient en effet avec elles les divisions intestines parmi les frères, et, en même temps, la complète incapacité où l'on

---

[508] Le *Cullavagga*, par exemple (**IV, 14, 25**) nous donne une idée du désordre qui régnait à ce point de vue dans la discipline de la Communauté et par suite aussi sans doute dans sa vie.

était de prévenir ce malheur. Le chapitre sur les schismes dans la Communauté est sûr de se rencontrer, partout où il est question de la vie religieuse ; la faute de celui qui a donné prétexte à ces dissensions est mise au nombre des péchés les plus graves ; on place dans la bouche du Bouddha les plus pathétiques exhortations à l'adresse des religieux pour les inviter à vivre en bonne intelligence les uns avec les autres, et à céder, même s'ils ont raison, plutôt que de faire naître la discorde au sein de la Communauté.

La lacune qui subsiste ici dans les institutions de l'Ordre ne se montre nulle part plus manifeste que dans les faits où un examen superficiel pourrait être tenté de voir un moyen de la combler : nous voulons parler des grands conciles, auxquels la vieille tradition bouddhique attribue une si haute importance. Les textes sacrés mentionnent deux conciles de ce genre. Le premier se serait tenu à Râjagaha, peu de mois après la mort du Bouddha, dans le but d'établir une collection authentique des instructions et des préceptes du Maître. Le second eut lieu, nous dit-on, cent ans plus tard à Vesâlî ; il aurait été provoqué par une controverse à propos de certaines licences dont la pratique s'était répandue parmi les moines de cette ville. Selon toute apparence, il faut bien le dire, le récit du concile à Râjagaha n'est pas le moins du monde historique ; mais la fiction légale sur laquelle il repose n'en est pas moins instructive pour nous. Après la mort du Bouddha une grande assemblée de disciples s'était trouvée rassemblée à Kusinârâ ; l'idée leur vient de réunir et de mettre en ordre les paroles du Bouddha pour s'en faire une arme contre tout profane novateur. On décrète donc que cinq cents frères choisis, d'une sainteté reconnue, se chargeront de cette grande tâche dans la ville de Râjagaha, et les moines assemblés, par une décision formelle, les délèguent à cet effet. Cette décision porte que les cinq cents passeront la saison des pluies à Râjagaha, et que pendant ce temps aucun autre moine ne pourra séjourner dans cette ville. Ainsi se tient le concile : l'ordre et la teneur des textes canoniques sont fixés par les cinq cents Doyens. Mais si maintenant nous demandons quel est le caractère légal de cette assemblée, il est évident qu'elle n'est ni plus ni moins que l'assemblée des frères séjournant dans le diocèse de Râjagaha. Il s'est trouvé réuni là, en raison de la décision prise à Kusinârâ, un nombre particulièrement grand de personnes particulièrement autorisées ; par suite encore de cette décision, ils ont tenu à l'écart du diocèse tous les gens non qualifiés[509] ; mais tout cela n'y change rien : les délibérations de ce soi-disant concile ne sont autre chose que des débats tenus par un diocèse particulièrement distingué et provoqués par la décision d'une autre assemblée diocésaine toute semblable : il n'y a pas là d'actes accomplis par l'Église et reposant sur l'autorité de la « Communauté des quatre régions du monde ». La tradition elle-même semble s'en rendre compte et avoir tenu à exprimer son sentiment à ce sujet ; à la clôture du congrès, un moine qui n'y avait pris aucune part, le révérend Purâna, arrive à Râjagaha ; on lui dit : « Les Doyens, cher Purâna, ont fixé le canon de la Doctrine et de la Discipline ; accepte ce canon. » Mais il répond : « Le canon de la Doctrine et de la Discipline, ô mes amis, a été admirablement fixé par les Doyens, mais je veux néanmoins m'en tenir à ce que j'ai entendu et reçu du Bienheureux lui-même. » Les Doyens ne répliquent pas ; ils n'ont rien à répondre : le droit pour chacun de faire des décisions d'une assemblée comme celle de Râjagaha le cas qu'il lui plairait, ne pouvait être sérieusement contesté dans une Communauté ainsi organisée[510].

Il se peut que la force des choses établies et l'autorité de

---

[509] Il y a peu d'apparence que l'on fût véritablement contraint de se soumettre à cotte injonction : le droit pour chaque frère de séjourner où il lui plaît ne pouvait guère être écarté par une décision du genre de celle dont on nous parle ici.

[510] Il en est de même du concile de Vesâlî. Pour supprimer les abus qui ont pris naissance à Vesâlî, un certain nombre de Doyens s'y rendent ; les décisions du « concile » ne sont en réalité que les décisions du diocèse de Vesâlî, auquel chaque moine qui venait à Vesâlî appartenait par là même, et dont l'on venait justement pour cette occasion particulière de modifier, d'un façon appropriée, la composition.

quelques puissantes personnalités aient pu, pour un temps, remédier à cette profonde lacune dans les institutions ou faire illusion sur son compte ; mais, avec les années, l'impossibilité foncière pour une Église de subsister sans pouvoir dirigeant, avec des statuts qui n'étaient applicables que dans le cercle étroit d'une communauté, devait conduire à des conséquences de plus en plus désastreuses. Des schismes profonds s'élevèrent et les divisions qu'ils creusèrent ne s'effacèrent jamais ; la résistance au Brahmanisme contre qui, au début, l'on avait pris si victorieusement l'offensive, alla toujours s'affaiblissant : autant de symptômes qui ne sont pas sans connexion avec cette imperfection fondamentale dans l'organisation de l'Ordre bouddhique. Si enfin, après une longue lutte à mort, le Bouddhisme disparut, sans laisser de traces, de sa terre natale, déjà dans les vieilles règles de la Communauté qu'elles disent et non moins dans ce qu'elles taisent, se trouve, croyons-nous, clairement tracée à l'avance toute une part du développement historique qui devait aboutir à ce lointain avenir.

L'entrée dans la Communauté[511] était en général ouverte à tout le monde. La douleur pèse ici-bas sur tous, tous sont engagés dans les voies de la transmigration des âmes ; de l'affranchissement promis par le Bouddha doivent aussi profiter tous ceux qui demandent à embrasser sa doctrine. Au début de sa carrière le Bouddha prononce ces mots :

« Qu'ouverte soit à tous la porte de l'éternité ; — que celui qui a des oreilles écoute la parole, et croie. »

Dans la pratique on ne pouvait faire autrement que d'apporter à l'admission dans l'Ordre certaines restrictions. Il était interdit de recevoir des personnes atteintes d'infirmités ou de maladies graves : il en était de même des grands criminels. Il y avait avant

---

[511] Nous bornons pour le moment notre examen à la Communauté des moines. Nous parlerons plus tard de l'Ordre des religieuses.

tout diverses catégories de gens exclus d'avance : c'étaient ceux dont l'entrée en religion aurait causé du même coup quelque préjudice aux droits d'une tierce personne ; les gens au service du roi, en particulier les soldats, ne pouvaient être admis, car c'eût été empiéter sur les droits du chef de l'armée royale ; ni davantage les débiteurs ni les serfs, car cela eût porté atteinte aux droits de leurs créanciers et de leurs maîtres ; les fils dont les parents n'ont pas donné leur consentement demeuraient également exclus. Enfin les enfants étaient considérés comme impropres à entrer dans l'Ordre ; on ne pouvait être reçu comme novice qu'à quinze ans[512], comme membre pleinement autorisé qu'à vingt[513].

L'ordination se confère à deux degrés : il y a une ordination inférieure, pour ainsi dire préparatoire, la *pabbajjâ*, c'est-à-dire « le départ », et une plus haute, l'*upasampadâ*, c'est-à-dire « l'arrivée ». La *pabbajjâ* est la sortie de la condition antérieure, qu'il s'agisse de la vie laïque ou d'une secte monastique hétérodoxe ; l'*upasampadâ* est l'entrée dans le cercle des Bhikkhus, des membres réguliers de l'ordre bouddhique : c'est ainsi que, dans la propre vie du Bouddha, la *pabbajjâ*, le départ de son pays natal, est distincte de l'*upasampadâ*, l'obtention de la science de la Délivrance, qui elle-même coïncide avec la

---

[512] Ces années sont comptées non à partir de la naissance, mais à partir de la conception : c'est là une façon de compter qui se retrouve également dans le droit religieux des Brahmanes (**Mahâvagga, I, 75** ; cf. *Çânkhâyana-G.* II, 1, etc.).

[513] Les statuts sur les cas d'invalidité dans les admissions (*Mahâvagga*, **I, 49 sqq.** ; **61 sqq.**) interdisent en partie la collation de l'ordination inférieure, en partie celle de la supérieure (v. ci-dessous). Dans les cas de cette dernière sorte, l'ordination conférée irrégulièrement doit être résiliée : le vieux code du *Pâtimokkha* va même encore plus loin et déclare dans l'unique cas de ce genre dont il s'occupe que l'ordination conférée, *ipso jure*, n'est pas valable (*Pâcitt.*, 65). Pour les cas de la première sorte nous ne trouvons aucune clause semblable ; il semble qu'ici l'ordination, même illégalement conférée, demeurerait en vigueur. Dans le détail, la répartition des cas entre les deux catégories indiquées prête à bien des hésitations ; la rédaction du *Mahâvagga* n'est pas sur ce point exempte de confusion.

fondation de l'Ordre[514]. Entre les deux ordinations se place, quand le postulant n'a pas encore atteint l'âge de vingt ans, le noviciat, ou, s'il appartenait auparavant à un autre ordre de moines, un stage de quatre mois[515]. Pour les profanes qui considèrent l'Ordre en bloc, sans souci de sa hiérarchie intérieure, il est pendant ce temps, aussi bien que tous ses frères, un « ascète qui s'attache au fils des Sakyas[516] » ; mais dans la Communauté il ne compte comme un Bhikkhu, comme un véritable membre, qu'à partir du moment où il a reçu l'ordination supérieure. Dans les cas où les raisons que nous venons de dire pour la disjonction des deux ordinations n'existaient pas, elles semblent, en règle générale, avoir été conférées ensemble.

Nous avons signalé plus haut l'analogie qui règne entre la réception du fidèle Bouddhiste dans l'Ordre et celle du jeune Brahmane dans la maison de son précepteur. Nous avons un rapprochement encore à faire entre la première des deux ordinations bouddhiques et une autre particularité de la coutume brahmanique : nous voulons parler de l'entrée du Brahmane dans la condition d'ermite ou de religieux errant et mendiant. Nous lisons dans les ***Lois de Manu*** :

Quand le Brahmane, qui vit dans la condition de maître de maison, voit sa peau se rider et blanchir ses cheveux, quand il voit le fils de son fils, alors qu'il s'en aille dans la forêt. Qu'il laisse là toute nourriture comme on en prend au village, et tout attirail domestique derrière lui ; qu'il confie à son fils son épouse, et s'en aille dans la forêt, ou qu'il y aille avec son épouse.. Que le Brahmane accomplisse le sacrifice à Prajâpati et

---

[514] ***Milinda-pañha*, p. 76** ; Mahâvastu, vol. I, p. 2.

[515] C'est du moins ce que dit le ***Mahâvagga*, I, 38**. Il est en désaccord frappant avec le Mahâparinibbâna-sutta, Dîgha-Nik., II, p. 152) et le ***Sabhiya-sutta***, Sutta-Nip. (p. 99) : d'après ces textes, le stage précède la *pabbajjâ*.

[516] Voyez par exemple ***Mahâvagga*, I, 46**.

donne tout son avoir comme salaire du sacrifice ; qu'il prenne en son propre corps son feu sacré et qu'il parte ainsi de sa maison[517].

Pour abandonner son foyer et devenir ainsi un ascète sans feu ni lieu, il suffit que le Brahmane prenne sur lui de « partir » ; et c'est pour cela que la *pabbajjâ*, le « départ », désigne aussi chez les Bouddhistes la première ordination, par laquelle s'accomplit la transformation du laïque en ascète, « le départ de la maison pour la vie sans maison » (*agârasmâ anagâriyaṃ pabbajjâ*).

La *pabbajjâ* est donc essentiellement un acte unilatéral, où le « partant » lui-même fait tout. Il est seul à parler, et de ce qu'il dit la Communauté, en tant que telle, ne prend aucunement note ; tout moine plus ancien et régulier peut recevoir sa déclaration. Le candidat revêt le vêtement jaune du religieux, se fait raser les cheveux et la barbe et, dans une attitude respectueuse, dit par trois fois au moine ou aux moines présents :

— Je mets mon recours dans le Bouddha. Je mets mon recours dans la Doctrine. Je mets mon recours dans la Communauté.

Venait ensuite, pour faire du novice un membre pleinement régulier de la Communauté, un Bhikkhu, l'ordination de l'*upasampadâ* : à la différence de l'ordination inférieure, celle-ci consistait en une cérémonie accomplie selon la Règle devant la Communauté et avec sa participation. Les formes extérieures étaient des plus simples : l'ancienne Communauté aimait, dans ses actes solennels, à exprimer ce qu'il y avait à dire avec une sobriété, une précision toute d'affaires, et rien de plus. Nous ne trouvons dans le cérémonial de l'ordination rien de cette

---

[517] Le mot « partir A (*pra-vraj*) peut être employé aussi bien quand il s'agit de l'entrée dans la condition d'anachorète des bois que dans celle de moine mendiant. *Apastamba-Dharm.*, II, 9, 8, 19.

solennité que nous sommes accoutumés à attendre des actes liturgiques, aucun accent où l'on sente vibrer la profondeur de l'idée religieuse. Nous rencontrons à la place, et cela est bien dans le goût indien, l'expression minutieuse et circonspecte de toutes les précautions que prend la Communauté avant d'accueillir dans son sein un nouveau membre. Le récipiendaire parle devant le chapitre assemblé des moines, respectueusement accroupi à terre et portant ses deux mains réunies à son front :

« Je sollicite de la Communauté, ô Révérends, l'ordination. Puisse la Communauté, ô Révérends, m'élever jusqu'à elle ; puisse-t-elle avoir compassion de moi. — Et pour la seconde fois, — et pour la troisième fois je sollicite de la Communauté, ô Révérends, l'ordination. Puisse la Communauté, ô Révérends, m'élever jusqu'à elle ; puisse-t-elle avoir compassion de moi.

(Suit maintenant un interrogatoire en forme du postulant) :

— M'entends-tu, un tel ? Voici venu pour toi le temps de parler vrai et de parler juste. Je te demande ce qui en est. Ce qui est, tu dois en dire : Cela est. Ce qui n'est pas, tu dois en dire : Cela n'est pas. Es-tu atteint d'une des maladies suivantes : lèpre, scrofule, lèpre blanche, consomption, épilepsie ? Es-tu un être humain[518] ? Es-tu un homme ? Es-tu ton propre maître ? N'as-tu pas de dettes ? N'es-tu pas au service du roi ? As-tu l'autorisation de tes père et mère ? As-tu vingt ans accomplis ? As-tu le bol à aumônes et les vêtements ? Comment t'appelles-tu ? Comment s'appelle ton précepteur ?

(Si la réponse à toutes ces questions est satisfaisante, la motion concluant à l'octroi de l'ordination est alors présentée à trois reprises différentes devant la Communauté) :

---

[518] C'est-à-dire : et non pas, par exemple, un nâga (démon-serpent) à figure humaine, et ainsi de suite.

— Que la Communauté m'entende, ô Révérends. Un tel, ici présent, désire, comme élève du révérend un tel, recevoir l'ordination. Il est libre des empêchements à l'ordination. Il a un bol à aumônes et les vêtements. Un tel sollicite de la Communauté l'ordination avec un tel comme précepteur. La Communauté confère l'ordination à un tel avec un tel comme précepteur. Celui des Révérends qui est d'avis que l'ordination soit conférée à un tel avec un tel pour précepteur, que celui-là se taise, Celui qui est d'avis contraire, qu'il parle.

(Si, après que cette proposition a été trois fois répétée, aucune protestation ne s'élève, le postulant est déclaré reçu) :

— Un tel a reçu de la Communauté l'ordination avec un tel comme précepteur. La Communauté est de cet avis : c'est pourquoi elle se tait ; c'est ainsi que je l'entends.

Après quoi, pour constater l'ancienneté du nouvel admis, on mesure l'ombre (c'est-à-dire on détermine l'heure du jour) et l'on proclame la date exacte ; on fait part ensuite au jeune frère des quatre règles de l'austérité monastique qu'il devra observer dans sa vie extérieure : La nourriture de celui qui a quitté ses foyers pour mener une vie errante doit être les quelques bribes qu'il obtient en mendiant. Son vêtement doit être fait des chiffons qu'il ramasse. Son lieu de repos doit être au pied des arbres dans la forêt. Sa médecine doit être l'urine fétide de la vache. Que de pieux laïques lui préparent un repas, lui donnent des vêtements, un abri, des médicaments, il ne lui est pas interdit de les accepter ; mais ce qu'il doit considérer comme l'état naturel et régulier du moine, c'est toujours l'austérité de cette vie mendiante.

Enfin on communique au nouvel admis les quatre grandes prohibitions qui sont les devoirs fondamentaux de la vie monastique : les enfreindre, c'est se chasser irrévocablement soi-même de la Communauté :

« A un moine ordonné il est défendu d'entretenir un commerce charnel, même avec une bête. Le moine qui entretient un commerce charnel n'est plus un moine : il n'est pas un disciple du fils des Sakyas. Tout de même qu'un homme, dont la tête a été tranchée, ne peut vivre avec le tronc, de même aussi un moine qui entretient un commerce charnel n'est plus un moine ; il n'est pas un disciple du fils des Sakyas. De cela tu dois t'abstenir, ta vie durant[519].

« A un moine ordonné il est défendu de prendre dans une intention de larcin ce qui ne lui est pas donné, pas même un brin d'herbe. Le moine qui dans une intention de larcin prend sans qu'on le lui ait donné un *pâda*[520] ou la valeur d'un pâda ou plus qu'un *pâda*, celui-là n'est plus un moine : il n'est pas un disciple du fils des Sakyas. De même qu'une feuille sèche qui s'est détachée de la tige ne peut reverdir, de même aussi un moine qui dans une intention de larcin prend sans qu'on le lui ait donné un *pâda* ou la valeur d'un *pâda* ou plus qu'un *pâda*, n'est plus un moine ; il n'est pas un disciple du fils des Sakyas. De cela tu dois t'abstenir, ta vie durant.

« A un moine ordonné il est défendu de priver sciemment un être de sa vie, pas même un ver ou une fourmi. Le moine qui prive sciemment un être humain de la vie, quand ce ne serait que par la destruction d'un fœtus, celui-là n'est plus un moine : il n'est pas un disciple du fils des Sakyas. De même qu'avec une grosse pierre, que l'on a fendue en deux morceaux, on ne peut plus refaire une seule pierre, de même aussi un moine... » — et ainsi de suite.

« A un moine ordonné il est défendu de se vanter d'aucune perfection surhumaine, quand il se bornerait à dire : « Je

---

[519] La version corrigée de cette règle, proposée par Neumann (*Reden Gotamo Buddhos aus der mittleren Sammlung*, III, p. 153) est fausse.

[520] Une monnaie ou un faible poids de métal.

demeure volontiers en une cellule vide. » Le moine qui dans un mauvais dessein et par avidité se vante faussement et mensongèrement d'une perfection surhumaine, que ce soit un état de méditation ou de ravissement ou de concentration ou d'élévation ou du chemin de la Délivrance ou du fruit de la Délivrance, celui-là n'est plus un moine ; il n'est pas un disciple du fils des Sakyas. Tout de même qu'un palmier, dont on a brisé la cime, ne peut plus repousser, de même aussi un moine... » — et ainsi de suite[521].

La communication de ces quatre grandes défenses termine la cérémonie de l'ordination. On n'y voit pas percer le moindre élément liturgique : point de vieil homme à dépouiller pour revêtir un homme nouveau, point de « communion » spirituelle entre les anciens et le nouveau fidèles : aucun mystère ne s'y cache sous des symboles consacrés. Il ne s'agit ici que d'un acte légal, non d'une opération mystique qui développe et pénètre la personne du nouvel ordonné[522]. La conséquence de cette

---

[521] Nous trouvons ainsi spécifiée, à côté des graves fautes de l'impudicité, du vol et du meurtre, en quatrième lieu l'usurpation fausse et intéressée des perfections spirituelles : nous pouvons en conclure avec quelle prédilection périlleuse était dès lors cultivée dans les cercles monastiques de l'Inde cette branche de pieuse supercherie. Les textes sacrés (*Vinaya-Pitaka*, vol. III, p. 87 et sqq.) nous fournissent une illustration à la règle prescrite ici par le Bouddha : c'est l'histoire d'une confrérie de moines qui, une fois, dans le pays de Vajji, pendant une famine, eut à souffrir de grandes privations. On mit en avant l'idée, pour se procurer de quoi vivre, d'entrer au service des laïques ; mais un moine plus avisé conseilla que chaque frère eût soin de vanter devant les laïques les autres frères en leur attribuant les plus hautes perfections spirituelles : « Ce moine a atteint tel ou tel degré de la méditation » ; « Ce moine est un saint » ; « Ce moine possède la triple connaissance », et le reste à l'avenant. La proposition est acceptée et les laïques disent avec étonnement : « C'est un grand bonheur, c'est un grand bonheur pour nous que de tels moines passent chez nous la saison-des-pluies. Jamais auparavant il n'est venu chez nous pour la saison des pluies de moines pareils à ceux-ci, si vertueux, si admirables. »Naturellement la libéralité des laïques correspond à la haute opinion qu'ils se font de la dignité religieuse de leurs hôtes, de sorte que ces derniers passent toute la durée de la famine « florissants, bien nourris, avec une couleur de visage et une couleur de peau de bonne santé ».

[522] On a souvent avancé cette opinion qu'en entrant dans l'ordre on échangeait le nom que l'on portait dans le monde contre un nom de couvent : cette assertion est

conception aussi rationnelle que simple, c'est que rien ne s'oppose à la rupture de relations ainsi établies, pas plus du côté de la Communauté[523] que du côté de l'ordonné. Celui-ci se rend-il coupable de quelque manquement grave, enfreint-il en particulier les quatre grandes défenses qui lui ont été rappelées lors de son ordination, c'est le droit et le devoir de la Communauté de se séparer de lui. D'autre part le moine dont tous les désirs retournent à la vie mondaine peut sortir de l'Ordre à son gré : la Communauté ne fait aucun effort pour le retenir. Il vaut « mieux renoncer aux pratiques monastiques et reconnaître sa faiblesse » que, demeurant dans la condition religieuse, de pécher. Celui qui dit : « J'ai mon père dans l'esprit », ou « J'ai ma mère dans l'esprit », ou « J'ai ma femme dans l'esprit », ou « J'ai dans l'esprit les ris et les jeux, les plaisirs des anciens jours », à celui-là il est loisible de rentrer dans le monde. Il peut y rentrer sans rien dire, — l'Ordre le laisse aller ; — mais la meilleure chose qu'il ait à faire, c'est de déclarer devant un témoin qui l'entend et le comprend[524] sa volonté de renoncer au Bouddha, à la Doctrine, à la Communauté. Son départ ne soulève aucune animosité : veut-il en qualité de fidèle laïque ou de novice continuer à entretenir des relations avec les anciens compagnons de sa vie religieuse, ils ne le repoussent pas. Il se peut que cette faculté illimitée de quitter les Ordres à son gré ait entraîné avec elle quelques inconvénients ; — il est reconnu qu'elle a de nos jours donné naissance à de grands

---

erronée ou du moins ne s'applique qu'à quelques cas isolés. Ânanda s'appelle de son nom de moine « le révérend Ânanda » ; Kassapa d'Uruvelâ s'appelle « le révérend Kassapa d'Uruvelâ ».

[523] L'expression technique de cette répudiation est : La Communauté « l'extermine » (*nâseti*). On trouve une liste des cas où cela arrivait (et ils ne sont nullement limités à des infractions aux quatre défenses) compilée dans l'Index du *Vinaya-Pitaka*, vol. II, p. 346 ; vol. V, p. 247 (voir le mot *nâseti*).

[524] On ne semble pas avoir exigé que cette déclaration se fit devant un moine. Cf. *Vinaya-Pitaka*, vol. III, p. 27.

abus[525] ; — son influence sur la pureté morale de la vie monastique n'en doit pas moins avoir été plutôt bienfaisante. Sans compter que l'Ordre n'aurait eu à sa disposition aucun moyen coercitif pour retenir ses membres de force, rien n'eût été plus décidément opposé à l'esprit du Bouddhisme qu'une semblable contrainte. Chacun pouvait suivre la voie où la force ou la faiblesse de sa nature, le mérite ou les fautes de ses existences passées conduisaient ses pas : les portes de la Communauté se tenaient ouvertes, mais aucun zèle impatient ne pressait les hésitants d'entrer ni n'empêchait le faible, l'inquiet, de retourner au monde.

POSSESSIONS. COSTUME. HABITATIONS. SUBSISTANCE

« Communauté de mendiants » (*Bhikkhu-sangha*), ainsi se nommait la confrérie des moines pleinement et régulièrement ordonnés. Que, parmi leurs devoirs, celui de pauvreté vînt immédiatement après celui de chasteté, c'est ce qu'exprime leur nom même. Il en avait été ainsi, depuis qu'il y avait des moines dans l'Inde. Un texte védique, contemporain des premiers débuts du monachisme, dit des Brahmanes qui renoncent au monde :

« Ils cessent de désirer des fils, de désirer de la richesse, de désirer le monde du ciel. Car désirer des fils, c'est désirer de la richesse ; désirer de la richesse, c'est désirer le monde du ciel ; dans l'un et l'autre cas, c'est toujours désirer[526]. »

---

[525] « Il arrive journellement que des moines qui, soit contraints par leurs parents, soit désireux d'éviter le service du roi, soit poussés par la pauvreté, par la paresse, par l'amour de la solitude ou de l'étude ou quelque autre motif mondain, sont entrés au couvent, le quittent de nouveau soit pour recueillir un héritage, soit pour se marier, soit pour toute autre raison du même genre. Dans l'Inde au delà du Gange la coutume va jusqu'à vouloir que les jeunes gens, même les princes, prennent pour un temps, au moins pour trois mois, la robe de moine. » (Köppen, I, 338.)

[526] *Çatapatha-Brâhmaṇa*, XIV, 7, 2, 26.

De même le moine bouddhiste renonce aussi à rien posséder. Ce n'est pas qu'aucun vœu solennel lui impose expressément le devoir de pauvreté ; par le fait seul de « partir de sa maison pour mener une vie errante », les droits de propriété de celui qui renonce au monde, aussi bien que son mariage, sont considérés comme annulés de soi[527]. On sentait, dans le fait de posséder, une véritable chaîne qui retenait l'âme captive dans ses aspirations vers la liberté. Il est dit :

« C'est un étroit assujettissement que la vie dans la maison, un état d'impureté ; la liberté est dans l'abandon de la maison. » — « Abandonnant toute possession, il faut s'en aller de là. » « En grande joie nous vivons, nous qui ne possédons rien ; la gaîté est notre nourriture, comme aux dieux de lumière. » — « Comme l'oiseau, où qu'il vole, n'emporte avec lui que ses ailes, de même aussi un moine se contente du vêtement qu'il porte, de la nourriture qu'il a dans le corps. Où qu'il aille, partout il emporte avec lui sa fortune. »

Les besoins peu compliqués, qui, sous le climat de l'Inde, s'imposent à la vie du moine et à la vie commune de l'Ordre, sont aisés à satisfaire. « Vêtements, nourriture, gîte,

---

[527] Pour nous exprimer plus exactement, le moine qui a l'intention de demeurer fidèle à la vie religieuse considère son mariage comme rompu, ses biens comme abandonnés. L'épouse, qu'il a quittée, est constamment appelée dans les textes « son ancienne compagne » (*purâñadutiyikâ*, **Mahâvagga, I, 8, 78** ; *Suttavibhanga*, *Pâr.*, I, 5) : il s'adresse à elle, comme à toute autre femme, en l'appelant « ma sœur » (*Pâr., loc. laud.*, § 7). Il n'y a là-dessus rien de contradictoire à ce que la famille du moine, dans son désir de le voir revenir à la condition mondaine, continue à considérer son mariage et ses droits de propriété comme subsistant toujours — ni à ce que lui-même, quand il est repris du désir de la vie mondaine, se dise : « J'ai une épouse, que je dois nourrir », — « J'ai un village, des revenus duquel je veux vivre », — « J'ai de l'or, dont je veux vivre » (*Suttavibhanga*, *Pâr.*, I, 8, 2). — Il est d'ailleurs un point sur lequel la discipline ecclésiastique permet une sorte d'action rétroactive remarquable des anciens droits de propriété abandonnés par le moine : en certains cas, où il est défendu d'accepter quelque article nouveau faisant partie du bagage du moine, par exemple un bol à aumônes, il peut cependant accepter l'objet en question, s'il a été fait pour lui « de ses propres moyens » (*Suttav., Nissagiya*, XXII, 2, 2 ; XXVI, 2, etc.). — Cf. encore Mayr, *Indisches Erbrecht*, p. 145 ; Jolly, *Recht und Sitte*, p. 82.

médicaments pour les malades » — telle est l'énumération invariable de ce que la Communauté attendait de la pieuse bienfaisance des laïques et attendait rarement en vain. Tout ce qui sortait de ce petit cercle d'objets de première nécessité ne pouvait pas plus former la propriété de l'Ordre que celle du moine isolé[528]. Champs, esclaves, chevaux et bétail, l'Ordre n'en possédait pas et n'avait pas le droit d'en accepter. Il ne se livrait à l'agriculture ni ne permettait qu'on s'y livrât pour son compte : « Un moine qui travaille ou fait travailler la terre, dit la vieille Formule de confession, encourt pénitence[529]. » Mais ce qu'il y avait de plus strictement défendu, aux individus comme à la Communauté, c'était de recevoir de l'or ou de l'argent. La personne charitable qui veut donner au moine, non les objets dont il a besoin, mais leur valeur en espèces, doit compter la somme à des artisans et c'est d'eux que le moine reçoit ensuite

---

[528] Que l'Ordre eût le droit de posséder des objets dont la possession fût interdite au moine isolé, c'est ce qui a été souvent avancé, mais, autant que je puis voir, sans raison aucune — sauf naturellement quand il s'agissait d'objets qui, par la nature même des choses, ne pouvaient forcément appartenir qu'à l'ensemble de la Communauté, par exemple un parc comme le Jetavana. Sans doute les propriétés d'importance qui appartenaient à l'Ordre ne pouvaient par voie d'investiture ou de partage passer aux mains des moines isolés (***Cullavagga***, VI, 15, 16) : mais rien n'empêchait qu'un moine possédât des propriétés de ce genre (***Mahâvagga***, VIII, 27. 5). Après sa mort elles tombaient en la possession de « la Communauté des quatre points cardinaux, présents et absents », tandis que les menus objets qui appartenaient au moine décédé étaient partagés entre les frères, avec des égards particuliers pour ceux qui l'avaient assisté pendant sa maladie (Cf. aussi I-tsing, trad. Takakusu, p. 189 et sqq.). Cependant on fait aussi mention de dispositions testamentaires : « Une nonne dit en mourant : Après ma mort, mes biens appartiendront à la Communauté » (***Cull.***, X, 11). Pouvait-on également instituer d'autres héritiers que la Communauté des moines ou des nonnes, c'est ce que l'on ne sait pas.

[529] A la Communauté du Bouddha s'appliquent les réflexions que le *Brahmajâla-sutta* fait échanger aux gens du peuple au sujet du Bouddha lui-même : « D'accepter des esclaves mâles ou femelles s'abstient l'ascète Gotama ; — d'accepter des éléphants, du bétail, des chevaux et des juments, s'abstient l'ascète Gôtama ; — d'accepter les terres labourables s'abstient l'ascète Gotama. » Aussi ne trouvons-nous dans les textes de *Vinaya* (discipline) aucune allusion aux travaux de l'agriculture, sauf dans un passage tout à fait isolé du ***Mahâvagga*** (VI, 39) où il ne peut guère être question que du fait d'ensemencer à l'occasion les terres appartenant aux *Arâmas*.

ce qui lui est destiné. Les articles de la Règle monastique relatifs aux cas où un frère se laisse donner de l'or ou de l'argent en dépit de l'interdiction montrent combien l'on en sentait vivement l'importance : c'était l'esprit même de la Communauté qui semblait en jeu, et, avec un scrupule qui a quelque chose de touchant, on s'efforçait de prévenir les conséquences désastreuses d'une aussi criminelle convoitise. Après que le moine coupable a fait amende honorable devant la Communauté assemblée, s'il y a dans le voisinage quelque laïque dévoué à l'Ordre, on lui donne cet or et on lui dit : « Ami, prends cet or en garde. » S'il le veut, il peut alors acheter pour les moines ce qu'il leur est permis de recevoir, du beurre, de l'huile ou du miel. De ces achats tous peuvent profiter : seul, celui qui a pris l'or ne doit y avoir aucune part. Ou encore le laïque peut jeter cet or. N'est-il pas possible à l'Ordre de se débarrasser ainsi de cette dangereuse possession, alors il faut choisir comme « jeteur de l'or » un frère doué des cinq qualités suivantes : libre de désir, libre de haine, libre d'égarement, libre de crainte et sachant ce que c'est que jeter et que ne pas jeter. Celui-ci doit aller jeter au loin l'or ou l'argent et prendre bien soin qu'aucun signe ne permette de reconnaître la place. S'il fait quelque marque, il est passible d'une pénitence. — De très bonne heure des luttes très vives s'élevèrent au sein de la Communauté au sujet de cette défense de recevoir ni or ni argent[530] ; on réussit néanmoins à la maintenir debout pendant des siècles. Rien ne prouve plus clairement que cette interdiction et l'obéissance qu'elle a rencontrée, comment la primitive Communauté bouddhique était véritablement exempte et pure de toute arrière-pensée d'ambition ou de convoitise mondaines. Jamais elle n'aurait renoncé avec tant d'aisance à la possession de l'or, et par suite à tout moyen d'action sur le monde extérieur, si elle n'avait été en réalité ce

---

[530] Selon toute apparence, au concile de *Vesâlî* (soi-disant un siècle après la mort du Bouddha), la question de l'acceptation de l'or et de l'argent était le point essentiel du débat, au milieu d'une série de différences secondaires et subtiles.

qu'elle se disait être, une compagnie de personnes cherchant dans le détachement des choses d'ici-bas la paix et la Délivrance.

Habitation, nourriture, costume, manières, tout dans la vie des moines faisait l'objet de règlements détaillés. Au moine fraîchement entré dans l'Ordre ses compagnons font la leçon et lui enseignent :

« Voici comment tu dois t'approcher, comment tu dois t'éloigner, comment tu dois regarder, comment tu dois jeter les yeux autour de toi, comment tu dois ployer tes membres, comment tu dois les étendre, comment tu dois porter vêtement et bol à aumônes... ; voici ce que tu peux manger, voici ce que tu ne peux manger[531], etc...

Le caractère de ces préceptes et de ces défenses est clairement indiqué : l'abstinence de tout ce qui peut provoquer une jouissance de confortable, un sentiment de bien-être au sein des biens du monde, est aussi strictement exigée que sont d'autre part proscrits les excès de l'ascétisme[532]. Toute négligence dans

---

[531] *Câtuma-sutta* (*Majjh.-Nik.*, vol. I, p. 460).

[532] Si l'on compare les statuts des Bouddhistes au sujet de la vie et de la conduite des moines à ceux des Jaïnas, il est impossible de méconnaître que l'esprit le plus libéral est celui de la Communauté bouddhique. La Règle de l'Ordre jaïniste, dans ses efforts pour faire exprimer à tous les actes extérieurs de la vie journalière le détachement du monde, tombe dans des excès qui vont jusqu'au ridicule et auxquels le Bouddhisme demeure sensiblement étranger. Qu'on examine par exemple les prescriptions jaïnistes sur la conduite que doit tenir un moine, qui, dans le cours de ses pérégrinations, aurait à monter dans un bateau pour traverser une rivière. (*Ayâraṃga sutta*, II, 3, 1, 2 ; Sacred Books, XXII, 141). Nous détachons quelques passages, tirés de l'examen du cas, où, chemin faisant, les mariniers le jetteraient à l'eau : « Si l'un des hommes du bateau dit à l'autre : « Cher, ce moine est un pesant fardeau. Saisis-le par le bras et jette-le du bateau dans l'eau », s'il entend un tel discours et le comprend, il doit, s'il porte des vêtements, vite attacher ses vêtements dans le haut ou les retrousser ou en faire un paquet. Cela fait, il se pourrait qu'il pense : « Ces insensés sont accoutumés à des actions inhumaines, ils pourraient bien me prendre par les bras et me jeter du bateau dans l'eau. » Alors il doit commencer par dire : « Chers laïques, ne me prenez pas par les bras et ne me jetez pas dans l'eau.

l'aspect extérieur, en particulier dans l'habillement, était rigoureusement interdite. Le frère plus âgé, à qui l'on a confié de jeunes moines à diriger, doit s'occuper de la bonne apparence de ses pupilles ; il doit veiller à ce qu'ils confectionnent convenablement leurs habits, à ce qu'ils les teignent et les lavent comme il faut. La propreté et l'aération des locaux habités par les moines, le nettoyage du mobilier, l'exposition au soleil des objets qui en ont besoin, tout est prévu jusque dans le dernier détail par les traités de discipline. Pour ce qui est des nécessités et des commodités de la vie régulière, les membres de l'Ordre s'en abstenaient plus ou moins : on laissait à chacun sur ce point une certaine latitude, faisant la part de ses répugnances et de ses goûts personnels. Qui voulait pouvait faire vœu de vivre uniquement de la nourriture qu'il recueillait en mendiant de porte en.porte ; mais il n'était défendu à personne d'accepter les invitations à dîner des laïques pieux, et nous lisons que le Bouddha lui-même, en d'innombrables occasions, se rendit à des invitations de ce genre. Qui voulait pouvait rapiécer lui-même ses vêtements jaunes de moine avec les chiffons qu'il avait ramassés : c'était même la coutume des moines en voyage, lorsqu'ils rencontraient sur leur chemin un lieu de crémation, d'y recueillir les lambeaux d'étoffes dont ils se faisaient ensuite un costume. Mais il n'était pas le moins du monde défendu de s'habiller avec les vêtements que les laïques offraient aux moines.

Je sauterai moi-même du bateau dans l'eau. » S'il parle ainsi et que l'autre le prenne ensuite de vive force par les bras et le jette dans l'eau, il ne doit en être ni joyeux, ni affligé, ni rassuré, ni abattu, et il ne doit pas résister à ces insensés, mais, sans chagrin, l'esprit détourné du dehors, il doit se concentrer dans une méditation intérieure : puisse-t-il ensuite nager dans l'eau d'un cœur résigné. A-t-il la chance d'atteindre la terre et a-t-il pris pied, d'un cœur résigné, sur la rive, il ne doit pas, aussi longtemps qu'il est mouillé, se sécher, se frotter, ni se chauffer au soleil ; il pourrait faire du mal aux êtres vivants, habitant dans l'eau qui adhère à son corps ; mais quand l'eau s'est séchée d'elle-même, il peut se frotter le corps, et d'un cœur résigné, continuer sa route d'étape en étape.

« Je permets, ô moines, que celui qui porte des vêtements donnés par les laïques, porte aussi des vêtements confectionnés avec les haillons qu'il a ramassés. Que vous preniez plaisir aux uns ou aux autres, ô moines, je n'y vois pas d'inconvénient[533].

Qui voulait pouvait habiter dans la forêt ou les grottes des montagnes : mais il n'était interdit à personne d'établir sa résidence dans le voisinage du village ou de la ville. Avec du bois pris dans la forêt et du gazon, chaque. moine avait vite fait de se construire une cabane ; souvent les laïques les y aidaient ou faisaient construire à leurs frais des bâtiments à l'usage de la Communauté ; c'est ainsi que des habitations pour les moines, des *vihâra* isolés ou par groupes, avec des salles de réunion, des celliers, des réfectoires, des installations pour les bains chauds et les ablutions, étaient à la disposition aussi bien de l'Ordre tout entier que de chacun de ses membres[534]. En somme nous

---

[533] **Mahâvagga**, VIII, 3, 2. — Le passage suivant (*Theragâthâ*, 577 et sqq.) nous présente un court et vivant tableau de la vie du moine, qui, dans son costume, sa nourriture, etc., suit la règle la plus rigoureuse :

> « Que dans la solitude et le calme, là où les bêtes sauvages et les gazelles ont leur gîte, soit la retraite du moine, pour qu'il puisse y vivre à l'écart et caché. Sur les tas d'ordures, dans les lieux de crémation, par les rues qu'il cherche de quoi se faire un vêtement ; que rude soit le vêtement qu'il porte. D'un cœur humble que le moine s'en aille, veillant sur les portes de ses sens et tenant en bride, de maison en maison, à la suite, et mendie sa nourriture. Qu'il se contente même d'une maigre nourriture ; qu'il ne désire pas de mets plus abondants et savoureux : celui qui est friand de mets savoureux, son esprit ne se réjouit pas dans la méditation. Sans besoins, satisfait, détaché du monde, qu'ainsi vive le sage ; laïques et anachorètes, qu'il évite les uns comme les autres. Qu'il se donne l'air d'un muet ou d'un sourd ; qu'il ne parle pas, celui qui est sage, hors de propos, au sein de la Communauté. »

— Les dangers que la vie des forêts faisait courir aux religieux n'étaient évidemment pas moindres alors qu'aujourd'hui où des centaines d'anachorètes sont, bon an, mal an, la victime des bêtes fauves et des serpents dans les bois de l'Inde. Une section particulière des textes sacrés, intitulée : « Les dangers imminents de la vie des forêts », contient des exhortations à redoubler de zèle et d'efforts religieux, là où chaque moment peut amener une mort violente.

[534] Nous ne devons pas d'ailleurs nous imaginer les Vihâras de l'ancien temps, comme des couvents construits pour recevoir un grand nombre d'habitants. En

devons sans aucun doute nous représenter les moines, ceux même qui ont choisi la vie des forêts, comme demeurant dans des cabanes ou des maisons bien plutôt qu'en plein air, voire à l'abri d'un arbre[535]. Ceux même qui étaient en voyage avaient en général où se mettre à couvert. Les novices et les élèves prenaient sans doute les devants et veillaient à ce qu'un logis fût préparé pour leurs maîtres spirituels dans les Communautés dont on traversait la résidence. Les jeunes frères allaient à la rencontre des moines plus anciens qu'amenaient leurs pérégrinations ; on les débarrassait de leur manteau et de leur bol à aumônes, on leur préparait un bain de pieds, on leur indiquait leur coucher pour la nuit. Pendant les trois mois de la saison humide, époque où cessaient les voyages, il était expressément interdit aux moines de s'accommoder d'un gîte en plein air, au pied d'un arbre. C'est ainsi que, dans la tradition singhalaise, Mahinda, l'apôtre de l'île, et les religieux, ses compagnons, séjournent, avant le début de la saison-des-pluies, tout proche de la capitale dans un parc que le roi a mis à leur disposition,

« et il était beau à voir et riche en ombre, paré de floraisons et de fruits, vraiment délicieux... ; là il y a un bel étang de lotus, couvert de fleurs de lotus, des blanches et, des bleues ; là il y a des eaux fraîches en de belles fontaines, parfumées de douces fleurs. »

---

somme, il semble qu'en règle générale chaque vihâra était fait pour n'abriter qu'un seul moine : plusieurs de ces vihâras se groupaient ensuite en plus ou moins grand nombre. On nous signale comme particulièrement grand le vihâra mentionné dans le *Cullavagga* (VI, 11) où dix-sept moines s'installent pour la saison-des-pluies. Surviennent six autres moines et on trouve encore de la place pour eux. Peut-être devons-nous nous représenter les deux bandes comme accompagnées d'élèves, de novices, etc. — Quant aux matériaux usités dans les constructions de la Communauté, on nomme habituellement la pierre, la brique et le bois.

[535] Comparez les règles « pour la maison et pour le jour » destinées au moine qui vit dans la forêt, et que nous lisons dans le *Cullavagga*, VIII, 6. Le magnifique vihâra, que le révérend Udâyî s'était construit dans la forêt, est décrit dans le *Suttavibhanga*, *Sangh.*, II, 1, 1.

Mais quand arrive la saison où dans l'Inde le temps commence à devenir pluvieux — à Ceylan même, ce sontles plus beaux mois de l'année — Mahinda quitte le parc et s'en va avec les autres moines vers la montagne de Missaka pour s'y préparer une retraite dans le creux des rochers. Le roi l'apprend et s'empresse d'accourir :

« Pourquoi nous as-tu abandonnés, moi et les miens, et es-tu parti pour la montagne ? — C'est ici (répond Mahinda), que nous voulons passer la saison-des-pluies, trois mois durant. Près d'un village ou dans la forêt, dans une habitation dont la porte puisse être fermée, c'est là que le Bouddha a ordonné aux moines d'habiter quand vient la saison-des-pluies[536].

Et le roi donne l'ordre de creuser dans le roc soixante-huit cellules pour les moines — pareilles à ces cellules qui dans l'Inde entière et à Ceylan, souvent se superposant en étages, marquent encore aujourd'hui les anciennes places de rendez-vous, les anciens centres de la vie monastique.

De demeurer dans le village même et la ville, ou seulement d'y mettre le pied entre midi et le lever de l'aurore suivante, cela n'est permis au moine que dans les cas de pressante nécessité[537]. Mais il est retenu aux abords d'un bourg ou d'une ville par le souci de sa subsistance. Celui même qui a fait vœu de vivre dans la forêt demeure cependant assez près du village pour être à même d'y aller faire sa quête[538]. Tenant à la main le bol à

---

[536] Avec ce passage du *Dîpavaṃsa* (14, 64), comparez les dispositions de la Règle de l'ordre sur le même sujet (**Mahâvagga, III, 12**.)

[537] *Pâcittiya*, 85. Comme une fois, dans ses voyages, le Bouddha se trouve proche de sa ville natale de Kapilavatthu, il donne à l'un des fidèles cette commission : « Va, Mahânâma, et cherche dans Kapilavatthu une demeure où je puisse aujourd'hui trouver asile pour une nuit (*Anguttara-Ni.*, vol. I, p. 276). On ne trouve de témoignages de ce genre que tout à fait isolés.

[538] **Cullavagga, VIII, 6**. C'est ce qu'illustre bien le récit suivant, tiré du commentaire du *Dhammapada*, (Fausböll) p. 81 et sqq. La saison-des-pluies est

aumônes où il met les aliments qu'on lui tend, il doit aller de maison en maison, qu'elles soient ou non habitées par des fidèles ; il n'y a que quelques portes devant lesquelles il doive passer sans s'arrêter : ce sont celles des pauvres gens dont chacun sait, dans la Communauté, qu'ils donneraient de la nourriture aux moines mendiants plus que leurs moyens ne le leur permettent et qu'ensuite ils auraient à souffrir eux-mêmes de la faim. Enveloppé dans son manteau, les yeux baissés, sans bruit, sans hâte ni nonchalance, tel le moine doit entrer dans les maisons « comme la lune, tenant en bride corps et esprit[539] ». Il ne doit se tenir ni trop loin ni trop près, ne pas s'arrêter trop longtemps ni non plus s'en aller trop vite. Silencieux, il doit attendre pour voir si on lui donne quelque chose : alors il tend son bol et, sans lever les yeux sur la figure de la donneuse, reçoit l'aumône qu'elle lui fait. Puis il étend son manteau sur le bol et, lentement, s'en va plus loin, aussi joyeux quand c'est un autre que quand c'est lui-même qui reçoit[540]. Un ancien poème[541] dit :

« Quittent-ils le village, ils ne regardent d'aucun côté. Sans

---

proche : le saint moine Pâlita arrive, avec soixante frères qui l'accompagnent dans ses voyages, à un gros bourg et y fait avec eux sa tournée d'aumônes. « Et les gens du peuple virent ces moines qui étaient ornés de bonnes manières, et d'un cœur croyant leur préparèrent des sièges, les invitèrent à s'asseoir, les traitèrent avec les meilleurs mets et leur demandèrent : « O Révérends, où va votre chemin ? » Ceux-ci répondirent : « Où nous pourrons trouver une place où il fasse bon habiter, ô fidèles. » Et les gens avisés comprirent : « Les Révérends cherchent une habitation et un séjour » et ils dirent : « Si vous voulez, ô Révérends, passer ici ces trois mois, de notre côté nous voulons mettre notre recours dans la foi et suivre les préceptes de la bonne conduite. » — Pâlita accepte l'invitation, sur quoi les gens du village élèvent un vihâra dans la forêt (*loc. laud.*, p. 85, ligne 13). De là les moines vont chaque matin au village pour recueillir des aumônes. Comme un des moines devient aveugle et ne peut plus aller au village, les habitants lui font porter tous les jours sa nourriture dans la forêt.

[539] *Saṃyutta-Nikâya*, vol. II, p. 198 (trad. par **Warren**, *loc. laud.*, **p. 417 et sqq.**).

[540] *Saṃyutta-Nikâya, loc. laud.*

[541] *Therîgâthâ*, 282.

préoccupations ils s'avancent : c'est pourquoi les moines me sont chers. »

Quand le moine est de retour de sa quête, alors vient, vers midi, l'heure de son repas, l'unique repas de la journée. Il est dit dans le Formulaire de confession :

« Le moine, qui, en dehors du temps convenable[542], prend ou goûte de la nourriture solide ou liquide, encourt une pénitence.

Le repas se compose principalement, à la mode indienne, de pain et de riz, avec, comme boisson, de l'eau. L'usage de la viande et du poisson est limité ; les liqueurs spiritueuses sont absolument interdites :

A-t-il accompli sa quête, qu'il s'en aille dans la forêt. Et là, demeurant au pied d'un arbre, que l'homme pieux y établisse son siège. Se livrant à la méditation, sage, qu'il demeure satisfait en la forêt. Au pied d'un arbre qu'il s'efforce vers la méditation, tenant son âme en joie[543]. — Le moine qui en temps convenable a recueilli des aumônes, qu'il s'en retourne seul et aille dans la solitude s'asseoir. Songeant à son salut, qu'il ne laisse pas ses pensées dériver vers le dehors, mais qu'il concentre son âme. Ou s'il s'entretient avec un fidèle ou un autre moine, qu'il parle de la noble Doctrine, point de médisances ni d'invectives. Car beaucoup, à la vérité, sont hostiles à tout entretien[544] en quoi nous ne les louons pas, ces gens à courte vue. De-ci de-là quelque chose de terrestre s'attache à eux, car ils finissent par laisser flotter au loin leurs

---

[542] C'est-à-dire entre midi et le matin du jour suivant.

[543] ***Sutta-Nipâta*, 708 et sqq.** La sieste pendant les heures chaudes de l'après-midi n'était pas interdite (cf. *supra*, p. 167).

[544] Cette traduction doit être corrigée en fait comme il suit : « tiennent un langage haineux. »

pensées[545].

Qu'un moine habite seul, sans avoir d'autres frères dans son voisinage, c'est là tout à fait l'exception, même pour ceux qui ont choisi la vie des forêts. Les dispositions de la Règle monastique sont spécialement faites pour s'appliquer à de petites confréries de religieux vivant ensemble ; ils sont supposés se connaître les uns les autres, se réunir pour les confessions solennelles, s'instruire entre eux, se prêter un mutuel secours dans les doutes et les tentations, se soigner dans leurs maladies, et tenir la main à l'observation de la discipline religieuse parmi eux. « Car tel est, dit le vieux Formulaire de confession, le lien qui unit la troupe des disciples du Bienheureux, que l'un encourage l'autre et que l'un réconforte l'autre. » En particulier on fait au jeune moine un devoir de rechercher la compagnie des frères plus âgés et plus expérimentés ; auprès d'eux il s'instruira aussi bien dans les articles de la foi que dans les règles extérieures de la conduite, jusques et y compris celles qui président au port du vêtement et du bol aux aumônes. Pendant les cinq premières années qu'il passe dans la Communauté, chaque nouveau membre doit se mettre sous la direction et à l'école de deux moines instruits[546], et qui appartiennent à l'Ordre depuis dix ans au moins : il les accompagne dans leurs pérégrinations et leurs tournées d'aumônes, veille à la propreté de leur cellule et les sert dans leurs repas :

« Le maître doit considérer l'élève comme un fils ; l'élève doit considérer le maître comme un père. Ainsi tous deux doivent laisser régner entre eux déférence, attachement et communauté

---

[545] *Sutta-Nipâta*, 388 et sqq.

[546] L'un était désigné sous le nom d' « Upajjhâya », l'autre sous celui d' « Âcariya » (deux mots synonymes de « Maître, précepteur »). Sur le rapport de ces deux situations voyez la note de Davids et la mienne au ***Mahâvagga*, I, 32** ; cf. Takakusu, *Enc. of Relig. and Ethics*, VII, p. 321.

de vie, pour qu'ils puissent croître et prospérer et s'affermir dans cette Doctrine et cette Discipline[547]. » — « Celui qui plein de foi a quitté sa maison, celui qui a renoncé au monde étant jeune et qui est jeune, que celui-là s'attache à de nobles amis pleins de persévérance et qui vivent en état constant de pureté. Celui qui plein de foi a quitté sa maison, qui a renoncé au monde étant jeune et qui est jeune, un vrai moine, plein de raison, qu'il demeure dans la Communauté, et qu'il pratique les règles de la Discipline[548]. »

Il n'y avait d'autres distinctions de rang entre les frères que les prérogatives et le droit au respect qui étaient l'apanage naturel de l'ancienneté — entendez l'ancienneté religieuse, à compter du jour de l'ordination. Dans les débats qu'il fallait diriger devant la Communauté, tout moine « intelligent et capable » pouvait prendre l'initiative. Les nombreuses charges que nous trouvons mentionnées ne sont revêtues d'aucun caractère hiérarchique ; elles se rapportent surtout à des soucis matériels et à des préoccupations d'économie domestique ; c'est ainsi qu'il y avait le surintendant des cellules, celui des celliers, le distributeur du riz, celui des fruits, le surveillant des novices et d'autres offices analogues. Comme en général pour la plupart des résolutions prises en commun l'unanimité était requise, ces fonctions dépendaient toutes aussi du choix unanime des frères présents dans le diocèse.

Un travail régulier de quelque sorte que ce fût était complètement étranger à la vie monastique : leur conception de la morale rendait les Bouddhistes foncièrement incapables de reconnaître la valeur éducatrice du travail. Tous les instants et toutes les forces du moine étaient accaparés par des exercices religieux. De grand matin, avant l'heure de la tournée

---

[547] *Mahâvagga*, I, 25, 6 ; 32, 1.

[548] *Theragâthâ*, 249 et sqq.

d'aumônes, on pouvait déjà entendre autour des vihâras, dans les salles et sous les arbres du jardin du couvent, la monotone psalmodie des maximes et des instructions saintes du Bouddha. Le doyen des frères présents récitait lui-même ou chargeait un autre de réciter à sa place. Ou bien encore on voyait s'avancer deux frères, spécialement versés dans la connaissance de la Discipline : l'un faisait les demandes, l'autre les réponses, et ils traitaient ainsi devant l'assemblée des points importants et difficiles du droit et de la règle monastiques[549]. Puis, après la tournée d'aumônes, le repas et les heures de repos qui suivaient, le soir réunissait de nouveau les frères, et l'on restait là, jusque bien avant dans la nuit, — le temps du sommeil était parcimonieusement mesuré aux moines[550] — se taisant ou causant, assis les uns près des autres. Il arrivait encore que des amis faisaient des conventions pareilles à celle d'Anuruddha et de ses deux compagnons, qui, tous les cinq jours, veillaient une nuit entière à réciter la Doctrine et à s'en entretenir entre eux[551]. Nous lisons[552] :

« Celui qui demeure dans la Communauté ne parle pas de beaucoup de choses et ne parle pas de choses vaines. Il récite lui-même la Parole ou il engage un autre à la réciter, ou encore il ne fait pas peu de cas du silence sacré. »

Ce silence sacré, plus d'une interruption fort profane devait le rompre, surtout dans les grands centres de la vie monastique, en ces places ou des centaines, bientôt peut-être des milliers de moines affluaient en foule de toutes les régions de l'Inde. Les

---

[549] C'est ce procédé de discussion, dont il est question dans le ***Mahâvagga*, II, 15, 6-11**, que l'on adopta par exemple dans les débats du concile de Vesâli, à propos des dix points litigieux de discipline (v. p. 385, n. 1).

[550] Le moment régulier du lever était à l'aube.

[551] ***Mahâvagga*, X, 4, 5.**

[552] *Anguttara-Nikâya*, vol. IV, p. 153.

textes parlent de ces interruptions en les blâmant sévèrement. Une ancienne stance[553], spécialement composée à l'intention des religieux, dit :

« Comme Brahma l'on vit seul ; comme un dieu l'on vit à deux : comme un village l'on vit à trois ; là où l'on est plus, il y a tapage et vacarme. »

Pour bien comprendre la vérité de cette dernière partie de la stance il faudrait avoir vu et surtout entendu dans l'Inde le tumulte d'un rassemblement de gens du peuple, ou mieux encore de fakirs chamaillant et criant. Plus d'un disciple du Bouddha se retirait, loin des bruits de la foule, loin des grands Ârâmas situés près des villes, dans la solitude des forêts[554]. Ils vivaient là, dans des cabanes qu'ils se bâtissaient eux-mêmes, par petites confréries, à deux ou à trois, ou même tout à fait seuls et juste assez près les uns des autres pour être à portée de se réunir lors de la célébration des confessions solennelles et des autres réunions prescrites. Graves pensées sur la douleur de toute chose ici-bas, vastes et purs espoirs en la bienheureuse cessation du périssable, nulle part peut-être la parole du Bouddha n'a mieux empli des cœurs d'hommes que parmi ces anachorètes, dans leurs petites communautés calmes, au fond

---

[553] *Theragâthâ*, 245.

[554] La valeur comparative de la vie solitaire ou de la vie en société ne pouvait être naturellement qu'une affaire d'appréciation personnelle, et c'est ainsi que l'envisagent les textes sacrés. Parfois nous trouvons des déclarations comme celle-ci : « Qu'il recherche des endroits écartés, pour y demeurer ; c'est là qu'il faut qu'il aille, pour s'affranchir de tout lien. S'il n'y trouve pas la paix, alors qu'il vive dans la Communauté, gardant son âme contre le péché, d'un cœur vigilant. » (*Saṃy.-Nikâya*, vol. I, p. 254.) Et il est encore dit : « S'il trouve un sage compagnon, intelligent, un sage camarade d'une bonne conduite, alors qu'il vive avec lui, surmontant tous les périls, joyeux, et d'un esprit vigilant. S'il ne trouve pas de compagnon intelligent, de sage camarade ayant une bonne conduite, alors qu'il s'en aille seul, comme un roi vaincu qui abandonne son royaume, pareil au roi des éléphants. **Dhammapada, st. 323 et sqq.**).

des bois. Un poète religieux dit[555] :

« Quand donc habiterai-je dans une grotte de montagne, seul, sans compagnons, avec l'intuition de l'instabilité de toute existence ? Quand sera-ce là mon lot ? Quand est-ce que, sage, en mes habits faits de haillons, en costume jaune, ne nommant rien ma propriété et sans désirs, anéantissant l'amour et la haine et l'égarement, habiterai-je joyeux sur la montagne ? Quand donc apercevant l'instabilité de mon corps, qui est un nid à meurtre et à maladie, tourmenté par la vieillesse et la mort, quand, libre de crainte, habiterai-je solitaire en la forêt ? Quand sera-ce là mon partage ? » — « Les lieux qui réjouissent le cœur, que des buissons de *kareris* couronnent, ces lieux charmants où s'élève la voix des éléphants, les rochers me remplissent d'aise... Là où bruit la pluie, les lieux charmants, les montagnes, où errent les sages, où résonne le cri du paon, les rochers me remplissent d'aise. C'est là qu'il fait bon être pour moi, l'ami de la méditation, qui m'efforce vers la Délivrance. C'est là qu'il fait bon être pour moi, le moine, qui aspire aux biens véritables, qui m'efforce vers le salut[556]. »

Il n'y a pas beaucoup d'endroits de la terre où les joies de la vie solitaire et contemplative aient été goûtés aussi pleinement que dans ces forêts sur les bords du Gange et au pied de l'Himâlaya, sous la robe jaune des moines bouddhistes.

LE CULTE

Deux fois par mois, au temps de la pleine et de la nouvelle lune, les moines de chaque district, en quelque endroit qu'ils

---

[555] *Theragâthâ*, 1091 sqq.

[556] *Theragâthâ*, 1062 et sqq.

séjournent, s'assemblent pour célébrer le « jour de jeûne »[557].

La cérémonie du « jour de jeûne » était la principale et presque l'unique cérémonie du vieux culte bouddhique si tant est qu'il soit permis d'employer le mot de culte pour désigner des manifestations aussi simples et dépourvues d'apparat de la communion religieuse. Pour les Bouddhistes il n'y a qu'une place où l'homme décide de son salut et de sa perte, c'est son propre cœur ; dès lors ce que disent les lèvres et ce que font les mains ne peut avoir de valeur pour eux que comme accompagnement, comme symbole de ce qui se passe dans le for inférieur. Au début surtout, quand la Communauté bouddhique était encore jeune, le contraste entre elle et l'ancienne religion, avec son cérémonial, ses sacrifices d'animaux et ses sacrifices de *soma*, ses légions de prêtres chantant et marmottant, devait être particulièrement sensible : il en résultait naturellement que les frères n'en veillaient qu'avec plus de soin à garder pures de tout accessoire la profondeur et l'intimité de leur foi. Il nous faut d'ailleurs avoir présent à l'esprit que nous n'avons à chercher dans le Bouddhisme aucun mystère, comme par exemple celui qui inspirait le culte du Christianisme primitif : l'idée que le chef divin de la Communauté n'est pas absent du milieu des siens, mais qu'il demeure réellement parmi eux comme leur maître et leur roi, de telle sorte que le culte n'est autre chose que l'expression de la perpétuité de cette vie commune, cette idée est tout à fait étrangère aux Bouddhistes. Leur maître, à eux, est entré dans le Nirvâna ; ses fidèles crieraient vers lui qu'il ne pourrait les entendre. Aussi le Bouddhisme — ou du moins le Bouddhisme primitif — est-il une religion sans prière. La prédication de la doctrine du Bouddha, la pratique des pieuses méditations, dans lesquelles ils croyaient posséder un si précieux adjuvant des

---

[557] La désignation de ce jour par ce nom de « jour de jeûne » repose sur les anciens usages du culte védique. Il n'était nullement question pour la Communauté bouddhique d'un jeûne effectif.

aspirations religieuses, voilà ce qui remplissait la vie des moines, mais sans trouver jamais à s'exprimer dans les formes extérieures d'un culte régulièrement organisé ; et comment l'empire absolu, concevable seulement chez un ordre monastique, qu'exerçait la pensée religieuse sur chaque mot prononcé par le fidèle, sur chaque pas fait par lui, aurait-il laissé grande place à de semblables manifestations ?

Entre tous les actes de ce culte rudimentaire, il en est un qui, comme nous l'avons déjà dit, se place avant tous les autres : c'est la « confession solennelle » tenue le « jour de jeûne », sorte de contrôle pour s'assurer que les devoirs de la vie religieuse ont été remplis par tous les frères avec une scrupuleuse fidélité. Ces assemblées de confession expriment surtout vivement l'union étroite qui existe entre les membres de la Communauté.

Le doyen d'âge des moines de chaque district annonce la cérémonie, et, au soir du « jour de jeûne », se réunissent dans le *vihâra* choisi à cet effet ou dans tout autre endroit élu par la Communauté, que ce soit un édifice ou une grotte de la montagne, tous les moines qui habitent dans la limite du diocèse. Aucun ne doit y manquer. Seul un frère frappé d'aliénation mentale peut en être dispensé ; quant aux malades, ils sont libres de ne pas venir s'ils font parvenir à la réunion, par l'intermédiaire d'un des frères, la déclaration qu'ils sont purs de toutes les infractions spécifiées au cours de la cérémonie de confession. S'il n'y a personne pour transmettre cette déclaration, il faut transporter le malade à l'assemblée, sur sa chaise ou dans son lit ; ne peut-on le faire sans danger pour lui, la Communauté doit venir tenir séance à son chevet. En aucun cas il n'est permis d'accomplir les rites devant une assemblée qui n'est pas au complet.

A la lueur d'une torche, les moines prennent place au lieu de l'assemblée sur les sièges bas qui leur ont été préparés. Ni laïques, ni novices, ni nonnes ne peuvent être présents ; car la Règle de l'Ordre, qui va être récitée sous forme d'un formulaire de confession, est considérée comme le secret apanage des seuls moines[558]. Ce formulaire de confession, la liturgie *Pâtimokkha*[559], le doyen ou quelque autre frère déjà expérimenté et qualifié pour cela le récite à voix haute :

— Que la Communauté m'entende, ô Révérends. C'est aujourd'hui jour de jeûne, le quinzième de la quinzaine. Si la Communauté est prête, puisse la Communauté observer le jour de jeûne et faire réciter le formulaire de confession. Que doit faire d'abord la Communauté ? Énoncez la déclaration de

---

[558] « Le moine qui à une personne non ordonnée communique textuellement le *Dhamma*, encourt une pénitence. » (*Pâcittiya*, 4). Je crois, — et cela en désaccord, je dois l'avouer, avec le commentaire ancien de ce passage, — que par *Dhamma* il faut entendre ici les statuts du formulaire de confession *Pâtimokkha*. Il est inadmissible qu'un moine, qui, comme le fait par exemple Mahinda devant le roi de Ceylan, récitait des stances ou des instructions du Bouddha, se rendît par là coupable d'une offense. Il y avait d'ailleurs jusque parmi les laïques eux-mêmes des « prêcheurs du Dhamma » (*Dhamma-kathika*) : un des textes sacrés nomme un certain Citta comme le premier d'entre eux (*Anguttara-Nikâya*, vol. I, p. 26). De même encore dans le *Vinaya* il est question du cas où un laïque appelle les moines pour leur faire part d'une instruction du Bouddha, dont il a connaissance, et dont le souvenir menace de se perdre (**Mahâvagga, III, 5, 9**). — Sur le caractère ésotérique de la doctrine du *Pâtimokkha*, cf. encore **Milinda-pañha, p. 190 et sqq**. C'est également là-dessus que s'appuie la tradition, quand, tout en nous présentant le jeune Moggaliputta comme le modèle des étudiants, à l'intelligence prompte, elle ne lui fait cependant apprendre pendant les quatre années de son noviciat que les collections des *Sutta* et de l'*Abhidhamma* ; le *Vinaya* était un « arcanum » qui ne lui devenait accessible qu'après son ordination (*Vinaya-Pitaka*, vol. III, p. 299).

[559] Kern (*Manuel*, p. 74, n. 5) a écarté mon ancienne interprétation de ce mot que j'ai compris comme « absolution ». La sienne : « Quelque chose servant de cuirasse (spirituelle) » ne me paraît pas convaincante. L'interprétation que j'ai proposée par la suite : « ce qui a trait à l'attachement », c'est-à-dire la spécification des péchés qui peuvent s'attacher à un moine, semble également tirée par les cheveux. Peut-être faut-il, somme toute, retenir le sens d'»absolution ». En tout cas *prati-muc* peut signifier dans la langue du Bouddhisme postérieur « relâcher, libérer », — comme le montre *Divyâvadâna*, pp. 94, 137, 452. Un passage des Lois de Manu (X, 118), qui touche de très près au cercle d'idées dont il s'agit ici, atteste que ce sens est valable dès une époque assez ancienne. Winternitz, *Buddh. Literatur*, p. 18, n. 3 a également adopté le sens d' « acquittement, absolution ».

pureté[560], ô Révérends. Je vais réciter le formulaire de confession. »

(La Communauté présente répond) :

— Nous tous qui sommes ici, nous l'entendons et lui prêtons grande attention. »

— Quiconque a commis un péché (continue le récitant), qu'il le confesse. Quiconque est sans péché, qu'il se taise. De votre silence, ô Révérends, je conclurai que vous êtes purs. De même qu'un homme isolé, à qui une question est adressée, doit répondre, il en est de même dans une assemblée comme celle-ci, quand la question a été posée par trois fois. Une moine qui, à la troisième fois que la question est répétée, ne confesse pas un péché qu'il a commis et dont il se souvient, se rend coupable d'un mensonge volontaire. Or un mensonge volontaire, ô Révérends, est un empêchement à la vie religieuse : telle est la parole du Bienheureux. C'est pourquoi un moine qui a commis quelque chose, qui s'en souvient et a à cœur de s'en purifier, qu'il confesse son péché. Car ce qu'il confesse lui sera léger.

Ensuite commence l'énumération des fautes qu'il faut confesser. En tête viennent les plus graves : ce sont ces quatre péchés contre lesquels, dès le jour de son ordination, on met en garde le frère nouvellement admis, car quiconque les commet ne peut pas plus longtemps faire partie de l'Ordre.

« Si un moine (commence le récitant), qui a adopté les pratiques et la compagnie des moines, entretient, sans renoncer à ces pratiques[561] et sans reconnaître sa faiblesse, un commerce

---

[560] C'est-à-dire la déclaration, au nom des frères absents pour cause de maladie, qu'ils n'ont commis aucune des transgressions prévues dans le Formulaire de confession. (V. à la page précédente.)

[561] C'est-à-dire sans sortir spontanément de la Communauté.

charnel avec quelque être que ce soit, jusques à une bête, il est par cela même expulsé et exclu de la Communauté.

Des paragraphes analogues traitent des trois autres péchés capitaux, le vol, le meurtre et la prétention mensongère à des perfections spirituelles. Quand l'énumération des péchés qui entraînent « l'expulsion et l'exclusion de la Communauté » est terminée, le récitant s'adresse aux frères présents et leur répète par trois fois cette question :

« Ici je demande à présent aux Révérends : Êtes-vous purs de ces fautes ? Et pour la deuxième fois je demande : Êtes-vous purs ? Pour la troisième fois je demande : Êtes-vous purs ? » (Et si tout le monde se tait)[562] — : « Purs de ces fautes sont les Révérends, c'est pourquoi ils se taisent ; c'est ainsi que je l'entends. »

On passe ensuite à l'énumération des fautes moins sérieuses, celles pour lesquelles la Communauté décrète une dégradation temporaire, et celles qui s'expient, sans intervention de la Communauté, par l'aveu pur et simple du coupable. Par

---

[562] La teneur de la formule ne laisse subsister aucun doute sur l'intention première de ce passage : évidemment quiconque se sentait coupable d'une faute devait, à ce moment, la confesser devant la Communauté. Les textes postérieurs (Khandhaka) donnent des prescriptions qui s'écartent de cette vue. Personne ne peut introduire avec lui dans la cérémonie de confession un péché non expié. Il a à s'en confesser préalablement, et, s'il tombe sous le coup d'une pénitence, à la faire. Si même il ne se souvient d'une faute qu'au milieu de la cérémonie, il n'a pas le moins du monde à répondre à la question du récitant ; il doit se décharger de son péché pour ainsi dire par provision, pour toute la durée de la cérémonie, en disant à son voisin : « Ami, j'ai commis telle ou telle faute ; aussitôt levé d'ici, je m'en purifierai. » Celui qui avait connaissance du péché d'un autre devait exhorter le coupable à faire pénitence avant la séance de confession, ou, par protestation contre lui « empêcher la cérémonie de confession », jusqu'à ce qu'il se fût acquitté de son devoir. Dans cette maxime : « Personne ne peut, chargé d'un péché, célébrer la cérémonie du jour de jeûne » (***Mahâvagga,* II, 27** ; cf. ***Cullavagga,* IX, 2**), on reconnaît clairement la conception plus scrupuleuse d'un âge postérieur, en face des vieilles institutions qui avaient justement créé la cérémonie du jour de jeûne pour ceux dont la conscience était chargée d'un péché.

exemple il est dit :

« Le moine qui s'abaisse jusqu'à toucher avec des pensées corrompues la personne d'une femme, par le fait qu'il saisit sa main, ou saisit ses cheveux ou touche telle ou telle partie de son corps, la Communauté ordonne sa dégradation. »

« Le moine qui dans une maison appartenant à la Communauté se prépare sciemment son gîte de façon à gêner un moine arrivé avant lui et se dit en lui-même : « Celui qui se trouve trop à l'étroit n'a qu'à s'en aller », par le fait que tel est bien son but et qu'il n'en a pas d'autre, ce moine encourt une pénitence. »

« Le moine qui, par colère et inimitié, expulse ou fait expulser un moine d'une maison appartenant à la Communauté, ce moine encourt une pénitence. »

Ainsi sont catalogués, en plus de deux cents paragraphes disposés sans beaucoup de suite, les préceptes qui ont trait à la vie journalière des moines, à leur logement, leur nourriture et leur boisson, leur vêtement, leurs relations entre eux et avec les nonnes et les laïques. Pas de détail, si extérieur et insignifiant qu'il soit, qui ne trouve sa place : pour l'esprit de minutieuse réglementation qui s'étale ici à chaque ligne, il n'y a rien qui n'ait son intérêt. La Communauté bouddhique n'a su donner à sa création liturgique la plus importante que la forme d'un Règlement, rédigé article par article, à l'usage des moines : on peut, si l'on veut, voir dans ce fait la marque d'un esprit peu libéral ; du moins ne peut-on parler ici de platitude et de mesquinerie qu'autant que l'on regarde comme une chose plate et mesquine l'obéissance sérieuse et scrupuleuse à la Règle, jusque dans ses plus petits détails.

A côté des confessions de quinzaine, il faut encore mentionner la belle et simple cérémonie annuelle connue sous le nom d' » Invitation » (*pavâranâ*). C'est à la fin des trois mois de la saison-des-pluies, avant le recommencement de la vie nomade ;

dans chaque diocèse, les frères qui ont passé ce temps dans une retraite commune — ce sont le plus souvent des amis étroitement liés entre eux — se réunissent en assemblée solennelle : là chacun d'eux, depuis le plus âgé jusqu'au plus jeune, assis à terre dans une attitude respectueuse, élevant ses deux mains réunies, prie ses frères spirituels, si pendant cette période il a commis quelque faute, de la lui signaler :

« J'invite, ô Révérends, la Communauté : si vous avez vu ou si vous avez entendu de moi quelque chose ou si vous avez quelque soupçon contre moi, ayez pitié de moi, ô Révérends, et le dites. Si je le reconnais, je veux l'expier[563]. »

Avec ce petit nombre d'actes solennels se trouve décrit le peu qui chez les disciples du Bouddha tient lieu de culte régulier et commun. Comme on le voit, ce culte, si l'on tient à lui donner ce nom, ne mène que jusqu'au vestibule de la vie religieuse ; il ne va qu'à maintenir parmi les moines la correction extérieure, la décence de la tenue et de la conduite. Pour tout ce qui pénètre plus avant, le soin d'instruire en édifiant et la pratique des méditations pieuses, on s'en rapporte à l'initiative, ici du frère isolé, là du groupe isolé de frères.

Qu'on nous permette encore une remarque : un autre genre de culte, présentant avec celui dont nous venons de parler un contraste marqué, remonte, au moins par ses origines, jusqu'aux temps qui font l'objet de cette étude : nous voulons parler de la vénération qui s'attache aux lieux saints et aux reliques du

---

[563] Dans la coutume primitive, chacun disait naturellement à ce moment ce qu'il avait à répondre à la question posée, et lorsqu'il s'élevait quelque doute, on l'éclaircissait devant la Communauté. Les textes Khandhaka adoptent encore ici, exactement comme nous les avons vus le faire tout à l'heure à propos des confessions solennelles (v. p. 411, note 2), un point de vue évidemment postérieur. Personne, est-il dit à présent, s'il est chargé d'une faute, ne peut prendre part à la cérémonie de « l'invitation » ; quelqu'un avait-il un reproche à faire à un autre, la question devait être vidée avant la cérémonie (**Mahâvagga, IV, 6, 16**).

Bouddha. Quatre places, est-il dit[564], sont dignes que de fidèles, de nobles jeunes gens les visitent et que leur cœur en soit ému ; ce sont, l'endroit où est né le saint Bouddha, l'endroit où il a atteint l'Illumination suprême[565], l'endroit où il a mis en mouvement la roue de la Loi, l'endroit où, affranchi de tout élément terrestre, il est entré dans le Nirvâna. Puissent en ces lieux se rendre les moines et les nonnes, les frères et les sœurs laïques :

« Car quiconque, ô Ânanda, meurt en état de foi au cours d'un pèlerinage à ces saintes places, celui-là, quand son corps se brise, au delà de la mort suivra la bonne voie et renaîtra dans le monde du ciel. »

Le soin des reliques du Bouddha et l'organisation de fêtes en leur honneur incombe exclusivement à la piété des fidèles laïques :

« Comment (demande Ânanda au Maître, lorsque sa fin est proche)[566], comment devons-nous en user avec le corps du Parfait ? » — « Ne vous laissez pas troubler, ô Ânanda, par les honneurs à rendre au corps du Parfait. Efforcez-vous plutôt, ô

---

[564] *Mahâparinibbâna-sutta, Dîgha-Nik.*, II, p. 140 et sqq.

[565] Déjà un texte appartenant au canon sacré fait allusion aux fêtes qui se célébraient autour de « l'arbre de la Science (voir cependant ci-dessus, p. 117, n. 1 ; p. 362, n. 2). « Autour du grand arbre de la Science du Bouddha Padumuttara une fête était célébrée. Et je pris plusieurs sortes de vases et répandis de l'eau parfumée. Comme l'on allait baigner l'arbre de la Science, une grande averse de pluie tomba, etc. — « Au pied sacré de l'arbre de la Science du Bouddha Padumuttara je plantai une bannière, joyeux, d'un cœur joyeux. (*Apadâna.*)

[566] *Mahâp., loc. laud.* 141. Cf. *Milinda-pañha*, p. 177 et sqq. Il vaut la peine de remarquer que, de même qu'ici le soin du cadavre du Bouddha n'est pas attribué aux disciples, de même les textes de *Vinaya* se taisent en général sur les derniers honneurs à rendre aux moines décédés. C'était peut-être aux fidèles laïques qu'incombait régulièrement le soin de s'occuper de leur crémation (v. par exemple, Sp. Hardy, Manual, 2e édit., p. 326). Un cas où les moines incinèrent eux-mêmes le cadavre d'un moine est d'ailleurs mentionné dans *Udâna*, I, 10.

Ânanda, vers la sainteté ; songez à la sainteté ; vivez dans la sainteté sans défaillance, dans le saint zèle, vous efforçant vers la perfection. Il y a, ô Ânanda, parmi les nobles, les Brahmanes et les bourgeois des hommes sages et qui croient dans le Parfait ; ils rendront les honneurs au corps du Parfait. »

C'est ainsi qu'après la mort du Bouddha, ses reliques sont partagées entre une série de princes et de nobles dont chacun « bâtit un *stûpa* (monument destiné à renfermer des reliques) et institue une fête » — fête où des offrandes de fleurs, des ablutions et des illuminations en masse jouent d'ordinaire le principal rôle. La Communauté elle-même n'a rien à voir avec cet étalage de vénération : il n'en est pas dit un mot dans les vieux traités de Discipline.

LA COMMUNAUTÉ DES NONNES

Nous avons déjà essayé plus haut de décrire la situation faite aux femmes par la doctrine du Bouddha[567]. Nous avons vu quelle antipathie décidée et quel éloignement les disciples du Bouddha professaient pour ce sexe, et comment l'accès des ordres ne leur avait été accordé qu'à contre-cœur et sous des conditions qui entraînaient leur subordination absolue aux moines. Les lois sociales de l'Inde tenaient, elles aussi, les femmes, durant toute leur vie, dans une entière dépendance : « Pendant leur enfance, dit une stance souvent citée des Lois de Manu, qu'elle soit soumise à la volonté de son père, à celle de l'homme qui l'a emmenée dans sa maison pendant sa jeunesse, à celle de ses fils quand son époux est mort : une femme ne doit jamais jouir de son indépendance. » Les règles que la discipline monastique des Bouddhistes impose à la vie religieuse des nonnes peuvent passer pour une amplification de ce passage de Manu : de même que l'épouse est placée sous la

---

[567] Voir sur l'ordre des nonnes bouddhiques l'ouvrage hollandais cité p. 185, n. 2.

tutelle de son époux, la mère sous celle de ses fils, de même l'Ordre des nonnes est placé sous la tutelle de l'Ordre des moines[568].

Jusqu'à un certain point les statuts fondamentaux de la Communauté des nonnes sont contenus dans les « huit lourdes ordonnances » que le Bouddha aurait prescrites à la première religieuse lors de son ordination[569] ; en voici le texte :

« Une nonne, quand bien même elle serait ordonnée depuis cent ans, doit devant tout moine, quand bien même il serait ordonné du jour même, le saluer respectueusement, se lever devant lui, élever ses mains réunies, lui rendre les honneurs qui lui sont dus. Cette ordonnance, elle doit la respecter, la tenir pour sainte, l'observer, l'honorer et ne la transgresser de sa vie.

« Il est défendu à une nonne de passer la saison-des-pluies dans un district où ne séjournent pas des moines. Cette ordonnance aussi elle doit la respecter, la tenir pour sainte, etc.

« Tous les quinze jours, les nonnes ont à s'adresser à la Communauté des moines en vue de deux choses : elles ont à

---

[568] Les nonnes forment une communauté à part (*Bhikkhunî-sangha*) qui s'adjoint ou plutôt se subordonne à la Communauté des moines (*Bikkhu-sangha*). Les deux communautés sont appelées ensemble la Communauté sous ses deux faces » (*ubhato-sangha*). Mais la « Communauté sous ses deux faces » ne représente nullement un organisme particulier et, ayant une unité : cette désignation n'est qu'une expression collective qui revient à dire : « la Communauté des moines et la Communauté des nonnes. Nulle part nous ne voyons la double Communauté faire un acte en commun. Quand un laïque donne des vêtements à la « Communauté sous ses deux faces », une part égale ne revient pas à tous les membres, qu'ils soient moines ou nonnes ; mais la moitié appartient à la Communauté des moines, l'autre à la Communauté des nonnes. Même s'il y a beaucoup de moines et seulement une nonne, la moitié lui revient » (***Mahâvagga*, VII, 32**).

[569] ***Cullavagga*, X, 1, 4**. — J'avais d'abord traduit les « huit hautes ordonnances » : au lieu de « hohe », je préfère « schwere ».

consulter au sujet de la confession solennelle[570] et à solliciter des moines la prédication (de la sainte parole). Cette ordonnance aussi, etc...

« A la fin de la saison-des-pluies, les nonnes ont à adresser la triple invitation à la Communauté sous ses deux faces[571] : (pour qu'on les accuse de péché) si l'on a vu ou si l'on a entendu quelque chose ou si l'on a contre elles quelque soupçon. Cette ordonnance aussi, etc...

« Une nonne qui a commis une faute grave doit se soumettre devant la Communauté sous ses deux faces à une pénitence disciplinaire de quinzaine. Cette ordonnance aussi, etc...

« L'ordination ne doit être sollicitée de la Communauté sous ses deux faces que lorsque pendant un stage de deux ans la postulante a vécu dans les six ordonnances[572]. Cette ordonnance aussi, etc...

« En aucun cas, il n'est permis à une nonne d'injurier ou de gourmander un moine. Cette ordonnance aussi, etc...

---

[570] Les nonnes doivent aussi célébrer les confessions solennelles de quinzaine avec un formulaire plus développé, et répondant aux conditions particulières où se trouve l'ordre des nonnes. C'est aux moines qu'il appartient de leur donner des instructions tant au sujet de la cérémonie que sur la question des pénitences à imposer pour les transgressions qui ont pu se produire. (***Cullavagga*, X, 6**.)

[571] Après que les nonnes ont célébré entre elles la fête de l' »invitation » (v. plus haut, p. 412 sqq.), le jour suivant, elles envoient aux moines une messagère qui les invite, au nom de la Communauté des nonnes, à leur signaler toute faute vue ou entendue ou suspectée de leur part. — Cette invitation n'est pas suivie d'une invitation correspondante adressée aux nonnes par les moines (***loc. laud.*, X, 19**).

[572] C'est à savoir les suivantes : « Je prononce pour deux ans le vœu inviolable de m'abstenir du meurtre de tout être vivant » et de la même façon elle fait vœu de ne pas voler, de ne pas commettre d'acte contraire à la chasteté, de ne pas mentir, de ne pas goûter de boissons spiritueuses, de ne pas prendre de repas en temps défendu (c'est-à-dire entre midi et le lever du jour suivant).

« A partir d'aujourd'hui, le chemin de la parole vis-à-vis des moines est fermé pour les nonnes. Mais le chemin de la parole vis-à-vis des nonnes n'est pas fermé pour les moines[573]. Cette ordonnance aussi, etc... »

Les « huit lourdes ordonnances » marquent bien la dépendance dans laquelle est tenue la Communauté des nonnes par rapport aux moines. Pas un acte canonique important ne peut être accompli par les nonnes, qui ne doive être soumis à la ratification du chapitre des moines. Une jeune fille ou une femme qui souhaite d'entrer dans les ordres est-elle demeurée fidèle, pendant un stage préparatoire de deux ans, au vœu des « six ordonnances », et la Communauté des nonnes lui a-t-elle conféré l'ordination, — après tout cela elle n'est encore considérée que comme « unilatéralement ordonnée » ; elle n'a ses pleins pouvoirs que du jour où elle comparaît devant le chapitre des moines et où la cérémonie de l'ordination est répétée d'un bout à l'autre devant eux. De la même façon, les cérémonies de « Confession » et d' » Invitation » célébrées par l'Ordre des nonnes, l'expiation des fautes commises, le règlement de tous les différends sont sujets au contrôle et en partie à la ratification de la Communauté des moines. Tous les quinze jours, les religieuses se rendent auprès d'un moine, qui leur a été désigné par une décision de la confrérie, pour recevoir de lui ses instructions et ses exhortations spirituelles. En présence d'un autre frère, ce moine attend, assis sur son siège, la venue des nonnes ; elles arrivent, s'inclinent jusqu'à terre et s'assoient devant lui ; alors il leur parle des « huit lourdes ordonnances » et tantôt en manière de sermon, tantôt sous forme de questions et de réponses, il leur expose ce qu'il juge à

---

[573] Le sens de cette disposition ne peut pas être qu'il fût défendu à une nonne d'adresser la parole à un moine. Elle veut dire sans doute qu'il est défendu à une nonne de reprendre un moine à l'occasion d'une faute, de l'exhorter à en faire pénitence, de protester à l'occasion contre sa participation aux cérémonies de « confession » et d' « invitation ». Cf. ***Cullavagga*, X, 20**.)

propos de la doctrine et de la règle du Bouddha[574].

Pour tout le reste, une stricte séparation régnait, cela va sans dire, entre les moines et les nonnes. Au moine même qui avait été chargé de prêcher devant les religieuses, il était défendu de mettre le pied dans leur couvent, en dehors du cas où une sœur malade et alitée réclamait ses consolations. Faire route avec une nonne, monter à bord du même bateau, s'asseoir avec elle à l'écart et sans témoins, autant de choses rigoureusement interdites aux moines. La vie journalière, les pratiques religieuses des nonnes n'étaient pas essentiellement différentes de celles des moines, sauf sur un point : la solitude, où ceux-ci trouvaient une source si abondante de joies spirituelles, était sinon refusée aux religieuses, du moins soumise à des restrictions et il ne pouvait en être autrement ; il leur était défendu de vivre dans des ermitages au sein de la forêt[575] ; elles s'établissaient à l'intérieur des murailles du bourg ou de la ville, dans des cabanes ou des couvents, à deux ou en plus grand nombre, car une sœur ne pouvait vivre seule. De là elles sortaient pour faire leur quête et entreprendre ces lointaines pérégrinations qui, pour elles comme pour les moines, semblent avoir fait partie intégrante de la vie ascétique. Par leur nombre elles restaient évidemment bien loin derrière les moines[576] et

---

[574] L'enseignement donné aux nonnes par le Révérend Nandaka et exposé d'une façon assez pittoresque dans *Majjhima-Nikâya* n° 146, assume une forme un peu plus libre. D'ailleurs, ces prédications ne représentaient pas, sans doute, la transmission proprement scolastique des textes sacrés au sein de la Communauté des nonnes, et cet enseignement était plutôt l'affaire d'institutrices choisies parmi les religieuses : c'est ce qui paraît naturel à admettre et ce que confirment par exemple les données contenues dans le chapitre XVIII du *Dîpavamsa*. Le passage du **Cullavagga, X, 8**, bien compris, ne contredit pas ce que nous venons de dire.

[575] ***Cullavagga*, X, 23**.

[576] Un aperçu à ce sujet nous est ouvert, par exemple, par les données du *Dîpavamsa* (7, 1) : il indique le nombre de moines et de nonnes qui ont assisté à une grande fête ordonnée par Açoka. Si exagérés que soient les chiffres, ils n'en jettent pas moins un certain jour sur le rapport des deux partis. La chronique parle de huit cent millions de moines et seulement de quatre-vingt-seize mille nonnes.

l'on doit douter que les sœurs aient jamais exercé une influence sensible sur l'esprit général de la Communauté.

L'ORDRE RELIGIEUX ET LE MONDE LAÏQUE

La Communauté du Bouddha est une Communauté de moines et de nonnes : « C'est un étroit assujettissement, est-il dit, que la vie dans la maison, un état d'impureté : la liberté est dans l'abandon de sa maison. » Celui qui ne peut ou ne veut conquérir cette liberté, n'est pas un membre de la Communauté. Mais il était dans la nature des choses, — et même l'existence extérieure de la Communauté en dépendait — que des relations régulières s'établissent de bonne heure entre elle et les cercles laïques favorablement disposés à son égard. Il y avait nécessairement nombre de gens qui, sans quitter le monde, faisaient profession de croire au Bouddha et à sa parole, et le prouvaient par des œuvres pies, avant tout par une secourable charité ; sinon il n'aurait pu être question d'un Ordre de mendiants et de mendiantes, et d'autre part le mouvement religieux du Bouddhisme aurait été coupé de toute communication avec les grandes couches populaires plus complètement encore qu'il ne l'était en fait. Aussi est-ce à bon droit, comme nous l'avons déjà montré, que la tradition groupe autour du Bouddha, dès le début de sa carrière, non seulement des moines et des nonnes mais encore des « Zélateurs » (*upâsaka*) et des « Zélatrices » (*upâsikâ*) ; tout en demeurant dans le monde, ces derniers mettent leur recours dans le Bouddha, la Doctrine et la Communauté, et, par leurs paroles comme par leurs œuvres, témoignent de leur vénération pour cette sainte triade[577].

Mais tandis que dès l'origine la Communauté monastique avait reçu une organisation en forme, régie par des lois canoniques,

---

[577] V. plus haut, p.183 sqq.

pour le semblant de Communauté des frères et des sœurs laïques on ne tenta de créer rien de pareil. Sans doute certains usages s'établirent tout naturellement, aussi bien dans la vie spirituelle que dans la pratique de tous les jours ; ils n'entraînèrent pas à leur suite la formation de statuts définis. Il n'y avait même pas une ligne de démarcation tranchée entre les laïques qui pouvaient passer pour des sectateurs du Bouddha et ceux qui se tenaient à l'écart. L'entrée dans le cercle des « Zélateurs » n'était subordonnée à aucune condition expresse ; à la vérité elle s'accompagnait d'ordinaire d'une formalité fixée par l'usage, mais qu'aucun règlement ne stipulait[578] : le nouvel entrant déclarait en présence d'un moine, soit en son nom seul, soit aussi au nom de sa femme, de ses enfants et de ses gens, qu'il mettait son recours dans le Bouddha, la Doctrine et la Communauté. Il y avait bien encore certains préceptes d'abstinence et de droiture dont, de son côté, la Communauté recommandait tout spécialement l'observation aux fidèles laïques[579] ; mais elle n'exigeait pas plus à ce sujet de vœux formels qu'elle ne tenait la main, sous quelque forme que ce fût,

---

[578] Quiconque est familier avec la méthode d'exposition qui règne dans les textes du *Vinaya*, se ralliera à cette conclusion : Si la formalité pour l'entrée d'un *upâsaka* avait été considérée comme fixée par une règle canonique, il devrait se trouver aussi un récit relatif à l'introduction de cette formalité par une ordonnance du Bouddha. En réalité est un *upâsaka* quiconque se montre tel par ses actes. Aussi cela ne peut pas nous étonner si, à l'occasion, des gens qui rendent des honneurs à des moines ou leur préparent un repas reçoivent d'eux dans la conversation le titre d'upâsakas, bien qu'ils ne fassent qu'ensuite la déclaration de mettre leur recours dans la Triade sacrée. (*Dhp. Atth.*, éd. Fausböll, p. 81. Cf. encore plus haut, p. 181, note 1.) Chez les Jaïnas les frères laïques étaient bien plus fortement rattachés aux moines que chez les Bouddhistes (ci-dessus, p. 75 ; Bühler, *Wiener Zeitschr. f. d. Kunde des Morgenl.*, IV, 326).

[579] Certains négoces étaient considérés comme impossibles à permettre aux disciples laïques, par exemple le commerce des armes, des liqueurs fortes, du poison (*Anguttara-Nikâya*, vol. III, p. 208.). — Comme pendant à la confession solennelle célébrée par les moines au jour de jeûne, il y avait aussi prescrite pour les laïques la célébration d'un « octuple jeûne solennel », à savoir : l'abstention du meurtre des êtres vivants, de l'appropriation de la propriété d'autrui, du mensonge, de l'usage des liqueurs spiritueuses, de l'impudicité, de la prise d'aucune nourriture après midi, des parfums et guirlandes, et enfin le fait de dormir sur des lits bas et durs ou sur le sol. (*Ibid.*, vol. IV, p. 254 ; **Dkammika-sutta**, *Sutta-Nipâta*, p. 66 et sqq.).

à l'accomplissement effectif de ces devoirs. D'excommunication expresse de disciples laïques incrédules, indignes, ou menant une vie scandaleuse, il n'y en avait pas et logiquement il ne pouvait pas y en avoir. La seule procédure prescrite dans la Règle de la Communauté contre les laïques dont on avait eu à se plaindre montre clairement comment les idées d'admission et d'exclusion n'avaient rien à voir ici : tout ce que pouvait décider la Communauté à l'égard d'un laïque, c'était de lui « retirer le bol aux aumônes » (c'est-à-dire de n'accepter de lui aucun don) et de « lui refuser sa compagnie à table[580] » ; rentrait-il en lui-même et faisait-il amende honorable à l'Ordre, à la suite d'une nouvelle décision « de nouveau le bol aux aumônes lui était présenté et la compagnie à table accordée ». Il est clair qu'il ne s'agit pas ici d'ôter ou de conférer à nouveau un caractère légal du genre de celui qui s'associe dans nos idées au fait d'appartenir à une communion ecclésiastique : il n'est question que de la rupture et du rétablissement d'un lien purement factice, tel qu'en peut créer, à la faveur d'un commerce journalier, l'échange de dons matériels et d'instructions spirituelles.

Telle est la situation que nous assignons aux fidèles laïques : on comprend dès lors qu'il n'y eût pas d'assemblées religieuses régulières instituées pour eux et qu'on leur permît encore bien moins d'assister aux cérémonies solennelles de la Communauté ou de prendre une part quelconque à l'administration de ses

---

[580] Cette mise en interdit n'était pas décrétée, comme on pourrait le croire, dans le cas d'une conduite scandaleuse, — de cela, la Communauté en tant que telle ne tenait aucun compte — mais seulement comme châtiment d'une offense ou d'un préjudice faits à la Communauté. On nous indique huit cas où cette décision doit être prise contre un laïque : « Il s'efforce d'empêcher les moines d'obtenir des aumônes ; il s'efforce de faire causer du mal aux moines ; il s'efforce de faire manquer les moines de logis ; il outrage ou querelle les moines ; il suscite des dissensions parmi les moines ; il parle mal du Bouddha ; il parle mal de la Doctrine ; il parle mal de la Communauté. » (***Cullavagga*, v, 20, 3.**)

affaires[581]. Les quêtes quotidiennes des moines suffisaient à entretenir des rapports réguliers entre eux et les laïques, et fournissaient une occasion toute naturelle d'évangéliser les âmes. De leur côté, les laïques se rendaient aux parcs de la Communauté, hors des portes de la ville ; ils venaient, les mains pleines de dons variés, nourriture et médicaments, parfums et guirlandes ; là, ils présentaient leurs hommages aux moines et écoutaient avec eux la récitation des instructions et des stances sacrées. Ou bien, ils construisaient des édifices à l'intention de la Communauté et invitaient les moines à la fête d'inauguration et de dédicace : « Puissent les révérends venir vers moi, — telle était à peu près la teneur du message qu'ils envoyaient à la Communauté, — je désire faire une fondation et entendre la prédication de la Doctrine et voir les moines. » A de telles invitations, la Communauté doit se rendre ; même pendant la saison-des-pluies, alors que tout voyage est interdit aux moines, il leur est permis pour un cas de cette nature d'être absents de leur résidence pendant une période de sept jours. Ou encore les fidèles d'un même canton engageaient les moines à venir passer la saison-des-pluies dans le voisinage de leur bourg ; ils préparaient des habitations pour leurs hôtes, et leur fournissaient, à l'heure de la quête, la nourriture quotidienne ; puis, à l'expiration de la saison-des-pluies, avant que les moines ne reprissent leur pérégrinations, les fidèles laïques leur offraient d'ordinaire un repas, auquel venait s'ajouter une distribution de vêtements ou d'étoffe pour en faire, à l'usage des religieux prêts à partir. Il n'était pas rare non plus de voir des laïques former une association pour offrir un « repas à tour de rôle » à la Communauté ; dans les temps de cherté, quand, à traiter tous les frères, un seul laïque eût excédé ses moyens, on faisait des « repas par arrangement », « des repas sur

---

[581] On a pu dire que la faiblesse de liens entre l'Ordre bouddhique et le monde laïque a grandement contribué à la disparition finale du Bouddhisme de l'Inde, cependant que le Jaïnisme s'y est maintenu (Hoernle, *Proceedings of the As. Soc. of Bengal*, 1898). Cette thèse fait justement ressortir un facteur important qui avec divers autres, cela va de soi, a déterminé le résultat en question.

invitation », « des repas par souscription », « des repas de quinzaine ». On s'engageait encore à fournir aux frères, soit à perpétuité, soit pour une période de temps déterminée, les médicaments dont ils pouvaient avoir besoin ; ou bien des bienfaitrices de l'Ordre s'en allaient à travers les jardins du couvent et demandaient de porte en porte : « Qui parmi vous est malade, ô Révérends ? A qui devons-nous apporter quelque chose et quoi ? » Ces bonnes œuvres avaient pour fondement le chaleureux et fidèle attachement des pieuses familles laïques à l'Ordre religieux. Une scène de la vie conjugale d'une telle famille nous a conservé le tableau émouvant de ce sentiment[582]. L'épouse adresse à l'époux gravement malade des paroles de consolation :

« Ne meurs pas l'esprit soucieux (lui dit-elle), le Bienheureux n'approuve pas pareille mort. Crains-tu qu'après ton trépas je ne puisse nourrir nos enfants ? Je suis une fileuse de coton habile, il ne me sera pas difficile d'assurer le maintien de la maisonnée. Ou bien crois-tu qu'après ta mort je cesserai de rechercher la vue du Bouddha et de ses disciples ? Que mon âme n'aura plus de paix ? Que je ne saurai, sans hésitation, demeurer ferme dans mon désir de connaître la doctrine du Maître et d'avoir recours en elle ? Mais si jamais je suis dans l'incertitude, le Bienheureux, le saint Bouddha ne séjourne-t-il pas à proximité ? Je pourrai aller vers lui et l'interroger... »

Que de leur côté, dans leurs rapports avec les pieux bienfaiteurs laïques, les moines ne se montrassent pas trop avares à promettre aux généreux donateurs toutes les récompenses célestes, cela allait de soi. Il est dit[583] :

« Donner des maisons à la Communauté, une place de refuge et

---

[582] Anguttara-Nikâya, vol. III, p. 295-298.

[583] *Cullavagga*, **VI, 1, 5**.

de joie, où l'on puisse s'adonner à la méditation et à la contemplation saintes, c'est là ce que le Bouddha a proclamé le plus beau des dons. Puisse donc un homme sage et qui entend bien ses intérêts bâtir des maisons agréables et y recevoir des confesseurs de la Doctrine. Puisse-t-il leur dispenser nourriture et buisson, vêtements et lits, à eux, les justes, avec un cœur joyeux. Ceux-ci lui prêchent la Doctrine qui écarte toute douleur ; s'il connaît ici-bas la Doctrine, il entre, sans péchés, dans le Nirvâna. — Il est bien (est-il dit à un autre endroit)[584], de distribuer perpétuellement de la bouillie de riz pour un homme qui désire la joie, qu'il aspire aux joies célestes ou qu'il soupire après le bonheur humain. »

Ces traites sur le ciel en retour de bonnes œuvres terrestres avaient si bien cours auprès des donateurs que plus d'une fois ils durent, sans nul doute, se laisser mettre étrangement à contribution par quelque compère exigeant d'entre ces mendiants dispensateurs des trésors célestes. Ce sont sûrement des histoires prises sur le vif que celles que l'on nous raconte assez souvent à ce propos dans le *Vinaya* : ainsi un homme, qui avait offert inconsidérément au révérend Upananda de lui donner ce dont il avait besoin, se vit réclamer séance tenante le vêtement même qu'il portait ; ou encore c'est un pieux potier à qui les moines demandaient des bols à aumônes, tant et si bien que son industrie en fut ruinée. Dans le Formulaire de confession, une longue suite de dispositions était dirigée contre cette exploitation indue de la bienfaisance pieuse ; elles limitaient strictement le peu que le moine pouvait accepter et le montant encore bien moindre de ce qu'il lui était permis de demander. Évidemment on ne regardait pas comme une chose indifférente la critique, qui se donnait carrière dans les cercles laïques et que sûrement les ordres religieux rivaux ne manquaient pas d'entretenir toujours éveillée et mordante. Les moines qui d'une façon quelconque exerçaient une fâcheuse

---

[584] *Mahâvagga*, VI, 24, 6.

influence sur les laïques ou leur causaient quelques vexations étaient désavoués de la façon la plus vive, et de toute manière la classe des laïques était regardée comme un allié dont on savait estimer l'amitié à son prix.

Comme un allié, mais rien de plus. Le sentiment d'être un citoyen dans le royaume des enfants du Bouddha restait refusé aux laïques ; ils étaient tenus encore plus à l'écart que, dans la vieille religion brahmanique du sacrifice, celui qui n'est pas Brahmane ; si celui-ci ne peut approcher du dieu que par l'intermédiaire du prêtre, du moins peut-il s'en approcher aussi bien que lui. Le fidèle bouddhique qui ne se sentait pas la force de renoncer au monde pouvait se consoler en songeant aux éternités futures ; il pouvait espérer qu'il lui serait alors donné, comme disciple de Metteyya ou d'un des innombrables Bouddhas qui viendront après lui, de prendre la robe de moine et de goûter la félicité de la Délivrance.

Car ce n'était qu'à un petit nombre d'élus — ainsi parlait la Doctrine — qu'il était donné dès cet âge d'atteindre le but comme disciples du fils des Sakyas, et court était le terme assigné à l'existence de la Communauté sur la terre. Quand dans les jardins des couvents de Râjagaha et de Sâvatthî étaient récitées au milieu des frères assemblés les instructions du Bouddha, on rappelait aussi la prophétie : « La vie sainte, ô Ânanda, ne demeurera pas longtemps observée ; la doctrine de la vérité ne subsistera que cinq cents ans. » Qui pressentait alors qu'après cinq cents ans la Communauté des Bouddhistes dominerait sur l'Inde, et que, débordant bien au delà des limites de ce pays, ses missionnaires, passant les mers, franchissant les neiges de l'Himâlaya, traversant les déserts de l'Asie centrale, iraient porter la religion du Bouddha à des nations dont personne alors dans l'Inde ne connaissait les noms — à des nations au sein desquelles cette religion a continué et continue encore aujourd'hui à vivre, tandis que dans sa terre natale l'esprit du peuple indien, s'élançant au gré de ses caprices dans des sphères toujours nouvelles de pensée et de fantaisie, jetant au néant les débris des mondes brisés et reconstruisant, mais non toujours plus magnifiquement, ce qu'il vient de perdre, a laissé depuis longtemps périr la doctrine du Bouddha.

www.ingramcontent.com/pod-product-compliance
Lightning Source LLC
Chambersburg PA
CBHW050117170426
43197CB00011B/1620